사회복지 프로그램 개발과 평가

| 주 석 진 |

YANGSEOWON
양서원

머리글

사회복지 현장은 끊임없이 변화하는 사회적 요구와 문제에 신속히 대응해야 하는 역동적인 공간이다. 이러한 변화 속에서 사회복지 프로그램을 체계적으로 개발하고 평가하는 능력은 사회복지사가 반드시 갖추어야 할 핵심 역량이다. 프로그램의 설계, 실행, 평가과정을 통해 사회복지사는 효과적인 개입을 설계하고 지속적으로 개선하며, 궁극적으로 사회복지적 가치를 실현할 수 있다. 이는 사회복지 실무의 핵심이자, 사회복지사가 전문가로 성장하는 데 필수적인 과업이다.

이 책은 저자가 오랜 기간 사회복지 프로그램 개발과 평가를 강의하면서 학생들이 좀 더 쉽게 이해하고 학습할 수 있도록 하기 위해 집필하였다. 이에 복잡한 이론을 단순화하여 쉽게 설명하고, 현장에서 실질적으로 활용할 수 있는 사례와 활동을 통해 학습자의 이해를 돕고자 했다. 또한 교수와 강사들이 강의 준비와 수업 진행에 유용하게 활용할 수 있도록 이론과 실무를 명확히 정리했다. 더불어, 사회복지사들이 현장에서 프로포절 작성에 즉시 적용할 수 있는 실용적인 지침서로서 필요한 역량을 자연스럽게 익힐 수 있도록 구성하였다.

이 책은 사회복지 프로그램의 개발과 평가를 단계별로 체계적으로 안내할 수 있도록 총 5부와 부록으로 구성되었다. 1부는 사회복지 프로그램 개발 총론으로, 1장 사회복지 프로그램에 대한 이해와 2장 사회복지 프로그램 개발에 대한 이해로 구성되며, 프로그램 개념과 개발의 기초 개념, 필요성을 설명하고 이론적 기초를 제공하고자 하였다. 2부는 사회복지 프로그램 기획과 설계로, 3장 사회복지 프로그램 기획에 대한 이해, 4장 사회문제 분석(욕구사정)과 참여자 선정, 5장 프로그램 목적 및 목표설정, 6장 프로그램 내용구성, 7장 프로그램 예산수립을 다루며, 프로그램 기획과 설계의 실무를 습득할 수 있도록 돕고자 하였다. 3부는 사회복지 프로그램 실행으로, 8장 프로그램 마케팅, 프로그램 진행 및 진행관리, 인력관리, 기록관리 및 정보관리, 9장 프로그램 모니터링, 프로그램 서비스 질 관리를 다루며, 실무적 요소를 통해 프로그램의 진행과 관리 역량을 향상시키고자 하였다. 4부는 사회복지 프로그램 평가로, 10장 프로그램 평가에 대한 이해, 11장 양적평가, 12장 질적평가로 구성되며, 프로그램을 평가하는 데 필요한 역량을 키울 수 있도록 하였다. 마지막으로, 5부는 프로포절 작성의 실제로, 13장 프로포절 작성과 부록이 포함되어, 프로포절 작성 실무에 실질적인 도움이 되도록 하였다.

이 책은 어려운 이론이나 개념을 쉽게 풀어 설명하며, 각 장마다 연습 문제를 포함해 학습자가 배운 내용을 스스로 정리하고 확인할 수 있도록 구성되었다. 또한 이론과 실무를 접목한 다양한 사례와 활동을 통해 실질적인 실무 감각을 배양할 수 있다. 이 교재가 아무쪼록 사회복지를 공부하는 모든 이들에게 든든한 길잡이가 되어, 전문성을 갖춘 사회복지사로 성장하는 데 큰 도움이 되기를 바란다.

마지막으로, 본 교재의 발간을 위해 아낌없는 지원과 배려를 해주신 양서원 박철용 회장님을 비롯한 출판사 관계자분들께 깊은 감사를 전한다. 또한 항상 격려해 준 사랑하는 아내와 두 아들, 은총이와 찬양이에게도 고마움을 표한다.

2024년 12월

주석진

차례

PART 02 사회복지 프로그램 기획과 설계

CHAPTER 03 사회복지 프로그램 기획에 대한 이해 / 47

CHAPTER 04 사회문제 분석(욕구사정)과 참여자 선정 / 61

CHAPTER 05 프로그램 목적 및 목표설정 / 101

CHAPTER 06 프로그램 내용구성 / 111

CHAPTER 07 프로그램 예산수립 / 139

PART 03 사회복지 프로그램 실행

PART 04 사회복지 프로그램 평가

PART 05 프로포절 작성의 실제

부록

PART

01

사회복지 프로그램 개발 총론

CHAPTER 01 사회복지 프로그램에 대한 이해

학습목표

1. 사회복지 프로그램의 개념과 목적을 이해한다.
2. 사회복지 프로그램과 유사한 개념에 대해 이해한다.
3. 사회복지 프로그램 요소에 대해 이해한다.
4. 사회복지 프로그램 유형에 대해 이해한다.
5. 우수한 사회복지 프로그램의 요건에 대해 이해한다.

사회복지 프로그램은 클라이언트의 문제해결과 욕구충족을 위해 사회복지기관에서 제공하는 활동과 서비스이다. 본 장에서는 사회복지 프로그램의 개념과 목적을 명확히 이해하고, 사회복지 프로그램과 유사한 개념을 구별할 수 있는 능력을 기르고자 한다. 또한 프로그램의 핵심 요소와 다양한 유형을 살펴보며, 우수한 사회복지 프로그램이 갖추어야 할 요건에 대해서도 깊이 있게 다룰 것이다.

1. 사회복지 프로그램의 개념과 목적

1) 사회복지 프로그램의 개념

사회복지 프로그램에 대해 〈표 1-1〉과 같이 많은 학자들이 다양하게 정의하고 있으나 외우기도 어려울 뿐만 아니라 단순히 개념을 이해하는 수준에서도 충분하다고 생각하여 본 서에서는 용어의 사전적 의미를 기초로 사회복지 프로그램의 개념에 대해 살펴보고자 한다. 하지만 사회복지 프로그램의 개념에 추구하는 목적이 포함되어 있으므로 이를 함께 살펴보기로 한다.

먼저 사회복지(social welfare)는 '사회적(social)'이라는 형용사와 '복지(welfare)'라는 명사가 합쳐져서 만들어진 복합명사이다. 복지(welfare)는 well+fare로서 만족스러운 상태(well-being)와 되어가다(fare)의 뜻을 가진 용어로 여기에 사회적(social)이라는 형용사를 붙이면 사회복지는 '사회적으로 만족스러운 상태로 되어가는 노력' 즉 모든 사회구성원들이 만족스러운 상태에 이르도록 하는 총체적 활동(실천)이나 제도(정책)를 의미한다고 볼 수 있다. 여기서 제도는 정책적인 의미를 가지므로 실천적 측면에서의 의미로 제한하면 사회복지는 사회복지사가 사회복지 목적달성을 위해 수행하는 모든 활동으로 볼 수 있다.

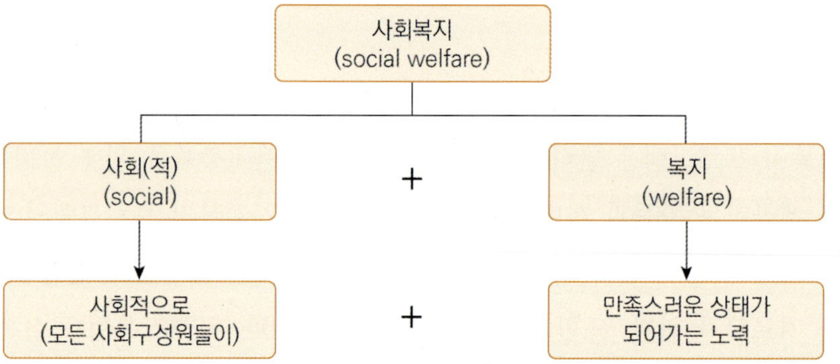

[그림 1-1] 사회복지의 개념

한편 프로그램(program)은 학자에 따라 다양하게 정의되는데 Barker(1995)는 프로그램을 "해야 할 일에 관한 계획과 지침"이라 정의하였으며, Rapp과 Poertner(1992)는 "하나의 목적을 달성하기 위한 여러 활동들의 집합체"로 York(1982)는 "목적을 달성하기 위한 일련의 상호 의존적인 활동"으로 정의하였다. 그리고 황성철(2005)은 "특정한 목적달성을 위하여 자원과 기술이 투입되어 일정한 절차에 따라 이루어지는 조직의 계획적인 활동체계로"로 김통원(2004)은 "특정 목적을 달성하기 위해 설계된 일련의 계획적인 활동들의 집합체"라고 정의하였다. 지금까지 살펴본 국내외 학자들의 프로그램 정의를 종합하면, 프로그램은 '목적달성'과 '계획적인 활동체계'를 주요 특성으로 가진다. 본서에서는 프로그램을 특정 목적을 달성하기 위해 설계된 여러 활동들의 집합체로 정의하며, 이를 기반으로 사회복지 프로그램의 개념을 넓은 의미와 좁은 의미로 구분하여 정리하면 다음과 같다.

먼저 넓은 의미의 사회복지 프로그램은 사회복지와 프로그램의 합성어로, 모든 사회구성원들이 만족스러운 상태에 이르도록 설계된 계획적인 활동들의 집합체로 정의된다. 반면 좁은 의미의 사회복지 프로그램은 사회복지조직(기관)에 속한 사회복지사가 클라이언트의 삶의 긍정적 변화를 위해 계획적으로 설계하고 제공하는 활동들의 집합체로 정의된다.

〈표 1-1〉 사회복지 프로그램에 대한 다양한 학자들의 정의

학자	정의
김상곤 외 (2012)	사회복지가 추구하는 특정한 목적과 목표를 성취하기 위해 설계된 조직적인 활동으로서 사회복지사와 사회복지조직의 사명을 실현하는 수단
김영종 (2013)	사회복지의 목적을 구현하기 위한 방법과 절차를 담는 것을 사회복지프로그램이라고 하고 과정적 도구, 변화모형 및 휴먼서비스 설계도의 성격을 가진다고 함
표갑수 외 (2013)	사회문제를 해결하기 위한 목적으로 국가나 사회단체, 사회복지조직의 구체적인 활동 등을 의미
이민홍 · 정병오 (2013)	사회복지 관련 목적을 달성하기 위해 자원과 기술이 투입되어 일정한 절차에 따라 수행되는 조직의 계획적인 모든 활동의 집합
징무싱 (2014)	사회복지조직에서 특정 목표를 달성하기 위하여 모든 과정을 마칠 때까지 요구되는 내용의 선정과 조직, 활동목표 체계, 시설, 인력, 예산, 지원체계, 기간 등과 관련된 전반적인 과정
박경일 외 (2016)	사회복지 문제해결의 목적달성을 위해 요구되는 사회복지실천의 체계적 계획 활동

2) 사회복지 프로그램의 목적

사회복지 프로그램의 목적은 앞서 살펴본 사회복지 프로그램의 개념을 통해 넓게는 모든 사회구성원들이 만족스러운 상태에 이르도록 하는 것으로 볼 수 있으며 좁게는 클라이언트의 삶의 긍정적 변화를 위한 것으로 볼 수 있다. 일반적으로 사회복지 프로그램은 사회복지조직(기관)에 속한 사회복지사가 설계하여 제공하기 때문에 클라이언트 개인이나 가족, 집단 또는 지역사회가 당면한 문제를

해결하고 클라이언트 집단의 복리증진과 기능향상을 달성하고자 하는 사회복지 조직(기관)의 설립이념과 사명헌장의 달성을 위한 수단이 된다. 또한 사회복지 프로그램은 대체로 여러 개의 단위 프로그램들이 융합된 형태의 종합 프로그램의 형태를 보이기 때문에 프로그램의 목적은 단위 프로그램의 구체적인 목적(목표)으로 분화하고 이러한 구체적인 목표는 또 다시 개별 클라이언트의 변화목표로 세분화될 수 있다.

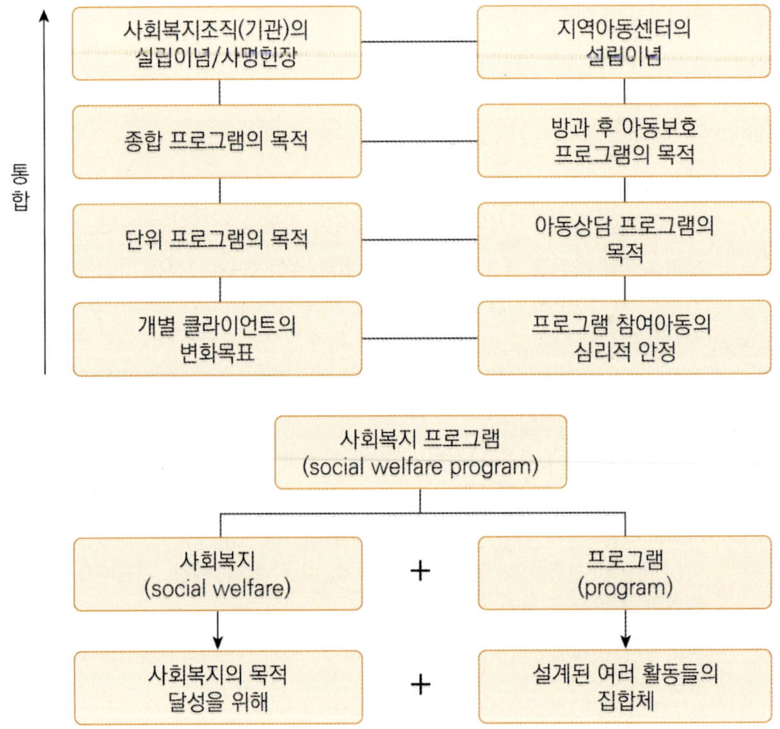

[그림 1-2] 사회복지 프로그램의 개념과 목적

2. 사회복지 프로그램과 유사한 개념

사회복지실천 현장에서는 프로그램이란 용어와 함께 정책, 사업, 서비스 등과 같은 유사한 용어가 혼재되어 사용되고 있다. 이러한 용어의 개념을 명확하게 알지 못하면 프로그램을 개발하는데 혼란이 생길 수 있다. 따라서 이 절에서는 사회복지 프로그램에 대한 이해를 명확하기 위해 사회복지 프로그램과 유사한 개념에 대해 자세히 살펴보기로 한다.

1) 정책(policy)

정책은 프로그램과 흔히 혼용되어 사용되기도 하는데 예를 들어 미국의 TANF나 Head Start Program은 아동정책이지만 아동복지 프로그램으로 불리기도 한다(황성철, 2005). 하지만 정책은 정부나 공공기관의 목적달성을 위한 주요 행동계획과 원칙으로 주로 광범위한 지역적 범위 내에 존재하는 모든 클라이언트 집단을 대상으로 적용된다는 점에서 실천현장에서 클라이언트에게 제공되는 프로그램과는 구별된다(김상곤 외, 2012). 이러한 입장에서 황성철(2005)은 정책을 프로그램보다는 상위개념이고 프로그램 실현을 위한 선행요건이 될 수 있으며 대상과 활동 역시 프로그램보다 광범위하다고 보았다. 예를 들어 종합사회복지관의 설치 · 운영을 규정한 요소가 정책이라면 종합사회복지관에서 기획하고 운영하는 세부 활동들이 프로그램이라 할 수 있다(김상곤 외, 2012).

2) 사업(business, work)

사업은 비영리적인 일정한 목적을 가지고 지속하는 조직활동으로 프로그램보다 상위개념이며 훨씬 포괄적인 개념이다. 즉 사업은 프로그램들을 관리하기 위해 구축한 상위 수준의 운영단위로 프로그램의 활동 전체 또는 프로그램의 합을 의미한다(김상곤 외, 2012). 하지만 여기서 기억해야 할 것은 사업의 세부 활동들이 반드시 프로그램 형태로만 구성되지 않고 활동(서비스) 수준에서도 포함될 수도 있다는 점이다. 예를 들어 종합사회복지관에서 운영하는 저소득층 방임아동의 보호 · 학습지원을 위한 야간 보호사업에 세부 활동으로 야간아동 보호 및 안전귀가 동행서비스, 기초 학습지도 활동, 가족관계개선 프로그램 등이 포함될 수 있다(사회복지공동모금회, 2013).

3) 프로그램(program)

프로그램은 사회복지조직(기관)에 속한 사회복지사가 클라이언트의 삶의 긍정적 변화를 위해 계획적으로 설계하고 제공하는 여러 활동들의 집합체로 크게 서비스 제공 활동, 행정 활동, 지역사회 활동으로 구성된다고 볼 수 있다(황성철, 2005). 여기서 서비스 제공 활동이란 프로그램의 주축을 이루는 각종 상담, 치료, 교육, 보호, 정보제공 및 의뢰 등의 클라이언트의 욕구충족이나 문제해결을 위해 서비스를 제공하는 활동을 의미하고, 행정 활동이란 각종 프로그램 수행과 관련된 서류를 작성하거나 프로그램 예산수립 및 집행, 권한의 위임과 보고, 슈퍼비전과 회의 등 조직 내에서 프로그램을 효과적으로 진행하기 위한 활동을 의미하며, 지역사회 활동이란 대상자 모집 홍보, 지역사회 자원동원, 홍보, 마케팅, 지역사회 네트워크 구축 활동 등 프로그램의 목적을 성공적으로 달성하기 위해 지역사회 차원에서 이루어지는 활동을 의미한다.

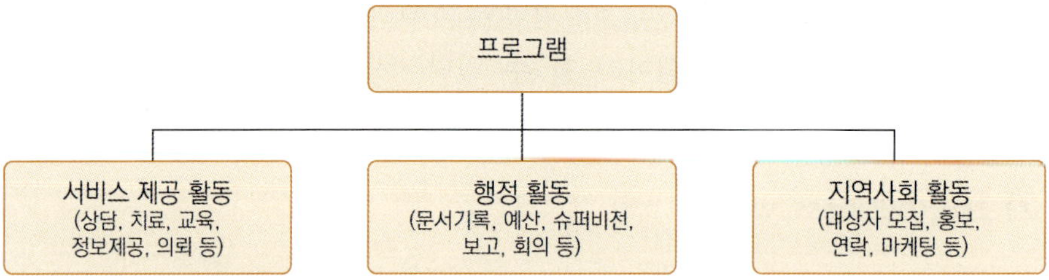

출처: 황성철(2005).

[그림 1-3] 프로그램의 세 가지 활동 요소

4) 활동/서비스(activity/service)

프로그램은 크게 서비스 제공 활동, 행정 활동, 지역사회 활동으로 구성된다. 여기서 서비스(service) 제공 활동을 줄여서 서비스라고도 하는데 이는 사회복지 프로그램 활동의 핵심이자 주요 구성요소가 된다(김상곤 외, 2012). 사회복지 프로그램은 서비스 제공 활동 외에도 행정 활동과 지역사회 활동을 포함할 수 있기에 프로그램이 활동/서비스보다 상위 개념이자 포괄적인 개념이라고 할 수 있다(박경일 외, 2016). 예를 들어 [그림 1-4]에서와 같이 지역아동센터의 생활복지사가 저소득층 방임아동을 지원하기 위한 가족관계개선 프로그램에서 서비스 제공 활동으로 가족상담을 제공할 수 있지만 필요시 지역자원을 연계하는 지역사회 활동도 수행할 수도 있고 이와 관련한 문서기록과 같은 행정 활동도 수행할 수 있다.

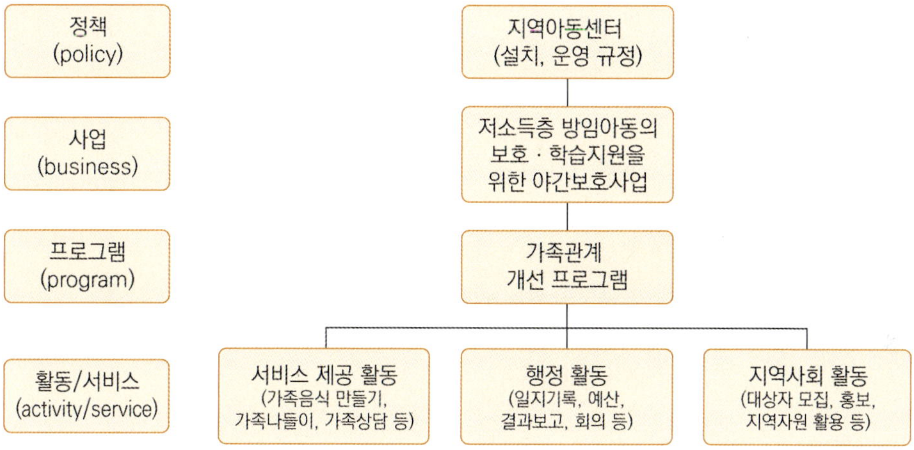

[그림 1-4] 정책-사업-프로그램-활동(서비스)의 위계적 구조

5) 프로젝트(project)

프로젝트란 조직이나 지역사회에서 특정한 문제, 욕구, 이슈, 조건 등에 대해 직 · 간접적으로 대응하기 위해서 진행하는 구체적이고 단기적이며 결과 중심적인 활동을 의미한다(Kettner et al., 1985). 따라서 프로젝트는 특수한 문제나 이슈 등을 해결하기 위해서 일정한 시간 내에 수행되는 특정한 과업이나 활동으로 이해할 수 있다(김상곤 외, 2012).

〈표 1-2〉 프로그램 관련 유사 용어 비교

구분		예시
1. 프로그램-정책	정책	• 정부나 공공기관의 목적달성을 위한 주요 행동계획과 원칙 • 상위 개념 또는 포괄적 성격 • 프로그램의 선행요건
	프로그램	• 일선 기관에서 제공하는 구체적인 활동 • 하위개념 또는 부분적 성격 • 정책을 기반으로 실시
2. 프로그램-사업	프로그램	• 사업을 이루는 하위 요소(하지만 프로그램만 하위 요소가 되지는 않음)
	사업	• 프로그램의 활동 전체이자 프로그램 합 • 프로그램보다 상위 개념이자 포괄적인 개념
3. 프로그램-서비스(활동)	프로그램	• 서비스를 포괄하는 개념 • 행정 활동이나 지역사회 활동 포함
	서비스(활동)	• 프로그램 활동의 핵심이자 주요 구성요소 • 권리적 의미 포함
4. 프로그램-프로젝트	프로그램	• 지속적, 체계적인 구조 • 사회문제의 해결과 클라이언트 집단을 대상으로 한 변화에 목적
	프로젝트	• 한시적, 실험적인 구조 • 사회문제의 해결과 클라이언트 집단을 대상으로 한 변화 외의 목적

출처: 김상곤 외(2012), 일부 수정.

3. 사회복지 프로그램의 구성요소

사회복지 프로그램의 구성요소는 학자들에 따라 다양하게 제시되고 있는데 김통원(2009)은 프로그램의 4대 성립요소로 대상자, 제공자, 활동영역, 영향을 제시하였고 이봉주와 김기덕(2008)은 프로그램이 갖춰야 할 요소들로 참가자, 실시주체의 의도, 활동내용, 프로그램 담당자, 경비, 프로그램 평가계획의 요소들을 강조하였으며 황성철(2005)은 목적, 자원과 기술, 계획된 활동을 프로그램의 기본 구성요소로 제시하였다. 또한 박경일 외(2016)는 사회복지 프로그램의 구성요소로 주체, 목적, 자원, 시간계획을 포함하는 의도적 계획 활동, 인적·물적자원 활용, 집합적 활동으로 구분하였는데 본 서에서는 김통원(2009)이 제시한 프로그램의 4대 성립요소인 대상자, 제공자, 활동영역, 영향을 사회복지 프로그램의 구성요소로 보고 이를 설명하고자 한다.

① 대상자(target): 사회복지 프로그램은 욕구충족과 문제해결을 통해 삶의 긍정적 변화가 필요한 클라이언트를 대상자로 한다.

② 제공자(provider): 사회복지 프로그램은 사회복지조직(기관)에 속한 사회복지사가 클라이언트의 삶의 긍정적 변화를 위해 계획적으로 설계하고 제공한다.

③ 활동영역(activity area): 사회복지 프로그램은 클라이언트의 욕구충족과 문제해결을 통해 삶의 긍정적 변화를 도모할 수 있는 다양한 활동들로 구성된다.

④ 영향(impact): 사회복지 프로그램은 클라이언트 욕구충족과 문제해결을 통해 삶의 긍정적 변화에 영향을 끼친다.

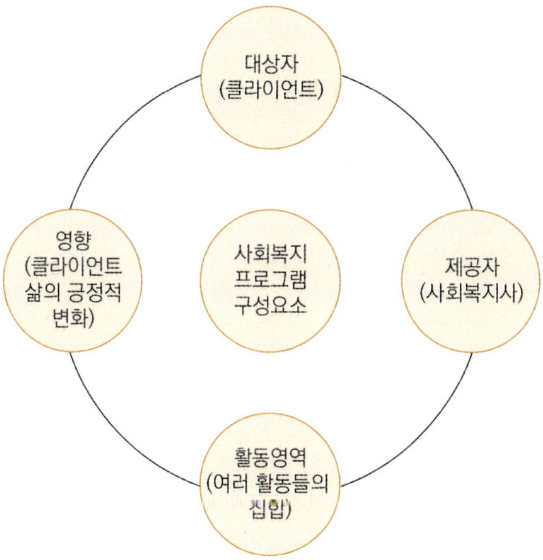

[그림 1-5] 사회복지 프로그램의 구성요소

4. 사회복지 프로그램의 유형

사회복지 프로그램은 프로그램의 대상과 목적 그리고 프로그램의 내용에 따라 다양한 유형으로 구분된다. 프로그램 기획 시 프로그램 유형을 고려한 기획을 하기 때문에 프로그램 유형에 대한 지식을 아는 것은 중요하다. 사회복지 프로그램의 유형은 사용하는 기준에 따라 매우 다양하게 구분될 수 있는데 여기서는 크게 활동내용별, 연속성, 활동영역별, 프로그램 제공, 재원 조달 등의 분류기준에 따라 살펴보기로 한다(우수명, 2004).

〈표 1-3〉 사회복지 프로그램의 다양한 유형

분류기준	유형	예시
1. 활동내용별 유형	1) 전문임상 프로그램	① 심리 · 정서 ② 임상치료 ③ 소집단 ④ 재활 ⑤ 개별보호 등
	2) 문화생활 프로그램	① 축제행사 ② 역사 · 문화 ③ 취미 · 교양 ④ 건강체육 ⑤ 사회교육
	3) 사회연계 프로그램	① 홍보 · 마케팅 ② 사회보호 ③ 교육훈련 ④ 자조모임 ⑤ 사원봉사
	4) 사회운동 프로그램	① 권익보호 ② 자치조직화 ③ 의식화
	5) 사회보장 프로그램	① 공교육 ② 사회보장 ③ 의료보장 ④ 자활지원 ⑤ 고용보장 등
2. 연속형 유형	1) 일회성 프로그램	① 행사 ② 캠페인 ③ 축제
	2) 연속성 프로그램	지속적으로 이루어지는 프로그램
3. 활동영역별 유형	1) 개별 프로그램	개별 전문상담
	2) 팀 프로그램	팀이 협력하는 프로그램
	3) 지역사회연계 프로그램	① 네트워크 프로그램 ② 통합사례관리
	4) 국가제도적 프로그램	① 사회보장 ② 의제21 · 지방의제21 운동
	5) 사상 프로그램	① 전통예절교실 ② 의식화교육
4. 프로그램 제공 영역별 유형	1) 직접제공 프로그램	대면 접촉을 통해 제공하는 프로그램
	2) 간접제공 프로그램	비대면 접촉을 통해 제공하는 프로그램
5. 재원조달 유형	1) 공공재원형 프로그램	정부재원으로 이루어지는 프로그램
	2) 민관혼합형 프로그램	정부와 민간의 대응투자로 이루어지는 프로그램
	3) 민간재원형 프로그램	민간재원으로 운영되는 프로그램

출처: 우수명(2004), 일부 수정.

1) 활동내용별 유형 분류

활동내용별 유형 분류는 프로그램이 담고 있는 구체적인 활동의 성격에 따라 유형을 구분한 것으로 클라이언트(개인, 가족, 집단 등)의 실질적 변화를 위해 면대 면(대면방식)으로 이뤄지는 직접적 개입활동이 중심이 되는 전문임상 프로그램, 특별한 문제나 질환이 있는 클라이언트가 아닌 일반인들의 일반적인 일상생활과 관련되어 있고 보편적인 삶의 질을 높일 수 있는 문화생활 프로그램이 있을 수 있다. 또한 사회복지기관과 지역사회의 외부자원 연결, 지역사회 내 다양한 활동주체들 간의 연계활동 등의 네트워크 활동이 중심이 되는 사회연계 프로그램도 있고 특정한 집단을 대상으로 한 권익보호, 자치조직화, 사상교육(의식화) 등과 같이 사회적 변화를 위한 사회운동 프로그램도 있을 수 있다. 그리고 국가에 의해 이루어지는 공적 전달체계에 의해 제공되는 사회보장 프로그램이 있다.

2) 연속성 유형 분류

연속성 유형 분류는 프로그램이 일회성으로 끝나는가 아니면 연속적으로 이어지거나 반복적으로 수행되는가에 따라 구분한 것이다. 대개의 경우 일회성 프로그램은 이벤트나 캠페인 성격의 프로그램이 주류를 이루며 대부분의 사회복지 프로그램은 프로그램을 구성하는 일련의 활동들이 연속적이고 반복적으로 이어지는 연속성 프로그램이라고 볼 수 있다.

3) 활동영역별 유형 분류

활동영역별 유형 분류는 사회복지 프로그램의 활동범위 즉 프로그램 참여자나 대상의 관련 범위에 따라 구분한 것이다. 이 유형에는 기관에 속한 한두 사람의 사회복지사에 의해 수행되는 개별 프로그램과 기관의 여러 명의 전문가의 조직적 협력에 의해 수행되는 팀 프로그램이 있을 수 있다. 그뿐 아니라 지역 내 다양한 복지기관이나 클라이언트 그룹이 함께 공동으로 수행 또는 참여하는 지역사회연계 프로그램이 있고 전체 국민이나 대다수의 지역주민을 대상으로 수행되는 국가 주도의 국가제도적 프로그램이 있을 수 있다. 이 밖에도 전통예절교실, 의식화교육 등과 같은 사상 프로그램이 있다.

4) 프로그램 제공 유형 분류

프로그램 제공 유형 분류는 사회복지사가 클라이언트를 직접 대면하여 수행하는 직접제공 프로그램과 옹호나 자원연계 등과 같이 사회복지사가 클라이언트를 직접 만나지 않고 수행하거나 제도나 행정적 절차에 따라 수행되는 간접제공 프로그램이 있다.

5) 재원조달 유형 분류

재원조달 유형 분류는 프로그램 수행에 필요한 재원을 누가 지원하였는가 즉 재원의 공급주체가 누구인가의 여부에 따라 구분되는 유형으로 정부재원(세금과 같은 정부의 기금)으로 마련되는 공공재원형 프로그램과 공공재원과 민간재원이 혼합되어 있는 민관혼합형 프로그램, 자발적인 기부금(개인, 기업 등)이나 기관의 자체 재정, 서비스 이용료 등으로 운영되는 민간재원형 프로그램으로 구분할 수 있다. 사회복지 프로그램 중 민관혼합형 프로그램이 가장 많은 비중을 차지한다.

5. 우수한 사회복지 프로그램의 요건

우수한 사회복지 프로그램이 되려면 즉 사회복지 프로그램의 질적 수준과 성과를 기대하기 위해서는 몇 가지 요건들이 충족될 필요가 있다. Royse 등(2001)은 우수한 사회복지 프로그램의 요건들로 적합한 인력배치, 활동예산 및 안정적 재원 확보, 고유의 정체성과 서비스 철학, 이론적 기반과 실증적 개입(연구기반실천), 과학적이고 체계적인 평가노력을 제시하였다.

1) 적합한 인력배치, 활동예산 및 안정적 재원 확보

우수한 사회복지 프로그램이 되기 위해서는 적합한 인력배치, 활동예산 및 안정적 재원 확보가 필요하다. 프로그램은 욕구충족과 문제해결을 통해 삶의 긍정적 변화가 필요한 클라이언트를 대상으로 이뤄지기 때문에 프로그램 기획과 실행은 충분한 자격과 능력을 갖춘 인력에 의해 이뤄져야 한다. 또한 프로그램 수행을 위해 활동별로 예산이 설정되어야 하고 프로그램 수행에 필요한 재원의 안정적 공급이 이뤄져야 한다. 일관성 있는 프로그램 운영은 프로그램의 성패를 좌우할 수 있기 때문에 안정적 재원확보가 중요하다.

2) 고유의 정체성과 서비스 철학

우수한 사회복지 프로그램이 되기 위해서는 특정 프로그램이 갖는 고유의 정체성과 서비스 제공의 철학이 필요하다. 먼저 고유한 정체성에 있어서는 프로그램의 목적, 대상, 절차, 개입방법에 있어 기존 프로그램과 구별되는 요소를 가져야 한다. 또한 서비스 제공 철학에 있어서는 프로그램의 수행과 서비스 제공 활동에서 클라이언트에 대한 철학과 원칙(자기결정권, 클라이언트의 욕구충족 최우선, 자원배분의 공평성 등)에 준해서 시행될 필요가 있다.

3) 이론적 기반과 실증적 개입(연구기반실천)

우수한 사회복지 프로그램이 되기 위해서는 이론적 근거에 기반하여 실증적 개입이 이뤄져야 한다. 따라서 사회복지 프로그램은 사회복지이론에 기초하여 설계되고 시행되어야 하며 시행 시 과학적으로 서비스의 효과성이 검증된 개입방법과 절차를 적용하려고 노력해야 한다. 이 중 대표적인 방법이 증거기반실천인데 미국에는 Cochrane Collaboration(https://www.cochrane.org)과 Campbell Collaboration(https://campbellcollaboration.org)이 주로 활용되고 있지만(Rubin, 2008) 국내에서는 학술자료 사이트(학술연구정보서비스, 국회도서관, 국립중앙도서관 한국학술지인용색인 등)를 통해 논문과 학술지 등을 이용할 수 있고 학술자료를 찾을 수 없을 때에는 포털 사이트를 이용하여 자료를 찾을 수 있다. 하지만 논문으로 게재가 되거나 효과성 검증이 이뤄진 자료라 하더라도 반드시 오류 검증 과정을 거쳐 활용하는 것이 좋다(이민홍 · 정병오, 2024).

4) 과학적이고 체계적인 평가노력

우수한 사회복지 프로그램이 되기 위해서는 프로그램 시행 후에 신뢰도와 타당도가 낮은 프로그램 담당자의 주관적 평가 대신 과학적이고 체계적인 자료수집과 전문가적 판단에 따른 평가가 이뤄져야 한다(황성철, 2005). 비록 프로그램을 사회복지이론에 기초하여 설계하고 과학적으로 서비스의 효과성이 검증된 개입방법과 절차를 적용하였다고 하더라도 실제 프로그램의 목표가 어느 정도 달성되었는지를 과학적이고 객관적인 측정으로 확인할 수 있어야 한다.

1장 돌아보기

1. 사회복지 프로그램의 개념과 추구하는 목적이 무엇이라고 생각하는가?

2. 프로그램은 정책, 사업, 활동(서비스)과 어떻게 다르다고 생각하는가?

3. 여러 학자들이 제시한 사회복지 프로그램의 구성요소에 따른 내용을 정리해 보라.

4. 기존 사회복지 프로그램을 하나 선택하여 어떠한 사회복지 프로그램 유형에 해당하는지 살펴보라.

CHAPTER 02 사회복지 프로그램 개발에 대한 이해

학습목표

1. 사회복지 프로그램 개발의 개념과 목적을 이해한다.
2. 사회복지 프로그램 개발과 유사한 개념에 대해 이해한다.
3. 사회복지 프로그램 개발 성격과 개발 원리에 대해 이해한다.
4. 사회복지 프로그램 개발의 의사결정 접근방법과 이론모형에 대해 이해한다.
5. 사회복지 프로그램 개발의 과정에 대해 이해한다.
6. 사회복지 프로그램 개발자의 역할에 대해 이해한다.

사회복지 프로그램 개발은 사회복지 목표달성을 위해 수행되는 체계적이고 논리적인 과정으로, 기획과 설계, 실행, 평가 및 환류의 단계를 포함한다. 본 장에서는 사회복지 프로그램 개발의 개념과 목적을 이해하고, 프로그램 개발과 유사한 개념을 구별할 수 있도록 돕는다. 또한 개발의 성격과 원리를 살펴보고, 의사결정 접근방법과 이론 모형을 통해 실천적 이해를 높인다. 마지막으로 사회복지 프로그램 개발의 과정과 개발자가 맡아야 할 역할을 살펴볼 것이다.

1. 사회복지 프로그램 개발의 개념과 목적

사회복지 프로그램 개발은 사회복지 프로그램의 기획이나 설계뿐만 아니라 실행, 평가 및 환류과정 등을 통해 새로운 프로그램을 만들거나 기존 프로그램을 수정 및 보완하여 개선하는 것을 의미하는데 일부에서는 전자를 사회복지 프로그램 기획과 구별하여 이를 넓은 의미의 사회복지 프로그램 개발이라고 보기도

하고 후자를 좁은 의미의 사회복지 프로그램 개발로 보기도 한다(이민홍 · 정병오, 2024). 즉 사회복지 프로그램 개발과정 전 단계를 포함하는 의미의 용어로 사회복지 프로그램 개발은 사회복지의 목적달성을 위해 사회문제를 해결하고 취약계층과 일반시민의 사회복지적 욕구를 충족시킬 목적으로 수행된다.

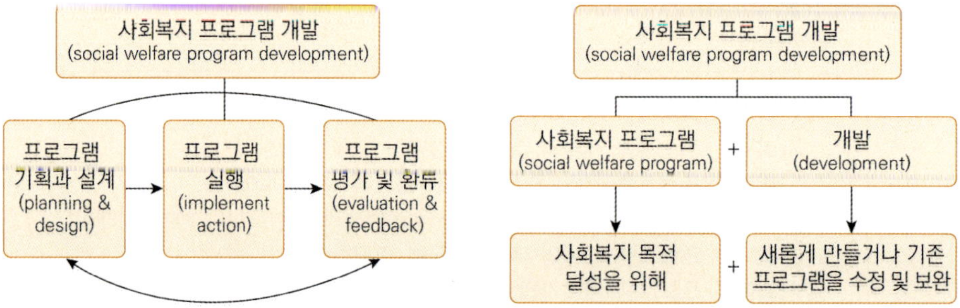

[그림 2-1] 사회복지 프로그램 개발의 개념과 개념적 모형

2. 사회복지 프로그램 개발과 유사한 개념

사회복지 프로그램 기획은 새로운 사회복지 프로그램을 기획(planning)하거나 설계(design)하는 것을 의미하는데(표갑수 외, 2013) 일부에서는 이를 좁은 의미의 사회복지 프로그램 개발이라고 보기도 한다. 한편 프로그램 기획(planning)은 프로그램 계획(plan)과는 의미가 조금 다른데 프로그램 기획이 프로그램 계획을 수립하는 과정을 의미한다면 프로그램 계획은 이 과정에서 얻게 된 결과산출물이라고 할 수 있다. 즉 프로그램 계획은 어떤 프로그램을 진행하기에 앞서 방법, 순서, 규모 등을 미리 생각하여 세운 내용을 기록한 것을 의미한다(정무성, 2005

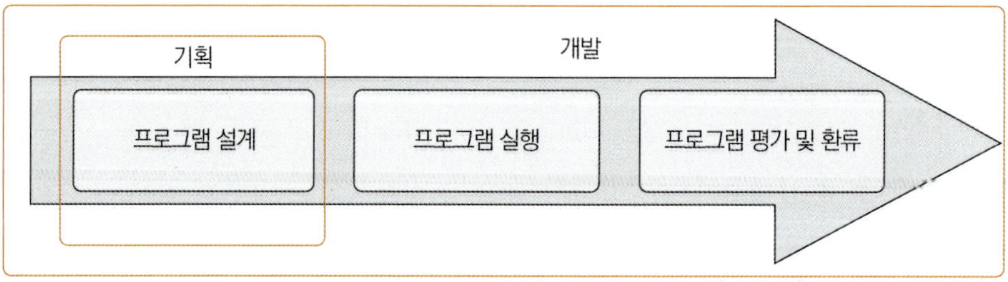

[그림 2-2] 프로그램 개발과 유사 용어의 개념 차이

일부 수정). 또한 프로그램 기획과 유사한 용어로 프로그램 설계가 있는데 이는 프로그램의 기획을 매우 구체적인 형태로 그 과정을 기술하는 것을 의미한다. 이에 반해 프로그램 개발은 프로그램의 기획이나 설계뿐만 아니라 실행, 평가 및 환류과정 등을 포함한 보다 넓은 개념이다(김상곤 외, 2012). 마지막으로 사회복지 프로그램 제안서(proposal)는 사회복지 프로그램 개발의 전 과정을 청사진(bluepoint)으로 제시하는 전문적이고 공식적인 문서이다(신덕상 외, 2020).

3. 사회복지 프로그램 개발의 성격과 개발 원리

1) 사회복지 프로그램 개발의 성격

Patton(1981)은 사회복지 프로그램 개발의 성격을 세 가지로 제시하였는데 그 내용은 다음과 같다.

첫째, 사회복지 프로그램 개발은 사회복지조직의 책무성 확보와 혁신을 위한 전략으로서 그 성격을 가지고 있다고 하였다.

둘째, 사회복지 프로그램 개발은 조직 내 집단적 협력과 의사결정 과정을 가지고 있다고 하였다.

셋째, 사회복지 프로그램 개발은 과학적인 문제분석과 측정을 위해서 각종 자료와 정보를 과학성에 기초한 창조적 예술활동으로서의 성격을 가진다고 하였다.

또한 김영숙 외(2002)는 사회복지 프로그램 개발의 성격을 다섯 가지로 제시하였는데 그 내용은 다음과 같다.

첫째, 사회복지 프로그램 개발이란 사회복지조직이 지역사회 욕구나 문제에 적극 대처하기 위한 대응기제이며 변화를 창출하기 위한 전략이라고 하였다.

둘째, 사회복지 프로그램 개발은 개인 참여자는 물론 참여자 집단의 행동변화뿐만 아니라 지역사회의 발전을 지향한다고 하였다.

셋째, 사회복지 프로그램 개발은 계속적인 집단적 의사결정 과정이라고 하였다.

넷째, 사회복지 프로그램 개발은 참여자들의 욕구를 확인, 사정, 분석하기 위해 사회복지조직과 지역사회 및 그 대표자들이 자발적으로 참여하는 협력적인 노력이라고 하였다.

다섯째, 사회복지 프로그램 개발은 조직 내외의 여러 사람들이 복잡한 절차에 공동으로 참여하는 집단 활동으로 하나의 체계로 간주될 수 있다고 하였다.

참고 **책무성의 종류**

1. 적용 범위의 책무성(coverage accountability)
   프로그램 담당자는 프로그램을 실제 이용하는 사람이 사전에 서비스 대상으로 규정된 클라이언트여야 하고 부적합한 대상은 서비스를 이용할 수 없도록 해야 한다. 예를 들어 빈곤가정 아동의 스마트폰 중독 치료 프로그램에 참여하는 아동은 빈곤가정의 아동이어야지 일반가정의 아동의 참여는 적합하지 않다.
2. 문화적 책무성(cultural accountability)
   프로그램 담당자는 클라이언트의 인종, 사회계층, 종교, 출신지역, 성적지향 등의 측면에서 다양성을 이해하고 이들이 사회적으로 차별받지 않도록 하며 인권이 보호될 수 있도록 해야 한다. 예를 들어 자신과 종교가 다르다고 하여 클라이언트에게 도움이 되는 프로그램의 참여를 제한하거나 배제시켜서는 안 된다.
3. 서비스 전달 책무성(service delivery accountability)
   프로그램 담당자는 서비스 제공량이 부족하거나 초과하지 않도록 적절하게 제공하여야 한다. 예를 들어 학교폭력 피해학생에게 상담과 함께 제공되던 심리검사 서비스를 예산부족으로 갑자기 중단하는 것은 서비스 전달 책무성에 어긋난다.
4. 재정적 책무성(fiscal accountability)
   프로그램 담당자는 프로그램에 사용되는 재정이 정해진 예산 범위 내에서 적절하고도 투명하게 집행되도록 하여야 하며 세부 지출 내역은 문서로 기록하여야 한다. 이를 위해 프로그램 담당자는 프로그램 기획과 설계 시 프로그램 내용을 고려하여 적정 규모로 예산을 편성하여야 하고 프로그램 실행 시에도 계획에 없는 지출이 발생하거나 편성된 예산보다 초과된 지출이 발생하지 않도록 유의하여야 한다. 또한 사업을 종료한 후에는 그동안의 지출내역을 정리해서 결산보고를 해야 한다.
5. 법적 책무성(legal accountability)
   프로그램 담당자는 프로그램 전 과정에서 관련 법률의 요구를 준수하여야 한다. 즉 프로그램 내용은 건전하고 안전하여야 하며 클라이언트의 심신을 해치지 않고 개인정보가 유출되지 않도록 조치하여야 한다. 또한 프로그램 내용이 폭력적이거나 경쟁심을 유발하지 않는 내용으로 구성되도록 하여야 한다.
6. 전문가 책무성(professional accountability)
   프로그램 담당자는 사회복지사 윤리강령과 같은 전문직의 윤리규정과 사격인증에 필요한 규정 등을 모두 준수하여야 한다.

출처: Grinnell, Gabor, & Unrau(2010), 수정 및 보완.

2) 사회복지 프로그램 개발 원리

사회복지 프로그램을 개발하기 위해서는 몇 가지 개발하는 데 있어서 지켜야 할 원리들이 있는데 그 내용을 살펴보면 다음과 같다(오현숙 · 최호윤, 2010).

첫째, 사회복지 프로그램의 개발은 참여자들의 욕구와 특성에 적합하게 이루어져야 한다.

둘째, 사회복지 프로그램의 개발은 그 프로그램을 원활하게 수행하는데 관련되는 제반여건들을 충분히 고려하여 이루어져야 한다.

셋째, 사회복지 프로그램의 개발은 그 과정에 서비스 이용자들의 폭넓은 참여가 보장되는 상태에서 이루어져야 한다.

넷째, 사회복지 프로그램의 개발은 참여자들의 발달단계에 적합하게 이루어져야 한다.

다섯째, 사회복지 프로그램의 개발은 참여자들의 전체 생활과 통합할 수 있도록 포괄적으로 이루어져야 한다.

여섯째, 사회복지 프로그램의 개발은 항상 변화하는 상황에 신축성 있게 대응할 수 있도록 이루어져야 한다.

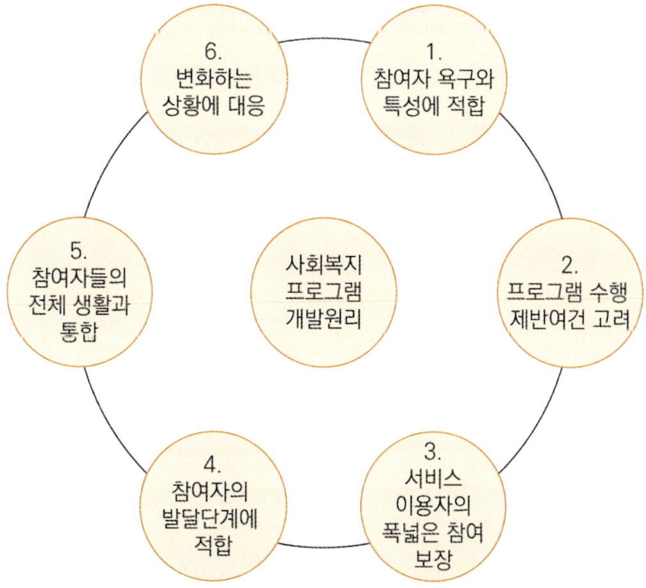

[그림 2-3] 사회복지 프로그램의 개발원리

4. 사회복지 프로그램 개발의 의사결정 접근방법과 이론모형

1) 사회복지 프로그램 개발의 의사결정 접근방법

사회복지 프로그램 개발을 할 때 가장 먼저 고려하는 것은 어떤 프로그램을 개발할 것인지를 의사결정하는 일이다. 프로그램 개발은 기획 및 설계, 실행, 평가 등의 프로그램 개발의 전 단계에서 개입방법과 기술을 선택하는 것을 포함하여 지속적인 의사결정이 이루어진다. 사회복지 프로그램 개발과 관련하여 의사결정과정을 설명할 수 있는 접근방법은 크게 기술방법론적 시각과 사회정치적 시각, 관료적 시각으로 구분되며 구체적인 내용은 다음과 같다(Gilbert & Spect, 1977; 이민홍 · 정병오, 2020; 황성철, 2005).

〈표 2-1〉 프로그램 개발의 접근방법과 의사결정 모델

의사결정 접근방법	주요 과업	의사결정 모델
기술방법론적 시각	분석적 과업	합리모형
사회정치적 시각	상호작용적 과업	점증모형
관료적 시각	분석적+상호작용적 과업	혼합모형

출처: 이민홍 · 정병오(2020).

(1) 기술방법론적 시각(합리모형)

기술방법론적 접근을 강조하는 조직에서는 자료수집, 계량화, 우선순위 결정, 목표구체화, 프로그램 설계, 비용효과 추계와 같은 분석적 과업을 강조한다. 그리고 이러한 과업을 주로 수행하는 프로그램 개발자는 전문기술자의 역할을 할 수 있어야 한다. 기술방법론적 시각을 강조한 의사결정모델은 합리모형인데 이 모형은 인간은 이성적이고 합리적이고 주어진 상황 속에서 목표를 해결하기 위해 최선을 정책대안을 만들어낼 수 있는 지적 능력이 있으며, 이러한 지적 능력을 전제로 대안을 비교하고 최선의 정책대안을 선택할 수 있다고 본다. 하지만 사회복지 프로그램 개발에서 인간의 능력을 활용하여서 절대적으로 합리적인 의사결정을 하는 것은 어렵다. 특히 욕구와 문제의 객관적 정보수집과 처리가 불가능하며, 문제 및 욕구별 상대적 중요성도 정치사회적인 과정을 배제하고 결정할 수 없는 한계가 내재되어 있다.

(2) 사회정치적 시각(점증모형)

사회정치적 시각을 받아들이는 의사결정과정은 조직 내부와 둘러싼 환경에서 정치성과 사회적 요소를 강하게 부각시킨다. 이러한 시각을 강조하는 사회복지 프로그램 개발자의 주요과업은 조직 내외적으로 관련 당사자가 설득, 협상, 주장하는 등의 상호작용적 과업을 수행하게 되며 새로운 프로그램의 중요성을 강조하거나 기존 프로그램을 존속시키려는 옹호자 역할을 할 수 있어야 한다. 사회정치적 시각을 강조한 의사결정모델은 점증모형인데 이 모형에서는 과거의 의사결정을 기초로 점증적으로 차이가 나는 대안을 검토하고 과거의 프로그램을 약간 수정한 의사결정이 이루어지며, 이루어진 결정에 대해 관련자의 반응을 보고 다시 의사결정을 수정, 보완하게 된다. 이 모형에서 프로그램 개발자는 상호작용적 과업인 상호 입장 교환, 협상, 당사자 간의 합의 등 사회정치적 과정이 중요시 되고 기존 프로그램의 합법성, 예산, 당사자의 이익을 대변하는 옹호자의 역할을 수행하게 된다. 그러나 현실을 인정하고 혁신을 배제한다는 점에서 보수적이며 의사결정에서 지나치게 현실의 여건과 정치성을 강조하기 때문에 체계성과 과학성이 결여된다는 비판을 받고 있다. 또한 이 모형은 편의성 때문에 프로그램 기획에서는 많이 활용되지만 사회복지 프로그램들에서 요구되는 책무성의 문제로 인한 한계를 갖는다.

(3) 관료적 시각(혼합모형)

관료적 시각은 기술방법론적 시각과 사회정치적 시각의 중간적 성격으로 이 시각의 프로그램 개발자는 분석적 과업과 상호작용적 과업을 동시에 수행하게 된다. 관료적 시각을 강조한 의사결정모델은 혼합모형인데 이 모형은 포괄적인 합리성을 바탕으로 큰 범위에서의 기본적 결정은 합리적으로 이루어지지만, 세부적 결정은 기본적 결정을 수정, 보완하여 점증적으로 이루어진다고 주장한다. 사회복지 프로그램 개발과정과 관련하여 사회복지기관에서 추구해야 할 장기적인 프로그램이나 핵심사업의 경우 합리모형에 따라 문제의 원인분석과 대안모색을 과학적으로 결정하고, 단기적이거나 세부적인 프로그램일 경우 점증모형에 따라 이해 관계자 간 협상과 협의를 통해 이루어지는 것으로 설명할 수 있다.

2) 사회복지 프로그램 개발의 이론모형

사회복지 프로그램 개발의 이론적 모형은 학자들의 주장에 따라 다양하다. 이러한 모형들을 살펴보면 다음과 같다(김종명 외, 2011; 황성철, 2005).

(1) 카머만의 모형(Kamerman, 1973)

카머만은 사회복지 프로그램 개발에 관해 최초로 체계적인 이론적 모형(프로그램 패러다임)을 제시하였다. 또한 프로그램의 활동 과정을 기획, 개시, 실행의 3단계로 분류하는 개념적 틀을 완성하였다. 그러나 최초의 이론 모형 및 단계 제시에 실증적 조사와 연구를 기반으로 하고 있지만, 단계별 과업이 모호하며 구체적인 절차와 방법이 부족하여 실용성 면에서 한계가 있다.

① 프로그램 기획단계

기획단계에서는 우선적으로 지역사회의 현재 문제나 클라이언트 집단의 욕구를 파악해야 한다. 목적 및 목표를 구체화하고, 개입방법과 기술을 선택하며, 프로그램 수행에 필요한 조직 구조를 설계하고, 행정 및 재정적 자원을 확보하며 지원하는 등의 작업이 이루어져야 한다.

② 프로그램 개시단계

개시단계는 프로그램이 기획단계에서 설계된 기획에 따라 프로그램을 구체적으로 실행에 옮기기 위한 전초적인 단계이다. 프로그램 수행에 필요한 자원이 확보되었고, 상급 기관에서 프로그램 시행에 대한 승인이 이루어졌으며, 사회복지기관과 내부 조직이 새로운 프로그램을 수행하기로 결정했을 때 프로그램이 시작될 수 있다.

③ 프로그램 실행단계

실행단계는 프로그램의 기획에 따라 프로그램을 구체적으로 실행에 옮기는 실제적인 단계이다. 사회복지 프로그램의 경험적 조사 및 연구 결과에 기반하여 프로그램이 구조화되고 서비스가 지속적으로 제공되면, 즉 계획된 서비스가 이용자 집단에 제공되면 종결된다.

(2) 로스먼과 토마스의 디자인 및 개발 모형(Rothman & Thomas, 1994)

로스먼과 토마스의 디자인 및 개발 모형(Design & Development model)은 로스먼의 사회적 연구 및 개발 모형(Developmental Research)과 토마스의 발달적 연구(Design & Development Model)가 결합된 것으로 사회복지 프로그램의 개발 단계에서 실제로 사용해 보고 테스트하는 작업이 필요한 특성을 갖고 있어 '디자인 및 개발(Design & Development)' 모형으로 명명되었으며 개입연구모형의 가장 핵심적인 영역으로 평가받고 있다. 이 모형은 과학적 지식에 기반을 둔 체계적인 개발과정을 강조하며, 설계와 개발 단계뿐만 아니라 프로그램의 전파와 확산도 중요시한다. 그러나 이 모형은 과학적 절차나 높은 학문성을 강조하는 반면, 실용성 측면에서는 한계가 있으며 사회적 맥락이나 정치적 측면을 충분히 고려하지 않는다는 비판을 받을 수 있다.

① 문제분석과 프로젝트 기획(Problem analysis and project planning): 문헌고찰과 욕구조사를 통하여 문제를 확인하고 분석하여 프로그램의 목적을 설정하는 단계

② 정보수집과 통합(Information gathering & synthesis): 프로그램 목적에 맞는 성공적인 모델의 요인에 관한 정보를 수집하고 통합하는 단계

③ 디자인(Design): 지금까지 수집한 자료 정보를 통합하여 원형 프로그램을 구성하는 단계

④ 초기개발과 현장실험(Early development and pilot testing): 3단계에서 생성된 초기 프로그램을 실천현장에 적용 실시하여 가능성을 탐색하며 후기 프로그램 수정에 반영하는 단계

⑤ 평가 및 수정개발(Evaluation and advanced development): 효과적인 실천을 개발하려는 실천을 위한 조사로서 프로그램 결과에 대한 양적, 질적 조사방법을 모두 활용하여 과정평가를 포함한 프로그램의 효과성을 평가하는 단계

⑥ 보급(Dissemination): 5단계에서 개발된 프로그램을 수정, 반복적으로 개입함으로써 최종 개발된 프로그램 보급을 위한 산출물로 준비하여 실행하는 단계

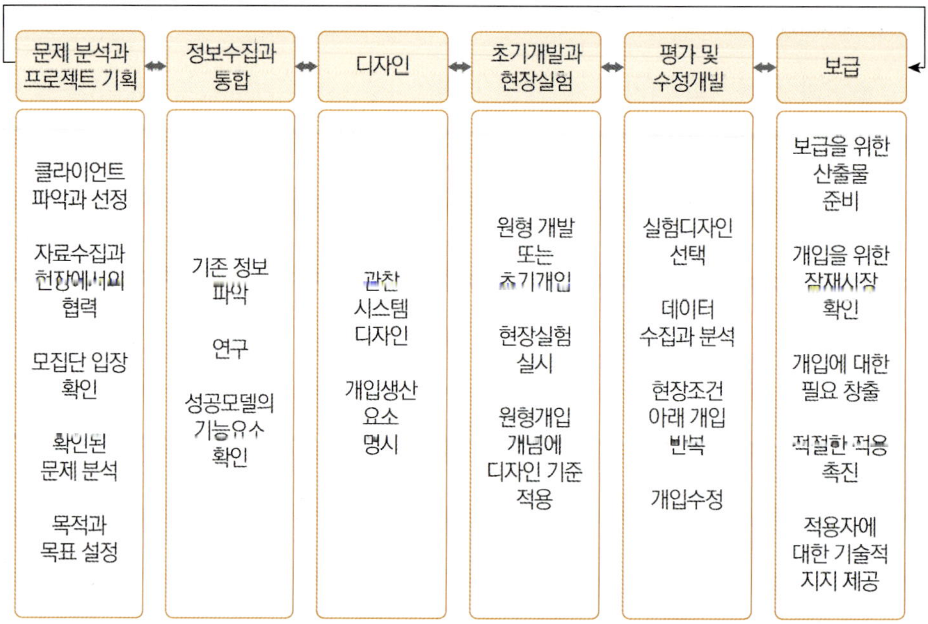

출처: Rothman & Tomas(1994).

[그림 2-4] 디자인 개발에 활용되는 개입연구모형의 단계와 전략

(3) 케트너, 모로니, 마틴의 설계관리 모형(Kettner, Moroney & Martin, 2008)

케트너, 모로니, 마틴의 설계관리 모형은 사회복지기관 관리자가 프로그램의 효과성을 높이기 위해 기획과 설계 단계에 중점을 두어, 관리자의 관점에서 프로그램 개발의 원리와 구체적인 지침을 제공하는 접근 방식이다. 이 모형은 효과성과 책임성을 강조하며, 현장의 개발자들에게는 실용적인 방법을 제공하고 있다. 그러나 관리적 측면과 기술방법론에 치우친 접근으로 인해 정치적 및 사회적인 측면이 무시되었으며, 설계과정에 중점을 두어 실행과 평가단계가 간과되었다는 단점이 있다.

① 문제분석(problem analysis): 사회문제를 이해하고 활용하는 방법을 상세히 제시

② 욕구사정(need assessment): 욕구이론에 기초하여 각종 욕구조사 방법에 따라 규범적 욕구, 비교적 욕구, 인지적 욕구, 표출된 욕구 등을 어떻게 추출할 수 있는지 상세히 제시

③ 전략선택과 목표수립(selecting a strategy and establishing objectives): 프로그램 가설을 수립하여 결과를 예측하는 단계로, 프로그램 목표는 기관의 사

명 현장으로부터 논리적으로 유추되어야 하며 목표는 세부목표로 분화되고 그 기준은 성과와 목표달성의 여부를 결정하는 측정기준이 됨

④ **프로그램 설계**(program design): 개입계획을 수립해 세부목표 달성을 위한 프로그램 구성요소를 체계적 관점에서 투입, 전환, 산출, 성과로 나누어 작성

⑤ **정보관리체계**(information management system): 투입, 전환, 산출, 성과로 나누어 클라이언트와 프로그램 목표달성에 관한 유용한 정보를 관리하고 활용

⑥ **예산수립**(budgeting): 프로그램 예산과 항목별 예산작성, 비용과 수입 추계 및 관리하는 구체적 방법을 제시

⑦ **프로그램 평가**(program evaluation): 각종 프로그램 평가방법에 따라 과학적이고 체계적인 평가방법으로 프로그램 수행과 성과측정을 관리

(4) 커츠-아쉬만과 헐의 PREPARE & IMAGINE 모형(Kirst-Ashman & Hul, 2001)

커츠-아쉬만과 헐은 거시적 실천에서 계획과정을 PREPARE 모형으로 설명하고, 실행과 평가과정을 IMAGINE 모형으로 설명한다. 개발과정 전후의 다양한 요소를 고려하고 단계별 과업과 기술을 명시하였으며 프로그램 개발과정에서 정치·사회적 요소가 고려되었다. 하지만 규범적 원리 제시의 강조로 경험적 기반이 취약하다는 단점을 가지고 있다.

① PREPARE 모형

거시적 실천에서 지역사회나 조직을 변화시키거나 특정한 프로젝트를 수행할 때 전 단계에 고려하거나 준비해야 할 사항에 관한 주요 내용으로 구성된다.

- 문제(Problem) 확인
- 거시적 또는 개인적 현실(Reality) 검토
- 주요 목적 수립(Establish)
- 영향력 행사 인사(People) 파악
- 비용과 편익의 잠정적 사정(Assessment)
- 전문적 또는 개인적 위험(Risk) 요인 검토
- 잠정적 성과평가(Evaluation)

② IMAGINE 모형

순차적으로 서술되어 있지만 실제로는 순서에 상관없이 복합적이고 동시에 진행될 수 있다.

- 아이디어(Idea) 개발: 새로운 프로그램의 수혜자인 클라이언트 체계와 접촉하고 제안된 프로그램의 전반적인 목적을 구상하며 클라이언트의 미충족 욕구 파악과 자료수집이 이루어짐
- 지지 규합(Muster): 행동체계로부터 지원을 요청하고 지지자를 과업집단이나 자문위원회에 배치하여 프로그램에 대한 지원체계를 확립
- 자산(Assets) 확인: 시간, 기술, 직원, 예산의 규모와 정도를 파악하고 기관으로부터 지원과 합법성 확보 및 실행가능성을 탐색하며 재정적 자원을 요청
- 목적 및 목표(Goal) 설정: 목적 및 목표설정과 관련된 활동을 구체화하며 PERT 차트에 기반한 월간활동계획을 수립
- 실행(Implement): 시범적 실행과 문제점을 파악이 이루어지며 프로그램의 시행과 참여, 직원 동기부여와 클라이언트의 계약서 작성 등이 진행
- 저항 중화(Neutralize): 예기치 못한 저항이 발생할 수 있으며 행정적 지원과 지지를 활용하여 저항을 중화함
- 과정 및 효과 평가(Evaluate): 프로그램 수행과 일상적 활동을 모니터링하며 효과성 평가 및 영향 평가가 이루어짐

(5) 황성철(2005)의 PIE 모형

황성철의 PIE 모형은 프로그램 개발의 개념적 틀을 활용하여 프로그램 개발을 설명할 수 있는 이론적 모형이다. 프로그램의 개발의 개념화를 통해 사회복지 프로그램 개발의 과정은 기획 및 설계, 실행, 평가 등이 공통적으로 포함된다는 측면에서 각 단계의 머리글자를 결합하여 PIE모형으로 명명되었다.

① 기획 및 설계(Planning): 이 단계의 시작은 사회문제의 분석과 욕구조사로 시작되며 프로그램의 목적과 목표가 설정되고 대상자 선정 및 개입전략이 선택됨

② 실행(Implementation): 자원확보 및 관리, 기록 및 자료관리, 모니터링 체제 확립, 서비스 질 관리 및 저항중화[1)]가 이루어짐

③ 평가(Evaluation): 평가 목적 및 계획수립, 평가도구 및 척도 선정, 성과 및 효율성 평가, 평가보고서 작성 제출이 이루어짐

5. 사회복지 프로그램 개발의 과정

사회복지 프로그램 개발의 전체 과정은 [그림 2-5]와 같이 요약할 수 있으며, 단계별 구체적인 내용을 살펴보면 다음과 같다(윤성호, 2021).

1) 잠재적 욕구 규정

조직은 종종 프로그램 참여자들이 미처 표현하지 않은 추가적인 욕구를 뒤늦게 발견하기도 한다. 이러한 발견은 추가자원이 필요한 새로운 프로그램을 설계할 기회를 제공할 수 있다.

2) 욕구사정 수행

특정 대상집단의 욕구를 파악하기 위해 다양한 출처에서 데이터를 체계적으로 수집하고 분석해야 한다. 이를 통해 대상집단의 욕구와 기존 프로그램 간에 차이가 있는지 확인할 수 있다.

3) 욕구충족을 위한 잠재적 프로그램 연구

확인된 요구를 가장 효과적으로 해결하기 위해 기존 프로그램을 찾아보고 검토해야 한다. 적절한 프로그램을 선택하기 전에 대상의 인구통계 정보, 위치, 규모 등 관련 상황을 분석해야 한다.

1) 대상자가 변화를 받아들이도록 돕는 과정

4) 증거기반 설계 선택

잠재적인 프로그램을 꼼꼼히 검토한 뒤, 효과적이거나 유망한 증거가 있는 설계를 선택해야 한다. 이는 해당 설계가 이전에 실행되고 평가된 경험을 바탕으로, 대상집단에서 원하는 결과를 얻을 가능성이 높다는 점에 기반한다. 만약 이런 프로그램이 없거나 상황에 맞지 않다면, 프로그램의 구성요소를 수정하거나 새로운 프로그램을 설계할 수 있다.

5) 프로그램 디자인 개발

논리모델이나 변화이론을 활용해 프로그램 활동, 자원배분, 예상결과를 구체적으로 계획한다. 프로그램 설계는 개발과정에서 수집한 모든 정보를 종합하여 프로그램의 목표, 활동, 그리고 필요한 자원을 설정하는 과정이다.

6) 시범 프로그램 시행

본격적으로 프로그램을 구현하기 전에 준비과정이 필요하다. 가능하면 특정 상황에서 프로그램이 제대로 작동하는지 확인하기 위해 시범시행을 진행하는 것이 중요하다. 시범시행은 프로그램을 소규모로 운영해 프로그램이 제공 준비가 되었는지 점검하는 과정이다. 이를 통해 프로그램 이용자의 변화를 확인하고 필요한 수정사항을 평가할 수 있다. 효과적인 시범시행은 지속적인 모니터링 단계를 준비하는 기반이 된다.

7) 프로그램 수행

시범 시행을 통해 프로그램이 정상적으로 작동하는 것을 확인한 후, 본격적으로 수행한다. 프로그램 담당자를 선정하고 교육을 진행한다. 관리과정과 기준(규칙)을 설정한 뒤, 서비스를 제공하기 시작한다. 이후에는 지속적으로 모니터링하고 품질관리를 실시해야 한다.

8) 모니터링 및 평가

프로그램을 실행하거나 실험하는 과정에서 무엇이 효과적이고 무엇이 효과적이지 않은지를 파악해야 한다. 이를 위해 프로그램의 원래 목표를 검토한다. 다양한 출처에서 데이터를 수집하고 분석하는 체계적인 과정을 활용한다. 프로그램을 수행하기 전이나 운영 중에는 수정과 개선을 위한 단계를 진행한다. 또한 모니터링과 평가를 통해 이해관계자, 특히 후원자들에게 책임을 증명할 수 있는 자료를 마련한다.

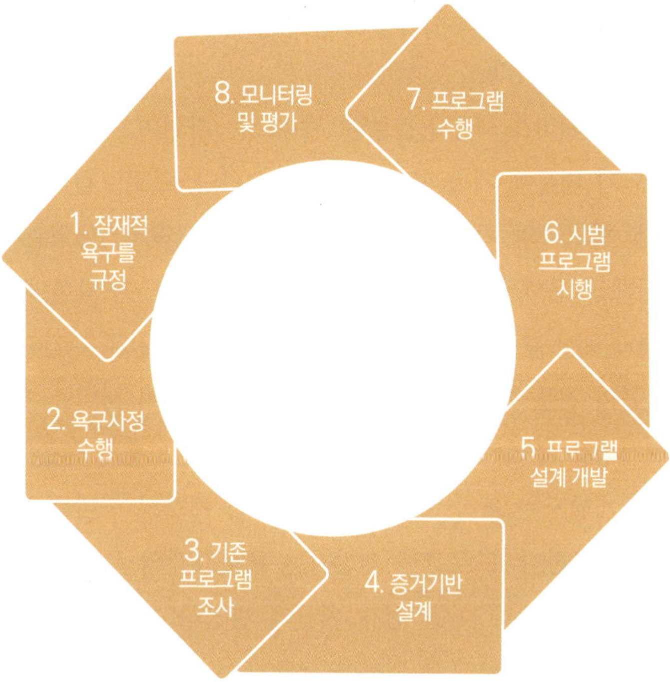

출처: 윤성호(2021).

[그림 2-5] 사회복지 프로그램 개발의 8단계

6. 사회복지 프로그램 개발자의 역할

Taber와 Finnegan(1980)이 제시한 프로그램 개발자의 역할은 다음과 같다.

① 욕구사정, 정책 분석 및 서비스 시스템 기획: 프로그램 개발자는 시간이 제한적이므로 다양한 분석가와 기획가의 산출물을 빠르게 이해하고 활용해야 한다. 지역사회 설문조사, 새로운 정부규정, 또는 새로운 서비스 제공계획 등에서 출발하여 개발자가 활용가능한 욕구와 자원을 파악할 수 있어야 한다.

② 자원개발: 프로그램 개발자는 민간 및 공공 사회복지 자원에 대한 최신 정보를 알고 있어야 한다. 긴급지원을 받고 보완적인 자원을 준비하려면 최신정보가 필수적이다.

③ 기술 지문 및 서비스 제공자 컨설팅: 서비스는 자원이 제한된 소규모 기관에서 개발되기 때문에 기술적인 지원이 중요하다. 프로그램 개발자는 서비스 프로그램 책임자의 기술지식을 보완하기 위해 재정, 행정관리, 정보시스템, 예산책정 등에 대한 실질적인 정보를 제공할 수 있어야 한다.

④ 프로그램과 예산 분석: 프로그램 개발자의 주요 책임은 시간표, 작업량, 서비스 제공의 전문적이고 기술적인 측면을 포함하여 서비스 프로그램에 대한 서면설명을 준비하고 분석하며 해석하는 데 도움을 주는 것이다. 또한 프로그램 개발자는 조직 예산이나 프로그램 예산의 의미를 분석하고 이해할 수 있어야 한다. 프로그램 개발자는 프로그램의 목표, 활동, 서비스 제공 방안을 설명할 때 이를 실제 예산에 반영하고, 반대로 예산의 한도와 자원을 고려하여 프로그램 내용을 조정해야 한다.

⑤ 계약 협상: 프로그램 개발자는 주고받는 과정을 통해 서비스 제공에 대해 상호 합의하고 법적 구속력이 있는 계약을 체결할 수 있어야 한다.

⑥ 특정 표적집단과 프로그램 옹호: 후원자는 관심이 필요한 경쟁 표적집단 중에서 선택하거나 특정 표적집단을 위한 경쟁 프로그램 중에서 선택해야 하는 경우가 많다. 프로그램 개발자는 특정 프로그램이나 특정 집단의 욕구를 홍보하는 데 있어서 당파적인 역할을 맡아야 할 수도 있다.

⑦ 서비스 프로그램 조정: 대부분의 도시에서 기존 서비스 제공자 집단은 서비

스 시장을 독점하고 공급을 통제하는 경향이 있다. 새로운 서비스를 개발하려면 광범위한 조직 간 협상과 새로운 계약이 필요하다. 이러한 계약을 협상하는 것은 프로그램 개발자의 책임일 수 있다.

⑧ 서비스 프로그램의 성과 모니터링 및 평가: 프로그램 개발자는 서비스 평가를 위한 계획수립을 돕거나 특정 계약 또는 합의에 따라 제공되는 서비스에 대한 지속적인 모니터링을 책임질 필요가 있을 수 있다. 정보시스템에 대한 자문, 현장방문, 재정 및 서비스 보고서 분석은 사회 및 보건 서비스 제공을 모니터링하는 데 사용되는 방법 중 일부이다.

2장 돌아보기

1. 사회복지 프로그램 개발의 개념은 무엇이며 개발목적은 무엇인가?

2. 프로그램 개발은 기획, 계획, 프로포절과 어떻게 다르다고 생각하는가?

3. 사회복지 책무성의 개념과 유형에 따른 내용을 설명해 보라.

4. 다양한 학자들이 제시한 사회복지 프로그램 개발 이론모형을 설명해 보라.

5. 프로그램 개발의 전체 과정을 설명해 보라.

PART 02

사회복지 프로그램 기획과 설계

CHAPTER 03 사회복지 프로그램 기획에 대한 이해

학습목표

1. 사회복지 프로그램 기획의 개념과 필요성을 이해한다.
2. 사회복지 프로그램 기획의 속성에 대해 이해한다.
3. 사회복지 프로그램 기획의 유형에 대해 이해한다.
4. 사회복지 프로그램 기획의 과정에 대해 이해한다.
5. 사회복지 프로그램 기획 시 고려해야 할 사항에 대해 이해한다.
6. 사회복지 프로그램 기획자가 가져야 할 역량에 대해 이해한다.

사회복지 프로그램 기획은 사회복지의 가치와 권리를 실현하는 차원에서 개인이나 지역사회 내에 존재하는 문제를 해결하기 위한 프로그램을 설계하는 과정이다. 이 과정은 프로그램의 목적과 방향성을 설정하고, 이를 효과적으로 실행하기 위한 구체적인 계획을 수립하는 데 중요한 역할을 한다. 본 장에서는 사회복지 프로그램 기획의 개념과 필요성, 기획의 속성, 다양한 기획유형, 기획의 구체적인 과정, 프로그램 기획 시 고려해야 할 사항들과 프로그램 기획자가 가져야 할 역량에 대해 살펴봄으로써 사회복지 프로그램 기획에 대한 깊은 이해를 돕고자 한다.

1. 사회복지 프로그램 기획의 개념과 필요성

1) 사회복지 프로그램 기획의 개념

일반적으로 기획(planning)은 문제를 해결하고 미래에 예상되는 사건들에 대한 경로를 통제하는 의도적인 시도로서 그 핵심적인 활동은 예견, 체계적 사고, 조사, 가치선호 등을 통해 대안을 선택해 나가는 것이다(김영종, 2013) 그러므로 기획은 미래에 대한 예측을 포함한 조직화된 노력으로 이러한 노력 속에서 대안을 선택하기 위해 복합적인 의사결정 과정을 포함하여 전문적인 지식과 기능을 필요로 한다(정무성, 2005). 기획은 주어진 문제를 해결하는데 가장 적절한 활동내용을 개발하고 개발된 활동이 과연 목표를 달성할 수 있는 적절한 대안인지를 지속적으로 평가하는 과정이다(이봉수 · 김기덕, 2014). 또한 기획은 미래지향적이며 계속적인 과정으로 의사결정과 연결되어 있고 목표지향적이며 목표를 위한 수단이다. 이에 반해 계획(plan)은 어떤 일을 하기에 앞서 방법, 순서, 규모를 미리 생각하여 세운 내용을 의미하며(정무성, 2017), 기획의 계속적 행동과정을 통해서 얻어진 결과라고 할 수 있다(황성철, 2005). 즉 기획이 과정에 초점을 두었다면 계획은 결과를 강조한다고 볼 수 있다.

〈표 3-1〉 기획과 계획의 차이

기획 (planning)	계획을 세워 가는 활동과 과정을 말하며 초점을 두는 계속적인 행동으로서의 의미가 강함
계획 (plan)	어떠한 구체적인 사업에 대한 연속적인 의사결정이라는 의미가 있으나 기획에서 도출된 결론, 이미 결정된 행동노선을 가리키는 경우가 많음

출처: 정무성(2005).

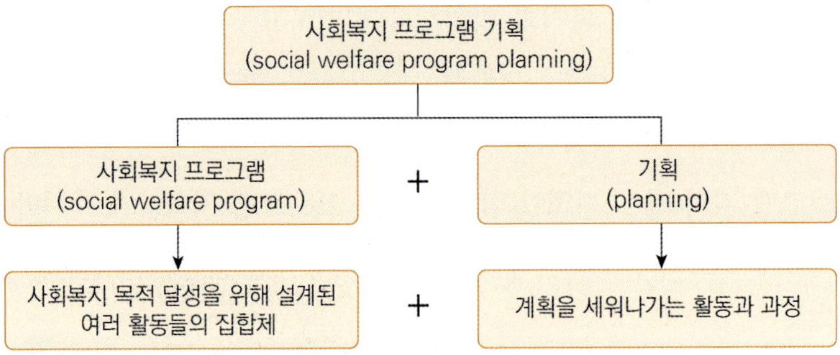

[그림 3-1] 사회복지 프로그램 기획의 개념

또한 사회복지 프로그램 기획은 사회복지 프로그램과 기획의 합성어로, 사회복지 프로그램은 사회복지 목적을 달성하기 위해 설계된 다양한 활동들의 집합체를 의미하고, 기획은 계획을 세우는 활동과 과정을 뜻한다. 따라서 사회복지 프로그램 기획은 사회복지의 가치와 권리를 실현하는 차원에서, 개인이나 지역사회 내에 존재하는 문제를 해결하기 위한 프로그램을 설계하는 과정이라 할 수 있다.

2) 사회복지 프로그램 기획의 필요성

사회복지 프로그램은 대부분 외부의 자원제공자(정부, 후원자 등)들과 이용자에게 프로그램의 운영에 필요한 비용을 의존하고 있다. 따라서 사회복지전문직은 이러한 외부자원에 대한 프로그램의 효과성과 효율성을 가시화해야 할 책임을 이행하는 것에 도전을 받고 있다(정무성, 2005). Skidmore(1995)는 사회복지조직체에서 프로그램 기획의 필요성을 바탕으로 프로그램의 과학적 설계의 중요성을 다음과 같이 제시하고 있다(정무성, 2005 재인용).

① **불확실성 감소**: 빠른 환경의 변화와 미래의 불확실한 상황에서 사회복지 조직의 목표가 혼돈되거나 조직성원과 클라이언트가 무능력하거나 권력 지향적인 행정책임자에 의해 희생당할 가능성이 있는데 잘 기획된 프로그램은 이러한 부분을 통제할 수 있다.

② **합리성 증진**: 기획은 문제해결과 의사결정을 위해 경험적인 증거를 통해 타당하게 적용될 수 있는 수단을 제공하기 때문에 합리성을 높일 수 있다.

③ **효율성 및 효과성 증진**: 사전에 신중하게 기획된 프로그램은 최소의 비용과 노력으로 서비스 목표를 달성할 수 있어 효율성을 증진시키며, 클라이언트의 문제나 욕구를 효과적으로 해결할 수 있다.

④ **책임성 증진**: 사회복지 조직은 사회의 승인을 받아서 개인의 기부금이나 국가의 지원을 받아 사업을 운영한다. 따라서 사회복지 조직은 서비스를 효과적이고 효율적으로 제공할 책임이 있으며, 기획을 통해 이러한 책임을 명확하게 입증할 수 있어야 한다.

⑤ **프로그램 관련자들의 이해와 욕구충족**: 프로그램 기획에는 해당 프로그램과 관련된 전문가, 이용자, 지역사회 관계 인사 등이 참여하게 되므로 이들이 프로그램에 높은 관심을 가지게 되고 프로그램 자체가 이용자의 요구에 맞게 개발되고 적용될 수 있다.

⑥ **사회복지조직 실무자의 사기 진작**: 목표달성은 기획에 참여한 이들에게 성취감과 동시에 타인으로부터의 인정을 얻게 한다.

2. 사회복지 프로그램 기획의 속성

사회복지 프로그램 기획의 속성에 있어 학자에 따라 중요한 요소에 차이가 있을 수 있으나 종합해 보면 대체로 다음과 같이 정리해 볼 수 있다(김영숙 외 2002; 우수명, 2004; 정무성, 2005; 최일섭 · 이창호, 1993).

① 기획은 지속적인 과정이다. 기획은 짧은 시간에 프로그램 기획자의 순간적 결정에 의해 이루어지는 것이 아니라 체계적으로 연속적인 작업을 통해 계획적으로 진행되는 과정의 결과물이다.

② 기획은 지향점을 가져야 한다. 전문성을 가지고 해결해야 할 과제나 문제를 규정하고, 이를 해결 또는 개선할 수 있는 목표가 명확하게 제시되었다면 기획은 인증받을 가능성이 높아짐은 물론, 실질적인 프로그램의 방향을 잃지 않고 일관되게 수행할 수 있도록 나침반 역할을 하게 된다.

③ 기획은 목표지향적이다. 기획은 목표를 달성하기 위한 적절한 수단을 선택하는 과정으로 목표와 수단을 연결하는 작업이다.

④ 기획은 미래지향적이다. 프로그램 기획은 현재 주어진 상황에 대한 과학적 평가를 바탕으로 해결해야 할 문제를 파악하고, 앞으로 수행할 과업과 그 결과를 예측하며, 이를 통해 문제해결의 가능성과 전망을 현재 시점에서 계획하는 작업이다.

⑤ 기획은 현장을 중심으로 이루어진다. 현장 중심성은 클라이언트와 사회복지사 간의 관계를 최우선으로 고려하며, 사회복지 실천과정에서 클라이언트의 욕구를 지속적으로 탐구하고, 문제와 과제를 끊임없이 고민하는 데 중점을 둔다.

⑥ 기획은 개방성을 가져야 한다. 잘 준비되어 기획된 프로그램도 수행하는 과정에서 많은 어려움이 발생할 수 있으므로, 이러한 과정에 대처하기 위해 개방성을 가져야 한다. 기존의 프로그램에 비해서 더욱 효과적으로 보완할 수 있어야 하며 시대적 변화에 대응할 수 있어야 한다.

⑦ 기획은 다양한 대안들을 탐색하는 과정이다. 기획에서는 목적과 목표를 선택하고 그것을 달성하기 위해 다양한 방법들이 고려되어야 한다.

⑧ 기획은 의사결정 과정이다. 기획은 연속적인 의사결정의 과정을 통해 이루어진다. 하나의 프로그램이 완성되기까지는 여러 단계와 절차가 필요하며, 각 단계에서 적절한 의사결정이 이루어져야 한다.

⑨ 기획은 인증가능성을 가져야 한다. 기획은 인증을 받아야 실행될 수 있으며, 인증 조건은 타당성, 예산 및 자원, 그리고 재원을 지원하는 기관(정부, 재단, 공동모금회 등)의 특성과 가치, 실현 가능성에 따라 달라질 수 있다.

⑩ 기획은 학습과 성장을 지향해야 한다. 기획은 지역사회와 클라이언트의 문제를 검토하며, 새로운 사업을 모색하거나 기존 사업의 개선을 검토하는 과정 자체가 중요한 학습의 기회이자 성장의 과정이다.

3. 사회복지 프로그램 기획의 유형

기획은 특정한 목적을 달성하기 위해 고안된 조직적인 활동으로 크게 사용처별, 개발동기별, 의사소통별, 사업목적별 유형으로 구분할 수 있다. 먼저 사용처별 유형은 내부 기관장의 결재를 받아 기관 사업수행을 위해 만들어졌는지(내부형) 아니면 사회복지기관 외부에 대한 마케팅이나 기금마련 목적으로 만들어졌는지(외부형)에 따라 구분된다. 개발동기별 유형은 개발동기가 기존 프로그램을 개선하기 위함인지(개선형), 신규 프로그램을 개발하기 위한 목적인지(개발형), 홍보 혹은 외부자원 개발이나 기금마련이 목적인지(홍보마케팅형), 훈련이나 과제 또는 연습을 위한 목적인지(학습형)에 따라 유형이 구분된다. 의사소통별 유형은 기획이 기관장의 욕구에서 시작되었는지(상의하달형)와 실무자의 문제의식 등에서 시작되었는지(하의상달형)에 따라 구분되며, 프로그램이 지향하는 사업목적별로는 문제해결형 기획, 역량강화형 기획, 삶의 질 개선형 기획, 보호원조형 기획으로 구분되기도 한다. 하지만 실제 프로그램을 기획하는 과정에서는 이러한 유형의 구분이 배타적이기보다는 상호 결합되어 조직화되는 것이 일반적이다. 기획의 유형별 구체적인 의미는 〈표 3-2〉와 같다.

〈표 3-2〉 기획의 유형 분류

구분	유형	의미
사용 처별 유형	내부용 기획	사회복지기관 내부에서 기획안 혹은 사업계획서를 작성하고, 기관장의 결재를 받은 후, 기관 사업으로 수행되는 기획
	외부용 기획	사회복지기관 외부에 대한 마케팅 혹은 기금 마련을 위한 목적으로 기획안을 수립하는 기획
개발 동기별 유형	개신형 기획	기존의 프로그램이 가지고 있는 문제점을 개선하고 보다 효과적이고 효율적인 전달체계를 구축하기 위한 목적으로 실시하는 기획
	개발형 기획	기존에는 존재하지 않았거나 수행되지 않았던 새로운 프로그램을 마련하기 위해 실시하는 기획
	홍보마케팅형 기획	홍보 혹은 외부자원의 개발이나 기금 마련을 위한 특수한 목적으로 작성된 기획
	학습형 기획	기관의 사회복지사들이나 학생들을 대상으로 하여 기획서를 작성하는 훈련이나 과제 또는 연습을 위해 수행하는 기획
의사 소통별 유형	상의하달형 기획	조직의 기관장으로부터 실무자에게 문제나 과제가 제시되어 요구되는 기획
	하의상달형 기획	사회복지기관의 실무자의 문제의식이나 전문성으로부터 기획이 도출되어 수립된 후, 추후 기관장으로부터 인증 과정을 얻어 시행되는 기획
사업 목적별 유형	문제해결형 기획	클라이언트가 당면한 욕구나 문제를 해결하기 위한 목적으로 작성되는 기획
	역량강화형 기획	클라이언트가 직면하고 있는 욕구나 문제를 직접적으로 해결하기보다는 클라이언트의 사회적 권익이나 자조능력의 향상을 지향하는 기획
	삶의 질 개선형 기획	클라이언트의 특수한 문제나 욕구를 전문적으로 해결하기보다는 클라이언트가 더 나은 삶을 행복하게 누리도록 도움을 제공하는 기획
	보호원조형 기획	클라이언트 가운데 스스로 자립할 수 없거나 사회적 차원에서 물질적·정신적 도움이 필요한 대상을 목표로 하는 기획

출처: 우수명(2007).

4. 사회복지 프로그램 기획의 과정

프로그램의 기획과정에 대해 학자들마다 다양한 의견이 존재하는데 크게 프로그램 기획의 과정에 실행과 평가를 포함하는 경우와 프로그램 설계의 입장에서 프로그램 기획을 바라본 경우로 나뉜다.

1) 실행과 평가를 포함하는 프로그램 기획과정

York(1982)는 프로그램 기획과정을 10단계로 나누어 살펴보았다. ① 행동범위의 설정, ② 문제의 분석, ③ 욕구의 사정, ④ 목적 및 효과 목표, ⑤ 우선순위 수립, ⑥ 대안의 확인, ⑦ 대안의 선택, ⑧ 자원요구의 확인 및 결과목표의 정의, ⑨ 집행, ⑩ 평가이다.

Kettner 외(2008)는 프로그램 기획과정을 7단계로 예산수립 및 효과성 평가까지 포함하여 ① 문제분석과 욕구사정, ② 적절한 개입전략 선별, ③ 목적과 목표 선정, ④ 프로그램의 설계, ⑤ 경영정보체계 구축, ⑥ 예산수립, ⑦ 프로그램 효과성 평가로 정리하였다.

이봉주와 김기덕(2014)은 기획의 과정을 4단계로 단순화시켜 ① 문제의 이해, ② 개입논리의 개발, ③ 프로그램 내용 구체화, ④ 프로그램의 평가로 나누었고, 프로그램 기획의 과정을 평가단계까지 정리하였다.

2) 프로그램 설계에 중점을 둔 기획과정

Skidmore(1995)는 프로그램 기획과정을 6단계로 단순화하여 ① 구체적 목표의설정, ② 관련 정보수집 및 가용자원 검토, ③ 목표달성을 위한 대안적 방법 모색, ④ 대안의 실시조건 및 기대효과 평가, ⑤ 최종안의 선택, ⑥ 구체적인 실행계획 수립으로 정리하였다.

김상곤 외(2012)는 프로그램 기획을 계획을 수립하는 과정으로 규정한다는 점에서 기획의 범주를 프로그램을 설계하는 것까지로 보고 ① 문제와 욕구 확인 및 분석, ② 목적과 목표수립, ③ 프로그램 개발을 위한 자원의 확보와 규모 확인, ④ 최적의 개입전략과 실행방법 결정, ⑤ 프로그램 평가계획 수립, ⑥ 프로그램 환류계획 수립으로 정리하였다.

〈표 3-3〉 기획과정에 대한 주요 학자의 견해

학자	프로그램 기획의 과정에 실행과 평가를 포함하는 경우			프로그램 설계의 입장에서 프로그램 기획을 바라본 경우	
	York (1982)	Kettner 외 (2008)	이봉주 · 김기덕 (2014)	Skidmore (1995)	김상곤 외 (2012)
단계	① 행동범위의 설정 ② 문제의 분석 ③ 욕구의 사정 ④ 목적 및 효과 목표 ⑤ 우선순위 수립 ⑥ 대안의 확인 ⑦ 대안의 선택 ⑧ 자원요구의 확인 및 결과 목표의 정의 ⑨ 집행 ⑩ 평가	① 문제분석과 욕구사정 ② 적절한 개입 전략 선별 ③ 목적과 목표 선정 ④ 프로그램의 설계 ⑤ 경영정보체계 구축 ⑥ 예산수립 ⑦ 프로그램 효과성 평가	① 문제의 이해 ② 개입논리의 개발 ③ 프로그램 내용 구체화 ④ 프로그램의 평가	① 구체적 목표의 설정 ② 관련 정보수집 및 가용자원 검토 ③ 목표달성을 위한 대안적 방법 모색 ④ 대안의 실시조건 및 기대효과 평가 ⑤ 최종안의 선택 ⑥ 구체적인 실행계획 수립	① 문제와 욕구 확인 및 분석 ② 목적과 목표수립 ③ 프로그램 개발을 위한 자원의 확보와 규모 확인 ④ 최적의 개입전략과 실행방법 결정 ⑤ 프로그램 평가계획 수립 ⑥ 프로그램 환류계획 수립

본 저자는 기획단계에서 더 효과적인 전략을 수립하고, 프로그램 설계에 집중하는 것을 강조하는 입장에서 프로그램 기획을 실행과 평가를 포함한 포괄적 과정으로 보기보다는 프로그램 설계에 중점을 두는 접근으로 이해하고자 한다.

5. 사회복지 프로그램 기획 시 고려해야 할 사항

사회복지 프로그램 기획은 단순한 일회성의 작업이 아니라 끊임없는 재검토가 이루어지는 반복되는 과정이다. 프로그램 기획과정에서 고려되어야 할 몇 가지 기준을 정리하면 나음과 같다(정무성, 2005).

① 가치: 프로그램 참여자들이 받아들일 수 있는 가치가 반영되어 있는가에 관련된 부분이다.

② 실현가능성: 프로그램을 실행할 만한 정치적 승인과 경제적 자원을 동원할 수 있는지에 관련된 부분이다.

③ 준비성: 프로그램의 주관 기관 또는 조직이 제안받은 프로그램을 진행할 만

한 준비가 되어 있는가에 대한 부분이다.

④ 합리성: 프로그램이 객관적 사실에 근거하여 준비되고 있는지에 관련된 부분이다.

또한 김영종(2013)은 사회복지 프로그램 기획 시 검토할 사항에 대해 〈표 3-4〉와 같이 제시하였다.

〈표 3-4〉 사회복지 프로그램 기획 시 검토할 사항

① 기관적합성	이 서비스는 기관의 사명이나 전략, 목적 우선순위에 들어맞는가?
② 모형적합성	이 서비스 모델의 성공에 대한 증거가 제시되어 있는가?
③ 자원가용성	서비스 공급을 위해 적절한 가용 혹은 잠재적 자원들이 있는가?
④ 서비스수용성	서비스는 지역사회 구성원이나 소비자들에게 받아들여질 수 있는가?
⑤ 제공자수용성	서비스가 서비스 제공자들이 전달할 수 있는 것인가?
⑥ 정책순응성	서비스가 기관이나 프로그램의 정책적 제한 틀을 충족하는가?
⑦ 비용효과성	서비스의 잠재적 급부가 추정된 비용을 초과하는가?
⑧ 효과성 측정의 가능성	서비스 효과성이 측정될 수 있는가?
⑨ 실행가능성	실행계획이 개발될 수 있는가?
⑩ 위험가능성	서비스 실행에서 심각한 위험이 나타날 수 있는가?

출처: 김영종(2013)

6. 사회복지 프로그램 기획자가 가져야 할 역량

프로그램 기획자는 다음과 같은 역량을 가져야 할 필요가 있다(이봉주 외, 2019 일부 수정 및 보완).

① 모험가 정신과 위험을 감수하는 용기: 프로그램을 기획하는 과정에는 많은 불확실한 요소가 존재한다. 예를 들어 예산문제로 참여자를 줄일 수도 있고 우선순위(예: 국민기초생활수급자)를 고려한 참여자로 한정할 수도 있다. 따라서 프로그램을 기획하고 담당하는 사회복지사는 불확실성을 두려워하지 않는 모험가 정신과 용기를 가져야 한다.

② 프로그램의 성공에 대한 확신감을 전파할 수 있는 능력: 프로그램의 효과성에 대한 확신이 없다면 그러한 프로그램이 클라이언트의 삶의 질을 향상시킬 수 없다. 따라서 프로그램을 기획하고 담당하는 사회복지사는 프로그램의 성공에 대한 확신감과 이를 전파할 수 있는 능력을 갖춰야 한다.

③ 명확하고 구체화된 목적의 설정할 수 있는 능력: 명확하고 구체화된 목적은 모든 프로그램의 기초가 된다. 프로그램 기획은 세워진 목적을 가장 합리적인 방법에 따른 행동으로 구체화시키는 과정으로 명확하고 구체화된 목적이 설정되지 않으면 목적이 얼마나 충실히 이행되었는지 평가할 수 없다. 따라서 프로그램을 기획하고 담당하는 사회복지사는 명확하고 구체화된 목적을 설정할 수 있어야 한다.

④ 큰 목적을 작은 과정의 과업으로 분해할 수 있는 능력: 명확하고 구체적인 목적을 달성하기 위해서는 여러 작은 과업들을 수행해야 한다. 프로그램을 기획하고 담당하는 사회복지사는 목적을 이루기 위해 이러한 작은 과업들을 구체적으로 서술하고 담당할 수 있는 능력을 갖춰야 한다.

⑤ 기록능력과 모니터링 시스템을 활용할 수 있는 능력: 좋은 프로그램 기획자가 필수적으로 갖추어야 할 조건 중 하나는 철저히 기록하고 모니터링하는 능력이다. 좋은 프로그램 기획자가 되기 위해서는 꼼꼼히 기록하고 기록된 정보를 잘 정리하는 습관을 가져야 하며 정보를 효율적으로 관리하고 활용할 수 있어야 한다.

Activity 3-1

학교사회복지 프로그램을 개발하는 사회복지사가 갖추어야 할 역량을 작성하시오.

Activity 3-2

사회복지 프로그램 기획자가 가져야 할 역량을 체크해 봅시다.

	문항	전혀 그렇지 않다	다소 그렇지 않다	다소 그렇다	매우 그렇다
1	나는 프로그램 기획의 의미와 필요성을 말할 수 있다.	①	②	③	④
2	나는 프로그램 기획의 전반적인 단계를 알고 있다.	①	②	③	④
3	나는 프로그램의 근거가 되는 이론과 전략을 명확히 제시할 수 있다.	①	②	③	④
4	나는 질 높은 프로그램 개발과 평가를 위해 프로그램 관련 이론을 적용할 수 있다.	①	②	③	④
5	나는 기획에 필요한 선행연구를 탐색할 수 있다.	①	②	③	④
6	나는 기획에 필요한 선행연구결과를 읽고 정리할 수 있다.	①	②	③	④
7	나는 논리모형을 이해하고 적용할 수 있다.	①	②	③	④
8	나는 문제와 상황을 분석할 수 있다.	①	②	③	④
9	나는 욕구를 파악하고 조사할 수 있다.	①	②	③	④
10	나는 프로그램의 목표를 적절히 수립(작성)할 수 있다.	①	②	③	④
11	나는 프로그램 목표를 평가할 수 있는 평가방법을 제시할 수 있다.	①	②	③	④
12	나는 프로그램 논리와 전략 등을 간략한 도식화(표, 그림)를 통해 잘 표현할 수 있다.	①	②	③	④
13	나는 프로그램 목표를 성취할 수 있는 전략적 활동을 구성할 수 있다.	①	②	③	④
14	나는 참여자에게 프로그램을 홍보할 수 있는 방법을 제시할 수 있다.	①	②	③	④
15	나는 프로그램 수행에 적절한 예산안을 작성할 수 있다.	①	②	③	④
16	나는 계획서를 타인들이 잘 이해할 수 있게 작성할 수 있다.	①	②	③	④
17	나는 계획서를 효과적으로 발표할 수 있다	①	②	③	④
18	나는 각 프로그램의 실행과 결과를 구체적으로 기록할 수 있다.	①	②	③	④
19	나는 프로그램 만족도 평가를 할 수 있다.	①	②	③	④
20	나는 개별 클라이언트의 변화를 평가할 수 있다.	①	②	③	④
21	나는 집단의 효과성 평가를 위한 실험설계를 할 수 있다.	①	②	③	④
22	나는 질적방법을 활용하여 평가할 수 있다.	①	②	③	④
23	나는 과정평가를 할 수 있다.	①	②	③	④
24	나는 평가를 위한 평가척도를 선정하고 활용할 수 있다.	①	②	③	④
25	나는 프로그램 평가지표와 목표치, 평가도구, 평가방법 등을 선정 · 제시할 수 있다.	①	②	③	④
사신의 획득점수		더 개발해야 하는 영역은?			

출처: 김상곤 외(2012), 조성우 외(2024) 참조 수정 및 보완

해석: 본 체크리스트는 프로그램 기획 역량을 측정하기 위한 것으로, 프로그램 개발을 위한 준비 역량(1-7번), 프로그램 계획서 작성 역량(8-17번), 프로그램 평가 역량(18~25번)의 3개 영역으로 구분된다. 각 문항은 '전혀 그렇지 않다(1점)', '다소 그렇지 않다(2점)', '다소 그렇다(3점)', '매우 그렇다(4점)'의 4점 척도로 평가하며, 총점은 100점이다. 총점이 80점 이상인 경우 매우 우수한 수준, 70-79점은 적절한 수준, 60-69점은 기초적인 수준, 60점 미만은 개선이 필요한 수준으로 판단하며, 점수가 높을수록 프로그램 기획 역량이 높은 것으로 해석한다.

Activity 3-3

자신이 기획하고자 하는 프로그램의 주제와 주제선정 이유를 작성해 봅시다.

〈예시〉

주제: 청소년의 숏폼중독

주제선정 이유: 스마트폰 보급 대중화에 따라 대부분의 청소년들이 스마트폰 기기를 가지고 있고 최근에는 청소년 숏폼중독의 다양한 폐해가 사회적 이슈로 떠오르고 있음

주제:

주제선정 이유:

Activity 3-4

자신이 기획하고자 하는 프로그램의 제목을 정해 봅시다.

〈작성요령〉

숏폼 중독문제를 가진 청소년의 학교생활적응을 위한 놀이로 하는 집단상담
(대상) (지향가치) (내용)

- 대상을 명확하게 표현해야 한다.
- 지향가치가 제시되고 내용에 반영되어 있어야 한다.
- 제목은 핵심정보를 담아내는 것이 무엇보다 중요하다.
- 제목을 초기에 결정하였더라도 내용을 전체적으로 구성이 완료된 시점 또는 그 이후에라도 다시 한번 제목과 내용이 일치하는지 최종적으로 점검해 보는 것이 좋다.

〈나쁜 사례〉

다문화복지 향상 프로그램/청소년 자립지원 프로그램/취약계층 어린이 영양 급식사업
→ 제목이 너무 일반적이고 핵심사업의 특징을 알기 어려움

통합보육, 희망으로 크는 나무
→ 사업취지를 은유적으로 표현하였으나 제목을 통해 정확한 정보전달에는 못 미치는 수준임

소리보는 영화세상
→ 호기심을 자극하지만 정보전달이 미흡함, 부제로는 사용가능

3장 돌아보기

1. 사회복지 프로그램 기획의 개념은 무엇이며 왜 필요한가?

2. 프로그램 기획의 속성은 무엇인가?

3. 프로그램 기획의 유형에는 어떤 것들이 있는가?

4. 프로그램 기획의 과정은 어떻게 진행되는가?

5. 프로그램 기획 시 고려해야 할 사항과 프로그램 기획자가 가져야 할 역량을 설명해 보라.

CHAPTER 04

사회문제 분석(욕구사정)과 참여자 선정

학습목표

1. 사회문제 분석에 대해 이해한다.
2. 욕구사징에 대해 이해한다.
3. 프로그램 참여자 선정에 대해 이해한다.

사회복지 프로그램을 효과적으로 설계하고 실행하기 위해서는 사회문제 분석, 욕구사정, 그리고 프로그램 참여자 선정의 과정이 필수적이다. 사회문제 분석은 문제의 원인과 영향을 파악하여 해결을 위한 기초자료를 제공하며, 욕구사정은 클라이언트의 실제적인 요구와 필요를 정확히 이해하는 과정이다. 또한 프로그램 참여자 선정은 적합한 대상자를 선정하여 프로그램의 효과성을 극대화하는 중요한 과정이다. 본 장에서는 효과적인 프로그램 설계와 실행에 대한 이해를 돕기 위해 사회문제 분석, 욕구사정, 프로그램 참여자 선정에 대해 자세히 살펴볼 것이다.

1. 사회문제 분석

사회복지 프로그램 개발의 출발점은 문제 인식이다. 사회문제는 사회복지 프로그램 개발이 필요한 이유이자 배경이 되는데, 이는 사회문제가 인간의 기본적인 욕구 결핍을 초래하기 때문이다. 따라서 사회복지 프로그램 개발자는 이러한 사회문제에 민감하게 반응하고, 문제 상황과 조건이 어떻게 발생했는지 객관적으로 분석하여 구체적으로 파악해야 한다. 이처럼 사회문제 분석은 프로그램 개발에서 가장 먼저 고려해야 할 중요한 요소다. 특히 문제의 원인을 규명하는 것은 매우 중요한데, 이는 문제의 원인을 목표로 한 개입이 긍정적인 결과를 가져오는 반면 원인을 무시하고 문제의 표면적 수준만 낮추는 개입은 일시적인 효과에 그치기 때문이다(Kettner et al., 2016). 이 절에서는 사회문제 분석에 대한 구체적인 내용을 다루기에 앞서 먼저 사회문제의 개념과 요건, 유형을 살펴보고, 다양한 학자들이 제시한 사회문제 분석방법을 논의하고자 한다.

1) 사회문제의 개념과 요건

사회문제는 우리 사회에서 나타나고 해결해야 할 문제로, 여러 학자들이 이에 대해 다양한 정의를 내렸다. Merton과 Nisbet(1971)은 사회문제를 사회질서 규범을 위배하는 행동양식으로 간주했으며, Perry와 Perry(1976)는 대다수 사람들이 가치와 윤리 기준에 따라 사회질서를 위협한다고 판단하는 사회적 행동이라고 정의했다. Etzioni(1976)는 사회문제를 사람들이 문제로 인식하고, 사회가 그 상태의 개선을 바라는 사회적 상태라고 설명했다. Hanslin(1990)은 바람직하지 않은 사회적 조건이나 상황이 존재하고, 많은 사람들이 그것을 개선할 필요가 있다고 생각하는 현상으로 보았다. 국내에서는 정무성(2014)이 사회문제를 많은 사회구성원에게 영향을 미치는 바람직하지 않은 문제로 정의했으며, 고성호 등(2008)은 상당히 많은 사람들이 가치관에 어긋나고 자신의 삶과 사회에 위협이 된다고 믿어 개선이 필요하다고 동의하는 사회적 조건으로 설명했다.

한편, 최일섭과 최성재(1994)는 사회문제가 성립되기 위한 네 가지 요건을 다

〈표 4-1〉 사회문제의 조건과 예시

조건	예시
• 원인이 사회적임	예: 학업스트레스, 학교폭력, 청년실업 등
• 사회적 가치, 규범에서 벗어남	예: 아동성폭력, 동물학대, 다문화 불평등 등
• 다수의 사회구성원이 문제로 보거나 영향력 있는 사람이 문제로 봄	예: 저출산고령화 문제, 청년실업 문제 등
• 개선을 위해 사회적, 집단적 개입이 필요함	예: 환경오염 문제, 노인고독사, 교육격차 문제 등

음과 같이 제시하였다. 첫째, 문제의 원인이 사회적이어야 한다. 둘째, 해당문제가 사회적 가치와 규범에서 벗어나야 한다. 셋째, 다수의 사람들이 이를 문제로 인식해야 한다. 넷째, 문제를 해결하기 위해 사회적 또는 집단적 개입이 필요하다.

참고 사회문제의 기본조건을 이해하는 데 도움이 되는 질문

- 누가 무엇을 사회문제라고 주장하는가?
- 사회문제에 대해 얼마나 많은 사람들이 인정하고 동조하는가?
- 사회문제를 경험하거나 영향을 받는 사람은 누구인가?
- 얼마나 많은 사람들이 사회문제를 경험하는가?
- 사회문제가 영향을 끼치는 범위는 어느 정도인가?
- 사회문제의 원인 혹은 요인은 무엇인가?

출처: 윤성호(2021).

2) 사회문제의 유형

사회문제는 그 원인이나 성격에 따라 학자마다 다양하게 분류되고 있다. 최근에는 새로운 유형의 사회문제가 등장함에 따라 이러한 분류가 더욱 어려워지고 있다. 사회가 복잡하고 다양한 요소들이 얽혀 있어 사회문제를 분류하는 기준조차 설정하기 힘든 상황이다. 그럼에도 불구하고 여러 학자들이 제시한 사회문제의 유형을 살펴봄으로써 사회문제에 대한 인식을 보다 체계적으로 구조화할 수 있다.

(1) 머튼과 니스벳(Merton & Nisbet, 1971)의 분류

① 사회해체문제: 인구문제, 인종문제, 가족해체, 노동과 자동화 문제, 빈곤문제, 지역사회 해체와 갈등, 폭력 등

② 일탈행위문제: 정신장애, 범죄와 청소년 비행, 약물 중독, 알코올 중독, 자살, 성문제 등

(2) 헨슬린(Hanslin, 1996)의 분류

① 사회적 상황에서의 일탈행위: 성적 일탈행위, 알코올문제, 약물문제, 강간, 살인, 범죄 등

② 사회적 불평등: 부와 빈곤, 인종차별, 성차별, 신체건강과 정신건강 등
③ 사회변화와 거대문제: 가족 변화, 도시문제, 인구문제와 식량문제, 환경문제, 전쟁, 테러리즘 등

(3) 아이젠과 진(Eitzen & Zinn, 1992)의 분류

① 사회의 규범과 가치를 위반하는 행동과 조건: 범죄, 정신질병, 약물중독 등
② 정신적 및 물질적 고통을 야기하는 사회적으로 형성된 조건: 빈곤, 인종차별, 성차별, 노인문제, 가족문제, 건강보호문제 등

(4) 최일섭과 최성재(1994)의 분류

① 사회변동 또는 사회해체 문제: 가족문제, 환경문제, 노인문제
② 사회적 불평등 문제: 빈곤문제, 성차별문제, 노사문제
③ 사회적 일탈 문제: 청소년 비행 문제, 범죄문제, 성폭력문제, 약물 중독문제, 정신건강 문제

(5) 최선화 등(2008)의 분류

① 사회구조적 문제: 빈곤문제, 노동문제, 주택문제, 범죄문제
② 취약계층의 문제: 가족문제, 아동문제, 청소년문제, 장애인문제, 여성문제, 노인문제, 다문화가족 문제

(1)~(5)에서 분류한 사회문제의 유형은 현재 사회복지가 관심을 가지고 있는 대부분의 이슈에 대해 언급하고 있다. 이러한 문제들에 대해 사회복지 프로그램을 기획하고 개선을 위한 행동을 진행할 수 있다. 물론 (1)의 지역사회 해체 및 갈등문제, (2)의 ③ 전체, (3)의 인종차별 등과 같은 사회문제는 사회복지 영역에서 다루기에는 너무 광범위한 문제이다. 사회복지사는 최근 우리 사회 주변에서 일어나는 다양한 사회문제에 관심을 가지고 주목할 필요가 있다. 다른 직종에 비해 항상 열린 자세로 주변에서 일어나는 인간 삶의 다양한 문제에 대해 관심을 가져야 한다.

3) 사회문제의 분석방법

(1) York(1982)의 분석방법

York는 사회문제를 분석하는 데 다음의 10가지 질문에 답을 구하는 방법을 제안하였는데 구체적인 내용을 살펴보면 다음과 같다.

① 어떤 상황과 조건이 바람직하지 못한 것으로 간주되나?

사회복지 프로그램 개발자는 현실에서 발생하는 바람직하지 못한 상황과 조건에 민감해야 한다. 예를 들면 빈곤, 실업, 노인차별, 아동학대, 성차별, 사회적 소외 등이 여기에 속한다.

② 그 문제로 고통을 겪고 있는 주체는 누구인가?

사회문제를 정의할 때, 특정 집단이 어떤 위험에 노출되었는지 명확하게 확인하는 것이 중요하다. 예를 들어 아동방임 문제의 경우 아동이 해당문제에서 고통을 겪는 주체가 된다. 저소득가정, 한부모가정, 실직자가정의 아동들이 일반가정 아동보다 더 큰 위험에 노출될 가능성이 있다.

③ 그 문제로 이익을 얻는 사람 또는 단체는 누구인가?

사회문제는 고통을 겪는 집단뿐만 아니라 해당문제에서 이익을 얻는 사람이나 단체도 있다. 예를 들면 최저임금 인상으로 근로자의 빈곤문제를 해결하려 할 때, 중소기업 기업주들은 반대할 수 있다. 이는 근로자의 빈곤문제가 해결되면 중소기업의 이익이 감소할 수 있기 때문이다.

④ 그것을 사회문제로 규정하는 주체는 누구인가?

프로그램 개발자가 어떤 문제를 사회문제로 규정했다 하더라도, 그 문제에 직면한 당사자들이 그것을 사회문제로 인식하지 않을 수 있다. 따라서 당사자들의 인식 여부를 확인하는 것이 중요하다.

⑤ 그것을 사회문제로 규정하지 않는 주체는 누구인가?

사회문제를 정의하는 과정에는 외부 전문가나 일반인이 관여할 수 있으며, 때로는 당사자의 의견이 배제된 채 판단이 이루어지기도 한다. 이에 따라 사회문제로 규정하는 주체와 그렇지 않은 주체 간에는 의견 차이가 발생할 수 있다.

⑥ 문제의 원인이 무엇인가?

사회문제의 원인을 파악하는 것은 프로그램 개발이나 해결방안을 마련하는 데 중요한 요소이다. 원인을 어디에 두느냐에 따라 개입방법이 달라질 수 있다. 예를 들어 실직문제의 원인을 기술과 기능의 미숙으로 본다면 직업훈련 프로그램이 필요할 수 있고, 자동화와 구조조정으로 본다면 정부의 산업구조 개편을 중점으로 한 정책이 필요할 수 있다.

⑦ 현재 그 문제를 다루는 프로그램이 무엇인가?

이 질문은 이미 존재하는 프로그램이나 서비스가 해당문제를 다루고 있는지, 있다면 어떤 차별성을 가지는지를 확인하는 것이다. 유사한 대상을 대상으로 하는 프로그램이 이미 있다면, 중복과 자원낭비를 방지하기 위해 그 차별성을 파악하는 것이 중요하다.

⑧ 이 프로그램들을 중단함으로써 예상되는 결과는 무엇인가?

프로그램을 중단했을 때 예상되는 결과를 예측함으로써 프로그램의 지속 여부나 평가 시 기준을 마련하는 데에 도움이 된다. 프로그램 중단으로 인해 발생할 수 있는 문제를 예측하여 사전대비할 수 있다.

⑨ 사회변화의 목표는 무엇인가?

현재 사회의 어떤 문제가 얼마나 변화되어야 그 문제를 해결했다고 볼 수 있는지를 알아보는 질문이다. 예를 들면 실업문제의 해결목표는 어느 수준에서 실업률이 감소했다고 할 수 있는지에 대한 명확한 기준이 필요하다. 사회문제의 정의와 마찬가지로 해결의 수준에 대한 견해도 다양할 수 있다.

⑩ 욕구와 자원 간의 격차를 줄이는 데 찬성하는 사람과 반대하는 사람은 누구인가?

이 질문은 앞서 언급한 주체들과 관련하여 사회문제의 해결에 도움을 주는 세력과 방해하는 세력을 명확히 규정하려는 질문이다.

(2) Heus와 Pincus(1986)의 사회문제 분석방법

Heus와 Pincus는 다음과 같이 네 가지의 내용을 토대로 한 사회문제 분석방법을 제시하였는데 구체적인 내용은 다음과 같다.

① 클라이언트에 대한 진단과 집단의 분류는 가급적 피한다.

클라이언트의 문제를 진단하는 것은 문제를 명확하게 이해하고 효율적으로 대처할 수 있는 장점이 있지만, 개별화의 원칙을 지켜야 하기 때문에 클라이언트의 문제에 깊이 접근하는 데 한계가 있다. 또한 진단적 관점에서 클라이언트를 바라보면 강점이나 긍정적인 측면을 간과할 수 있다. 따라서 프로그램 개발 시 클라이언트의 진단은 최대한 피하는 것이 좋다.

② 문제를 정의할 때는 폐쇄형보다는 개방형으로 정의하는 것이 선호된다.

폐쇄형 질문은 '예, 아니오'의 간단한 답변을 유도하므로 빠른 결정을 내릴 수는 있지만, 클라이언트의 의견이나 요구를 충분히 이해하기 어려울 수 있다. 따라서 개방형 질문을 사용하여 클라이언트가 원하는 방향으로 이야기하고 다양한 의견을 수렴하는 것이 필요하다.

③ 정보를 수집할 때는 통합적인 사고가 필요하다.

프로그램 개발을 위해 정보를 수집할 때는 부분적인 내용물을 단순히 합치기보다는 전체를 보는 통합적인 사고가 필요하다. 부분적인 정보만을 기반으로 사회문제를 규정하면 전체적인 상황을 파악하지 못할 수 있다. 따라서 문제를 해결할 때 전체적인 맥락을 고려하는 통합적인 사고가 필요하다.

④ 클라이언트의 자원과 강점을 인식한다.

사회문제를 분석할 때 클라이언트가 경험하는 문제뿐만 아니라 클라이언트의 가진 자원과 강점도 함께 고려해야 한다. 이는 문제해결에 큰 도움이 될 수 있다. 따라서 클라이언트의 자원과 강점을 알아내고 이를 최대한 활용하여 문제를 해결하도록 한다.

(3) Taber와 Finnegan(1980)의 사회문제 분석방법

Taber와 Finnegan은 사회문제 분석에서 개인과 사회에 대한 문제를 구분하고, 이러한 문제의 원인을 파악하는 분석틀을 제안하였다. 이들은 생태체계적 관점에서 인간과 환경의 상호작용을 고려한 분석방법을 제시하며, 개인의 문제와 사회문제가 서로 상호작용하여 더 심각한 결과를 초래할 수 있음을 강조한다.

① 개인에 대한 문제

개인에 직접적인 영향을 미치는 문제로, 건강이나 생활유지의 최저기준 박탈, 학대, 착취 등의 위협, 사회 참여에 대한 장벽 등이 해당된다. 예를 들어 빈곤문제나 아동학대와 같은 상황은 주로 개인의 문제로 평가된다.

② 사회에 대한 문제

사회구성원 전체의 건강과 안전을 위협하거나, 사회통합 및 자원의 비효율성 문제가 발생한 경우를 의미한다. 범죄나 교통문제와 같은 상황은 사회전체의 안전을 위협할 수 있기 때문에 사회문제로 간주된다.

③ 근본적인 원인과 확산 요인

사회문제의 근본적인 원인이나 확산을 더 심화시키는 요인을 중심으로 살펴보는 방법이다. 예를 들어 청년실업 문제는 개인의 최저생계를 저해하는 개인적인 문제일 수 있으나 방치될 경우 사회적으로 막대한 비용을 초래할 수 있어 사회문제로 간주된다.

(4) Kettner 등(2008)의 사회문제 분석방법

Kettner 등은 사회문제를 분석하는 방법을 다음의 아홉 가지 질문을 중심으로 제시하였는데 구체적인 내용은 다음과 같다.

① 상황 혹은 상태의 본질은 무엇인가?

사회문제가 발생하면 그 상황은 단순히 보여지는 현상뿐만 아니라 그 너머에 본질적인 요소가 존재할 수 있다. 예를 들어 청소년 자살문제는 청소년의 목숨을 앗아간 사건이라는 현상 뒤에 교육체계의 문제와 학업 스트레스와 같은 사회

구조적인 요인이 본질일 수 있다. 따라서 해당문제의 본질을 파악하기 위해 프로그램 개발자는 다양한 각도에서 정보와 자료를 수집하는 것이 도움이 된다.

② 사회문제에 대한 정의는 어떻게 내릴 수 있는가?

사회문제는 추상적일 수 있고, 각자의 해석에 따라 차이가 있을 수 있다. 프로그램을 개발하는 사람은 문제에 정확한 정의를 내리기 전에 해당문제를 정확히 이해해야 한다. 예를 들어 학교폭력 피해청소년 프로그램을 개발할 때, 학교폭력 상황을 정의한다면 구체적으로 어떤 사건이 해당되는지를 정확하게 파악하고 관련법이나 규정을 참고하여 정의를 내려야 한다. 이러한 사전작업을 통해 개발된 프로그램은 더 직접적이고 명확한 효과를 가져올 수 있다.

③ 문제상황을 겪고 있는 사람들의 특성은 무엇인가?

문제상황에 처한 사람들의 특성을 이해하는 것은 프로그램 개발에 도움이 된다. 학교폭력 피해청소년의 경우 그들이 어떤 특성을 가지고 있는지를 파악하면, 프로그램에서 다룰 내용을 더 효과적으로 결정할 수 있다. 특성은 성별, 연령, 가정 배경 등을 포함할 수 있다. 이러한 특성을 명확히 파악할수록 클라이언트에게 더 나은 도움이 되는 프로그램이 개발될 수 있다.

④ 문제상황의 정도나 범위는 어떠한가?

문제상황의 정도나 범위를 측정하는 것은 프로그램 개발에 있어 중요하다. 예를 들어 학교폭력 문제의 경우 폭력 정도, 해당되는 범위, 발생하는 학교 수 등을 조사할 필요가 있다. 이러한 측정을 통해 프로그램에서 다룰 범위를 더 정확하게 결정할 수 있고, 대상자를 선정할 때도 유용한 참고자료가 될 것이다.

⑤ 발생한 사회문제와 관련하여 사회가 가지고 있는 가치는 무엇인가?

사회문제를 정의하였다면 이에 대해 지역사회나 국가가 가지고 있는 가치를 알아보는 것이 필요하다. 예를 들어 학교폭력 문제에 대한 사회의 대응이 어떠한지, 지역사회 주민과 학교에서 이 문제에 대해 어떻게 생각하는지 등을 파악하면, 프로그램이 지역사회에서 어떻게 수용될지에 대한 정보를 얻을 수 있다.

⑥ 상황이 주변에 광범위하게 인식되고 있는가?

프로그램을 통해 사회문제를 해결하려면 주변의 인식이 중요하다. 개발하려는 프로그램에 대한 지역사회나 국가적 차원에서의 필요성에 대한 공감대가 있고, 활용가능한 자원이 다양하다면 프로그램의 성공확률을 높일 수 있다. 주변 인식이 형성되지 않은 경우 지역사회 주민을 대상으로 교육을 실시하는 것도 좋은 방법일 수 있다.

⑦ 누가 사회문제를 정의하고 있는가?

프로그램을 개발할 때 다루려는 사회문제를 누가 정의하고 있는지에 대한 질문이다. 일반적으로 사회복지사, 상담사, 전문가, 가족 등 주변 사람들, 그리고 지역사회가 이 문제를 규정하는 경우가 많다. 또한 이 문제에 대해 반대의견이 많지 않을 수도 있다. 그러나 문제해결에 누가 지지하거나 반대하는지에 대해서도 신중히 고려할 필요가 있다.

⑧ 문제가 발생한 이유는 무엇인가? 즉 문제의 원인은 무엇인가?

문제의 원인을 어떻게 해석하느냐에 따라 해결방안이 달라질 수 있기 때문에 문제의 원인에 대한 인식은 프로그램 내용에 큰 영향을 미칠 수 있다. 예를 들어 학교폭력의 원인을 극심한 학업 스트레스로 규정한다면, 프로그램은 주로 스트레스 감소에 중점을 둘 것이고, 가해자의 공격성을 원인으로 보면 공격성 감소에 중점을 둘 것이다. 문제의 원인을 파악하는 데는 문헌조사, 설문조사, 면접 등 다양한 방법을 활용하는 것이 일반적이다.

⑨ 인종과 성별에 대한 고려는 이루어졌는가?

최근에는 인종과 성별에 대한 고려가 중요하게 인식되고 있다. 프로그램을 개발할 때는 인종과 성별에 대한 차별이 없는지를 고려해야 한다. 다문화 사회로 진입한 영향이나 성차별 해소를 목표로 하는 사회분위기 등을 고려하여 프로그램을 설계하는 것이 필요하다.

참고 **문제분석 질문의 예시**(예: 아동의 스마트폰 과의존문제)

Q1. 스마트폰 과의존문제 및 클라이언트(대상아동)에 대한 정의는 무엇인가?
Q2. 스마트폰 과의존문제 상황을 겪고 있는 아동의 특징은 무엇인가?
Q3. 현재 아동의 스마트폰 과의존문제의 크기와 심각성 정도는 어떠한가?
Q4. 클라이언트의 스마트폰 과의존문제 해결이 가져다주는 실익은 무엇인가?
Q5. 스마트폰 과의존문제 해결의 수요상태는 어떠한가?
Q6. 누가 클라이언트의 스마트폰 과의존문제 해결을 찬성하는가?
또는 누가 클라이언트의 스마트폰 과의존문제를 인정하는가?
Q7. 누가 클라이언트의 스마트폰 과의존문제 해결을 찬성하지 않는가?
또는 누가 클라이언트의 스마트폰 과의존문제를 인정하지 않는가?
Q8. 아동의 스마트폰 과의존문제의 원인은 무엇인가?
Q9. 아동의 스마트폰 과의존문제를 다루고 있는 현재의 프로그램에는 어떤 것들이 있는가?
Q10. 현재의 아동 스마트폰 과의존문제 해결 프로그램의 실제 효과와 기대 성과는 무엇인가?
Q11. 아동의 스마트폰 과의존 문제해결을 위해 필요한 자원과 장애요인은 무엇인가?

Activity 4-1

자신이 기획하고자 하는 프로그램의 대상자가 가진 주요 문제에 대한 문제분석 질문을 위의 예시를 참고하여 작성해 보고 이에 대한 답을 찾아봅시다.

Q1.

Q2.

Q3.

Q4.

Q5.

Q6.

Q7.

Q8.

Q9.

Q10.

Q11.

Activity 4-2

1. 우리 동네에 아동학대와 방임에 대한 신고가 늘고 있다고 가정하고 다음의 질문의 답을 찾아봅시다.

   Q1. 관련 자료를 찾을 수 있는 곳은 어디인가?
   Q2. 만약 지역주민들에게 이와 같은 이유를 묻는다면 어떤 질문을 할 것인가?
   Q3. 관련 연구논문 및 자료에 따른 문제원인은 무엇인가?
   Q4. 원인 중 어디에 초점을 둘 것인가?
   Q5. 필요한 역량과 자원을 고려할 때 상황은 어떠한가?

2. 아동학대와 방임 사례 관련 인터넷 자료를 찾을 수 있는 곳 5군데를 적어봅시다.

3. 지역주민들에게 아동학대와 방임문제와 관련하여 질문한다고 가정하고 5가지 질문을 만들어 봅시다.

4. 자신이 기획하고자 하는 프로그램 대상자의 주요 문제를 고려하여 앞선 1~3의 활동을 해 봅시다.

(5) 이봉주와 김기덕(2014)의 사회문제 분석방법

이봉주와 김기덕은 프로그램 개발자가 문제의 분석과 이해단계에서 해야 할 일을 4단계로 제시하였다.

① 1단계: 현존하는 서비스나 자원의 공백이나 결함을 찾아낸다.

사회문제는 현재의 상황과 이상적인 상황 사이에 존재하게 되는 공백이나 결함으로 파악될 수 있다. 즉 현재 '이렇다'와 '이래야 한다'의 사이에 존재하는 공백이나 결함때문에 발생한다는 것이다. 따라서 프로그램 개발의 목적은 '이래야 하는' 상태로 상황을 바꾸어 공백과 결함을 줄이는 데 있다. 예를 들어 지역아동센터에서 운영하는 방과 후 학습지도의 경우 사교육을 제대로 받지 못하는 빈곤가정 아이들의 학습공백을 줄이기 위해 운영하는 프로그램일 수 있다. 그러나 프로그램이 시행된다고 하여도 공백을 완벽하게 메울 수는 없을 것이다. 따라서 계속해서 다양한 프로그램이 개발되어 해당문제의 공백을 최소화할 수 있도록 노력해야 한다.

② 2단계: 공백이나 결함의 크기와 특성에 대한 증거자료를 수집한다.

첫 번째 단계에서 발견한 문제에 대한 프로그램을 개발하기 위해서는 관련 이론적 증거나 통계수치 등을 제시해야 한다. 이를 위해 문제가 해결되지 않았을 때 발생할 피해의 심각성을 확인하고, 문제가 어디에서, 누구에게, 얼마나 발생하고 있는지를 확인할 필요가 있다. 이때 이론을 유용하게 활용할 수 있다. 정신분석이론, 인지이론, 행동이론, 학습이론, 인본주의이론, 생태체계이론을 발견한 문제를 이해하는데 적용할 수 있다. 또한 현재의 서비스가 문제를 해결하는 데에는 부족하다는 것을 입증하고 그 증거자료를 찾는 것도 필요하다. 증거자료는 도서관, 기관자료, 기존통계, 전문가, 초점집단, 서베이 등을 통해 찾을 수 있다.

③ 3단계: 공백과 결함의 원인을 알아낸다.

프로그램을 통해 개입하려는 사회문제가 현실과 이상 사이의 공백과 결함으로 구체화되었다면, 그 이후에는 해당문제의 원인이 무엇인지를 밝혀보아야 한다. 보통 문제에 직접 개입하는 것이 프로그램이라고 생각할 수 있지만, 우리가 개입하는 것은 문제 그 자체뿐만 아니라 문제를 완화시키기 위해 문제의 원인을 제거하거나 영향을 최소화하도록 하는 경우도 많다. 예를 들어 빈곤이라는 사회문제를 해소하기 위해 프로그램을 개발한다면, 빈곤의 원인이 소득이 낮기 때문에 발생한 문제이므로 소득이 낮은 것을 해결하기 위한 프로그램으로서 취업지원 프로그램이나 생계비 지원과 같은 프로그램이 개발될 수 있다. 문제의 원인을 어떻게 초점을 맞추느냐에 따라 프로그램의 유형이 결정될 수 있으므로 원인을 분석하는 것은 매우 중요하다. 그러나 이때 중요한 점은 한 프로그램으로 사회문제의 원인을 모두 해결할 수 없다는 것이다. 따라서 원인을 최대한 약화시키는 것이 목표가 되며, 다양한 프로그램을 통해 원인을 최대한 감소시키도록 하는 것이 실천현장에서 해야 할 일이다.

④ 4단계: 공백과 결함을 메울 필요가 있다는 의식을 지역사회에 불어넣는다.

위 과정들을 통해 문제분석과 원인파악을 통해 프로그램을 개발하였다고 할지라도, 프로그램에 대한 지지가 없다면 해당프로그램은 탁상공론에 머무를 수 있다. 따라서 지역사회나 관련 기관에게 해당프로그램이 반드시 필요하다는 인식을 확산시킬 필요가 있다. 대표적으로 구청, 보건소, 사회복지관, 보건복지부, 사회복지공동모금회, 복지재단 등이 관련 기관에 속한다. 프로그램을 개발할 때는 지역사회와 협력하여 문제해결에 대한 작업을 공동으로 수행할 수 있도록 고려하는 것도 중요하다.

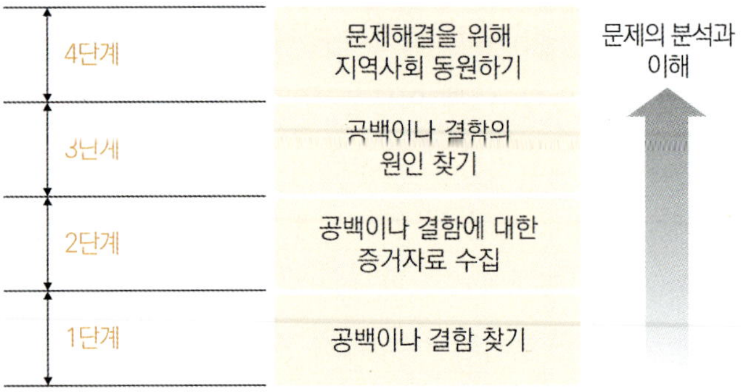

출처: 이봉주 외(2019).

[그림 4-1] 문제분석과 이해의 단계

참고 이봉주와 김기덕(2014)의 사회문제 분석방법을 적용한 사례 예시

- 1단계: 공백이나 결함 찾기
  스마트폰 중독이 현재의 상황(지나친 스마트폰 사용)과 이상적인 상황(스마트폰의 적절한 활용) 사이의 공백과 결함에서 발생하며, 학습저하, 수면부족, 사회적 관계 단절 등의 문제를 초래한다는 점을 파악한다. 예를 들어 청소년이 학습시간에도 스마트폰을 사용하는 상황이 그 공백의 사례이다.
- 2단계: 공백이나 결함에 대한 증거자료 수집
  문제의 심각성과 원인을 입증하기 위한 증거자료를 수집한다. 통계에 따르면 청소년 스마트폰 중독 위험군이 지속적으로 증가하고 있으며, 정신분석이론과 행동이론 등을 통해 스마트폰 의존이 스트레스 해소수단임을 확인할 수 있다. 설문조사와 전문가 의견을 통해 중독이 학업저하와 정서적 불안을 유발한다는 점도 파악된다.
- 3단계: 공백이나 결함의 원인 찾기
  스마트폰 중독문제의 원인을 분석한다. 원인으로는 스트레스 해소수단의 부족, 여가활동 기회의 부재, 부모와 교사의 관리부족, 스마트폰 의존이 높은 사회적 환경 등이 있다. 이를 해결하기 위해 심리상담, 여가 및 체험 활동, 부모교육 프로그램 등의 개입방안이 필요하다.
- 4단계: 문제해결을 위해 지역사회 동원하기
  문제해결의 필요성을 지역사회에 확산시킨다. 학교, 사회복지관, 지자체의 협력해 인식개선 캠페인을 실시하고, 스마트폰 중독의 위험성을 알리며 지지와 예산을 확보한다. 또한 청소년, 부모, 교사가 함께 참여하는 체험형 프로그램을 운영해 문제를 해결해 나가도록 한다.

Activity 4-3

자신이 기획하고자 하는 프로그램 대상자의 주요 문제를 [그림 4-2]를 참고하여 분석해 봅시다.

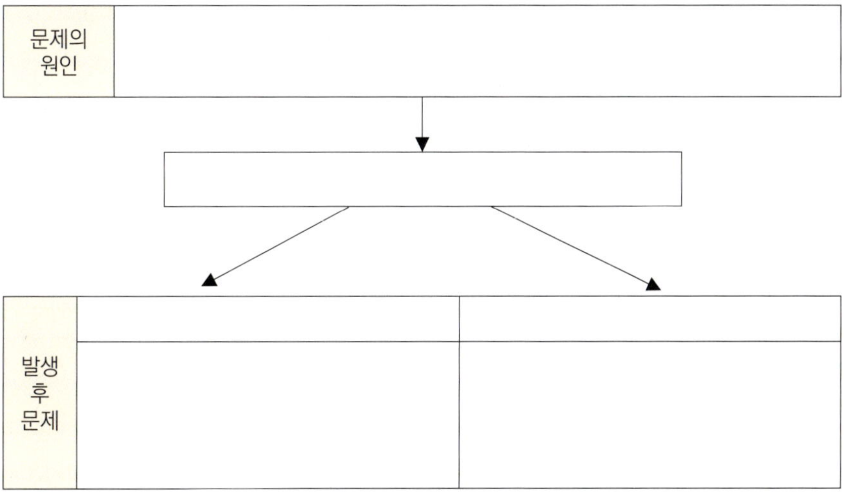

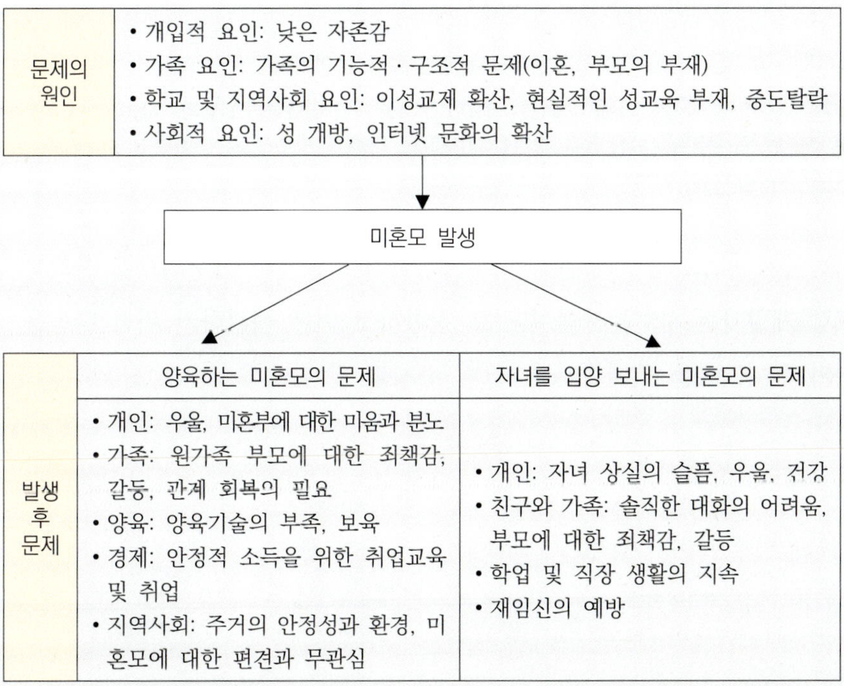

출처: 조성우 외(2018).

[그림 4-2] 미혼모의 발생 원인과 파급되는 문제

2. 욕구사정

사회문제의 맥락이나 소신, 범위, 원인과 특성들이 규명된 후에는 해당문제와 관련해서 클라이언트들의 구체적인 욕구를 파악하는 욕구사정을 진행한다. 여기에서는 사회문제와 욕구의 관계, 욕구의 개념과 유형에 대해 살펴본 후 욕구사정의 필요성과 과정, 욕구사정의 내용과 방법을 살펴보도록 한다.

1) 사회문제와 욕구의 관계

사회복지실천은 욕구를 해결하기 위한 활동으로 여기서 욕구는 요구와는 다른 개념이다. 요구(want)가 개인적 차원에서 필요하지만 가지지 못할 때 생기는 인지 및 정서상태라고 한다면 욕구(need)는 개인적 차원이 아니라 개인이 필요한 무엇을 다른 사람들의 판단과 인정을 거쳐 확인된 것이라고 볼 수 있다(황성철, 2005).

〈표 4-2〉 요구와 욕구의 차이

구분	내용
요구 (want)	• 개인적 차원에서 무엇인가 필요하지만 현재 가지지 못할 때 생기는 인지 및 정서상태 • 요구는 당사자 개인 차원에서 필요한 무엇을 의미함
욕구 (need)	• 개인적 차원이 아니라 개인이 필요한 무엇을 다른 사람들의 판단과 인정을 거쳐 확인된 것 • 다른 사람들의 판단과 평가를 거치므로 사회적 차원으로 이해해야 함

출처: 김선희 외(2021).

사회복지 프로그램 개발은 사회복지실천의 일환에서 진행되므로 사회복지 프로그램 개발자는 사회문제를 욕구로 전환하고 이를 해결하기 위한 활동을 구성하여야 한다. 이를 도해화하면 [그림 4-3]과 같다.

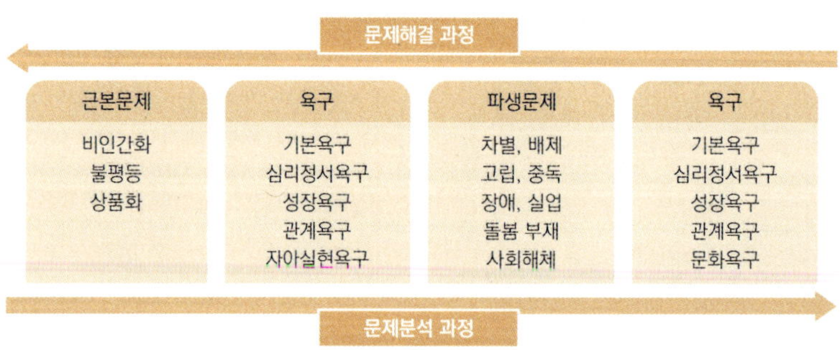

출처: 윤성호(2021).

[그림 4-3] 사회문제와 욕구의 관계

다음으로 사회문제와 욕구 및 프로그램 간의 관계에 대해 살펴보도록 하자. 2022년 고독사 연구보고서(고숙자 외, 2023)에 따르면 2021년 고독사 수는 총 3,378건이었는데 이 중 50~60대 중장년 남성이 52.8%였고, 기초생활보장 수급자는 44.3%, 알코올질환 보유자는 12.3%, 중증질환자는 11.1%였다. 이 예를 가지고 사회문제와 욕구, 그리고 프로그램 내용구성과 관계를 도해화하면 [그림 4-4]와 같다.

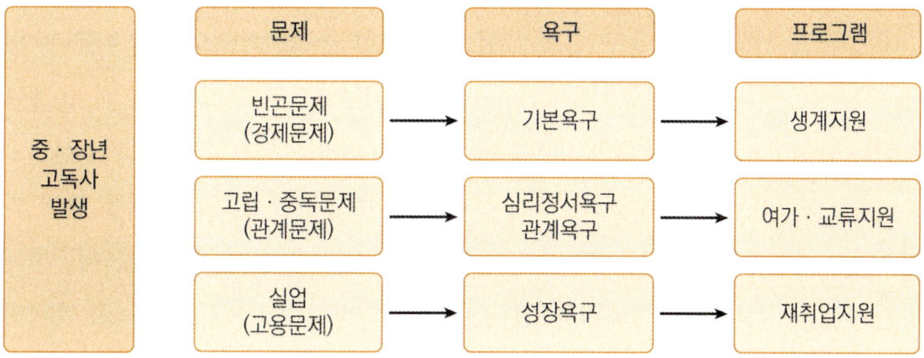

출처: 윤성호(2021) 참고하여 작성

[그림 4-4] 사회문제-욕구-프로그램 간의 관계도

2) 욕구의 개념과 유형

(1) 욕구의 개념

욕구는 일반적으로 클라이언트가 필요로 하는 것을 의미하며 개인이 현재 부족하기 때문에 서비스를 필요로 하거나 원하는 것을 의미한다. 즉 현재의 상태와 바람직한 상태 사이에 존재하는 격차 또는 조건으로 정의할 수 있다(Gupta, 1999).

(2) 욕구의 유형

① Maslow의 욕구유형

인간이 생활을 영위하는 데 필요하거나 필수적인 것이 결핍될 때 공통적으로 갖게 되는 욕구가 있으며, 인간행동의 동기가 바로 이러한 욕구충족의 행위로 나타난다는 것이 매슬로우의 욕구유형이다. 5단계 욕구의 위계에서 제일 기저에 해당하는 욕구는 생리적 욕구 또는 생존욕구이며, 이러한 욕구가 충족되면 안전 욕구, 사회적 · 소속 욕구, 자기존중 욕구, 자아실현 욕구 등의 순서로 욕구충족의 행위가 일어난다는 것이다. 하위 욕구가 충족되지 않으면 상위 욕구충족을 위한 행위 또는 동기를 보이지 않기 때문에 하위 욕구가 더욱 긴급하고 절실한 욕구로 간주된다(Maslow, 1954). 또한 매슬로우의 욕구유형은 사회복지 프로그램 개발과 관련하여 두 가지 중요한 의미를 가진다(김선희 외, 2021; 이민홍 · 정병오, 2020 수정 및 보완).

첫째는 클라이언트의 욕구 간의 우선순위를 정하는 데 기준으로 활용할 수 있다. 실제로 사회복지기관의 서비스나 프로그램은 클라이언트의 복합적 문제나 욕구를 대상으로 하는 경우가 대부분이다. 이러한 경우 어떠한 욕구를 우선적으로 대응해야 하는지를 매슬로우 욕구유형을 통해 결정할 수 있다. 예를 들어 가정폭력으로 고통받고 있는 피해자를 주된 클라이언트로 삼아 서비스를 제공하는 기관에서는 우선 의식주 해결을 위한 쉼터를 마련해주고, 그 다음으로 폭력과 위협으로부터 보호하는 안전장치를 마련한 이후 소속감과 친밀감을 추구할 수 있는 프로그램으로 발전시켜야 욕구의 우선순위에 따른 적절한 보호조치가 이루어질 수 있다.

둘째는 매슬로우의 욕구위계설에 따른 욕구유형은 프로그램을 구체화하는데 기여한다. 예를 들면 생리적 욕구에는 급식의 제공과 보건의료서비스, 경제적 지원 등을 할 수 있고, 안전욕구에는 일시보호서비스, 자살위험 예방프로그램이나 위기개입 등을 실시할 수 있다. 소속과 사랑의 욕구에는 정서지원 서비스, 사회참여 서비스 등을 제공할 수 있고 자존감의 욕구에는 직업기능훈련 및 능력개발 등을 제공할 수 있으며 자아실현 욕구에는 자기성장 프로그램, 자원봉사 프로그램 등을 제공할 수 있다. 이와 같이 매슬로우의 욕구유형은 사회복지서비스를 보다 구체화하는 데 용이하다. 5가지 욕구유형에 대하여 구체적으로 살펴보면 다음과 같다(Maslow, 1954, 황성철, 2005 재인용).

가. 생리적(physiological) 욕구

의식주에 대한 기본적 욕구를 말한다. 성적 욕구와 고통을 피하려는 욕구 등을 포함한다. 이러한 욕구는 인간이 생존하기 위해서 필수적으로 충족되어야 하는 욕구이며, 이 욕구가 충족되어야 다음 단계의 욕구를 기대할 수 있게 된다.

나. 안전(safety) 욕구

이 단계에서 욕구는 이미 충족된 생리적 욕구를 바탕으로 신체적 안정상태를 유지하려는 욕구이다. 환경으로부터 발생하는 다양한 위협과 예측 불가능한 위험으로부터 자신을 보호받고자 하는 욕구이다.

다. 사회적(social) 또는 소속(애정) 욕구

의식주에 대한 생리적 욕구와 안전 욕구가 충족되고 나면 다른 사람과 친밀감을 쌓고 정서적 만족을 추구하려는 욕구가 발생한다. 소속감의 욕구는 다른 사람들과 친분과 사랑을 주고받으면서 인정을 추구하는 욕구이다. 인간은 동호회활동과 같은 집단을 형성하고 그 집단에서 공유하는 규범을 따르면서 이러한 욕구를 충족하고자 한다.

라. 자기존중(self-esteem) 또는 존경 욕구

자신을 존중하고 타인으로부터 존경받고자 하는 욕구이다. 인간은 자신이 가지고 있는 힘과 능력, 지위와 우월성, 경험 등을 타인에게 인정받길 원하며, 타인의 인정을 통하여 성취감과 자신감을 가지게 된다.

마. 자아실현(self-actualization) 욕구

가장 고차원적인 욕구로서 일반적으로 앞의 네 가지 욕구가 충족된 이후 일어나는 욕구이다. 자신의 잠재력을 최대한 끌어올리고자 하는 욕구이며 자아탐색, 발견, 창의성 등을 추구한다. 완전한 충족 가능성보다는 이상을 추구하는 지속적인 개념으로 이해하여야 한다.

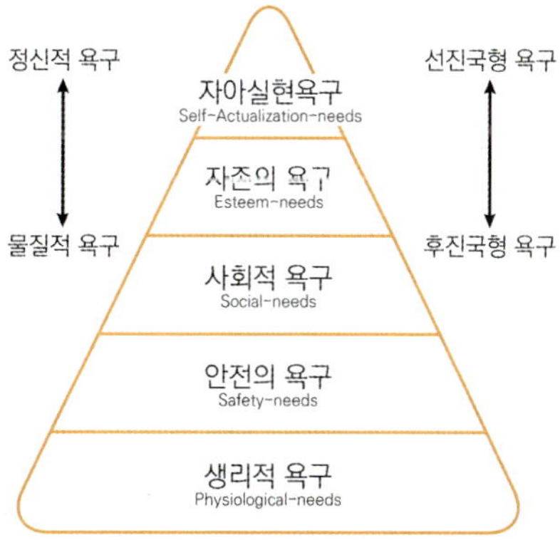

[그림 4-5] Maslow의 욕구유형

② Bradshaw의 욕구유형

브래드쇼는 욕구를 정의하는 데 있어서 가장 중요한 문제는 '누가 욕구의 기준을 정하는가?'에 있다고 보고 욕구의 유형을 규범적 욕구, 인지적 욕구, 표현적 욕구, 비교적 욕구 등 네 가지로 구분하였는데 이러한 브래드쇼의 욕구유형은 사회복지 프로그램의 성격과 참여자 및 기획운영자의 역할에 대한 기초적인 관점을 제공하며 사회복지 프로그램의 유형구분에 활용할 수 있다(윤성호, 2021). 브래드쇼의 욕구유형의 구체적인 내용을 살펴보면 다음과 같다(Bradshaw, 1977).

가. 규범적(normative) 욕구

규범적 욕구는 전문가의 지식에 기반한 판단으로 일정한 기준이 정해지고 그 기준에 도달하지 못하는 경우 욕구로 규정하는 것이다. 예를 들어 교수가 아동의 건강한 성장을 위해 어떠한 가정환경이 필요하고 이러한 가정환경을 위해 부모가 이를 위해 어떠한 역할을 해야 하는지를 발표한 내용이 규범(또는 기준)이 될 수 있다. 규범적 욕구는 전문가에 의해 욕구의 일정 기준이 파악되면 프로그램을 기획하고 목표하는 데 유리하며, 목표달성 정도를 평가하는 데 장점이 있다. 그러나 욕구의 정도가 전문가에 따라 달리 규정될 수 있으며, 지식, 기술, 가치관, 시간 변화에 따라 변할 수 있는 탄력성을 지니지 못한다는 단점이 있다.

나. 인지적(perceived) 욕구

인지적 욕구는 욕구를 갖는 당사자 스스로가 인지하는 욕구를 말한다. 당사자가 인지하는 욕구를 파악하는 방법에는 여러 가지가 있는데, 직접 면접하거나 전화, 우편조사, 전자설문 등 다양한 방법을 통하여 당사자가 필요한 것을 직접 물어보는 방식으로 파악할 수 있다. 그러나 응답자별로 인지욕구의 수준이 천차만별하여 적절한 기준을 정하기가 어렵고, 현재나 가까운 장래의 여건과 상황에 따라서 욕구의 정도가 수시로 변할 수 있다는 단점이 있다.

다. 표현적(expressed) 욕구

표현적 욕구는 어떠한 욕구를 갖는 당사자가 그 욕구를 충족하기 위하여 표출하는 행위로 드러나는 욕구를 말한다. 또한 서비스에 대한 수요에 기초한 욕구를 의미한다. 표현적 욕구는 도움을 요청하거나 서비스를 이용하기 위해 대기하는 사람의 수로 측정된다. 따라서 대기자 명단과 실제로 현재 프로그램에 참여하고 있는 사람의 수를 계산한다. 표현적 욕구를 고려하여 프로그램을 개발하여 진행하는 경우 어느 정도 욕구가 비교적 명확하게 판단할 수 있어 서비스 수요와 공급을 적절하게 조절할 수 있다. 그러나 어떠한 욕구를 표현했다고 하더라도 자격요건에 미흡하거나 기관을 이용할 수 있는 물리적 여건이 되지 않을 때, 또는 서비스에 대한 정보를 알고 있지 못하는 당사자 집단은 배제될 가능성이 많다.

라. 비교적(comparative) 욕구

비교적 욕구는 상대적 욕구라고도 한다. 욕구를 갖는 당사자와 유사한 조건에 있는 사람들을 비교하거나 다른 지역과 비교하여 정해지는 욕구이다. 예를 들어 경제적 수준은 비슷하지만 A지역 학생은 학교에서 무료급식 지원을 받고 있지만 B지역 학생은 학교에서 무료급식 지원을 받고 있지 않다면 B지역 학교의 학생은 무료급식 지원에 대해 비교적 욕구를 가지고 있다고 볼 수 있다. 비교적 욕구는 비슷한 욕구를 가진 집단들 간의 비교 또는 지역들과 비교하는 경우 비교적 쉽게 욕구의 정도를 파악할 수 있다는 장점이 있다. 그러나 이렇게 비교가 되는 다른 집단과 지역이 실제로 기준으로 삼을 만큼 동일한 수준의 욕구가 있는지는 명확히 파악할 수 없다는 단점이 있다.

③ Alderfer의 욕구유형

알더퍼는 매슬로우의 욕구 5단계설을 수정하여 인간의 핵심적 욕구를 존재 욕구, 관계 욕구, 성장 욕구 등의 3가지로 분류하였다. 한 단계의 욕구가 충족되면 그 상위의 욕구가 증가하는데, 욕구단계는 미리 정해진 것이 아니라 다른 욕구의 충족 정도에 따라 증감될 수 있다고 하였다. 또한 높은 단계의 욕구가 만족되지 않거나 좌절될 때 그보다 낮은 단계 욕구의 중요성이 커진다고 보고, 낮은 단계의 욕구가 충족되어야 다음 단계의 욕구가 발생하여 성장해 나간다는 매슬로우의 가정을 배제하였다(Alderfer, 1972).

가. 존재(existence) 욕구

생존을 위해 필요한 생리적·물리적 욕구로 매슬로우의 생리적, 안전 욕구에 해당한다.

나. 관계(relatedness) 욕구

다른 사람과의 주요 관계를 유지하고자 하는 욕구로 매슬로우의 사회적 욕구와 존경 욕구가 여기에 해당한다.

다. 성장(growth) 욕구

창조적 개인의 성장을 위한 내적 욕구로 매슬로우의 자아실현 욕구와 유사한 욕구이다.

[그림 4-6] Maslow와 Alderfer의 욕구유형 비교

3) 욕구사정의 필요성과 과정

(1) 욕구사정의 필요성

욕구사정은 지역사회가 갖는 문제를 식별하고 식별된 문제의 사회적 인과관계를 알아내고(프로그램 및 서비스를 필요로 하는 사람들을 알아내고), 프로그램 및 서비스의 종류 및 프로그램 실행을 위해 쓸 수 있는 인적·물적자원을 파악하는 것을 의미한다(정무성·정진모, 2001). 욕구사정(need assessment)은 욕구조사나 욕구측정이라고 해석되기도 하는데(이익섭·이윤로, 2004) 일부에서는 욕구는 사정(assessment)되는 것이지 조사(research)되는 것은 아니라고 주장하기도 한다(김영종, 2007). 이에 본 서에서는 욕구조사나 욕구측정보다는 욕구사정으로 표현하기로 한다. 욕구사정은 새로운 프로그램을 개발하거나 기존 프로그램을 지속적으

로 유지해야 할 때, 또 프로그램을 수정, 보완할 때 필요하다. 욕구사정은 프로그램이 필요하다는 근거를 보여주며 프로그램에 포함되어야 하는 활동내용의 유형을 결정하기 위해 수행한다. 욕구사정을 수행하는 것이 중요한 이유는 다음과 같다(윤성호, 2021).

첫째, 우리가 하려는 프로그램이 이미 존재하거나 진행 중일 수 있다. 성공적인 프로그램을 개발하기 위해서는 중복되지 않게 할 필요가 있다. 중복해서 해야 한다면 그 필요성을 확인해야 한다. 둘째, 욕구가 변경되지 않았는지 확인해야 한다. 그리고 기존 프로그램이 대상 인구의 욕구를 해결하고 있는지 확인해야 한다. 셋째, 욕구의 전체적인 복잡성을 이해하면 특정 인구를 위한 적절한 프로그램을 설계하고 개발하는 데 상당한 도움이 된다. 넷째, 프로그램의 적합성을 위해 특정 인구의 자산과 강점을 이해하는 것은 필수적이다.

욕구사정은 지역사회의 문제를 분석하여 욕구의 성격과 수준을 파악하고 그러한 욕구들 간 위계적 우선순위도 제시할 수 있다. 이러한 정보는 사회복지기관이나 프로그램의 자원배분과 관련된 기획에 매우 중요하게 활용된다. 구체적인 용도로는 첫째, 문제분석의 근거를 제공한다. 욕구사정의 정보는 문제분석을 위한 근거를 제공한다. 위기인구와 표적인구를 식별하게 하고, 지역적인 분포현황, 욕구들 간 연결 등에 관한 분석을 가능하게 한다. 프로그램 기획은 이러한 분석에 기초해서 세워진다. 둘째, 자원배분에 대한 우선순위의 근거를 제공한다. 욕구사정은 자원이 제한된 상황에서 어떤 문제를 우선적으로 해결해야 할지에 대한 객관적인 기준을 마련하며, 특히 자원배분의 효율성을 높이고, 가장 긴급하고 중요한 욕구에 집중할 수 있도록 돕는다. 셋째, 평가의 근거를 제공한다. 현재 상태의 욕구크기 등에 대한 정보는 프로그램 실행 후의 결과가 대비해야 하는 기준이 된다.

(2) 욕구사정의 과정

욕구사정의 과정은 욕구사정을 계획한 후 정보를 수집하여 분석하고, 자료를 해석하며 결과를 문서화하여 보고하는 순서로 진행된다(윤성호, 2021).

① 욕구사정 계획

이 단계는 욕구사정의 전반적인 방향과 구조를 설정하는 중요한 과정으로, 여러 활동이 포함된다. 우선 욕구사정의 목적을 명확히 정의하여 왜 욕구사정이 필요한지와 이를 통해 달성하고자 하는 목표를 구체적으로 설정한다. 이후 욕구사정을 통해 해결하고자 하는 핵심 질문을 공식화하고, 대상 인구집단의 욕구유형과 범주를 결정한다. 이를 위해 대상집단의 특성과 요구를 분석하고, 이들 유형화하여 체계적으로 정리한다. 그다음 현재 제공되고 있는 서비스와 프로그램을 검토하여 이들이 대상집단의 욕구를 충족하고 있는지 평가한다. 이를 통해 프로그램과 욕구 간의 격차를 파악하고, 이 격차를 해결할 수 있는 실행 가능한 대안을 탐색한다. 마지막으로 욕구사정을 위해 필요한 정보를 제공할 자료의 출처를 선정한다. 이때 통계자료, 설문조사, 전문가면접 등 다양한 자료원천을 고려한다. 이러한 과정을 통해 욕구사정의 방향성을 명확히 하고, 이후 단계로의 체계적인 진행을 도모할 수 있다.

② 정보수집 및 분석

이 단계는 욕구사정의 핵심적인 실행과정으로 필요한 자료를 체계적으로 수집하고 이를 분석하여 유의미한 결과를 도출하는 과정이다. 우선 2차 정보를 파악하고 수집하는 것으로 시작한다. 여기에는 연구보고서, 통계자료, 정책문서, 학술논문 등 기존에 축적된 자료를 검토하는 작업이 포함된다. 이러한 2차 정보는 시간과 비용을 절감할 수 있으며, 대상집단에 대한 전반적인 이해를 높이는 데 도움이 된다. 다음으로 직접자료를 수집하는 단계가 이루어진다. 대상집단의 구체적인 욕구를 파악하기 위해 면접, 초점집단, 설문조사와 같은 다양한 방법이 활용된다. 면접은 전문가, 이해관계자 또는 대상집단의 구성원들을 대상으로 심층적인 의견과 욕구를 수집하는 방식이다. 초점집단은 소규모 그룹 토론을 통해 다양한 관점과 공통된 요구를 도출하는 방법이다. 설문조사는 보다 광범위한 자료를 체계적으로 수집하기 위한 방법으로, 설문문항은 객관적이고 명확하게 구성되며 대상집단의 특성에 맞게 설계된다. 또한 질적자료에 대한 관심을 확장하는 것이 중요하다. 단순히 양적자료를 수집하는 것에 그치지 않고, 면접과 초점집단에서 얻은 서술적 자료를 통해 욕구의 맥락과 의미를 심층적으로 분석한다.

확하고 구체적이어야 하며, 제시된 결과를 통해 청중이 쉽게 이해하고 활용할 수 있도록 구성한다. 또한 보고서가 끝난 후에는 관련된 피드백을 받을 수 있는 시스템을 마련하여 지속적인 개선과 프로그램의 발전에 기여할 수 있도록 한다. 이 단계는 자료와 분석결과를 명확하게 전달하고, 다양한 청중들이 이를 바탕으로 실질적인 결정을 내리거나 프로그램을 개선할 수 있도록 하는 중요한 과정이다.

4) 욕구사정의 내용과 방법

(1) 욕구사정의 내용

욕구사정을 준비할 때는 다음과 같은 사항을 사전에 점검해야 한다.

① 역점을 두고 해결하고자 하는 문제
② 서비스를 제공하려는 표적집단
③ 서비스 수급집단의 지리적 경계의 명확성
④ 표적집단에 대한 공신력 있는 자료의 유무
⑤ 참여직원들 간의 합의
⑥ 규범적 욕구 측정을 위한 기준
⑦ 인지적 욕구 측정 여부
⑧ 서비스를 원하는 사람들 중 기존 수혜율

(2) 욕구사정의 방법

욕구사정을 수행하는 방법에는 직접적 욕구사정 방법과 간접적 욕구사정 방법이 있다. 직접적으로 욕구를 사정하는 방법은 서베이법, 면접법, 지역사회포럼 등을 활용한다. 간접적으로 욕구를 사정하는 방법은 2차 자료분석 형태의 조사 방법인 사회지표분석, 지역사회 욕구 및 자원 지도, 서비스 제공기관 자료활용, 서비스 이용실태 자료조사, 주요 정보제공자 조사 등이 있으며, 구체적인 내용은 다음과 같다(김영종, 2013; 이민홍 · 정병오, 2017; 황성철, 2005).

① 직접적 욕구사정 방법

가. 서베이법

구조화된 설문지나 면접절차를 사용하여 지역주민이나 프로그램을 제공하고자 하는 잠재적 대상자 가운데서 추출된 표본을 대상으로 정보를 수집하는 것이다. 보편적으로 지역사회 주민에 대한 욕구조사에는 응답자의 일반적 특성, 지역사회 문제 및 주민의 욕구, 기관과 프로그램에 대한 인지도와 활용정도, 지역사회의 자원조사와 참여 등이 포함된다. 서베이법의 장점은 일관성 있는 자료수집이 가능하고, 일관된 분석들을 적용할 수 있다. 단점은 비용이 많이 들고, 자료의 심도가 약하고 내밀한 정보를 얻기 어렵다.

나. 면접법

지역주민이나 프로그램을 제공하고자 하는 잠재적 대상자 가운데서 추출된 표본을 대상으로 면접조사를 하는 것이다. 면접법의 형식은 구조화 방법과 반구조화 방법, 비구조화 방법으로 나눈다. 구조화란 질문내용들을 사전에 정해두는 정도를 뜻한다. 면접을 하기 전에 질문과 응답을 예상하여 정형화된 면접질문틀을 갖추는 것이다. 비구조화 면접은 이와 반대로 대략적인 주제만을 결정하여, 정형화된 질문과 응답형식 없이 자유롭게 면접을 수행한다. 장점은 비용이 적게 들고, 시간조절이 용이하다. 조사자의 재량권을 확보할 수 있고, 자료의 심도가 깊으며, 예상치 못한 중요한 자료를 획득할 가능성도 있다. 단점은 자료들 간의 일관성이 약하고, 면접대상자의 선별로 인해 발생하는 편향성이 존재한다.

다. 초점집단면접(포커스 그룹 인터뷰)

초점집단면접은 문제나 욕구를 갖는 클라이언트를 대상으로 서베이를 통해서 얻을 수 없는 심층적인 인지적 및 표출적 욕구를 탐색하기 위해 사용되는 질적 조사 방법이다. 이 방법은 문제를 가진 클라이언트 집단의 역동성을 최대한 활용하여 보다 깊이 있는 질적자료를 수집하고 분석하여 클라이언트 집단의 욕구를 보다 깊이 있게 규명할 수 있다. 하지만 참여자 선정의 대표성 문제, 진행자의 능력과 자질에 크게 의존하는 단점이 있다.

라. 지역사회 공청회 또는 포럼

지역사회의 다양한 구성원들로부터 가치나 태도, 의견 등을 직접적으로 청취하기 위해 공개공청회나 포럼을 개최하여 의견을 발표하도록 하는 자료수집의 방식이다. 사회복지 프로그램 개발자가 본 욕구조사방법을 광범위한 지역, 계층, 집단 등의 가치와 의견이 무엇인지를 탐색하여 보다 체계적인 조사를 위한 사전조사로 활용할 수 있으며, 프로그램에 대한 선호와 욕구를 직접적으로 평가할 수 있는 계기가 될 수 있다. 단점으로 참석자 대표성 문제와 진행상이 어려움이 생길 수 있다.

② 간접적 욕구사정 방법

간접적 욕구사정 방법은 주로 2차 자료를 활용하는 방법이다. 2차 자료(secondary data)란 다른 일반적 목적을 위해 이미 수집된 자료들을 말한다. 욕구사정에서 2차 자료를 활용한다는 것은 욕구조사를 위해 직접적으로 자료를 수집하지 않고, 이미 수집되어 있는 자료를 이용한다는 뜻이다. 2차 자료를 활용하는 데 있어 장점은 신속하고 저렴하다는 것이다. 이미 존재하는 자료들에서 욕구조사에 필요한 것을 추출해 내기 때문에 자료수집의 비용이 많이 들지 않고 신속하게 수행될 수 있다. 단점은 구체적 욕구사정의 상황에 적합한 자료를 얻기 어렵다. 딱히 들어맞는 2차 자료가 없을 경우가 많고, 소재 파악이 어렵거나 접근권한을 얻기 어려운 경우도 발생한다.

가. 사회지표(social indicatiors) 분석

사회지표 분석은 2차 자료를 활용하는 방법 중 하나다. 사회지표란 '지역이나 인구 집단을 특징적으로 나타내는 표준화된 수치'를 말한다. 사회복지 욕구조사에서는 주로 지역사회의 인구사회학적 특성을 반영하는 사회지표들이 중요하게 취급된다. 지역사회의 인구 변화, 성비, 혼인 및 이혼율, 가족 구성, 주택보급률, 소득분포, 질병률, 범죄율, 서비스기관의 분포 등이 그러한 예다.

나. 서비스 제공기관 자료의 활용

지역사회에서 서비스를 제공하고 있는 기관을 통해 욕구사정을 위한 자료를 획득하는 방법이다. 기관의 관리자나 직접 서비스 인력 혹은 기관이 정기적으로 생성하고 비축하는 각종 정보를 자료수집의 대상으로 한다. 이를 통해 지역사회의 각종 서비스 현황 통계, 자원실태조사, 욕구 현안들에 대한 전문가 의견 조사 등이 가능하다. 서비스 제공기관으로부터 자료를 수집하는 방법은 지역사회에서 제공되고 있는 서비스들의 성격과 분포, 클라이언트의 수와 특성, 서비스 활용의 실태, 서비스 전달체계의 적합성과 충분성, 미충족된 욕구에 대한 추정, 비서비스 지역 등에 관한 정보를 얻는 데 특히 유용하다.

다. 서비스 이용실태 자료의 조사

서비스를 이용하기 위해 기관에 접근한 사람들의 자료를 조사하는 것이다. 이는 지역사회 주민들의 '표현된 욕구'를 파악하는 데 유용하다. 만약 어떤 프로그램의 대기자가 많다면, 이는 필요에 비해 서비스가 충분히 공급되지 못함을 나타내는 것이 된다. 서비스 이용실태에 관한 조사를 위해서는 서비스 기관이 클라이언트에 관해 축적해 놓은 자료를 사용한다. 모니터링과 인테이크 절차를 위해 축적된 자료, 인구사회학적 자료, 문제와 욕구사정에 관한 자료, 제공된 서비스의 종류와 빈도, 지속기간에 관한 자료, 기타 의뢰기관이나 개입성과 등에 관해 기관이 비축해 둔 자료들이 이에 해당된다. 특히 서비스 이용률과 관련한 자료들은 지역사회 욕구사정을 위해 중요한 자료원이 된다. 이러한 자료는 다른 방법으로 수집된 자료들과 비교 대조해 가면서 욕구사정 정보로서의 전반적인 타당성과 신뢰도를 획기적으로 향상시킬 수 있다. 이렇게 작성된 정보들은 지역사회의 욕구사정뿐만 아니라, 서비스 기관들의 건전한 경영통제와 프로그램 평가를 위해서도 크게 도움이 된다.

라. 주요 정보제공자 조사

대상집단에 대해 잘 알고 있는 사람들이나 프로그램을 운영 또는 서비스를 직접 제공한 사람들을 대상으로 질문하여 집단의 욕구 및 서비스 이용 실태 등을 간접적으로 파악하는 조사다. 서베이, 델파이 기법 및 초점집단기법 등을 활용할 수 있다. 이 가운데 델파이 기법은 표적체계에 관련한 전문가 집단들을 대상으로 다양한 표적체계의 욕구나 문제들 가운데 합의점을 도출하는 방법이다.

참고 프로그램의 필요성 작성요령

'프로그램의 필요성은 왜 해야 하는가?'에 대한 답을 찾는 과정으로 사회문제 분석과 욕구사정 내용을 근거로 작성한다. 프로그램이 개입하고자 하는 문제에 대한 정확한 이해와 다양한 해결책과 관련한 자료를 충분히 검토하여야 한다. 자료는 도서관, 인터넷, 지역사회 기관 등 다양한 통로를 통해 얻을 수 있다. 먼저는 문제의 심각성을 잠재적 참여자의 욕구와 문제점을 중심으로 구체적인 숫자, 객관적 자료를 활용하여 기술한다. 다음으로 현 기관이 속한 지역사회의 실정을 충분히 고려하여 서비스를 제공하고자 하는 곳이 위치한 지역환경적 특성을 객관적 자료를 활용하여 기술한다. 그 이유는 지역사회마다 상황이 다르고 이미 다른 사업(프로그램)을 통해 이미 상당 부분 지역문제가 해소되었거나 해결을 위한 인프라가 구축되었을 수가 있기 때문이다. 따라서 지역사회의 실정을 기반으로 해당 프로그램이 문제의 원인을 제거하거나 궁극적으로 문제해결을 이끌어 낼 수 있다는 논리를 바탕으로 작성하도록 한다.

Activity 4-4

1. 자신이 기획하고자 하는 프로그램의 필요성을 아래의 작성순서에 따라 작성해 봅시다.

■ 작성순서

① 클라이언트의 문제에 대한 심각성(통계, 뉴스, 지역 현황, 특별한 사례)
② 클라이언트가 안고 있는 전반적인 문제에 대한 기술(매우 짧게)
③ 클라이언트 문제가 해결되어야 하는 사회적 가치 및 당위성(매우 짧게)
④ 클라이언트 문제와 관련하여 핵심적으로 해결되어야 하는 욕구를 중심으로 기술
⑤ 클라이언트의 욕구 해결을 위한 기존 프로그램의 한계
⑥ 핵심 욕구에 대한 초점/새로운 프로그램 개발의 필요성 제안

출처: 조성우 외(2023).

■ 작성예시

① 2023년 보건복지부의 청소년건강행태조사에 따르면, 중・고등학생의 약 30%가 스마트폰 과다 사용으로 인해 하루 6시간 미만의 수면을 취한다고 응답했으며, 이는 수면 부족 및 스트레스 증가로 연결되어 학업성취도와 정신건강에 부정적인 영향을 미치고 있는 것으로 나타났다.
② 이러한 문제는 청소년들이 스마트폰에 지나치게 의존하면서 자기통제력을 상실하고, 일상생활과 사회적 관계, 학업에 있어 심각한 부작용을 초래하고 있다.
③ 스마트폰 중독문제를 해결하는 것은 건강한 청소년 발달과 함께 미래사회의 안정적 발전을 위해 필수적이다.

④ 이 문제를 해결하려면 청소년들이 스마트폰 사용을 스스로 조절하고, 자기통제력 및 대인관계기술을 배양할 수 있는 체계적인 지원이 필요하다.

⑤ 그러나 기존 프로그램들은 정보전달 중심의 강의나 부모교육에 치중하여 청소년 스스로 문제를 인식하고 행동을 변화시킬 수 있는 기회를 충분히 제공하지 못하고 있다.

⑥ 따라서 청소년들이 자기통제력을 강화하고, 스마트폰 사용을 효율적으로 관리할 수 있도록 체험 중심의 프로그램을 새롭게 개발하는 것이 필요하다. 이러한 프로그램은 구체적인 목표와 실질적인 참여활동을 통해 청소년들에게 실질적인 변화를 가져올 것으로 기대된다.

■ 작성 연습

2. 자신이 기획하고자 하는 문제의식(프로그램의 필요성)을 사회복지공동모금회 양식에 맞춰 작성해 봅시다.

1) 프로그램 계획배경

2) 기존 유사프로그램과의 차별성

3) 신청기관의 강점

■ 작성 가이드

'이 프로그램이 왜 필요한가?'라는 질문에 대한 대답은 결국 그 프로그램이 해결되면 당면하고 있는 현실이 '어떤 상태가 되기를 바라는가?'와 결과적으로는 동일한 지점에 이르게 된다. '프로그램의 필요성'은 결국 '프로그램 목적'과 크게 다르지 않다. 전자는 프로그램을 시작하기 전의 이야기라면, 후자는 프로그램을 수행해서 성해신 목표가 달성되면 어떤 상태에 이르고 싶은지에 대한 이야기이다. 그렇다면 '문제의식'은 프로그램 내용과도 연결되어 있고, 또 이 프로그램이 지향하는 종국적인 목적과도 닿아있음을 알 수 있다. '문제의식'과 '목적'이 실제 연결되도록 작성하는 것은 프로그램 계획서의 일관성과 논리성을 담보하는 지름길이다.

(1) 프로그램 계획배경

'무엇을 어떻게 하겠다'라고 하는 프로그램 아이디어와 내용은 작성자나 신청기관의 문제의식에서 출발한다. 왜 이 프로그램을 기획하였는지에 대한 스토리(story)를 기술해야 한다. 비슷한 스토리라 하더라도 문제상황을 어떤 시각에서 어떻게 바라보는가에 따라 접근방식이 달라진다. 그러므로 변화시키고자 하는 개입지점에 대해 작성자가 어떤 관점에서 바라보는지를 적어야 한다.

(2) 기존 유사프로그램과의 차별성

작성자가 기획하는 프로그램이 해당 지역사회에서 발생하는 특수한 여건 때문인지, 아니면 보편적인 상황에서 좀 더 발 빠르게 대응하려고 하는 것인지에 대해 적어야 한다. 뿐만 아니라 다른 지역이나 기관에서 이미 충분히 해당 주제에 대하여 동일한 또는 유사한 프로그램을 많이 해 오고 있다면 그러한 경험치가 축적되어 있는데도 불구하고 프로그램 기획을 하는 이유에 대해서 적어야 한다. 이 항목을 작성하는 이유는 다른 기관이 수행해 본 사업을 선정하지 않겠다는 취지가 아니라 동일한 또는 유사한 프로그램이 진행되었지만 신청기관이 처한 지역 여건이 동일하지 않다는 점과 유사한 주제라도 작성자에 따라서 얼마든지 달라질 수 있다는 점 때문에 작성자가 구성한 사업내용의 구체적인 배경이 타당한지에 대해 보다 깊이 살펴보기 위함이다. 그러므로 기존 프로그램을 그냥 벤치마킹하기 보다는 그 프로그램의 장점과 성공적인 면, 그리고 감춰진 시행착오, 상황의 상이성 등을 고려하고 아울러 새로운 관점 등을 생각하여 기관여건과 기획의도에 맞게 반영할 필요가 있다.

(3) 신청기관의 강점

신청하는 프로그램이 아이디어 차원에서 구상·제시된 것이 아니라 치밀한 조사와 관련분야 수행 경험에 근거해서 구성되었으며, 신청기관이 이 프로그램을 수행함에 있어 갖는 또 다른 장점이 있다면 보다 설득력있게 그 논거를 제시하여야 한다.

출처: 사회복지공동모금회(2022), 일부 수정 및 보완.

3. 프로그램 참여자 선정

1) 프로그램 참여자의 개념

프로그램을 참여자는 프로그램을 통해 서비스를 제공받는 클라이언트 의미한다. 일반적으로는 대상자로 많이 표현하나 최근에는 클라이언트를 피동적인 대상으로 보기보다는 변화의 주체자로 표현하는 것이 보다 적합하다고 보는 시각이 우세하다. 이러한 흐름에 따라 사회복지공동모금회에서도 2018년부터 대상자가 아닌 사업참여자로 용어를 변경하였는데 핵심참여자와 주변참여자로 구분하고 있다. 여기서 핵심참여자는 프로그램 목표를 달성하기 위해 서비스를 제공받는 클라이언트를 의미하고, 주변참여자는 핵심참여자의 변화를 도모하는데 매우 밀접하게 관여되는 중요한 주변인을 의미한다(사회복지공동모금회, 2018).

참고 손자녀에 대한 조부모의 양육기술 향상 프로그램에서

- 핵심참여자: 손자녀를 양육하고 있는 조부모 10명
- 주변참여자: 손자녀의 어머니 10명(손자녀 1명당 어머니 1명)

Activity 4-5

지역아동센터 이용아동을 대상으로 한 스마트폰 중독예방 프로그램을 기획한다고 가정하여 핵심참여자와 주변참여자를 적어봅시다.

핵심참여자	
주변참여자	

2) 프로그램 참여자 선정방법

사회복지 프로그램 대상자를 선정하는 절차는 프로그램을 기획하는 사람들에 따라 또는 프로그램 제안서의 양식에 따라 다양한 방법이 동원된다. 그중 가장 많이 활용하는 방법은 Taber & Finnegan(1980)이 제시한 방식이다. 참여자를 일반집단, 위험집단, 표적집단, 클라이언트 집단으로 점점 좁혀가는 방식으로 신덕상 외(2020)는 [그림 4-7]처럼 '깔때기 방식(대상집단 표집 깔때기)'이라고 표현하기도 한다.

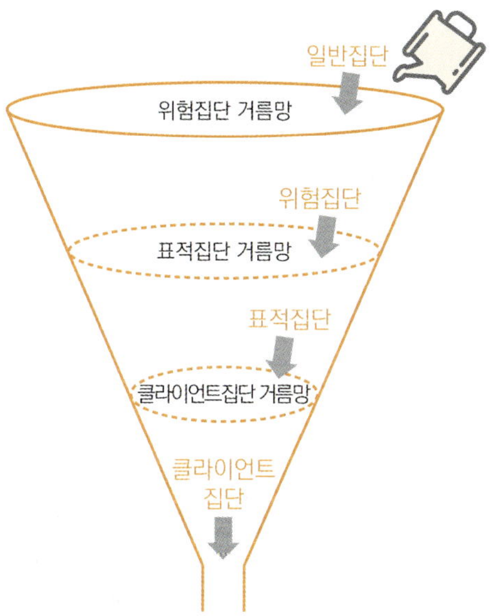

출처: 신덕상 외(2020).

[그림 4-7] 대상집단 표집 깔때기(population funnel)

(1) 일반집단(general population)

사회복지 프로그램의 대상자 집단 가운데 가장 포괄적인 인구집단이다. 일반적으로 문제나 욕구를 갖고 있다고 판단되는 해당 지역의 전체 대상집단을 말한다. 프로그램이 실제 운영될 지역 또는 행정구역 내에 거주하는 모든 사람들을 말한다. 예를 들어 청소년을 대상으로 스마트폰 과의존예방 프로그램을 기획하는 경우, 일반집단은 H지역에 거주하는 전체 청소년으로 기술할 수 있다.

(2) 위험집단(at-risk population)

일반집단 중 특정 사회문제에 더욱 취약성을 보이거나 특히 더 많은 욕구를 가지고 있거나 이미 문제에 노출되었던 경험이 있는 인구집단을 말한다. 예를 들면 H지역에 거주하는 청소년 중 스마트폰 과의존의 위험성이 높은 청소년으로 기술할 수 있다.

(3) 표적집단(target population)

위험집단의 하위집단으로 프로그램의 대상자로 일차적 자격요건을 갖춘 사람들이다. 따라서 당장 클라이언트 집단에 소속된다 하더라도 문제가 되지 않는 집단이라고 할 수 있다. 표적집단을 추정할 때에는 특정 기준을 선정하고 문제의 심각성이 높은 집단부터 선정하되, 기관의 서비스를 이용할 수 있는 지리적 위치를 고려하여 집단을 한정한다. 예를 들면 H지역에 거주하는 스마트폰 과의존의 위험성이 높은 청소년들 중 고위험군에 속하는 청소년으로 기술할 수 있다.

(4) 클라이언트 집단(client population)

표적집단의 하위집단으로 프로그램에 참가할 클라이언트 집단을 말한다. 클라이언트 집단이 되기 위해서는 물론 명확한 기준(예: 연령, 소득수준, 문제의 심각성 수준, 기타 조건 등)에 선정되어야 하지만 특히 표적집단에서 참여를 희망하고 실제로 물리적으로 프로그램에 참여할 수 있는 사람들로 한정한다. 따라서 프로그램 개발자는 클라이언트 집단의 선정기준, 우선순위, 모집방법(동의과정 포함) 등에 대해서 구체적으로 명시해야 한다. 예를 들어 청소년 스마트폰 과의존예방 프로그램을 기획하는 경우라면 첫째, 스마트폰 중독의 위험성이 높은 청소년들 중 스마트폰 중독선별 검사결과 고위험군에 속하는 자가 클라이언트 집단의 선정기준이 될 수 있다. 둘째, 우선순위는 1단계: 스마트폰 중독수준(심각성) 2단계: 소득수준, 3단계: 신청순서 등으로 제시할 수 있다. 셋째, 모집방법은 청소년 스마트폰 과의존예방 프로그램에 대한 홍보를 한 후 접수를 받고 필요에 따라 면접을 통해 참여자를 결정할 수 있다. 이때 모집과정에서 참여자가 청소년이므로 반드시 당사자 외에 보호자의 동의도 함께 받아야 한다. 여기서 기억해야 할 것은 클라이언트 집단 선정기준, 우선순위, 모집방법에 대한 절차가 반드시 순차적으로 적용해야 하는 것이 아니라 동시에 또는 순환적으로 진행될 수도 있다는 점이다.

〈표 4-3〉 참여자 선정과정

사업명: H지역 청소년 스마트폰 과의존예방 프로그램		
대상구분	서비스 참여자 산출근거	단위수
일반집단	H구의 청소년	36,918명*
위기집단	H구의 스마트폰 중독 위험성이 높은 청소년	15,136명**
표적집단	H구의 스마트폰 중독 위험성이 높은 청소년 중 고위험군 청소년	787명***
클라이언트 집단 (실인원수)	표적집단 중 프로그램 참여(부모 동의 포함)를 희망하는 청소년	12명

* H구청. 2022 통계연보.

** 과학기술정보통신부 · 한국지능정보사회진흥원. 2022년 만 10~19세 과의존위험군(고위험군+잠재적 위험군) 비율 40.1%로 추정(일반집단×0.41)

*** 과학기술정보통신부 · 한국지능정보사회진흥원. 2022년 만10~19세 고위험군 비율 5.2%로 추정(위기집단×0.052)

Activity 4-6

Taber와 Finnegan(1980)의 방법을 활용하여 자신이 생각하고 있는 프로그램 대상자의 산출근거와 단위수를 작성해 봅시다.

사업(프로그램)명:

대상구분	서비스 참여자 산출근거	단위수
일반집단		
위기집단		
표적집단		
클라이언트 집단 (실인원수)		

3) 프로그램 참여자 선정기준(표적집단 → 클라이언트 집단)

프로그램에 참가하게 될 클라이언트 집단은 엄밀하게 말하면 표적집단부터 가능하다. 따라서 표적집단으로부터 프로그램에 실제 참여하게 될 클라이언트를 선정하는 것은 특정한 기준에 따라야 한다. 다음 기준들은 표적집단에서 클라이언트 집단을 선정하는 데 기준이 되는 요소이다(김상아 외, 2013; 정무성, 2005; 조승석 외, 2017; 표갑수 외, 2013).

(1) 실현가능성(수용성)

클라이언트 선정에 있어 가장 일반적인 고려는 프로그램에 수용할 수 있는지 여부이다. 프로그램에 필요한 클라이언트 수가 많다고 해서 기관의 능력을 고려하지 않고 프로그램을 자주 개설한다거나 클라이언트들이 충분히 참석할 수 없는데도 불구하고 프로그램이 너무 자주 제공되는 것은 적절하지 않다. 이 경우 기관 담당자나 클라이언트, 후원자 모두에게 실망감을 주게 된다. 따라서 어떤 사례가 우선시되어야 하는지를 신중하게 결정해야 한다. '프로그램 대기자 목록 순서로 선발할 것인가?', '문제의 심각성에 따라 우선순위를 결정할 것인가?', '먼저 온 사람이 먼저 프로그램을 받게 될 것인가?' 중요한 것은 이러한 결정이 프로그램 담당자에 의해 프로그램 기획단계에서 이루어져야 한다는 점이다.

(2) 자발성과 자기결정권

자발성과 자기결정권은 윤리성으로 표현될 수 있다. 클라이언트 집단에 포함되기 위해 프로그램 참여가 필요하다고 인정되더라도, 본인이 프로그램을 거부할 경우 이를 강제로 참여하게 하는 것은 신중히 판단해야 한다. 일반적으로 클라이언트는 프로그램에 자발적으로 참여해야 하며, 자신이 서비스를 받을 것인지를 선택할 수 있는 능력을 가져야 한다.

(3) 참여동의서

프로그램에 참가할 집단을 선정할 때 반드시 모집과정에서 클라이언트의 참여동의를 받아야 한다. 프로그램의 정보에 대하여 충분히 설명하여야 하는데, 프로그램의 목적, 주요 내용, 참여로 인한 변화 등에 대해 자세하게 설명하고 최종 참여 여부는 클라이언트의 결정으로 이루어져야 한다(이민홍 · 정병오, 2017). 클라이언트가 프로그램에 참여할 충분한 이유가 있다고 하더라도 본인의 자발적인 의사가 있는 클라이언트로 집단을 구성해야 하는 윤리적 책임이 있기 때문이다. 고지된 동의를 제공하고 실제로 관련 내용을 작성하여 참가 동의서를 받는 것이 좋다. 그러나 만일 동의서를 작성하기 어려운 경우, 즉 의사결정능력이 부족한 경우 미성년자 등의 경우에는 보호자가 대리 동의서를 작성할 수 있다. 만일 프로그램이 필요함에도 욕구가 없는 경우 충분한 설득과정이 필요할 수 있지만, 결국 클라이언트의 자기결정원칙을 언제나 염두에 두어야 한다.

(4) 클라이언트의 능력

프로그램으로부터 도움을 받기 위해서는 클라이언트가 일정한 능력을 보이거나 자원을 가지고 있어야 한다. 즉 프로그램은 기획자의 입장에서 만들어지는 것이 아니라, 클라이언트의 독특성과 능력이 발휘될 수 있도록 클라이언트의 강점을 고려하여 기획되어야 한다. 표적집단에서 클라이언트 집단으로 선정되기 위해서는 클라이언트가 자신의 시간을 할애하고, 프로그램 장소에 도달하기 위해 특별한 노력이 필요할 수도 있다. 클라이언트는 집단에 참여하기 위해 의지와 능력을 보여주어야 한다. 프로그램 기획자는 클라이언트가 프로그램으로부터 이익을 얻을 수 있는 합당한 기회를 제공하기 위해, 필요한 최소한의 능력과 조건을 고려하여 프로그램을 기획해야 한다.

참고 프로그램 설계 시 참여자와 관련하여 고려할 사항

1. 프로그램은 참여자들의 기본적 권리를 보장하는가?
2. 프로그램 자기결정권을 비롯한 자율성을 최대한 고려하는가?
3. 프로그램은 참여자들의 주체적 참여와 기여를 지향하는가?
4. 프로그램은 질적인 사회적 관계를 토대로 하는가?
5. 프로그램은 어떤 세계관에 따라 인간을 이해하고 있는가?

출처: 윤성호(2021).

4장 돌아보기

1. 사회문제가 무엇이며 학자들이 제시한 사회문제 유형에는 어떤 것들이 있는가?

2. 욕구는 무엇이며 학자들이 제시한 욕구유형에는 어떤 것들이 있는가?

3. 욕구사정은 왜 필요하며, 그 과정은 어떻게 되는가?

4. 욕구사정의 내용과 방법에 대해 설명해 보라.

5. 사회복지공동모금회의 대상자 선정방법과 Taber & Finnegan(1980)의 대상자 선정방법을 설명해 보라.

CHAPTER 05

프로그램 목적 및 목표설정

학습목표

1. 프로그램의 목적과 목표의 개념과 관계를 이해한다.
2. 프로그램 목적과 목표 기술에 대해 이해한다.

프로그램의 목적과 목표는 프로그램 설계에서 핵심적인 역할을 하며, 프로그램의 방향성과 성과를 결정짓는 중요한 요소들이다. 본 장에서는 프로그램의 목적과 목표의 개념과 이들 간의 관계를 명확히 이해하고, 효과적인 프로그램 목적과 목표를 설정하는 방법에 대해 다룰 것이다. 특히 프로그램 목표를 기술하는 데 있어 상위목표와 하위목표를 기술하는 다양한 형식을 살펴봄으로써 올바른 목표 작성요령에 대한 이해를 돕고자 한다.

1. 프로그램 목적과 목표의 개념과 관계

프로그램의 목적은 목표로 분화되며 목표는 목적달성에 필요한 구체적인 의도들로 제시된다(박경일 외, 2016). 목적(purpose)은 프로그램이 궁극적으로 달성해야 하는 이상적인 상태의 기술로서 보다 실현가능하고 결과 중심적인 하위의 세부목표들에 대한 상위개념이고 목표(goal)는 이러한 목적을 구체화한 것으로 프로그램의 지향점을 의미한다(김학주, 2004). 그리고 세부목표(objective)는 목적을 달성하기 위한 구체적인 실행방안을 제시한 것으로 실현가능하게, 구체적으로, 현실적인 언어로, 그리고 평가를 위해 측정가능하게 표현해야 한다(정무성 · 정진모, 2001). 〈표 5-1〉은 목적과 세부목표 간의 비교를 나타낸 것이다.

〈표 5-1〉 프로그램 목적과 세부목표 간의 비교

목적	목표
• 문제정의와 인과관계에 대한 설명 • 개입의 포괄적 수준 결정 • 클라이언트 집단의 성격과 규모는 문제의 규모와 범위에 따라 결정되어야 함 • 프로그램 실행의 한계와 지침 제공	• 과정보다는 결과에 중심을 둠 • 명확한 시간기준과 구체적 성취수준을 제공 • 산술적인 측정이 가능: 정확하게 측정되고 관찰되어야 함 • 목적의 위계화와 조직의 활동범위가 맞아야 함

출처: 김학주(2004).

사회복지 프로그램의 목적과 목표의 관계에 있어 목적(purpose), 상위목표(goal), 하위목표(objective)로 구분하거나(정무성, 2005) 광의적이고 넓은 의미의 목적(goal)과 구체적이고 좁은 의미의 목표(objective)로 구분하기도 한다(최일섭 · 이창호, 1993). 본 절에서는 후자의 맥락을 따르며 [그림 5-1]은 이러한 맥락에서 목적(goal)과 목표(objective)의 관계를 상위목표(성과목표)와 하위목표(산출목표)로 구분하여 제시한 것이다.

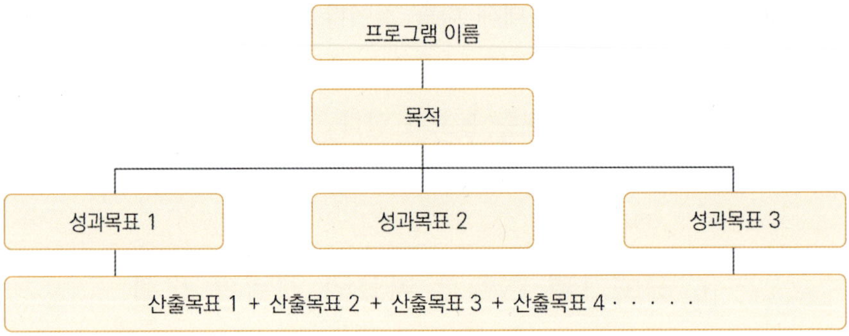

출처: 조성우 외(2024).

[그림 5-1] 프로그램 이름, 목적, 상위목표(성과목표), 하위목표(산출목표)의 위계구조

2. 목적과 목표 기술

1) 목적 기술

프로그램 기획은 목적을 성취하기 위해 프로그램 계획을 수립해 가는 과정으

로 사회복지조직에서 사업의 목적을 달성하기 위해 이루어지는 일련의 합리적인 선택과정을 말한다. 프로그램 목적은 프로그램이 추구하는 의도를 담고 있으며 사회복지기관의 설립이념에 기반한다. 프로그램의 목적은 다소 추상적이며 달성하고자 방향성을 담고 있다. 프로그램의 목적 기술은 클라이언트의 문제를 어떻게 변화시킬 것인지에 초점을 맞춘다. 황성철(2005)은 프로그램 목적을 구체적 표적집단(누구), 현재의 문제영역(어떤 문제), 바람직한 미래상태(어떻게 변화)의 세 가지 요소로 간략히 설명할 수 있다고 보았다. 한편 Grinnell 외(2010)는 프로그램 목적에 현재의 문제(current problem), 표적집단(target population), 바람직한 미래 상태(desired future condition), 계획(plan)의 네 가지 요소를 포함해야 한다고 제안했다. 본 서에서는 이러한 관점을 종합하여, 프로그램의 목적을 현재의 문제상황(어떠한 상태에 놓인), 구체적인 대상(누구에게), 개입방법/계획(어떻게), 바람직한 미래상태(무엇을 이루고자 한다)를 명확히 포함하는 방식으로 기술하고자 한다. 이 방식은 클라이언트의 문제와 이를 해결하기 위한 목표를 명확히 표현하여 프로그램의 방향성을 보다 효과적으로 제시할 수 있다.

예시 대인관계 문제를 가진(현재의 문제상황) 지역아동센터 이용아동을 대상으로(구체적인 대상/표적대상) 강점관점을 적용한 사회성 증진 프로그램을 활용하여(개입방법/계획) 행복한 학교생활을 할 수 있도록 지원한다(바람직한 미래상태).

Activity 5-1

자신이 기획하고자 하는 프로그램의 목적을 기술해 봅시다.

2) 목표 기술

목표 기술은 누가(Who: 클라이언트 & 변화대상자)+어떻게(How: 프로그램/세부서비스)+무엇을(What: 변화내용)+한다(Do: 방향(+, - 의 동사))의 방식으로 기술한다. 여기서 첫째, 누가(Who)란 주요 클라이언트이자 프로그램의 주 참여자를 의미하고 반드시 클라이언트 입장에서 기술되어야 한다. 둘째, 어떻게(How)는 변화를 위한 활동이나 계획을 의미한다. 셋째, 무엇(What)은 심리, 정서, 행동, 환경 등의 내용을 의미하며 문제와 관련된 핵심요소가 된다. 넷째, 한다(Do)는 심리, 정서, 행동, 환경의 변화를 의미하며 ~한다, ~된다 등으로 표현한다

목표 기술: 누가 + 어떻게 + 무엇을 + 한다

참고 1 목표 기술요령(SMART 기법)

- S(Specific): 구체적이어야 한다.
  예: 지역아동센터 이용아동들이 의사소통훈련 집단활동에 참여하여 대인관계 능력을 향상한다. [잘못된 예] ~ 참여하여 좋은 친구관계를 형성한다. (X)
- M(Measurable): 측정가능해야 한다.
  예: 지역아동센터 이용아동들이 사회성 증진 프로그램에 참여하여 학교출석률(또는 학교생활만족도)을 향상한다. [잘못된 예] ~ 참여하여 행복한 학교생활을 한다. (X)
- A(Attainable): 성취가능해야 한다.
  예: 지역아동센터 이용아동들이 학습지원 프로그램에 참여하여 자신의 학습성향을 파악한다. [잘못된 예] ~ 참여하여 만점을 받는다. (X)
- R(Result-oriented): 결과지향적이어야 한다.
  예: 지역아동센터 이용아동들이 지역알기 문화탐방에 참여하여 지역에 대한 소속감을 갖는다. [잘못된 예] ~ 소속감을 갖기 위해 문화탐방을 한다. (X)
- T(Time-limited): 시간제한을 가진다.[2)]
  예: (20○○년 3~9월까지) 지역아동센터 이용아동들이 의사소통훈련에 참여하여 교우관계가 증진된다.

2) 프로그램 일정은 프로그램 계획서에서 작성이 되므로 목표 기술에서 일정표기를 생략할 수 있다.

참고 2 바람직한 목표의 특성

① 구체적이고 분명해야 한다.
② 평가가 가능해야 한다.
③ 실행이 가능해야 한다.
④ 하나의 목표에 하나의 내용이 담겨 있어야 한다.
⑤ 긍정적으로 기술되어야 한다.
⑥ 클라이언트 중심으로 기술되어야 한다.
⑦ 평이한 단어로 기술되어야 한다.

참고 3 잘못된 프로그램 목표 예시

① 성공과 실패 여부를 알 수 없는 표현(~을 도모한다/시도한다/추진한다/노력한다/추구한다 등)으로 작성된 목표
예: 지역아동센터 이용아동들이 사회성 증진 프로그램에 참여하여 사회성 향상을 도모한다.
② 너무 구체적이고 엄격한 목표[3)]
예: 지역아동센터 이용아동들이 사회성 증진 프로그램에 참여하여 학교생활 적응력을 30% 향상한다.
③ 활동 자체가 성과(상위목표)가 될 수 없는데 상위목표를 산출목표로 작성한 목표(하위목표로는 가능)
예: 지역아동센터 이용아동에게 상담을 3회 실시한다.
④ 프로그램 진행자 중심으로 기술된 목표
예: 영어능력 향상 프로그램을 통해 지역아동센터 이용아동들이 영어에 대한 흥미와 친근감을 갖도록 지도한다.
⑤ 참여자가 주체가 아닌 객체형식으로 기술한 목표
예: 지역아동센터 이용아동에게 사회성 증진 프로그램을 실시하여 아동의 사회성을 향상시킨다.
⑥ 목표가 직접적이지 않고 모호하고 기술한 목표
예: 지역아동센터 이용아동들이 사회성 증진 프로그램에 참여하여 친구와 싸우지 않게 한다.

3) 달성이 가능하다면 구체적인 목표(수치제시)기술이 잘못 작성되었다고 볼 수 없지만 달성 가능성이 낮다면 목표로서 문제가 있다고 볼 수 있다.

참고 4 프로그램의 목표 진술에서 유용하게 사용될 수 있는 표현

① 긍정적 표현
예: 증가한다, 발전한다, 확장한다, 확대한다, 향상한다, 증진한다 등
② 부정적인 것의 감소 또는 소거와 관련한 표현
예: 감소한다, 줄여나간다, 제거한다, 근절한다, 줄인다 등
③ 중립적 표현
예: 시도한다, 습득한다, 유지한다, 설치한다, 이해한다 등

Activity 5-2

다음의 목표 기술이 잘못된 이유를 제시해 봅시다.

1. 지역아동센터 이용아동들이 자아존중감 증진 프로그램에 참여하여 자아존중감 향상을 도모한다.
2. 지역아동센터 이용아동들이 자아존중감 증진 프로그램에 참여하여 자아존중감 향상을 추구한다.
3. 지역아동센터 이용아동들이 자아존중감 증진 프로그램에 참여하여 자아존중감을 100% 향상한다.
4. 지역아동센터 이용아동들이 자아존중감 증진 프로그램에 참여하여 자아존중감과 사회성을 향상한다.
5. 지역아동센터 이용아동에게 자아존중감 증진 프로그램을 실시하여 자아존중감을 증진시킨다.

3) 상위목표와 하위목표 기술

프로그램의 목표는 상위목표와 하위목표로 구분되는데 상위목표는 하위목표의 달성을 통해 확인할 수 있는 변화를 의미하고 반드시 성과목표 형식으로 작성하여야 한다. 여기서 성과목표란 프로그램을 통해 궁극적으로 이루고자 하는 목표를 의미한다. 먼저 '누가'에 대한 내용을 기술할 때는 구체적으로 성, 연령, 장애나 사회적 기능정도 등을 명확하게 기술한다. '어떻게'는 클라이언트(서비스 이용자)에게 기대되는 변화를 얻기 위하여 사회복지사가 수행하는 일련의 활동을 기술한다. 여기서 활동은 기대되는 변화(목표달성)를 달성하는 데 있어 관련있는 이론적 근거를 반드시 가지고 있어야 한다. '무엇을'에 대한 내용을 기술할 때는 프로그램 이

후 성과평가와도 연결이 되므로 측정 가능한 개념을 기술한다. '한다'는 변화의 정도와 방향을 기술하는 데 되도록 구체적이며, 긍정적인 표현을 사용한다.

예: 지역아동센터 이용아동들이 (누가) 학교폭력 예방 프로그램에 참여하여 (어떻게) 학교폭력에 대한 태도를 (무엇을) 개선한다. (한다)

하위목표는 상위목표를 달성하기 위한 세부목표를 의미하며 성과목표, 산출목표, 과정목표 형식으로 작성할 수 있다. 하지만 하위목표는 대체로 산출목표 형식으로 작성한다. 여기서 산출목표란 성과목표를 이루기 위한 구체적인 과업을 목표형태로 작성한 것을 의미한다.

(1) 상위목표가 성과목표이고 하위목표도 성과목표인 경우

이 경우는 상위목표(성과목표)에 대한 이론적 개념을 토대로 세분화가 가능한 경우에 활용한다. 목표에서 문제나 욕구와 관련된 핵심요소를 2~3개로 나누어 작성한다. 가장 이상적인 형식이나 작성하기가 어렵다는 단점이 있다.

목표: 지역아동센터 이용아동들이 학교폭력 예방 프로그램에 참여하여 학교폭력에 대한 태도를 개선한다. (성과목표)

목표 1-1. 지역아동센터 이용아동들이 학교폭력 예방 프로그램에 참여하여 불안(감정)이 감소한다. (성과목표 1)

목표 1-2. 지역아동센터 이용아동들이 학교폭력 예방 프로그램에 참여하여 폭력적 행동(행동)이 감소한다. (성과목표 2)

목표 1-3. 지역아동센터 이용아동들이 학교폭력 예방 프로그램에 참여하여 이타적 삶에 대한 이해(인지)를 증진한다. (성과목표 3)

Activity 5-2 정답(p.106)

1. 목표(도모한다) 기술이 성공과 실패 여부를 알 수 없는 표현이기 때문이다.
2. 목표(추구한다) 기술이 성공과 실패 여부를 명확히 알 수 없기 때문이다.
3. 목표(100% 향상)가 너무 엄격하기 때문이다.
4. 목표(자아존중감과 사회성)가 이중적이기 때문이다.
5. 참여자를 주체가 아닌 객체로 보고 목표 기술(~에게, ~시킨다)을 했기 때문이다.

(2) 상위목표가 성과목표이고 하위목표는 산출목표인 경우

이 경우는 가장 일반적으로 많이 활용되는 형식으로 하위목표를 상위목표를 이루기 위한 수단, 활동, 실적(건, 명, 회, 원)을 하위목표로 작성한다. 상위목표를 성과목표로 하위목표를 산출목표로 기술하면 상호보완이 될 수 있다는 장점이 있다.

목표: 지역아동센터 이용아동들이 또래관계 증진활동에 참여하여 학교적응력이 향상된다. (성과목표)
- 목표 1-1: 지역아동센터 이용아동들이 또래상담 프로그램에 10회 참여한다. (산출목표 1)
- 목표 1-2: 지역아동센터 이용아동들이 또래와의 문화체험활동에 3회 참여한다. (산출목표 2)

(3) 상위목표가 성과목표이고 하위목표는 과정목표인 경우

이 경우는 상위목표의 달성에 있어 과정자체가 매우 중요한 경우에 특별히 활용된다. 이때 프로그램 수행의 중요한 과정이 하위목표가 된다.

목표: 지역아동센터 이용아동들이 지역사회 봉사활동에 참여하여 지역소속감이 향상된다. (성과목표)
- 목표 1-1: 지역아동센터 이용아동들을 대상으로 봉사단을 구성하고 발대식을 갖는다. (과정목표 1)
- 목표 1-2: 지역아동센터 봉사단에게 자원봉사 교육을 주1회, 총 4회 제공한다. (과정목표 2)
- 목표 1-3: 지역아동센터 봉사단이 정기적으로 독거노인 및 복지시설 봉사활동에 월 1회, 6개월간 참여한다. (과정목표 3)
- 목표 1-4: 지역아동센터 봉사단의 봉사활동 경험을 공유하고 자발적인 봉사모임을 결성한다. (과정목표 4)

Activity 5-3

자신이 기획하고자 하는 프로그램의 목표를 상위목표(성과목표)와 하위목표(산출목표)로 구분하여 기술해 봅시다.

5장 돌아보기

1. 프로그램의 목적과 목표의 차이는 무엇인가?

2. 프로그램 하위목표의 유형에는 어떤 것들이 있는가?

3. 취약가정 아동들의 사회성을 증진하기 위한 프로그램 목표체계도를 상위목표(성과목표)와 하위목표(산출목표) 형식으로 작성해 보라.

CHAPTER 06 프로그램 내용구성

학습목표

1. 프로그램 내용구성(대안선택)의 개념을 이해한다.
2. 프로그램 내용구성을 위한 대안의 원천에 대해 이해한다.
3. 프로그램 내용구성에 관한 이론적 모형에 대해 이해한다.
4. 프로그램 내용구성(대안선택)의 기준에 대해 이해한다.
5. 프로그램 내용의 구성요소와 구성원리 및 내용선정 원리에 대해 이해한다.
6. 프로그램 내용구성의 절차에 대해 이해한다.
7. 새로운 프로그램 내용개발(브레인스토밍, 브레인라이팅)을 위한 방법에 대해 이해한다.

프로그램 내용구성은 프로그램의 목표를 달성하기 위해 필요한 활동과 서비스를 선택하고 설계하는 중요한 과정이다. 본 장에서는 프로그램 내용구성(대안선택)의 개념을 이해하고, 이를 위한 대안의 원천을 탐구할 것이다. 또한 프로그램 내용구성에 관한 이론적 모형과 내용구성(대안선택)의 기준을 살펴보며, 효과적인 프로그램 설계를 위한 구체적인 원리와 절차를 다룰 것이다. 마지막으로 새로운 프로그램 내용개발을 위한 방법론인 브레인스토밍과 브레인라이팅 기법에 대해서도 자세히 살펴봄으로써 프로그램 내용구성을 체계적이고 창의적으로 할 수 있도록 도울 것이다.

1. 프로그램 내용구성(대안선택)의 개념

사회복지 프로그램의 내용구성은 프로그램의 목적과 목표를 달성하기 위해 주어진 여러 가지 대안 중 가장 적절한 대안을 선택하여 구체화해 나가는 과정이다. 전체적인 맥락에서 프로그램 목적과 목표달성에 가장 부합하고 클라이언트에게 가장 도움이 되는 활동내용을 결정하는 것이다. 프로그램 내용구성은 클라이언트 문제해결과 욕구를 충족하고 프로그램 목표를 달성하기 위해 사회복지사가 어떻게 과업을 수행할 것인지에 대한 내용을 포함한다(김선희 외, 2021).

2. 프로그램 내용구성을 위한 대안의 원천

프로그램 내용구성을 위한 구상을 하기 위해 다음과 같은 범주를 활용할 수 있다(이민홍 · 정병오, 2024).

1) 창의력

창의력은 프로그램에서 개입하고자 하는 문제나 욕구를 새로운 시각에서 보고 그 문제나 욕구를 해결하기 위하여 전에 없었던 새롭고 독특한 관점이나 방법을 포함하는 대안을 제시하는 능력을 의미한다. 창의력은 점증주의 모형이 아니라 포괄적 및 제한적 합리주의 모형의 접근모형을 적용할 때 활용된다. 창의적인 대안 개발방법으로는 브레인스토밍과 브레인라이팅이 있다.

2) 경험

국내외의 다른 지역사회 및 다른 기관들이 프로그램에서 개입하고자 하는 비슷한 문제나 욕구를 어떻게 대처했는가의 경험을 잘 관찰해서 대안 개발을 구상할 수 있다.

3) 이론

대안 개발의 아이디어 원천은 기본적으로 이론에서 도출되어야 한다. 프로그램을 통해 해결하고자 하는 문제나 충족하고자 하는 욕구가 무엇이며, 이러한 문제 및 욕구에 관련된 기존 이론들은 어떤 것들이 있는지가 문제해결 및 욕구 충족의 방향을 찾아가는 데 필수적으로 요구된다. 이론은 문제 및 욕구의 인과 관계를 설명할 수 있는 논리적 근거를 제시하여 문제 및 욕구의 원인이 무엇인지를 도출할 수 있게 해준다.

〈표 6-1〉 아동학대 원인과 관련된 이론

이론	특징
정신병리적 모델	**가해자의 특성** 자기표현적 분노 및 좌절 통제력 부족, 완고성 및 감정이입상의 결함, 우울증 등 신체상의 건강문제, 낮은 자존감 및 분노 통제상의 문제, 약물남용, 의존성, 신체적 과반응
발달론적 관점	**자녀의 특성** 타고난 기질, 미숙아, 장애, 발달지체 및 장기투병아동, 입양아동 및 미혼모아동, 부모가 원치 않는 성별과 원치 않는 출생, 자녀의 수가 많은 가정의 아동
부모-자녀 관계이론	**자녀의 특성** 자녀의 어려운 행동, 어린 나이 및 신체적, 정신적 장애 **부모의 특성** 자녀에 대한 부정적 편견과 견해 및 자녀관리 능력의 결함, 자녀양육에 관한 부족한 문제해결 및 부모역할을 스트레스로 간주
가정환경과 관련된 이론	**가정의 특성** 현재 가정 내의 아동학대 범위 및 세대 간 아동학대 행위, 부부간 불화 및 가족 간의 긍정적 상호작용 부족
상황 및 사회적 조건에 관한 이론	**상황적 조건** 낮은 사회경제적 지위, 실직 및 시간제 직원, 저소득 불안정 직업유형, 정부의 경제적 보조, 사회적 고립, 사회적 스트레스, 독신부모가구 **사회적 조건** 사회에서의 전반적 폭력허용 및 신체적 처벌 허용, 사회와 가정에서 권력의 차이

출처: Barnett et al.(1997).

〈표 6-2〉 사회복지실천 개입방법별 주요 내용

개입전략	주요 내용
인지적 접근	• 클라이언트의 인식과 인지의 변화를 유도하는 접근 • 클라이언트에게 필요한 정보를 제공해 주거나, 학습지도, 인식개선 교육 등을 포함하여 문제해결을 지원 • 사례: 인지행동치료(CBT), 인지적 재구성 훈련, 문제해결 훈련 등
정서적 접근	• 클라이언트의 정서, 감정, 태도 등을 변화시키는 접근으로 개인의 감정적 문제나 스트레스 대처능력 부족에 초점을 맞춤 • 개인의 문제가 대개 내적 및 외적 스트레스에 대한 대처능력의 부족에서 비롯된다는 시각에서 출발하며, 감정을 인식하고 처리하는 능력을 향상시키는 데 도움을 줌 • 사례: 정서중심치료(EFT), 감정표현 훈련, 심리적 지원 그룹 등
행동적 접근	• 학습이론을 바탕으로 클라이언트의 행동변화를 추구 • 부적절한 행동을 수정하고 긍정적인 행동을 강화하는 방식으로 문제를 해결 • 사례: 행동수정치료(BT), 긍정적 강화 훈련, 사회적 기술 훈련 등
생물학적 접근	• 클라이언트의 생물학적, 신체적 측면을 변화시키는 접근으로 신체적 건강이나 생리적 기능을 개선하려고 노력 • 사례: 이·미용서비스나 목욕서비스, 각종 의료서비스 등
환경적 접근	• 클라이언트의 생태적, 경제적, 사회적 환경을 다루는 접근 • 클라이언트가 속한 지역사회 및 그 환경과의 관계개선이나 물리적 환경의 변화를 통해 사회적 지원을 강화 • 사례: 경제보장, 주거환경 개선, 사회적 지원 시스템 등

출처: 윤성호(2021) 수정 및 보완.

4) 이해관계자

프로그램에서 개입하고자 하는 문제 및 욕구에 대한 이해관계자들의 의견들 들어 대안의 범위와 방향을 잡는 것도 필요하다. 이는 프로그램을 통해 활용하고자 하는 대안이 비현실적이지 않고 실행가능한 대안이 되도록 하는 데 도움이 된다. 프로그램 이해관계자에는 클라이언트, 클라이언트의 가족, 기관의 관리자 및 구성원, 재원을 지원하는 민간 및 공공기관, 중앙 및 지방정부의 규제자 등이 포함될 수 있다.

3. 프로그램 내용구성(대안선택)에 관한 이론적 모형

프로그램 내용구성에 관한 접근은 크게 두 가지로 구분해 볼 수 있다. 하나는 기존 프로그램을 수정 및 보완하는 측면에서 기획하는 접근이고, 다른 하나는 프로그램 내용을 새롭게 기획하는 접근이다. 이론적 모형에서는 후자의 접근을 좀 더 세부적으로 구분하여 크게는 점증적인 모형, 포괄적 합리주의 모형, 제한적 합리주의 모형으로 구분하고 있고 이에 대한 구체적인 내용은 다음과 같다(이민홍 · 정병오, 2020; 이봉주 외, 2019; 최일섭 · 이창호, 1993).

1) 점진주의 모형

점증주의 모형은 주어진 목표에 부합하는 대안들을 선택할 때 개혁적이거나 파격적인 대안들보다는 현존 혹은 기존의 프로그램들을 소폭으로 개량할 수 있는 대안들을 선택하는 것이 바람직하다고 본다. 예를 들어 지난해 지역아동센터 이용아동들을 대상으로 스마트폰 과의존예방 프로그램을 실시했다면 실시했던 프로그램 내용을 그대로 활용하되 개선이 필요한 내용만을 수정 및 보완하는 것이다. 즉 기존 프로그램을 수정 및 보완하는 측면의 접근에 해당한다.

2) 포괄적 합리주의 모형

포괄적 합리주의 모형은 프로그램 내용을 새롭게 기획하는 접근에 부합하는 모형으로 점증주의 모형과 달리 정해진 목표를 달성하기 위해 모든 가능한 대안을 열거하고 체계적 분석방법을 통해 대안을 선택한다. 예를 들어 지역아동센터 이용아동들을 대상으로 스마트폰 과의존예방 프로그램의 내용구성을 한다고 가정하면 우선 지역아동센터 이용아동을 대상으로 욕구조사를 실시하고 조사결과를 통해 확인된 예방교육지원, 부모-자녀관계 증진, 학교생활지원, 문화활동지원 등 문제 및 욕구들을 나열한 후 다음으로 선정된 욕구 및 문제를 대처하기 위한 모든 대안들을 나열한 뒤 각 대안들이 미치는 영향의 결과에 따라 대안을 결정하는 것이다.

3) 제한적 합리주의 모형

제한적 합리주의 모형도 프로그램 내용을 새롭게 기획하는 접근에 부합하는 모형으로 대안을 선택하는 측면에서 체계적 분석방법을 활용한다는 점이 포괄적

합리주의 모형과 유사하지만 대안의 범위를 한정한다는 점에서 차이가 있다. 즉 제한적 합리주의 모형에서는 해결해야 할 문제를 몇 개의 하위 분석단위로 나누고 단위별로 가능한 대안을 확인하여 선택한다. 예를 들어 지역아동센터 이용아동들을 대상으로 스마트폰 과의존예방 프로그램의 내용구성을 하기 위해 우선 이미 알고 있는 사실 즉 스마트폰 과의존으로 인해 학교생활부적응 문제가 발생한다는 것에 대한 문제의 틀을 만들고 이를 바탕으로 소사분항을 구성하여 서비스 대안들을 탐색한 후 대안을 구성하고 선택한다는 것이다.

4. 프로그램 내용구성(대안선택)의 기준

프로그램을 설계할 때 여러 대안을 선택할 수 있는데, 이를 평가하는 기준은 타당성과 실행가능성 두 가지로 나눌 수 있다. 각 기준을 사용하여 대안들을 비교하고 분석함으로써 가장 적절한 방안을 선택할 수 있다(최일섭 · 이창호, 1993).

1) 타당성 기준

(1) 효과성

프로그램이 목표를 달성하는 데 얼마나 기여했는지를 평가한다. 인적 · 물적자원의 투입과 상관없이 목표달성 정도가 높을수록 더 바람직한 대안으로 평가된다.

(2) 효율성

프로그램의 목표를 달성하는 데 필요한 자원을 고려하여 산출량을 측정한다. 즉 인적 · 물적자원 투입 대비 산출량이 높은 대안일수록 더 효율적이다. 이를 통해 자원의 사용 효율성을 평가한다.

(3) 적합성

프로그램이 대상자의 문제해결이나 욕구충족에 얼마나 적합한지를 평가한다. 단순히 많은 사람을 대상으로 하는 효과성과 달리, 적합성은 프로그램이 제공하는 서비스가 대상자의 필요에 얼마나 잘 부합하는지를 중점적으로 살펴본다. 예를 들어 기초연금제도가 노인의 생활수준을 얼마나 개선하는지를 평가하는 것과 같다.

(4) 형평성

프로그램이 공평하게 기회를 제공하는지를 평가한다. 예를 들어 동등한 조건의 사람들이 공정하게 프로그램 혜택을 받을 수 있는지, 그리고 동등하지 않은 조건을 가진 사람들은 그에 맞게 차별화된 지원을 받는지를 측정한다.

(5) 평등성

형평성이 기회의 평등에 중점을 둔다면, 평등성은 결과의 평등에 집중한다. 예를 들어 동일한 조건의 치매 노인들에게 동일한 수준의 서비스를 제공하는지를 평가하는 기준이다. 예를 들어 치매노인과 일반노인 간의 정서지원 프로그램의 차이가 있어야 한다는 것은 형평성의 원칙이라면, 같은 치매노인들 사이에는 동일한 내용의 서비스가 제공되어야 함은 평등성의 원칙이다.

2) 실행가능성 기준

(1) 기술적 실행가능성

프로그램이 기술적으로 실현 가능한지를 평가한다. 여기에는 프로그램 수행에 필요한 전문 인력, 장비, 시설 등이 포함된다. 예를 들어 전문성을 갖춘 인력이나 필요한 시설이 부족하다면 기술적 실행가능성이 낮아진다.

(2) 경제적 실행가능성

프로그램을 운영하는 데 필요한 비용과 예산을 평가한다. 대안이 기술적으로 실행 가능하더라도, 비용이 너무 높다면 경제적 실행가능성이 낮아질 수 있다. 즉 비용 대비 효과를 고려하여 평가한다.

(3) 이용자 확보 여부

프로그램이 목표로 하는 대상자(클라이언트)를 얼마나 확보할 수 있는지를 평가한다. 프로그램이 훌륭하더라도 참여자를 확보하지 못하면 실행이 어려워질 수 있다.

(4) 사회윤리적 실행가능성

프로그램이 사회적 · 윤리적 기준에 부합하는지를 검토한다. 대안이 기술적 · 경제적으로 가능하더라도, 사회적 정서나 윤리기준에 어긋난다면 실행하기 어려울 수 있다.

(5) 정치적 실행가능성

프로그램 대안이 이해관계자들로부터 정치적 지지를 얻을 수 있는지를 평가한다. 이를 통해 사회복지 조직의 목적과 외부 지원기관(공공기관, 민간단체 등)의 지지를 확보할 수 있는지를 판단한다. 정치적 지지가 부족한 대안은 실행이 어려워질 수 있다.

5. 프로그램 내용의 구성요소와 구성원리 및 내용선정 원리

1) 프로그램 내용의 구성요소

프로그램을 설계할 때는 그 형태가 단순하더라도 기본적으로 갖춰야 할 구성요소들이 있다. 프로그램의 내용, 참여대상, 수행시기 등에 따라 강조되는 부분은 다를 수 있지만, 이 요소들이 빠지면 프로그램의 목표를 효과적으로 달성하기 어렵다. 이봉주와 김기덕(2008)에 따르면, 다음의 프로그램 구성요소 중 하나라도 빠질 경우 프로그램 담당자가 성공적으로 프로그램을 수행하기 어려워진다.

(1) 참가자

참가자는 프로그램에 직접 참여하는 서비스 대상자를 의미한다. 사회복지 프로그램에서는 대상자를 일반집단, 위험집단, 표적집단, 클라이언트 집단으로 구분할 수 있는데, 이 중 프로그램에 참여하기로 동의한 클라이언트 집단을 주로 가리킨다. 참가자는 프로그램의 핵심 요소로, 이들의 특성에 맞춰 프로그램 내용을 구성해야 한다.

(2) 실시주체의 의도

프로그램에는 이를 시행하는 기관이나 단체의 목적과 철학, 목표 등이 분명하게 반영되어야 한다. 즉 프로그램 활동에는 기관의 설립목적과 프로그램을 통해 달성하고자 하는 목표가 명확히 드러나야 한다. 실시주체의 의도는 프로그램 참가자를 통해서뿐만 아니라 프로그램의 구체적인 활동내용에서도 표현되어야 한다.

(3) 활동내용

프로그램 활동내용에는 시행시기, 서비스의 양과 질, 수행방법, 시간, 장소, 담당인력, 참여인원 등 구체적인 내용이 담겨 있어야 한다. 이러한 구체적인 활동내용을 바탕으로 전문가인 사회복지사를 통해 프로그램이 수행된다.

(4) 프로그램 담당자

프로그램은 반드시 전문인력에 의해 수행되어야 한다. 특히 사회복지 분야는 인간을 대상으로 하는 실천학문이기 때문에 담당자의 역할이 매우 중요하다. 프로그램 수행인력에는 직접활동을 이끄는 사회복지사, 사회복지사를 지원하는 슈퍼바이저, 그리고 전문가의 지도를 받는 자원봉사자가 포함된다. 각 담당자의 역할과 책임을 명확히 정의하여 업무를 원활하게 수행할 수 있도록 하는 것이 중요하다.

(5) 경비

프로그램을 성공적으로 운영하기 위해서는 필요한 자원을 명확히 파악하고, 이를 어떻게 확보할 것인지 계획해야 한다. 예산 항목에는 인건비, 사업비, 관리운영비 등이 포함되며, 이러한 비용의 조달방법과 산출근거를 명확히 제시해야 한다.

(6) 프로그램 평가계획

프로그램의 목표달성을 위해서는 평가계획이 필수적이다. 프로그램 과정과 결과를 평가하여, 성과를 측정하고 개선점을 도출할 수 있다. 이러한 평가는 향후 유사한 프로그램을 기획할 때 기초자료로 활용될 수 있다. 따라서 평가항목과 방법을 구체적으로 설계하는 것이 중요하다.

2) 프로그램 내용구성의 원리

프로그램을 효과적으로 설계하기 위해서는 조직원리와 방법을 고려해야 한다. 이를 통해 참여자의 경험을 극대화하고 프로그램의 목표를 달성할 수 있다. 프로그램 내용의 조직 원리에는 다음과 같은 요소들이 포함된다(김영숙 외, 2002; 정무성 · 정진모, 2001; 황성철, 2005).

(1) 연속성의 원리

연속성의 원리는 프로그램 내에서 활동과 참여자의 경험이 지속적이고 반복적으로 이루어져야 한다는 것을 의미한다. 이는 단기적인 활동보다는 장기적으로 반복되는 경험을 통해 참여자들이 학습하고 변화를 체득할 수 있도록 돕는다. 예를 들어 특정 기술을 배우는 프로그램에서는 한 번의 활동으로 끝나는 것이 아니라 여러 회기를 통해 동일한 주제를 반복적으로 다룸으로써 참여자들이 점진적으로 그 기술을 숙달하도록 유도한다.

(2) 계열성의 원리

계열성의 원리는 프로그램 내용이 일정한 순서에 따라 조직화되어야 한다는 것을 강조한다. 여기에는 다음과 같은 순차적인 접근이 포함된다.

- 단순한 것에서 복잡한 것으로
- 쉬운 것에서 어려운 것으로
- 구체적인 것에서 추상적인 것으로
- 이미 알고 있는 것에서 새로운 것으로
- 포괄적인 것에서 세부적인 것으로

이러한 순서에 따라 내용을 구성하면 참여자가 점진적으로 난이도에 적응하며 학습할 수 있다. 예를 들어 기초적인 이론을 먼저 학습하고 그 후에 심화된 응용 활동을 추가하는 방식으로 프로그램을 구성할 수 있다.

(3) 통합성의 원리

통합성의 원리는 프로그램 내의 여러 내용들이 상호 관련성을 가지도록 조직해야 한다는 것을 의미한다. 즉 프로그램의 다양한 주제와 내용들이 서로 연계되어 참여자에게 통합적인 학습경험을 제공할 수 있도록 구성해야 한다. 이를 통해 참여자들은 프로그램의 개별활동이 어떻게 전체 목표와 연결되는지를 이해할 수 있게 된다. 예를 들어 특정 주제에 대한 이론 학습 후 이를 실제사례에 적용하는 실습을 추가함으로써 이론과 실천을 통합적으로 학습할 수 있다.

(4) 다양성의 원리

다양성의 원리는 프로그램 내용이 참여자의 개별적인 욕구, 특성, 관심과 흥미, 능력 등을 충분히 반영하여 조직되어야 한다는 것이다. 이를 위해 프로그램은 다양한 접근방식과 방법을 활용하여 참여자들이 자신에게 맞는 방식으로 참여하고 학습할 수 있도록 구성해야 한다. 예를 들어 강의식 교육뿐만 아니라 토론, 워크숍, 실습 등 다양한 학습방법을 병행하여 참여자들이 더욱 능동적으로 프로그램에 참여할 수 있도록 한다.

3) 프로그램 내용 선정원리

프로그램을 효과적으로 운영하기 위해서는 내용 선정의 원리가 필요하다. 올바른 프로그램 내용을 선정하는 것은 목표달성과 참여자의 만족을 높이는 중요한 요소이다. 다음은 프로그램 내용 선정 시 고려해야 할 네 가지 주요 원리이다(김영숙 외, 2002; 정무성·정진모, 2001; 황성철, 2005).

(1) 합목적성의 원리

프로그램 내용은 이미 설정된 목적과 목표에 부합되어야 한다. 즉 프로그램에서 다루는 모든 내용이 프로그램의 궁극적인 목표달성과 밀접하게 연관되어야 한다.

예시 만약 프로그램의 목표가 참여자의 취업이라면, 그 내용은 취업과 관련된 기능 훈련, 직무 역량강화, 효율적인 면접 기법 등 실질적으로 취업에 도움이 되는 활동으로 구성해야 한다.

(2) 포괄성의 원리

프로그램 내용은 다양한 성과를 도출할 수 있도록 가능한 한 포괄적이고 다양해야 한다. 이는 프로그램 참여자들이 다각적인 학습경험을 통해 다양한 기술과 지식을 습득할 수 있도록 돕는다.

예시 사회복지 프로그램에서 교육, 상담, 실습, 워크숍 등 다양한 형태의 활동을 포함하여 참여자들이 다방면에서 성장할 수 있는 기회를 제공할 수 있다.

(3) 현실성의 원리

프로그램 내용은 사회적 특성과 실제 상황을 반영하여 선정되어야 한다. 이를 통해 참여자들이 일상생활에서 실질적으로 적용할 수 있는 능력을 키울 수 있다.

예시 정신장애인을 위한 사회재활 프로그램의 경우, 대중교통 이용방법, 대형 쇼핑몰에서 물품 구매 및 대금 지불훈련 등 실생활에서 유용한 기술을 교육하는 내용을 포함해야 한다.

(4) 지역성의 원리

프로그램 내용은 프로그램이 수행되는 지역의 특수성을 반영하여 선정되어야 한다. 지역별 특성에 맞춘 프로그램은 참여자의 관심을 끌고, 더 높은 참여율을 이끌어낼 수 있다.

예시 농촌 지역에서는 농업 관련 기술교육을, 도시 지역에서는 산업과 상업에 초점을 맞춘 직업훈련을 제공하는 등 각 지역의 인구사회적 특성에 맞는 맞춤형 프로그램을 설계해야 한다.

6. 프로그램 내용구성의 절차

프로그램의 구성요소를 바탕으로 내용을 설계할 때, 해당 내용이 프로그램 목표달성에 적합한지 반드시 검토해야 한다. 또한 대상집단의 특성에 부합하는지 세심히 살펴보는 것도 중요하다. 이러한 과정을 충실히 수행함으로써 프로그램의 목표를 효과적으로 달성할 수 있는 체계적이고 논리적인 프로그램 내용을 구성할 수 있다(김창대 외, 2015).

마지막으로 수집된 자료를 체계적으로 분석하여 주요한 패턴과 차이를 도출한다. 이를 통해 대상집단의 구체적인 욕구를 이해하고, 이후 단계에서 활용할 수 있는 기초자료를 제공할 수 있다.

③ 자료해석

이 단계는 수집된 자료를 분석한 후 이를 바탕으로 주요 정보를 체계적으로 정리하고, 일관된 결론을 도출하는 과정이다. 우선 자료분석을 통해 핵심적인 질문에 답할 수 있는 정보들을 구성한다. 이 과정에서는 욕구사정을 통해 해결하고자 했던 중심 질문을 재확인하며, 이를 중심으로 다양한 자료를 정리하고 통합한다. 또한 다양한 자료원천에서 일관성 있는 패턴을 파악하는 것이 중요하다. 면접, 초점집단, 설문조사, 통계자료 등 여러 출처에서 얻은 자료를 비교 분석하여 반복적으로 나타나는 경향이나 공통된 욕구를 식별한다. 이러한 패턴은 대상집단의 주요 욕구를 구체화하는 데 도움이 된다. 더불어 속성별 및 대상별 차이를 파악하여 세부적인 분석을 진행한다. 예를 들어 연령, 성별, 소득수준 등 인구학적 특성에 따른 차이를 확인하거나, 특정 하위집단의 독특한 욕구를 도출할 수 있다. 이를 통해 대상집단의 욕구를 더욱 세밀하게 이해하고, 맞춤형 대안을 제시할 수 있는 기반을 마련한다. 이 단계는 다양한 출처에서 수집된 정보를 통합하고, 일관성과 차이를 분석하며, 이를 바탕으로 욕구사정의 목표를 구체적으로 지원하는 결론을 도출하는 데 핵심적인 역할을 한다.

④ 결과 문서화

이 단계는 수집된 자료와 분석결과를 체계적으로 정리하여 적절한 형태로 문서화하는 과정이다. 우선 청중에 맞는 결과를 문서화하는 것이 중요하다. 대상이 되는 청중(예: 프로그램 개발자, 정책 결정자, 대상집단의 구성원 등)에 따라 내용의 깊이와 표현방식을 조정한다. 예를 들어 전문가에게는 상세한 분석과 자료를 포함한 보고서를 제공하고, 대상집단에게는 보다 이해하기 쉬운 요약본이나 시각적인 자료(차트, 그래프 등)를 제공할 수 있다. 다음으로, 보고 및 공유 방법을 선택한다. 이를 위해 보고서의 형식(서면 보고서, 발표, 온라인 공유 등)을 결정하고, 공유할 수 있는 플랫폼(회의, 이메일, 웹사이트 등)을 선택한다. 보고서의 내용은 명

1) 다양한 자료 검색

프로그램의 구성요소와 활동요소를 도출하기 위해 관련 자료를 수집한다. 자료는 국내외 학술논문, 학위논문, 학회의 워크숍 발표자료, 학술저서, 정부 및 연구기관의 출판자료, 인터넷 사이트나 블로그, 기업의 보고서 등에서 검색할 수 있다. 특히 프로그램의 효과성을 과학적으로 분석한 실험설계 자료를 참고하는 것이 유용하다. 메타분석을 통해 프로그램 효과성을 연구한 학술논문은 다양한 결과를 한 번에 검토할 수 있어 자료분석에 큰 도움을 준다.

2) 기존 프로그램 비교 분석

기존 프로그램을 분석하기 위해 필요한 키워드를 설정한다. 설정한 키워드를 기반으로 다양한 자료를 검색하고, 각 프로그램에서 사용된 구성요소와 활동요소를 수집한다. 수집된 자료를 정리하고 프로그램 간 비교분석을 진행하여, 각 프로그램의 장단점을 파악한다. 이 과정에서 기존 프로그램의 단점을 보완하고, 장점을 반영한 새로운 프로그램의 아이디어를 구상한다.

3) 프로그램의 구성요소와 활동요소 추출

프로그램과 관련된 이론을 충분히 탐색한 후, 이를 바탕으로 프로그램의 구성요소를 추출한다. 프로그램의 구성요소는 프로그램 목표를 달성하기 위한 핵심적인 키워드라고 할 수 있다. 추출된 구성요소는 전체 프로그램 내에서 하나의 회기나 여러 회기에 걸쳐 진행될 수 있다. 구성요소가 정해지면 이를 실행 가능한 활동요소로 구체화한다. 이때 이론적 배경이 없는 구성요소나 활동요소의 선정은 오류를 초래할 수 있으므로 자료를 충분히 검토해야 한다.

4) 프로그램 활동내용 구성절차

구성요소와 활동요소를 바탕으로 새로운 프로그램의 활동내용을 설계한다. 기존 프로그램의 활동내용이 프로그램 목표달성에 적합한지 검토하고, 부족한 점은 개선한다. 프로그램 내용이 대상집단의 특성을 충분히 반영하고 있는지도 확인한다. 기존 프로그램에서 효과적이었던 부분을 활용하면서도 새로운 활동내용을 추가하여 프로그램의 완성도를 높인다.

5) 프로그램 활동내용 선정

프로그램의 목표와 구성요소를 효과적으로 실현할 수 있는 활동내용을 선정한다. 활동내용을 선정할 때는 프로그램의 목적에 가장 적합하고 효과적인 활동을 고르는 데 초점을 맞춘다. 이를 위해 활동내용을 평가할 구체적인 선정기준을 마련하고, 다양한 평가과정을 거쳐 최종적으로 결정한다.

6) 프로그램 활동내용의 조직

선정된 활동내용을 체계적으로 조직한다. 활동내용을 진행할 순서를 정할 때는 참여 집단의 발달적 특성, 프로그램 참여자 간 친밀감, 활동의 논리적 순서 등을 고려한다. 참여자들이 프로그램에 몰입하고 효과적으로 집중할 수 있는 순서로 활동을 배치한다.

7) 예비연구 실시

본 프로그램 운영 전에 예비연구를 실시한다. 예비연구를 통해 프로그램의 부족한 점을 확인하고 보완한다. 프로그램 참여자들의 의견을 수렴하여 발생할 수 있는 문제를 미리 파악하고 수정한다.

8) 프로그램 지침서 제작

프로그램 개발자뿐 아니라 다른 지도자들도 프로그램을 실행할 수 있도록 지침서를 제작한다. 지침서에는 세부적인 활동내용과 절차가 포함되어야 한다. 이를 통해 프로그램의 일관성을 유지하고, 보다 체계적인 운영이 가능하도록 한다.

참고 프로그램 활동내용 구성 예시: 청소년 스트레스 관리 프로그램

1. 다양한 자료검색
   - 관련 자료: 청소년 스트레스 관리에 대한 국내외 학술논문, 메타분석 연구, 스트레스 완화를 위한 심리치료법, 정부 및 연구기관의 보고서 등.
   - 주요 자료 예시: 청소년 대상의 명상 프로그램 효과연구, 스트레스 대처능력 향상을 위한 워크숍 사례.

2. 기존 프로그램 비교 분석
   - 분석대상: 기존에 운영된 청소년 스트레스 관리 프로그램
   - 분석내용: 심리 교육, 신체활동(요가, 명상), 감정표현 활동(미술치료, 글쓰기) 등
   - 결과: 기존 프로그램의 단점은 활동 지속성 부족과 청소년 특성 반영 미흡. 장점은 심리적 부담감 해소효과가 있음

3. 프로그램 구성요소와 활동요소 추출

   구성요소 1: 스트레스 원인 이해
   - 활동요소 1: 스트레스 개념 강의(예: 스트레스가 우리 몸에 미치는 영향).
   - 활동요소 2: 스트레스 상황에 대한 자기탐색 활동(질문지 작성).
   - 활동요소 3: 스트레스 유발 요인 발표 및 피드백 세션.

   구성요소 2: 스트레스 해소방법 학습
   - 활동요소 1: 스트레스 관리기법 강의(예: 심리적 대처방법).
   - 활동요소 2: 호흡명상 실습(심신이완 체험).
   - 활동요소 3: 신체활동(간단한 요가동작 배우기).

   구성요소 3: 심리적 안정감 강화
   - 활동요소 1: 감정표현 활동(그림 그리기나 일기작성).
   - 활동요소 2: 집단토론(감정공유 및 공감대화).
   - 활동요소 3: 긍정적 자기선언 연습(긍정문구 작성 및 낭독).

4. 프로그램 활동내용 구상

   구성요소 1: 스트레스 원인 이해
   - 활동요소 1: 스트레스 개념 강의
     - 활동내용: 스트레스가 무엇인지, 신체와 감정에 어떤 영향을 미치는지에 대해 시각자료를 활용하여 강의한다.
     - 예시: 파워포인트 슬라이드를 통해 '스트레스 반응 곡선'과 '스트레스의 긍정적/부정적 영향'을 설명하고 사례를 들어 이해를 돕는다.
   - 활동요소 2: 자기탐색 활동
     - 활동내용: 스트레스를 유발하는 요인을 찾기 위한 자기탐구 질문지를 작성한다.
     - 예시: 질문지 항목에 '최근 스트레스를 받았던 상황은?', '그때 느꼈던 감정

은?', '어떤 반응을 보였는가?'와 같은 질문이 포함된다.

- 활동요소 3: 스트레스 유발 요인 발표 및 피드백 세션
  - 활동내용: 참여자들이 자신의 스트레스 요인을 발표하고, 그룹 내 피드백을 통해 스트레스의 공통적 원인을 탐색한다.
  - 예시: 소그룹으로 나누어 각자 스트레스 요인을 간단히 발표하고, 다른 참가자들이 격려나 공감의 말을 전하는 시간을 갖는다.

구성요소 2: 스트레스 해소방법 학습

- 활동요소 1: 스트레스 관리기법 강의
  - 활동내용: 심리적 대처방법(인지적 재구성, 긍정적 사고)을 중심으로 이론 강의를 진행한다.
  - 예시: '나쁜 생각을 좋은 생각으로 바꾸기'라는 제목으로, 예를 들어 '실패했다'는 부정적 사고를 '더 나아질 기회'라는 긍정적 사고로 전환하는 방법을 설명한다.
- 활동요소 2: 호흡명상 실습
  - 활동내용: 심호흡과 명상기법을 체험한다.
  - 예시: 조용한 환경에서 '4-7-8 호흡법'을 안내하며, 참여자들이 천천히 호흡하고 스트레스를 내려놓는 경험을 하도록 지도한다.
- 활동요소 3: 신체활동(간단한 요가)
  - 활동내용: 스트레스를 줄이는 데 효과적인 간단한 요가동작을 배운다.
  - 예시: '고양이 자세'와 '아이 자세' 등 간단한 스트레칭 동작을 소개하고, 참여자들이 따라하도록 유도한다.

구성요소 3: 심리적 안정감 강화

- 활동요소 1: 감정표현 활동
  - 활동내용: 자신의 감정을 그림이나 글로 표현한다.
  - 예시: '오늘 내 기분을 색깔로 표현한다면?'이라는 주제로 간단한 드로잉을 하거나, '내가 지금 하고 싶은 말'을 짧은 글로 작성한다.
- 활동요소 2: 집단토론
  - 활동내용: 집단 내에서 자신의 감정을 공유하고, 다른 참여자들의 이야기를 듣는다.
  - 예시: '내가 요즘 가장 신경 쓰는 일'을 주제로 각자 발표하고, 집단원들이 서로 공감하며 응원하는 시간을 가진다.
- 활동요소 3: 긍정적 자기선언 연습
  - 활동내용: 긍정적인 자기선언 문구를 작성하고 낭독한다.
  - 예시: '나는 충분히 잘하고 있다.', '나는 새로운 도전을 할 준비가 되어 있다.' 등의 문구를 작성하여 큰 소리로 읽으며 자신감을 높이는 활동을 진행한다.

5. 프로그램 활동내용 선정

구성요소별로 활동을 종합한 후, 최종적으로 적합한 활동을 선정한다.

- 1회기: 스트레스 원인 이해
  강의(20분) → 자기탐색 활동(20분) → 발표 및 피드백(20분).
- 2회기: 스트레스 해소방법 학습
  강의(15분) → 호흡명상 실습(15분) → 요가동작 체험(20분)
- 3회기: 심리적 안정감 강화
  감정표현(15분) → 집단토론(20분) → 긍정적 자기선언 연습(15분)

6. 프로그램 활동내용의 조직

프로그램 활동내용을 3회기로 구성하여 참여자들이 효과적으로 몰입하고, 프로그램 목표를 달성할 수 있도록 한다. 각 활동은 대상집단의 발달 특성과 참여자 간의 친밀감, 논리적 흐름을 고려하여 배치한다.

- 1회기: 오리엔테이션 및 스트레스 원인 이해
  - 오리엔테이션: 프로그램 소개, 목표 설명, 일정 및 규칙 안내, 아이스브레이킹 활동
    - ▸ 예시: '3가지 공통점 찾기' 활동을 통해 참여자 간 친밀감을 형성하고, 프로그램에 대한 기대감을 높인다.
  - 스트레스 원인 이해: 강의(스트레스 개념 및 영향) → 자기탐색 활동(질문지 작성) → 그룹 발표 및 피드백 세션
    - ▸ 목표: 스트레스의 개념과 원인을 이해하고, 자신의 스트레스 요인을 파악한다.
- 2회기: 스트레스 해소방법 학습 및 적용
  - 강의(스트레스 관리기법) → 호흡명상 실습 → 요가동작 체험.
    - ▸ 목표: 다양한 스트레스 해소방법을 배우고, 이를 실습을 통해 경험한다.
  - 심화 활동: 개인별로 실생활에서 활용가능한 관리기법을 작성하고 그룹 내에서 공유한다.
    - ▸ 예시: '하루 5분 명상 실천하기' 계획을 세우고, 그룹에서 피드백을 받는다.
- 3회기: 심리적 안정감 강화 및 활동 정리
  - 심리적 안정감 강화: 감정표현 활동(그림 그리기 또는 글쓰기) → 집단토론 및 감정공유 → 긍정적 자기선언 연습
    - ▸ 목표: 자신의 감정을 표현하고, 집단 내 공감을 통해 심리적 안정감을 강화한다.
  - 활동통합 및 피드백: 전체 프로그램 활동을 정리하고, 개인별로 가장 유익했던 점과 실천 계획을 발표한다.
    - ▸ 예시: '앞으로 스트레스를 받을 때 어떤 방법을 활용할 것인지'에 대해 실천 계획 작성 및 발표

- 종료 활동: 참여자 전원에게 수료증 또는 칭찬카드를 제공하여 프로그램 완료에 대한 긍정적인 인식을 심어준다.

7. 예비연구 실시

예비연구를 통해 3회기 프로그램의 적합성과 실행가능성을 점검한다.

• 대상: 소규모 집단(5~7명)을 선정하여 1회기 또는 2회기를 시범 운영
• 평가방법:
- 참여자 설문: 오리엔테이션 흥미도, 각 활동의 유용성, 만족도 평가
- 관찰 기록: 진행 중 참여자들의 반응과 몰입도 관찰 및 기록
- 전문가 검토: 심리 전문가가 활동 구성의 논리성과 적합성을 검토
• 수정사항 예시:
- 오리엔테이션에서 소극적인 참여자가 많다면, 더 가벼운 아이스 브레이킹 활동 추가
- 활동통합 과정에서 개인 발표 대신 소집단 토론으로 변경해 발표 부담 줄이기

8. 프로그램 지침서 제작

• 구성:

① 프로그램 소개:
- 목적, 대상, 필요성, 기대효과를 명시한다.

② 회기별 활동 안내:
- 각 회기별 활동 목표, 진행순서, 소요시간, 준비물 등을 구체적으로 제시한다.
- 예시:
▸ 1회기 준비물: 질문지, 스트레스 관련 강의 자료, 아이스 브레이킹 소품
▸ 3회기 준비물: 그림 도구(색연필, 크레파스), 긍정적 자기선언 예시 문구

③ 지도자 가이드:
- 진행 시 유의사항(예: 스트레스 민감 주제 다룰 때 참여자의 심리적 상태를 고려)
- 소통 방식(예: 발표에 부담을 느끼는 참여자에게 격려와 지지 제공).

④ 활동 평가 및 피드백 방법:
- 활동 후 설문작성 양식과 관찰기록 양식 제공
- 예시: ‘이번 회기에서 가장 유익했던 활동과 이유는?’ 질문 포함

⑤ 참고 자료:
- 사용된 문헌, 추천 동영상 링크, 추가 학습자료 제공

7. 새로운 프로그램 내용개발을 위한 방법

새로운 프로그램 내용 개발을 위해, 브레인스토밍과 브레인라이팅을 활용하면 다양한 아이디어를 효과적으로 도출할 수 있다. 브레인스토밍은 자유로운 상호작용을 통해 아이디어를 생성하고, 브레인라이팅은 독립적으로 아이디어를 기록하고 이를 공유하여 더 창의적이고 심층적인 해결책을 도출한다. 이 절에서는 이 두 기법을 자세히 살펴보도록 한다(조성우 외, 2024).

1) 브레인스토밍(Brainstorming)

(1) 개념

브레인스토밍은 알렉스 오즈번(Alex Osborn)이 개발한 집단 내에서 자유롭게 아이디어를 제시하고 이를 결합하여 창의적인 해결책을 도출하는 기법이다. 참가자들이 비판 없이 다양한 아이디어를 제시하고, 문제해결을 위한 새로운 관점을 탐색하는 과정에서 창의적이고 혁신적인 해결책을 발굴할 수 있다.

(2) 진행방법

브레인스토밍은 먼저 해결하고자 하는 문제나 목표를 설정하고, 참가자들이 가능한 한 많은 아이디어를 자유롭게 제시하는 방식으로 진행된다. 이때 다른 사람의 아이디어에 대해 비판하지 않으며, 창의적인 아이디어가 도출될 수 있도록 분위기를 조성한다. 제시된 아이디어는 결합하거나 발전시켜 새로운 아이디어로 확장하며, 최종적으로 도출된 아이디어는 평가하고 우선순위를 매긴다.

참고 브레인스토밍의 네 가지 규칙

1. 비판엄금: 어떤 아이디어도 비판 또는 평가 금지
2. 자유분방: 자유분방한 아이디어 제시
3. 대량발상: 가능한 한 많은 아이디어 제시
4. 결합발전: 나온 아이디어를 연결, 개선, 분해, 삭제 등을 통해 정리

〈표 6-3〉 브레인스토밍 진행 방법

단계	진행내용	진행 요령
준비하기	원칙 부착	• 브레인스토밍의 네 가지 규칙 부착 • 화이트보드나 칠판이 있을 경우 기록해도 무방
	기록을 위한 전지 부착	• 기록을 위한 전지 부착 • 아이디어가 많아지거나 아이디어 검토를 위해 다수의 전지 필요 • 화이트보드나 칠판이 있을 경우 전지 부착은 생략 가능
	서기 선출	• 진행자 1인 이외에 아이디어를 기록할 서기 선출
아이디어 모으기	문제/목표 제시	• 해결하고자 하는 문제 또는 성취하고자 하는 목표 제시 • 문제나 목표 제시는 말로 하는 것보다는 필기 또는 부탁을 하도록 하는 것이 좋음
	원칙 설명	• 부착된 브레인스토밍의 규칙 소개 • 참여자들이 규칙을 낭독하도록 하는 것이 효과적임 • 규칙을 어길 경우를 대비해서 벨 준비
	진행요령 설명	• 회의 진행의 절차와 방법 설명 • 아이디어를 15분 정도 진행하다가 10분 휴식하고 다시 15분 진행하다가 휴식하는 것이 효율적임 • 전체 소요시간은 1시간을 넘기지 않는 것이 좋음
	아이디어 모으기	• 참여자들로부터 아이디어를 제시하도록 하고 제시된 아이디어를 서기가 기록하도록 함 • 두 집단 이상으로 나누어서 아이디어를 모을 경우 순서를 정해서 순차적으로 아이디어를 제공하도록 함
아이디어 검토	아이디어 수정, 삭제, 결합, 집단화를 통한 1차 대안 탐색	• 드 보노(de Bono)의 6개 모자기법을 활용하여 대안 1차 검토
아이디어 평가 및 대안 결정		• 아이디어를 분류하고 좋은 아이디어를 선발 · 심사함 • 이때 좋은 아이디어에 대해서는 보완 작업을 통해 실제 사용할 수 있도록 개선함

출처: 조성우 외(2024).

(3) 장 · 단점

브레인스토밍은 참가자들이 자유롭게 아이디어를 제시함으로써 창의적인 해결책을 도출할 수 있는 가능성이 커진다. 또한 다양한 배경을 가진 사람들이 모여 아이디어를 제시함으로써 여러 관점을 반영할 수 있는 장점이 있다. 참가자들의 적극적인 참여를 유도하고, 팀워크를 강화하는 데 효과적이다. 그러나 아이디어의 질이 항상 높지 않으며, 중복되는 아이디어나 실용적이지 않은 아이디어가 나올 수 있다. 또한 많은 사람이 참여할 경우 아이디어의 흐름을 관리하기 어려워지며, 일부 참가자가 소극적으로 참여할 가능성도 있다.

(4) 활용

브레인스토밍은 사회복지 프로그램 개발에 매우 유용한 기법이다. 예를 들어 새로운 사회복지 프로그램을 설계하거나 기존 프로그램을 개선할 때 다양한 아이디어를 모아 혁신적인 해결책을 도출할 수 있다. 특히, 다양한 배경을 가진 사람들(예: 사회복지사, 대상자, 전문가 등)이 함께 아이디어를 제시하고 발전시키는 과정에서, 프로그램에 대한 다양한 요구를 반영할 수 있다. 또한 창의적이고 실용적인 아이디어를 도출하여 대상자들에게 더 효과적인 서비스를 제공할 수 있는 가능성을 열어준다.

사례 학교폭력 예방 프로그램 개발을 위한 브레인스토밍 적용 사례

1. 문제정의 및 목표설정

학교폭력 예방 프로그램을 설계하는 첫 번째 단계는 문제정의와 목표설정이다. 학교폭력 문제를 해결하려면 먼저 그 문제를 정확히 이해하고, 프로그램이 목표로 하는 바를 명확히 해야 한다. 학교폭력은 학생들의 심리적, 정서적 건강에 영향을 미칠 수 있기 때문에 이를 해결하기 위한 프로그램은 예방적 차원에서 접근해야 한다. 목표는 학생들에게 학교폭력의 심각성을 인식시키고, 이를 예방할 수 있는 방법을 실천적으로 학습시키는 것이다. 구체적인 목표로는 '학생들의 학교폭력 인식도 향상'과 '학교폭력 발생률 감소'를 설정할 수 있다. 또한 다양한 사회적 요구를 반영할 수 있도록 교사, 학생, 학부모 등 다양한 관계자들의 의견을 수렴해야 한다. 이를 통해 프로그램의 방향을 명확히 하고, 폭력 예방을 위한 실질적인 해결책을 제시할 수 있다.

2. 브레인스토밍 단계

브레인스토밍 단계는 다양한 아이디어를 도출하는 과정으로, 프로그램의 설계에서 중요한 역할을 한다. 이 단계에서는 학교폭력 예방이라는 목표를 달성하기 위한 다양한 아이디어를 모은다. 여러 배경을 가진 사람들이 함께 아이디어를 제시하고 발전시키는 과정에서 각자의 시각과 경험을 바탕으로 폭력 예방을 위한 혁신적인 방법을 발견할 수 있다. 교사, 학생, 학부모, 전문가들이 모두 참여하여 아이디어를 제시하고, 그 아이디어를 발전시키는 과정을 통해 보다 창의적이고 실용적인 해결책을 도출할 수 있다.

• 아이디어 예시:

① 역할극과 시나리오 만들기: 학생들이 폭력상황에 직면했을 때 어떻게 대처할지 연습하는 역할극을 통해 학생들이 실제로 경험하지 않고도 폭력상황을 대처하

는 방법을 배울 수 있다. 역할극을 통해 학생들이 다양한 상황에서의 대처방안을 체험함으로써 폭력 예방 행동을 실천적으로 학습할 수 있다.

② 학교폭력 교육 캠페인: 캠페인을 통해 학교폭력의 위험성을 알리고, 학생들이 이를 예방하는 행동을 실천하도록 유도하는 방법이다. 포스터나 동영상을 활용한 시각적 캠페인도 효과적이다. 이 캠페인은 학생들에게 학교폭력의 심각성을 강조하고, 학교폭력을 예방하기 위한 실질적인 행동지침을 제공한다.

③ 학생상담 프로그램: 폭력 피해 학생을 위한 1:1 상담을 통해 심리적 지원을 제공하고, 학생들이 학교폭력상황에서 어떻게 대처할 수 있는지 배울 수 있도록 돕는다. 상담은 피해 학생의 정서적 회복을 돕고, 학교폭력의 피해를 최소화하는 데 중요한 역할을 한다.

④ 디지털 미디어 활용: 소셜 미디어와 앱을 통해 학생들에게 폭력 예방 관련 정보를 제공하고, 폭력 목격 시 익명으로 신고할 수 있는 시스템을 도입하는 방법이다. 학생들이 언제 어디서나 쉽게 폭력상황을 신고할 수 있도록 함으로써 신고율을 높이는 데 기여할 수 있다. 이 방법은 디지털 네이티브(어린 시절부터 디지털 환경에서 성장한 세대를 뜻하는 말)인 학생들에게 친숙하고 효과적인 예방수단이 될 수 있다.

이 과정에서 다양한 배경을 가진 참여자들이 아이디어를 제시함으로써 프로그램에 대한 다양한 요구를 반영할 수 있다. 또한 이러한 아이디어를 통해 보다 효과적인 폭력 예방 전략을 마련할 수 있다.

3. 아이디어 선택 및 구체화

브레인스토밍을 통해 도출된 아이디어들을 실행 가능하고 실용적인 방향으로 구체화하는 단계이다. 이 단계에서는 제시된 아이디어들 중 가장 효과적이고 현실적인 방안을 선택하고, 이를 구체적으로 설계한다. 예를 들어 역할극을 활용한 프로그램을 선택했다면, 구체적인 역할극 시나리오를 개발하고, 이를 진행할 시간과 장소를 계획한다. 또한 상담 프로그램을 통해 피해 학생에게 실질적인 심리적 지원을 제공하기 위해 상담사의 역할과 상담일정을 설정한다. 이 과정에서 중요한 점은 프로그램의 목표와 대상에 맞는 아이디어를 선택하는 것이다. 또한 각 아이디어가 실제로 효과를 발휘할 수 있도록 구체적인 실행계획을 수립한다.

4. 실행계획 수립 및 실행

프로그램이 원활히 실행될 수 있도록 구체적인 실행계획을 수립하고 실행하는 단계이다. 실행계획은 프로그램의 준비와 진행을 위한 일정, 필요한 자원, 참여자 등을 포함한다. 예를 들어 학교폭력 예방 캠페인을 진행하려면 캠페인에 필요한 물품(포스터, 배너 등)을 준비하고, 캠페인을 운영할 시간과 장소를 정해야 한다. 또한 상담 프로그램을 운영하려면 상담사와 상담장소를 확보하고, 프로그램에 참여할 학생들을 모집해야 한다. 실행계획에서는 일정과 예산, 필요한 인력 등을 세부적으로 나누어 설정하고, 이를 기반으로 프로그램을 실행한다. 이 단계는 프로그램이 실제로 어떻게 운영될지에 대한 청사진을 제시하는 중요한 단계이다. 또한 위험관리나 비상 대처방안도 고려하여 프로그램의 원활한 실행을 보장한다.

5. 피드백과 개선

프로그램이 실행된 후에는 피드백을 수집하고, 이를 통해 프로그램을 개선하는 과정이 필요하다. 학생들, 교사, 학부모 등 프로그램에 참여한 사람들의 피드백을 통해 프로그램이 얼마나 효과적이었는지, 개선할 점은 무엇인지를 파악한다. 이 피드백을 바탕으로 프로그램을 수정하거나 보완하여, 더욱 효과적인 학교폭력 예방 프로그램을 만들 수 있다. 피드백을 수집하는 방법으로는 설문조사, 면접, 프로그램 후 반응을 분석하는 방식 등이 있다. 이 피드백을 통해 프로그램의 강점을 강화하고, 약점을 보완하는 방향으로 프로그램을 개선해 나갈 수 있다. 또한 피드백을 주기적으로 반영하여 프로그램의 지속적인 발전을 도모할 수 있다.

2) 브레인라이팅(Brainwriting)

(1) 개념

브레인라이팅은 독일의 호리겔(Horigel)이 개발한 아이디어를 서면으로 기록하고, 이를 다른 사람의 아이디어와 결합하거나 수정하는 방식으로 창의적인 아이디어를 도출하는 기법이다. 참가자들이 아이디어를 독립적으로 작성하고, 그 아이디어를 다른 사람의 아이디어와 결합하는 과정을 통해 점차 발전된 창의적인 해결책을 도출할 수 있다.

(2) 진행방법

브레인라이팅은 문제나 목표를 설정한 후, 각 참가자가 아이디어를 서면으로 기록한다. 이 아이디어는 다른 사람의 아이디어에 영향을 받지 않으며, 일정 시간이 지난 후, 참가자들은 자신의 아이디어를 다른 사람에게 전달한다. 전달받은 아이디어를 바탕으로 새로운 아이디어를 추가하거나 수정하면서 점차 발전된 아이디어를 도출하고, 이 과정을 반복하여 최종적으로 아이디어를 발전시킨다. 마지막으로 모든 아이디어를 평가하고 우선순위를 매긴다.

〈표 6-4〉 브레인라이팅 진행 방법

단계	진행내용	진행 요령
준비하기	회의실 환경 구성	• 조용한 회의실을 준비하고 책상을 원형이나 사각형으로 배치. 원형이 더욱 바람직함
아이디어 모으기	주제 제시	• 리더는 멤버에게 주제를 제시하고 질문이 있으면 질문을 받음 • 진행 요령을 설명함
	브레인라이팅 시트 배분	• 각 멤버에게 브레인라이팅 시트를 배분함
	아이디어 모으기	• 각 멤버는 5분간 첫 번째 줄의 아이디어 1. 아이디어 2. 아이디어 3. 각각의 아래 칸에 나름대로 아이디어를 적음 • 5분이 지나면 그 시트를 왼쪽의 멤버에게 전달하도록 리더가 지시함 • 각 멤버는 옆의 멤버에게서 온 시트의 아이디어보다 발전된 아이디어를 두 번째 줄의 아이디어 1. 아이디어 2. 아이디어 3. 각각의 아래 칸에 적음. 발전된 아이디어가 생각나지 않을 경우 독자적인 아이디어를 적어도 됨 • 이와 같은 5분간의 발상을 6라운드까지 반복함. 6라운드를 진행하는 데 30분이 소요되며, 6라운드가 끝나면 18개의 아이디어가 나오게 됨
아이디어 평가 및 대안 결정		• 모든 라운드가 끝나면 각자가 가지고 있는 시트의 내용을 각 멤버에게 평가하게 하고, 좋은 평가의 아이디어를 각각 5개 정도 선정하여 그것을 전원이 평가하게 함

출처: 조성우 외(2024).

(3) 장 · 단점

브레인라이팅의 장점은 아이디어가 서면으로 기록되므로 참가자들이 더 깊이 생각하고 아이디어를 발전시킬 수 있다는 점이다. 또한 모든 참가자가 고르게 아이디어를 제시할 수 있어 특정 참가자에게 의존하지 않고 다양한 아이디어가 도출된다. 아이디어가 점진적으로 발전하는 과정을 거치므로, 처음에는 단순한 아이디어가 점차 구체화되고 창의적인 아이디어로 발전할 수 있다. 그러나 이 기법은 여러 번의 아이디어 교환과 문서화 작업이 필요하여 시간이 많이 소요될 수 있다. 또한 상호작용이 적어 아이디어 발전이 다소 둔화될 수 있고, 반복적인 과정이 길어지면 일부 참가자들이 피로감을 느낄 수 있다.

(4) 활용

브레인라이팅은 사회복지 프로그램 개발에서 유용하게 활용될 수 있다. 특히 복잡한 문제해결이나 다양한 아이디어의 발전이 필요한 경우, 참가자들이 독립적으로 아이디어를 기록하고 이를 바탕으로 발전시키는 방식이 효과적이다. 예를 들어 사회복지 서비스 개선을 위한 아이디어나 새로운 프로그램을 개발할 때, 팀원들이 각자 독립적으로 아이디어를 생각하고 이를 결합하여 더 창의적인 해결책을 도출할 수 있다. 또한 다양한 배경을 가진 전문가들이 참여하여 각자의 의견을 제시하고 발전시킬 수 있는 기회를 제공한다.

사례 스마트폰 중독 예방 프로그램 개발을 위한 브레인라이팅 적용 사례

1. 문제정의 및 목표설정

스마트폰 중독 예방 프로그램을 설계하기 위한 첫 번째 단계는 문제를 정의하고, 프로그램의 목표를 명확히 설정하는 것이다. 스마트폰 과다사용은 학생들의 신체적, 정서적 건강에 악영향을 미칠 수 있기 때문에 예방적 접근이 필요하다. 목표는 학생들에게 스마트폰 중독의 위험성을 인식시키고, 스마트폰 사용시간을 효율적으로 관리할 수 있는 방법을 배우도록 하는 것이다. 이때 목표는 실질적이고 측정 가능한 방식으로 설정해야 한다. 예를 들어 '학생들의 스마트폰 사용시간을 ○% 감소', '학생들의 스마트폰 중독 인식도 향상' 등의 구체적인 목표를 설정할 수 있다. 이를 위해 교사, 학생, 학부모 등 다양한 배경을 가진 사람들의 의견을 반영하여 중독 예방을 위한 방향을 명확히 한다. 목표설정은 프로그램의 성공적인 실행을 위한 기초가 된다.

2. 브레인라이팅 단계

브레인라이팅은 참가자들이 독립적으로 아이디어를 기록하고 이를 서로 결합하여 창의적이고 혁신적인 해결책을 도출하는 방식이다. 이 과정은 특히 복잡한 문제해결이나 다양한 아이디어가 필요할 때 유용하다. 각 참가자는 먼저 개인적으로 스마트폰 중독 예방을 위한 아이디어를 적고, 이를 다른 사람과 공유하여 아이디어를 확장한다. 다양한 배경을 가진 전문가들이 참여하여 각자의 의견을 제시하고 발전시킬 수 있는 기회를 제공한다.

• 아이디어 예시:

① 디지털 디톡스 캠페인: 학생들에게 스마트폰 사용시간을 제한하고, 디지털 디톡스를 유도하는 캠페인을 제안하고 이를 공유하여 확장한다. 예를 들어 일정 기간 동안 스마트폰을 제한하고 그에 대한 경험을 나누는 활동을 진행할 수 있다.

② 스마트폰 사용관리 앱 개발: 학생들이 스마트폰 사용시간을 추적하고, 과도한 사용을 막을 수 있도록 돕는 앱을 제안하고, 이를 다른 사람들과 공유하여 기능을 추가한다. 예를 들어 자동으로 스마트폰 사용시간을 알리거나, 알림을 통해 사용시간을 제한할 수 있는 기능을 추가할 수 있다.

③ 스마트폰 사용 관련 워크숍: 학생들이 스마트폰의 부정적인 영향을 이해하고, 스마트폰 사용을 절제할 수 있는 방법을 배우는 워크숍을 제안하고 이를 발전시킨다. 워크숍은 집단활동과 실습을 통해 학생들이 중독을 예방할 수 있는 전략을 배울 수 있도록 돕는다.

④ 사회적 미디어와 스마트폰 사용의 영향: 학생들이 스마트폰 중독이 개인의 사회적 관계와 정신건강에 미치는 영향을 다룬 교육 프로그램을 제안하고, 이를 다양한 아이디어와 결합하여 발전시킨다.

이 과정에서 각 참가자는 자신의 아이디어를 독립적으로 적고, 다른 사람들과 공유하며 점진적으로 아이디어를 발전시킨다. 이를 통해 더욱 효과적이고 창의적인 해결책이 도출된다.

3. 아이디어 선택 및 구체화

브레인라이팅을 통해 도출된 아이디어 중에서 가장 효과적이고 실행 가능한 아이디어를 선택하고 구체화하는 단계이다. 예를 들어 디지털 디톡스 캠페인 아이디어를 선택한 경우, 캠페인 기간을 설정하고, 캠페인을 홍보할 수 있는 방법과 콘텐츠를 구체화한다. 스마트폰 사용관리 앱 아이디어를 선택한 경우, 앱의 핵심기능과 디자인을 구체화하고, 필요한 기술자원을 계획한다. 이 단계에서는 각 아이디어가 실제로 실현될 수 있도록 구체적인 실행계획을 수립해야 한다. 아이디어의 실행가능성과 실용성을 고려하여 각 아이디어를 현실적인 방안으로 발전시킨다.

4. 실행계획 수립 및 실행

프로그램이 실제로 실행될 수 있도록 구체적인 실행계획을 수립하고 실행하는 단계이다. 이 단계에서는 프로그램 진행을 위한 일정, 필요한 자원, 인력 등을 세부적으로 나누어 설정한다. 예를 들어 스마트폰 사용관리 앱을 운영하려면 앱의 개발자와 콘텐츠를 준비하고, 앱을 홍보할 방법을 계획한다. 스마트폰 사용 절제 워크숍을 진행하려면 필요한 자료와 장소를 준비하고, 참가자를 모집해야 한다. 각 활동에 필요한 예산, 시간, 인력을 상세히 계획하고, 프로그램 실행에 필요한 리소스를 확보한다. 실행계획이 철저하게 수립되면 프로그램이 원활하게 진행될 수 있다.

5. 피드백과 개선

프로그램 실행 후, 피드백을 수집하고 이를 바탕으로 프로그램을 개선하는 과정이 필요하다. 참여자들에게 설문조사, 면접 등을 통해 프로그램에 대한 피드백을 받는다. 이를 통해 프로그램이 얼마나 효과적이었는지, 개선할 점은 무엇인지 파악하고, 이를 바탕으로 프로그램을 수정하거나 보완한다. 예를 들어 스마트폰 사용 관리 앱에 대해 사용자의 피드백을 받아 더 나은 기능을 추가하거나, 디지털 디톡스 캠페인의 내용을 개선할 수 있다. 피드백을 주기적으로 반영하여 프로그램의 지속적인 발전을 도모할 수 있다.

Activity 6-1

자신이 기획하고자 하는 프로그램의 내용을 브레인라이팅 기법을 활용한 예시를 참고하여 작성해 봅시다.

주제: 행복한 배움과 성장을 위한 학교 공동체 프로젝트			
	목표 1	목표 2	목표 3
	교사 역량강화	학생 관계 증진	학교 공동체의 정서적 안정감 증대
1	교사 대상 심리상담 및 스트레스 관리 교육	협동 프로젝트 수업 진행	학교 명상 프로그램 운영
2	교사의 의사소통 기술 향상 워크숍	학생 칭찬 릴레이 활동	감정표현 카드 활용 수업
3	수업 혁신 아이디어 워크숍	교우 간 갈등 해결 워크숍	학부모와 함께하는 힐링 캠프
4	공감능력 향상을 위한 사례 연구	학급별 미니 연극제	"내 꿈을 찾아서" 진로 탐구 활동
5	교사와 학생 간 신뢰를 쌓기 위한 1:1 대화 시간 운영	공통 관심사를 통한 동아리 활동 활성화	지역사회와 함께하는 학교 축제 기획
6	교사 간 협력을 위한 정기적인 소통 모임	학년별 스포츠 리그 개최	학급별 '감사 나눔' 데이

주제:			
	목표 1	목표 2	목표 3
1			
2			
3			
4			
5			
6			

6장 돌아보기

1. 프로그램 내용구성(대안선택)이 무엇을 의미하는가?

2. 프로그램 내용구성을 위한 대안의 원천에는 어떤 것들이 있는가?

3. 프로그램 내용구성(대안선택)에 관한 이론적 모형에 대해 설명해 보라.

4. 프로그램 내용구성(대안선택)의 기준에는 어떤 것들이 있는가?

5. 프로그램 내용의 구성요소에는 어떤 것들이 있으며 프로그램 내용구성의 원리와 내용 선정원리에 대해 설명해 보라.

6. 프로그램 내용구성의 절차는 어떻게 진행되는가?

7. 브레인스토밍과 브레인라이팅의 장 · 단점을 설명해 보라.

CHAPTER 07 프로그램 예산수립

학습목표

1. 프로그램 예산의 개념과 속성을 이해한다.
2. 프로그램 예산수립의 특성을 이해한다.
3. 프로그램 예산수립 방식에 대해 이해한다.
4. 프로그램 예산수립 과정에 대해 이해한다.
5. 프로그램 예산수립의 실제를 확인한다.

프로그램 예산은 프로그램의 원활한 운영을 위해 필요한 자원과 비용을 계획하고 배분하는 과정으로, 프로그램의 성공적인 실행을 위한 핵심적인 요소이다. 본 장에서는 프로그램 예산의 개념과 속성을 이해하고, 예산수립의 특성과 다양한 수립 방식에 대해 다룰 것이다. 또한 예산수립 과정의 각 단계를 살펴보며 실제 예산수립의 구체적인 방법을 확인할 것이다.

1. 프로그램 예산의 개념과 유형

프로그램 예산이란 프로그램이 실행되기 위한 필요한 수입과 지출을 구체화한 재정계획이다(황성철, 2005). 즉 프로그램이 실시되는 일정기간 동안 사용할 지출과 그 지출에 필요한 자원의 조달계획이라고 볼 수 있다. 프로그램 예산은 프로그램을 실행하는 일정기간 동안 사용할 지출을 어떻게 배분할 것인지에 초점을 맞추는 협의적 개념과 프로그램 실행에 필요한 예산을 어떻게 확보할 것인가에 대한 조달계획까지 포함하는 광의적 개념으로 구분할 수 있다(이봉주 · 김기덕, 2008).

2. 프로그램 예산수립의 특성

프로그램 개발자는 예산수립이 객관적이고 수량화로 진행되기 때문에 매우 명확하고 분명한 활동으로 간주하지만, 예산의 수립과정은 개발자에게 복잡한 의사결정을 요구하는 정치적 과정이다. 일반적으로 프로그램 예산수립 과정은 다섯 가지 주요한 특성을 갖고 있다고 설명되고 있다(이봉주 · 김기덕, 2008; 황성철, 2005).

① 예산수립은 정치적 과정이다.

예산수립은 명확하게 설정된 절차에 따라 투명하게 진행되는 과업이 아니라 정치적 성격을 내포하고 있다. 예산수립에서 프로그램 내용을 수행하기 위해 어느 정도의 예산을 어디에 어떻게 분배할 것인가에 대해서 다양한 관련 집단들로부터 여러 가지 의견이 존재할 수 있기 때문에 이러한 이해집단들끼리 갈등과 알력이 존재하게 된다. 따라서 프로그램 개발자는 다양한 의견의 조정과 합력을 이루어 나갈 수 있어야 한다.

② 예산수립은 프로그램 기획 및 설계의 과정이다.

예산수립은 프로그램의 목적을 달성하기 위해 목표설정, 대안개발 및 기대효과분석, 효과성 평가기준 설정 등의 프로그램 기획절차와 동시에 진행되기 때문에 프로그램의 기획 및 설계과정이라 할 수 있다. 프로그램 기획에서 예산수립 과정은 프로그램의 목적 및 목표를 달성하기 위해 수행해야 할 활동들에 대해 예산 범위 내에서 모색하게 된다.

③ 예산수립은 프로그램 관리과정이다.

예산수립은 사회복지조직의 관리자가 조직 각 단위의 프로그램 활동과 시행일정 등을 검토할 수 있게 하므로 프로그램 관리과정으로 볼 수 있다. 예를 들어 예산이 계획대로 적절하게 집행되지 않았다면 프로그램의 내용이 원활하게 진행되지 않은 것이고, 예산과 달리 과도하게 사용되고 있다면 프로그램 진행상에 뭔가 잘못이 있음을 보여준다.

④ 예산수립은 인간적인 과정이다.

예산은 프로그램 수행인력은 물론 참여하게 되는 개인이나 지역사회 주민에게 직접적으로 영향을 미치게 되므로 예산수립을 하기 위해 이들과 접촉하여 대화하는 기회를 가진다는 점에서 인간적 과정이라 할 수 있다. 이봉주와 김기덕(2008)은 예산수립 과정을 자신만의 가치와 의미를 지향하는 살아 있는 인간들의 상호작용 과정이고 인간의 변화나 행복을 지향하는 것으로 설명하였다.

⑤ 예산수립은 미래지향적이다.

예산은 장래의 활동계획에 따른 성격을 갖는 재정계획으로 미래의 목표를 새로 설정하고 이를 달성하기 위한 활동을 할 수 있도록 예산수립이 되므로 미래를 변화시키는 과정으로 볼 수 있다.

3. 프로그램 예산수립의 방식

프로그램 예산수립의 방식은 대체로 항목별 예산, 성과주의 예산, 프로그램 기획예산, 영기준 예산 등의 네 가지로 분류된다(Lynch, 1995). 사회복지 및 상담 분야에서는 항목별 예산을 주로 사용하며, 프로그램이나 활동의 단위원가를 계산하는 성과주의 예산방식을 병행하여 예산을 수립하기도 한다(박재연 · 배은경, 2021).

1) 항목별(품목별) 예산

항목별 예산은 가장 전통적이고 보편적인 예산체계로, 정부 및 비영리 조직에서 널리 사용되고 있는 방식이다. 이 방식은 구입하거나 지출하려는 품목별로 수입과 지출을 구체적으로 기재하며, 주로 회계연도를 기준으로 작성된다. 항목별로 인건비, 사업비, 교통비, 관리비 등으로 구분하여 금전적인 방식으로 표현하고, 예산을 관리한다. 예산의 모든 항목을 세부적으로 구분하여 제시함으로써, 예산에 대한 행정책임을 명확히 하여 회계책임에 대한 외재적 통제가 용이하다(남기민 · 최성재, 2006). 장점으로는 예산구조가 단순하고 명확하여 계산이 수월하고, 이해하기 용이하다는 점이 있다. 예산을 항목별로 구체적으로 나누어 관리하기 때문에 지출통제가 쉬워 안전한 예산관리가 가능하다. 이러한 특성 때문에 사회복지 예산방식의 근간으로 사용되며, 특히 정부 및 비영리 조직에서 예산통제의 목적으로 활용된다(김통원, 2004). 그러나 단점도 존재한다. 항목별 예산은 각각의 지출 항목만을 기준으로 예산을 편성하기 때문에 전체적인 목표달성 여부나 산출의 성과를 확인하기 어렵다. 예를 들어 인적·물적자원에 대한 지출은 알 수 있지만, 이러한 자원이 실제로 어떤 프로그램에 사용되는지 명확히 파악하기 어렵다. 종합적으로 항목별 예산(LIB: Line-Item Budget)은 예산통제에 중점을 두며, 재량권보다는 회계부서에서의 통제력이 강하게 작용하는 예산방식으로 이해된다.

〈표 7-1〉 항목별(품목별) 예산 작성의 예

<table>
<tr><th colspan="3" rowspan="2">항목</th><th colspan="2">산출근거</th><th colspan="2">예산조달 계획</th></tr>
<tr><th>직접비</th><th>간접비</th><th>신청금액</th><th>자부담</th></tr>
<tr><td rowspan="3">인건비</td><td colspan="2">프로그램 강사비</td><td>월 10시간×2만원×12개월</td><td></td><td>2,400,000원</td><td></td></tr>
<tr><td colspan="2">유급자원 봉사자</td><td>4천원×2시간×30회</td><td></td><td>240,000원</td><td></td></tr>
<tr><td colspan="2">소계</td><td>2,640,000원</td><td></td><td>2,640,000원</td><td></td></tr>
<tr><td rowspan="7">사업비</td><td rowspan="2">숫자야 놀자</td><td>교재비</td><td>5천원×8명×2권</td><td></td><td>80,000원</td><td></td></tr>
<tr><td>간식비</td><td>1천원×30명×52주</td><td></td><td>1,560,000원</td><td></td></tr>
<tr><td rowspan="2">숙제 지도</td><td>문구구입</td><td>필기구 2천원×30명</td><td></td><td>60,000원</td><td></td></tr>
<tr><td>자원봉사 식대</td><td>5천원×20회×12개월</td><td></td><td>1,200,000원</td><td></td></tr>
<tr><td rowspan="2">문화 체험</td><td>버스대여</td><td></td><td>버스대여
350,000원×2회</td><td>350,000원</td><td>350,000원</td></tr>
<tr><td>진행비</td><td>입장료 1천원×35명×2회
도시락 4천원×35명×2회</td><td></td><td>350,000원</td><td></td></tr>
<tr><td colspan="2">소계</td><td>3,250,000원</td><td>700,000원</td><td>3,600,000</td><td>350,000원</td></tr>
<tr><td rowspan="2">관리운영비</td><td colspan="2">냉난방비</td><td></td><td>10만원×5개월</td><td>300,000원</td><td>200,000원</td></tr>
<tr><td colspan="2">소계</td><td></td><td>500,000원</td><td>300,000원</td><td>200,000원</td></tr>
<tr><td rowspan="2">기타</td><td colspan="2"></td><td></td><td></td><td></td><td></td></tr>
<tr><td colspan="2">소계</td><td></td><td></td><td></td><td></td></tr>
<tr><td colspan="3">총계</td><td>5,890,000원</td><td>1,200,000원</td><td>6,540,000원</td><td>550,000원</td></tr>
</table>

2) 성과주의 예산

성과주의 예산은 프로그램을 통해 달성하고자 하는 목표를 중심으로 예산을 편성하는 방식이다. 이 방식은 조직의 활동을 기능별 또는 프로그램별로 구분하고, 이를 세부 프로그램 단위로 나누어 예산을 배정한다. 각 세부 프로그램의 활동별로 필요한 비용을 산출하고, 단위원가(업무단위 하나를 산출하는 데 소요되는 경비)를 계산하여 여기에 업무량을 곱해 예산을 책정한다. 즉 단위원가×업무량=예산액의 방식으로 자금을 배분한다(박재연 · 배은경, 2021). 장점으로는 프로그램 활동별로 예산을 명확히 구분하고 통제할 수 있어 프로그램의 효율성을 높일 수 있다는 점이 있다. 또한 예산편성 시 각 프로그램의 목표와 성과를 명확히 이해할 수 있어 계획 수립이 용이하다. 예산을 사업계획이나 활동 등 기능별로 분류함으로써 예산지출과 성과의 관계를 명확히 할 수 있으며, 서비스 제공의 효율성을 평가하고 비교할 수 있게 해준다. 이를 통해 투입된 비용 대비 산출물의 성과를 분석하여 자원의 효율적 배분이 가능하다. 단점으로는 프로그램 단위를 설정하고 비용을 계산하는 과정이 복잡하고 시간이 많이 소요된다는 점이 있다. 특히 세부 프로그램 단위별 원가를 산출하고 업무량을 추정하는 과정이 쉽지 않아 예산편성에 있어 추가적인 분석과 노력이 요구된다. 이로 인해 예산편성 과정이 복잡해질 수 있으며, 신뢰할 수 있는 데이터 기반의 단위원가 산정이 어려울 경우 예산의 정확성이 떨어질 수 있다.

종합적으로, 성과주의 예산(PB: Performance Budget)은 사회복지조직 등에서 목표 중심의 예산편성에 유용하며, 프로그램 성과와 지출을 연결하여 자원의 효율적 사용을 도모하는 예산체계로 이해된다. 이 방식은 기능주의 예산(Functional Budget) 또는 프로그램 예산(Program Budget)이라고도 불리며, 성과중심의 접근을 통해 예산의 신축성을 확보할 수 있다(이민홍 · 정병오, 2013).

〈표 7-2〉 성과주의 예산 작성의 예

담당부서	세부사업명		예산	비고
상담 기획부, 기획부	집단상담	프로그램 진행비용 2만원×4회×18개=144만원	144만원	
	문화체험	견학비용 2만원×15명×3회×18개=1,620만원	1,620만원	
	대학생 자원봉사자 활동비	15만원×10개월×18개=2,700만원	2,700만원	
	부모, 가족의 집단 활동 및 교육	활동 및 교육비용 3만원×4회×18개=216만원	216만원	
	사례관리자 공동교육	다과 비용 5만원×4회×1팀=20만원	20만원	
	워크숍	0.7만원×2식×180명=252만원	402만원	

출처: 우종모 외(2004).

3) 프로그램 기획 예산

프로그램 기획 예산(PPBS: Planning Programming Budgeting System)은 장기적인 사업계획을 바탕으로 목표를 세우고 목표를 달성하기 위해 당해 연도의 프로그램 계획을 가장 효율적으로 실행할 수 있는 방향으로 예산을 통합하여 수립하는 예산체계이다(이봉주 · 김기덕, 2014). 장기적 계획수립의 목표를 달성할 수 있도록 자원배분에 관한 의사결정에 있어서 일관성, 합리성, 계획성을 추구한다. 프로그램 기획 예산의 가장 핵심적인 특징은 프로그램 기획과 예산을 통합하는 데 있으며, 사업의 목표를 얼마나 달성했는지를 판단하는 효과성을 강조한다. 사회복지 조직이 목표를 달성하기 위해 드는 비용을 편성한 것이므로 예산을 지원해 주기 위한 기관의 의사결정에 정보를 제공할 수 있다. 사회복지기관이 예산을 투입하여 어느 정도의 목표를 달성했는지 책무성을 보여줄 수 있는 예산수립 방식으로 사회복지 조직들이 확대해 나가야 할 예산방식이다. 하지만 사회복지 조직에서 나타나는 목표의 불명확성, 개입기술의 불확정성, 성과평가의 어려움 때문에 프로그램 기획 예산이 널리 사용되기에는 한계가 있다(남기민 · 최성재, 2006).

〈표 7-3〉 프로그램 기획 예산 작성의 예

연도별 세부목표 \ 목표	농어촌 주민의 보건복지 향상(전체 예산 3조 원)		
농어촌 사회안전망 확충 (2021년)	기초생활보장 및 자활지원	치매노인 그룹홈 설치	국민연금 확충
	5,000억 원	3,000억 원	2,000억 원
농어촌 보건복지 공급기간 개선 (2022년)	공공의료기관의 확대	건강보험 개선	5대암 조기검진
	4,000억 원	3,000억 원	3,000억 원
주민의 복지참여 (2023년)	가사간병 인력의 확대 배치	농어촌 재가복지센터 확충	농어촌 지역보건복지 네트워크 구축
	3,000억 원	4,000억 원	3,000억 원

출처: 피시픽북스 학습편찬국(2013), 오세영(2022) 수정.

4) 영기준 예산

영기준 예산(ZBB: Zero-Based Budgeting)은 과거의 예산이나 실적에 구애받지 않고, 매년 '영(Zero)'의 상태에서 새롭게 예산을 편성하는 방식이다. 기존의 점증주의적 예산편성 방식에서 벗어나, 모든 사업을 처음부터 검토하여 필요성과 우선순위에 따라 예산을 책정한다(신복기 외, 2008). 이를 통해 기존 예산의 비효율성을 개선하고, 새로운 목표에 맞춰 자원을 재배분할 수 있다. 이 예산방식의 주요 특징은 각 사업 및 프로그램의 필요성과 정당성을 매년 재검토하는 것이다. 기존 프로그램이 효율적이고 효과적인지, 지속할 필요가 있는지를 평가하여 예산을 유지, 축소, 또는 중단할지 결정한다. 이를 통해 자원의 효율적 배분과 예산절감을 도모하며, 예산감축 시 자원 재배치를 용이하게 한다. 또한 전 직원의 참여를 유도하여 조직 내 투명성을 높이고, 하급 관리자들의 예산참여를 촉진함으로써 예산 · 계획 · 통제 기능을 강화한다(표갑수 외, 2013). 장점으로는 불필요한 지출을 줄이고, 프로그램별 비용 대비 효율성을 높여 자원의 효과적 사용이 가능하다. 새로운 목표와 우선순위에 따라 예산을 조정할 수 있어 조직의 전략적 목표달성에 기여한다. 그러나 단점도 존재한다. 모든 사업을 처음부터 재검토해야 하므로 시간과 노력이 많이 소요되며, 예산수립 과정에서 다량의 서류작업과 자료준비가 요구된다(정무성, 2008). 또한 빈번한 사업 재검토로 인한 예산변동이 조직 내 혼란을 초래할 수 있으며, 보수적인 조직문화와 갈등을 일으킬 수 있다. 결론적으로 영기준 예산은 자원의 효율적 사용과 예산 신축성을 중시하는 조직에서 활용되며, 주로 예산감축 및 자원 재배치가 필요한 상황에서 효과적이다.

4. 프로그램 예산수립의 과정

1) 1단계: 산출항목의 명확화

먼저 프로그램의 목표체계도와 구성내용을 면밀하게 검토하여 프로그램 수행에 요구될 것으로 판단되는 모든 인적, 물적자원을 목록화한다. 이후 목록자원들의 각각의 성격에 따라 인건비, 사업비, 관리운영비, 기타 등의 항목으로 구분한다.

참고적으로 사회복지공동모금회에서는 〈표 7-4〉와 같이 예산수립 항목에 대해 설명하고 있다.

〈표 7-4〉 예산수립 항목

목	설명	해당 항목
인건비	해당 사업을 직접적으로 수행하는 인력에 투입되는 비용	프로그램 담당자/보조담당자 인건비
사업비	프로그램의 수행에 필요한 직접비용(실인원수에게 제공되는 서비스에 필요한 비용)	강사비, 자원봉사자 관리비, 자문비, 회의비, 행사진행비, 홍모물품 구입, 프로그램 준비물 구입, 사업결과 보고서/결과물 제작 등
관리운영비	프로그램의 수행에 필요한 간접비용(사업관리에 필요한 내용)	사무용품, 냉난방비, 우편료, 사업담당자, 교통비 등

출처: 사회복지공동모금회(2023).

2) 2단계: 산출근거의 구체화

예산항목이 분류되면 이후 구체적인 액수와 내용이 명확하게 계정되어 최종비용의 가치가 분명하게 산정되어야 한다. 예를 들어 지역아동센터에서 기초 학습지도 프로그램을 운영하는데 학습교재비 항목이 들어 있다고 가정해 보자. 이 경우 학습교재비에 드는 총비용은 다음과 같이 산정된다.

학습교재비 총비용 = 연간 교재 수량 × 권당 비용 × 소요인원 수
600,000원 = 국/영/수 6권 × 5,000원 × 20명

다음으로 이렇게 산출된 비용이 해당 프로그램만을 위해 신규로 편성된 비용(직접비)인지 아니면 다른 프로그램과 공유하는 비용(간접비)인지와 같이 비용의 성격을 규명해야 한다. 예를 들어 지역아동센터에서 기초 학습지도 프로그램을 운영한다고 가정할 때 학습지도를 외부강사를 활용하여 진행했다면 이는 직접비에 해당하지만 학습지도를 지역아동센터 직원이 수행했다면 이는 간접비에 해당한다. 또 다른 예로 교육장소를 특정 장소를 대관하여 진행했다면 직접비에 해당하지만 지역아동센터의 프로그램실을 이용했다면 간접비에 해당한다.

참고 직접비와 간접비

직접비와 간접비는 프로그램이나 프로젝트를 수행할 때 발생하는 비용을 구분하는 개념이다. 각각의 비용을 이해하는 것은 프로그램 예산을 효율적으로 관리하는 데 중요하다.

직접비는 프로그램을 수행하기 위해 새롭게 지출되는 비용이다. 즉 프로그램을 시작하지 않았다면 발생하지 않았을 비용이다. 예를 들어 프로그램 참가자들에게 강의를 들려주기 위해 외부에서 강사를 초청할 경우, 강사료는 프로그램을 위해 새롭게 발생한 비용이므로 직접비에 해당한다.

반면, 간접비는 프로그램을 위해 새롭게 발생하는 비용이 아니라, 이미 존재하는 자원이나 인력, 시설 등을 사용하여 프로그램을 실행하는 데 드는 비용이다. 즉 다른 프로그램과도 공유되는 비용이다. 예를 들어 프로그램을 위해 기존 복지관 직원 중 한 명을 강사로 활용하면 그 직원의 급여는 간접비로 분류된다. 또한 프로그램을 진행할 장소가 외부에서 임대되는 경우는 직접비에 포함되지만, 복지관의 강당을 사용하면 간접비로 간주된다. 따라서 직접비는 프로그램을 위해 특별히 지출되는 비용이고, 간접비는 기존 자원을 활용하는 데 드는 비용이다. 이 구분을 통해 프로그램의 예산을 효율적으로 관리하고, 실제로 필요한 예산을 파악할 수 있다.

출처: 이봉주 외(2019).

3) 3단계: 예산 조달계획의 명확화

예상항목이 분류되고 비용산정이 마무리 되면 다음으로 소요되는 자금을 어떻게 동원할 것인가를 명확히 해야 한다. 프로그램 수행에 수반되는 예산의 경우 대부분 계획서를 작성하여 특정 지원단체 및 기관에 예산을 신청하는 방식으로 이루어진다. 앞서 항목별로 분류된 프로그램의 전체 예산을 신청금액과 자부담으로 구분한다. 사회복지공동모금회에 제안서를 제출할 경우 신청금액은 공동모금회가 지원해 주기를 바라는 신청분 예산이 되고 자부담은 프로그램을 기획 및 수행하는 기관에서 자체적으로 조달하는 금액이 된다(이봉주 외, 2019). 일반적으로 자부담은 크게 프로그램 수행기관의 기존 시설이나 인력 가운데 신청 프로그램에 활용할 부분인 간접비와 각종 기부금 및 수혜자 부담금으로 나누어지며 일반적인 프로그램 기획에서는 자부담의 비중을 20~50%정도 요구하고 있다(정무성 · 정진모, 2001). 신청금액의 비율은 신청금액 대비 각 항목이 차지하는 비율을 의미하고, 자부담 비율은 전체 자부담 대비 해당 자부담의 비율을 의미한다. 자부담의 재원은 자체예산, 외부지원(지원처), 수익금(참가비 등) 등으로 구분한다.

5. 프로그램 예산수립의 실제

사회복지 프로그램 제안서를 위한 예산편성은 프로그램의 총예산을 인건비, 사업비, 관리운영비 등으로 구분하여 '목'으로 나눈다. 이 세 가지의 '목'은 다시 '세목'으로 세분화되어 각 세목의 산출근거(실제 단가, 수량, 인원수, 건수, 횟수 등)를 구체적으로 제시하는 방식이 사용된다. 사회복지공동모금회의 경우, 사업비의 비중이 50% 이상으로 책정할 것을 규정하고 있다(사회복지공동모금회, 2015). 특히 공동모금회는 예산조달 계획을 신청금액과 자부담으로 구분하여 작성하도록 하고 있다.

〈표 7-5〉는 사회복지공동모금회 2024년도 배분사업 인내자료에 제시된 예산계획 사례이다. 프로그램 제안서를 공동모금회에 제출하는 사회복지기관들은 자부담의 비율은 일반적으로 20~30%로 설정하고 있다(황성철, 2005).

〈표 7-5〉 사회복지 프로그램 예산계획 사례

목	세목	세세목	계	산출근거	예산조달 계획				
					신청금액	비율(%)	자부담	비율(%)	자부담 재원
총 계			43,922,000	-	26,270,000	100	17,652,000	100	
인건비	전담 인력	급여	21,600,000	1,800,000원×12개월×1명	7,800,000	29.7	13,800,000	78.2	
		사회보험	2,052,000	171,000일×12개월×1명	0	0.0	2,052,000	11.6	자체예산
		퇴직적립금	1,800,000	150,000×12개월×1명	0	0.0	1,800,000	10.2	자체예산
	소계		25,452,000		7,800,000	29.7	17,652,000	100	
사업비	의복 공동체	새활용교육	3,200,000	강사료(3급, 2시간) 200,000×14회=2,800,000 실습재료비 100,000×4회=400,000	3,200,000	12.2			
		마을수선소	890,000	재봉틀 구입비 300,000×2개=600,000 다리미 구입비 70,000×2개=140,000 실, 천 등 구입비 30,000×5회=150,000	890,000	3.4			
		정기모임	210,000	다과비 2,500×6명×14회=210,000	210,000	0.8			
		새활용 나눔교육	320,000	수선재료비 50,000×4회=200,000 다과비 5,000×6명×4회=120,000	320,000	1.2			
		새활용 프리마켓	3,120,000	식사비 10,000×6명×2회=120,000 프리마켓 부스 운영비 1,500,000×2회=3,000,000	3,120,000	11.9			
	식사 공동체	집밥교육	3,900,000	강사료(3급, 2시간) 200,000×13회=2,600,000 식재료구입비 100,000×13회=1,300,000	3,900,000	14.9			
		집밥모임	720,000	식재료구입비 50,000×7회×2모임=700,000 여행자보험(캠핑) 20,000×1회=20,000	720,000	2.7			
		텃밭가꾼	150,000	모종 구입비 50,000×2회=100,000 비료 구입비 50,000×1회=50,000	150,000	0.6			
		집밥나눔	400,000	식재료 구입비 50,000×3회×2모임=300,000 참여자 교통비 등 12,500×8명=100,000	400,000	1.5			
	주거 공동체	정리·수납 교육	3,000,000	강사료(3급, 2시간) 200,000×14회=2,800,000 교재구입비 20,000×10개=200,000	3,000,000	11.4			
		정기회의	350,000	다과비 5,000×10명×7회=350,000	350,000	1.3			
		마을청소	1,550,000	팸플렛 제작비 1,500,000×1회=1,500,000 물품 구입비(청소도구 등) 50,000×1회=50,000	1,550,000	5.9			
		정리·수납 컨설팅	360,000	주거환경개선비 120,000×3가구=360,000	360,000	1.4			
		주민교육	180,000	다과비 3,000×50명=150,000 엑스베너 제작비 30,000×1회=30,000	180,000	0.7			
	소계		18,350,000	-	18,350,000	69.9			
관리 운영비	관리 운영비	교통비	120,000	10,000 × 12개월 × 1명	120,000	0.4			
	소계		120,000		120,000	0.4			

사회복지 프로그램을 위해 예산을 지원해 주는 공공 및 민간기관에서 프로그램을 수행하고자 하는 기관의 의지를 높이기 위한 방안으로 배합자금(Matching funds: 특정 사업이나 프로젝트를 위한 재원을 모집할 때, 외부 지원금이나 기부금에 대해 기관이나 참여자가 일정 비율로 자금을 보조하는 방식)을 통해 재원을 조성하는 사례가 증가하고 있다. 최근에는 중앙정부와 지방정부가 배합자금을 조성하여 사회문제 및 욕구를 해결하기 위한 사업을 추진하고 있다.

먼저 인건비는 이 프로그램을 직접적으로 수행하는 담당인력(주담당자, 부담당자)의 투입비용에 제한되며, 슈퍼바이저, 자문위원, 프로그램 활동을 위한 전문가(강사비), 자원봉사자에 관련된 비용은 해당되지 않는다. 사업비는 프로그램을 실행하기 위해 필요한 직접비용으로 강사비, 자원봉사자 관리비, 자문비, 회의비, 행사진행비, 홍보물품 구입, 프로그램 준비물 구입, 사업결과보고서 작성, 결과물 제작 등이 해당된다. 관리 운영비는 프로그램을 실행하기 위한 사업관리에 필요한 비용(간접비용)으로 사무용품, 냉난방비, 우편료, 사업담당자 교통비 등이 포함된다(사회복지공동모금회, 2023). 특히 주의할 것은 사업비에는 프로그램 활동(프로그램 내용)별로 예산이 구성되어야 한다. 예산이 없는 프로그램은 실행이 불가능하기 때문이다. 예를 들어 프로그램 내용으로 야간아동보호, 안전귀가동행서비스, 건강체조, 기초학습지도, 가족관계개선 프로그램이 있다면, 이러한 다섯 가지 프로그램 내용별로 각각 예산이 마련되어야 한다.

참고 프로그램 예산수립 시 유의사항

1. 효율적 예산편성: 자원을 낭비하지 않고 필요한 부분에 충분히 배분해 효과를 극대화한다.
2. 효과적 자원배분: 프로그램 목표에 맞춰 예산 항목을 세부적으로 설정하고 실제 필요에 부합하도록 계획한다.
3. 과도한 편성금지: 필요 이상의 예산 배정은 자원 낭비와 비효율을 초래하므로 지양한다.
4. 지침준수: 지원 조직의 예산사용 지침을 확인하고 준수하여 합법적이고 원활한 집행을 보장한다.

Activity 7-1

자신이 기획하고자 하는 프로그램의 예산을 작성해 봅시다.

(단위: 원)

<table>
<tr><td>관</td><td colspan="9">사업비</td></tr>
<tr><td>항</td><td colspan="9">공동모금회 "OOOOOO" 사업비</td></tr>
<tr><td rowspan="2">목</td><td rowspan="2">세목</td><td rowspan="2">계</td><td rowspan="2">산출근거</td><td colspan="5">예산조달 계획</td></tr>
<tr><td>신청 금액</td><td>비율 (%)</td><td>자부담</td><td>비율 (%)</td><td>자부담 재원</td></tr>
<tr><td colspan="2">총계</td><td></td><td></td><td></td><td></td><td></td><td></td><td></td></tr>
<tr><td rowspan="2">인건비</td><td></td><td></td><td></td><td></td><td></td><td></td><td></td><td></td></tr>
<tr><td>소계</td><td></td><td></td><td></td><td></td><td></td><td></td><td></td></tr>
<tr><td rowspan="7">사업비</td><td></td><td></td><td></td><td></td><td></td><td></td><td></td><td></td></tr>
<tr><td rowspan="2"></td><td rowspan="5"></td><td></td><td></td><td></td><td></td><td></td><td></td></tr>
<tr><td></td><td></td><td></td><td></td><td></td><td></td></tr>
<tr><td rowspan="2"></td><td></td><td></td><td></td><td></td><td></td><td></td></tr>
<tr><td></td><td></td><td></td><td></td><td></td><td></td></tr>
<tr><td></td><td></td><td></td><td></td><td></td><td></td><td></td></tr>
<tr><td>소계</td><td></td><td></td><td></td><td></td><td></td><td></td><td></td></tr>
<tr><td rowspan="3">관리운영비</td><td></td><td></td><td></td><td></td><td></td><td></td><td></td><td></td></tr>
<tr><td></td><td></td><td></td><td></td><td></td><td></td><td></td><td></td></tr>
<tr><td>소계</td><td></td><td></td><td></td><td></td><td></td><td></td><td></td></tr>
</table>

※ 사업에 직접 투입되는 비용만 예산계획에 기입

7장 돌아보기

1. 프로그램 예산은 무엇을 의미하는가?

2. 프로그램 예산의 특성에 대해 설명해 보라.

3. 프로그램 예산수립의 방식 중 항목별 예산에 대해 설명해 보라.

4. 예산항목의 성격 가운데 직접비와 간접비를 예들 들어 설명해 보라.

5. 예산조달계획에서 신청분 예산과 자부담에 대해 설명해 보라.

6. 프로그램 예산수립의 과정에 대해 설명해 보라.

PART

03

사회복지 프로그램 실행

CHAPTER 08

프로그램 실행(1)
: 프로그램 마케팅, 프로그램 진행 및 진행관리, 인력관리, 프로그램 기록관리 및 정보관리

학습목표

1. 프로그램 마케팅에 대해 이해한다.
2. 프로그램 진행 및 진행관리에 대해 이해한다.
3. 프로그램 인력관리에 대해 이해한다.
4. 프로그램 기록관리 및 정보관리에 대해 이해한다.

프로그램의 성공적인 실행을 위해서는 효과적인 마케팅, 진행 및 진행관리, 인력관리, 기록관리 그리고 정보관리가 필수적이다. 본 장에서는 프로그램 마케팅의 개념과 중요성을 이해하고, 프로그램의 진행과 진행 관리를 다룰 것이다. 또한 프로그램을 원활하게 운영하기 위한 인력관리의 필요성과 이를 효과적으로 수행하는 방법을 제시한다. 이어서, 기록관리와 정보관리의 중요성을 논의하며, 데이터를 체계적으로 관리하고 프로그램 성과를 평가·개선하기 위해 활용하고 있는 사회복지시설정보시스템을 소개한다.

1. 프로그램 마케팅

프로그램 실행단계에서 가장 중요한 과업은 참여자 모집과 프로그램 수행에 필요한 인적 및 물적자원의 확보이다. 이를 위해 사회복지 프로그램의 정당성을 확보하고, 참여자를 모집하며, 필요한 자원을 확보하기 위한 모집, 홍보, 광고 등의 활동이 전개된다. 이러한 활동은 일반적으로 프로그램 마케팅이라고 한다(황성철, 2005). 사회복지 프로그램 마케팅은 크게 두 가지로 나눌 수 있다. 첫 번째는 프로그램의 정당성 확보와 참여자 모집을 위한 마케팅이며, 두 번째는 프로그램 수행에 필요한 인력과 자원을 지역사회에서 확보하기 위한 마케팅이다(이민홍 · 정병오, 2024).

1) 클라이언트 모집 마케팅

(1) 프로그램 마케팅 대상 및 마케팅 개념과 내용

① 프로그램 마케팅 대상

먼저 사회복지 프로그램에 대한 정당성 확보와 클라이언트 모집을 위한 마케팅의 대상자는 프로그램에 관련성이 있는 모든 사회체계가 될 수 있다. 구체적으로 클라이언트 집단, 클라이언트의 가족, 기관 이용자 및 후원자, 지역사회 주민, 타 복지기관, 관공서, 지방자치단체, 재단, 기업, 보건복지부 등이 될 수 있다. 수행하고자 하는 사회복지 프로그램에 대한 홍보활동으로 인하여 지역사회 주민, 재원을 지원하는 공공기관 및 민간기관, 후원자 등으로부터 프로그램에 대한 정당성을 확보할 수 있다. 또한 개인 자신, 가족성원, 친구 등의 욕구충족이나 문제해결이 필요하다고 인식하고 있던 잠재적 클라이언트 대상자를 사회복지 프로그램에 참여하게 하는 연결고리가 된다(이민홍 · 정병오, 2019).

② 프로그램 마케팅의 개념과 내용

사회복지 프로그램 마케팅은 사회복지 프로그램의 필요성, 목적, 수행방법, 기대효과 등에 대해 적극적이고 효율적으로 이러한 대상자를 마케팅하여 프로그램에 대해 알리고, 참여를 유도하는 것을 의미한다. 사회복지 프로그램의 정당성 확보와 클라이언트 모집을 위한 마케팅의 주요내용은 프로그램 담당자가 매우 간략하면서도 체계적으로 작성하여야 한다. 가급적이면 눈을 끌 수 있는 홍보내용과 효과적인 홍보문구를 준비해야 한다. 반드시 포함되어야 할 마케팅 내용은 프로그램의 제목(주제), 프로그램 대상자 및 신청자격, 프로그램 목적과 목표, 주요 활동내용, 일시 및 장소, 참가비용, 프로그램 참여를 통해 얻는 혜택과 불편, 담당자 연락처, 문의방법 등이다. 특히 프로그램 참여를 통한 기대효과만을 강조하기보다는 참여로 인해 발생할 수 있는 불편에 대해서도 함께 기술해야 한다.

참여로 인해 발생할 수 있는 불편은 경우에 따라 참여를 위해 클라이언트가 해야 될 과업이 되기도 한다.

(2) 프로그램 마케팅 방법과 방법 선정 시 고려사항

① 프로그램 마케팅 방법

사회복지 프로그램 마케팅은 프로그램 기획자와 표적체계(잠재적 클라이언트) 및 잠재자원(인적 및 물적자원)이 존재할 때 성립하게 된다. 따라서 마케팅을 하는 사회복지사는 잠재적 클라이언트 및 잠재자원이 프로그램 필요성에 공감할 수 있게 노력해야 한다. 효과적 마케팅은 잠재적 클라이언트가 프로그램에 참여하거나, 잠재자원을 프로그램에서 사용할 수 있는 인적 및 물적자원으로 변환시키는 가능성을 높이는 것이다. 사회복지 프로그램의 정당성 확보와 클라이언트 확보를 위한 마케팅 방법은 매우 다양한데, 중요한 것은 이러한 다양한 마케팅 방법 중에서 사회복지 프로그램에 대한 관심을 높이고 반드시 수행해야 한다는 필요성에 공감을 유도하며, 잠재적 클라이언트 참여욕구를 높일 수 있는 방법을 선택·활용하는 것이다. 사회복지기관에서 사용하고 있는 프로그램 마케팅 방법은 다음과 같이 매우 다양하다(이민홍·정병오, 2019).

- 인쇄 및 홍보물: 소식지, 팸플릿, 공문, 전단지, 현수막, 포스터, 기념품 등,
- 홍보용 비디오 제작 및 상영
- 우편물: 시설 소식지 발송, 프로그램 홍보 서신 발송 등
- 대중매체 광고: 지역신문, 케이블 TV 등
- 직접방문: 지역 내 가구 방문, 반상회 참여, 관공서 및 주요기관 방문 등
- 이벤트 및 특별행사: 바자회, 음악회, 전시회 등 개최
- Social Network Services: Twitter, Facebook, 블로그, 카페, 스마트폰 Application 등
- 인터넷 홈페이지(기관 홈페이지나 유관 사이트)에 홍보
- 인터넷 배너로 홍보
- 기관 이용자 및 자원봉사자를 통한 홍보
- 전화 및 문자메시지
- 길거리 홍보

② 프로그램 마케팅 방법 선정 시 고려사항

마케팅 방법을 선정할 때에는 첫째, 클라이언트의 특성을 고려해야 한다. 예를 들어 청년의 경우에는 인쇄 및 홍보물보다는 Social Network Services나 인터넷 홈페이지, 인터넷 배너 등의 디지털 매체가 더 효과적일 수 있다. 둘째, 홍보방법의 특성을 고려해야 한다. 예를 들어 방송 매체를 활용한 홍보는 대중에게 인지도를 높이는 데 효과적일 수 있지만, 비용이 많이 들고 제작과정에서의 부담이 큰 경우, 예산이 부족한 영세한 기관에서는 적합하지 않을 수 있다. 셋째, 홍보 상황과 전략을 고려해야 한다. 예를 들어 기존 기관 프로그램 참여자에게는 간단히 전화나 면담을 통해 홍보가 가능하다. 그러나 지역사회 내에서 홍보가 중요한 경우, 영향력 있는 사람들을 대상으로 전략적으로 홍보하여 프로그램 참여율을 높일 수 있다.

Activity 8-1

자신이 기획하고자 하는 프로그램을 마케팅 방법(홍보물 또는 보도자료)을 아래와 같이 하나 선택하여 작성해 봅시다.

〈작성요령〉

1. 인터넷에 게시된 다양한 홍보물/보도자료를 수집한다.
2. 자신이 기획하고자 하는 프로그램과 성격이 유사한 홍보물/보도자료를 선택한다.
3. 자신이 기획하고자 하는 프로그램을 기존 홍보물/보도자료를 모방하여 작성해 본다.
4. 기존 홍보물/보도자료와 차별화되는 점을 1~2개 추가하여 작성해 본다.
5. 작성한 홍보물/보도자료에 대한 피드백을 받아본다.

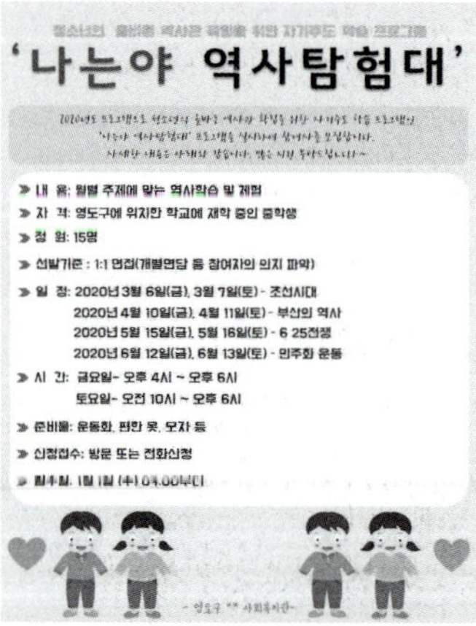

[부산시] ○○노인복지관, 은퇴를 앞둔 베이비부머들을 위한 맞춤형 프로젝트(Happy Retire) 실시

(부산=지역뉴스) 김경민 기자 = 부산광역시 부산진구 ○○노인복지관은 은퇴를 앞둔 50-60대 베이비부머을 대상으로 '나의 행복을 위한 보험 (Happy Retire)'라는 부제를 가진 프로젝트를 오는 15일부터 실시한다.

'나의 행복을 위한 보험 (Happy Retire)' 프로젝트를 통해 부산진구 가야동에 거주하고 있으며 은퇴를 앞두고 있는 50-60대 베이비부머들이 개개인이 하고 싶어 하는 여가를 배울 수 있고, 여러 사람들과 어울리며 삶의 활력을 증진시킬 것으로 보고 있다.

프로그램 신청은 15일부터 28일까지 2주간 진행될 것이며, 직접방문 또는 전화(051-XXX-XXXX)로도 신청이 진행될 예정이다.

이와 관련하여 ○○노인복지관의 김성민 관장은 "행복한 노후를 보내기 위해서는 은퇴 후 건강을 위한 준비, 주위 사람들과 원만한 관계를 하기 위한 노력, 또 단순한 놀이가 아닌 가치 있는 시간을 보내기 위한 여가 시간 설계 전략을 세워야 한다고 보기에 본 프로그램을 실시하게 되었으며, 이 프로그램을 통해 어르신들께서 행복한 노후를 보내실 수 있도록 힘써 도울 것이다. 많은 관심과 참여를 부탁드린다."고 전했다.

2) 프로그램 자원확보 마케팅

사회복지 프로그램을 기획한 기관과 담당자가 모든 프로그램 활동을 혼자서 수행하는 경우는 드물다. 대부분의 사회복지 프로그램은 지역사회의 자원을 활용해야만 실행이 가능하다. 따라서 프로그램 실행단계에서 가장 중요한 과업은 지역사회 자원을 확보히는 것이다. 프로그램을 위한 주요 자원으로는 인적자원, 물적자원, 네트워크 자원, 연구조사 자원 등이 있다. 사회복지 프로그램이 점차 다양화되고 전문화됨에 따라 특정분야의 전문지식을 갖춘 전문가, 네트워크 자원, 장비 및 시설의 필요성이 증가하고 있다(이민홍 · 정병오, 2024).

(1) 1단계: 지역사회 자원 탐색

사회복지 프로그램에 필요한 자원을 마련하기 위한 첫 번째 단계는 지역사회에서 이용 가능한 자원을 조사하는 것이다. 이 과정에서는 프로그램 제공에 실질적으로 활용할 수 있는 인적자원과 물적자원을 중심으로 탐색방법을 구체화하게 된다. 인적자원으로는 사회복지 대상자, 지역 주민, 지역에 기반을 둔 전문가, 공공 및 민간기관 종사자 등이 포함될 수 있다(이민홍 · 정병오, 2019).

물적자원의 경우에는 교육기관, 병원, 시청, 군청, 경찰서, 소방서, 기업, 재단 등 공공 및 민간기관뿐만 아니라, 문화, 체육, 종교, 시민단체와 같은 다양한 지역사회 조직과 활동 그룹을 파악해야 한다. 이러한 자원을 보다 체계적으로 탐색하기 위해 "지역사회복지자원편람", "지역사회복지지도", "지역사회복지자원지도"와 같은 자료를 제작하는 것이 효과적이다. 예를 들어 E종합사회복지관에서는 지역 내 복지기관, 보건의료 기관, 시민사회단체, 직능단체, 종교기관, 행정기관, 교육기관, 문화체육시설, 그리고 재개발임대단지 주민자치회 등 다양한 단체와 기관을 조사대상으로 삼아 지역자원 기초조사를 진행하고 있다(이수진, 2005).

(2) 2단계: 지역사회 인적 및 물적자원 협력을 위한 연결망 구축

사회복지 프로그램에 필요한 인적 및 물적자원을 조사하여 파악한 후에는, 이를 활용 가능한 자원으로 전환하기 위해 자원협력을 위한 네트워크를 구축하는 과정이 필요하다.

(3) 3단계: 지역사회 인적 및 물적자원 관리

사회복지 프로그램을 성공적으로 수행하려면 확보된 인적 및 물적자원을 체계적으로 관리하는 것이 중요하다. 이를 위해 프로그램에서 활용되는 자원들은 데이터베이스로 체계적으로 정리해야 하며, 프로그램 실행결과로 나타난 효과나 성과는 소식지 등을 통해 외부에 공유할 필요가 있다.

〈표 8-1〉 사회복지 프로그램 자원종류 및 사례

자원종류	사례
인적자원	• 직원, 슈퍼바이저 • 자원봉사자, 실습생, 인턴 • 전문가(의사, 치료사, 상담사, 교육자, 교수 등)
물적자원	• 장비: 도구, 비품 • 재원 • 시설
네트워크 자원	• 연계기관 • 실행 가능이 있는 현존 네트워크 • 실행 네트워크
연구조사 자원	• 기존 연구조사 결과 • 프로그램 활용 지침 • 욕구조사 결과보고서 • 프로그램 및 서비스 매뉴얼 • 서비스 기술
자연 자원	• 자연: 공원, 놀이터, 쉼터, 관광명소 등

출처: 조성우 외(2018).

Activity 8-2

자신이 기획하고자 하는 프로그램에 필요한 자원을 결정하고 활용용도와 동원전략을 적어봅시다.

자원종류	자원명	활용용도	동원전략
인적자원			
물적자원			
네트워크 자원			
연구조사 자원			
자연 자원			

2. 프로그램 진행 및 진행관리

1) 프로그램 진행

(1) 프로그램 진행과정(박재연 · 배은경, 2021)

① 준비단계

가. 지역사회에 프로그램을 홍보한 후 대상자를 모집

프로그램 홍보방법은 인터넷을 통한 게시판 등을 활용할 수 있으며, 이메일이나 문자발송도 가능하다. 학교나 유관기관에 포스터를 붙이거나 설명회를 개최할 수도 있다. 프로그램에 대한 자발적 참여 및 동의도 매우 중요하다. 프로그램의 목적과 목표에 대해 설명한 후, 본인이 자발적인 의사로 참여하는지를 반드시 확인한다. 앞서 설명한 프로그램 진행 시 고려해야 하는 윤리적인 부분들을 반드시 사전에 점검하여야 한다.

나. 참여를 희망한 구성원들이 본 프로그램에 적합한지 선별

집단구성원의 동질성과 이질성을 고려하여 선별한다. 기본적으로 구성원들 간 동질성을 고려하여 선별하되 집단의 역동을 고려하여 적절한 정도의 이질성은 수용될 수도 있다. 예를 들어 동질한 집단으로 구성한다고 해서 모두 남학생으로 구성하는 것보다는 일반적인 주제의 프로그램이라면 남학생과 여학생을 고루 분포시키는 것이 이질적인 면이 있기는 하나 집단을 실제 운영하는 데에 더욱 흥미가 있을 수 있다. 그러나 성폭력피해아동의 집단 프로그램을 운영할 계획이라면 성별의 동질성을 확보하도록 해야 할 것이다. 이성 앞에서 성과 관련된 고통이나 경험들을 나누기 어려울 수 있기 때문이다. 또한 연령은 가급적이면 세대차이가 크게 나지 않도록 하는 것이 프로그램을 운영하는 데에 훨씬 효율적일 수 있다. 또한 주의력결핍 및 과잉행동장애와 같이 주의력이 부족하고 과잉행동의 문제를 갖고 있는 아동이나 청소년 등은 집단을 대상으로 하는 프로그램보다는 1:1 프로그램에 참여하여 개별적으로 개입하는 것이 대상자 본인에게도 효과적이며, 다른 집단구성원들에게도 지장을 주지 않을 것이다. 프로그램 진행 시 지도자와 필요한 예산, 프로그램 구성, 장소, 시간 등에 대해 준비한다.

② **초기단계**(집단구조화)

가. 오리엔테이션 실시

오리엔테이션을 실시하여 집단에 대한 정보를 제공한다. 우선 프로그램을 진행할 지도자(사회복지사 또는 상담사)를 소개하고, 지도자의 이름, 소속, 지위, 프로그램과 관련된 경력사항 등을 설명한다. 다음으로 집단구성원들이 소개하는 시간을 갖는다. 각자 자기소개를 하거나 짝을 지어 상대방을 소개하는 방법을 사용할 수 있다. 자기소개를 돕기 위한 활동지(관심사, 좋아하는 음식, 장래희망, 사랑하는 사람 등)를 제공하여 소개하도록 할 수도 있다. 집단의 목적과 목표를 설명한 후, 집단지도자와 구성원들의 역할도 안내한다. 집단에서 지켜야 할 규칙에 대해서도 논의한다. 규칙은 집단구성원들이 스스로 정하게 하면 효과적이며, 단, 비밀보장과 관련된 규칙은 미리 설명한다. 비밀보장은 반드시 지켜져야 하지만, 자신이나 타인의 생명과 안전에 위협이 되는 경우에는 예외가 될 수 있음을 설명한다. 이후 프로그램의 구조를 설명하고, 전체기간, 횟수, 시간대, 장소, 비용 등을 안내한 후, 집단구성원들의 동의를 구한다.

나. 집단구성원들과의 라포(Rapport) 형성

집단구성원들이 프로그램에 대해 적극적으로 참여할 동기를 갖게 하고, 지도자와 친밀감과 신뢰감 등을 기반으로 라포가 형성되도록 한다. 경청과 공감, 집단구성원들을 있는 그대로 수용해 주는 자세가 중요하다. 초기단계에 집단구성원들이 불안과 저항을 느낄 수 있다. 이는 프로그램에 처음 참여할 때 자연스러운 감정임을 설명하고, 차츰 불안한 마음이 편안한 마음으로 변화될 수 있도록 지지적으로 프로그램을 진행한다.

다. 구성원들의 개별목표 설정

프로그램 전체의 목적과 목표를 설정한 이후에는 구성원들 개개인의 개별화된 목표를 설정하도록 한다. 개별목표는 가급적 명확하고 행동적이며 구체적인 것이 좋다.

③ 중기단계

가. 집단의 역동 활성화

중기단계는 집단의 역동이 활성화되는 시기이다. 집단구성원들이 적극적으로 프로그램에 임하고 자신의 감정을 솔직하게 표현할 수 있도록 한다. 지도자와 구성원들 간 깊은 신뢰관계가 이루어져야 하며, 집단응집력이 고조되는 단계이다.

나. 목적과 목표달성을 위한 구체적인 작업

프로그램의 목적과 목표를 달성하기 위해 본격적으로 작업하는 단계이다. 구성원들이 자신의 문제에 직면하고, 프로그램 진행 중 갈등이 발생하면 스스로 해결할 수 있도록 갈등조정능력을 키운다.

④ 종결단계

프로그램의 목적과 목표를 달성되었으면 프로그램을 마무리짓는 시기이다. 집단경험에서 도움이 된 점과 아쉬운 점에 대해 나누며, 새롭게 변화한 부분을 실생활에 적용될 수 있도록 돕는다.

⑤ 추후관리단계

프로그램이 종결된 후에는 프로그램을 통해 변화된 것들이 계속 유지되는지를 확인해 볼 필요가 있다. 변화된 것들이 계속 유지된다면, 이는 프로그램이 실생활에 효과적으로 적용된 것이라고 할 수 있다. 프로그램을 하고 있는 동안에는 좋아지다가 프로그램을 종결한 이후에는 다시 예전의 상태로 돌아가거나 후퇴하게 될 가능성도 있다. 반대로 프로그램의 효과가 지속되며 더욱 좋아지게 되는 경우도 나타날 수도 있다. 데게 프로그램이 종결된 후 한달 정도 지난 시점에서 추후관리를 해 보는 것이 효과적이며, 이때 프로그램의 효과가 제대로 지속되지 않고 있다고 평가될 경우에는 그 원인을 파악해 보고 다시 프로그램을 참여해야 하는지 여부에 대해 고려해볼 필요가 있다. 반대로 프로그램의 효과가 계속 지속되고 있다면, 어떠한 요인들로 인해 지속될 수 있었는지 확인해 보고 다음 프로그램 시행 시 이를 참고하면 도움이 될 것이다.

(2) 진행 회기별 평가

프로그램을 진행하는 동안 진행 회기별 평가를 통한 지속적 모니터링이 필요하다.

① 집단회기를 시작할 때

지난 회기 때 느낀 것과 배운 것, 일주일 동안 경험했던 바를 나눈 후, 금번 회기에서 경험하고 싶은 것에 대해 얘기하도록 한다. 집단지도자는 지난 회기 때 느꼈던 생각, 관찰내용 등에 대해 다룬다.

② 집단회기를 마무리할 때

해당 회기 때 다루었던 내용을 요약하고, 집단구성원들이 느낀 부분에 대해 이야기를 나누며 구성원들에 대해 인정, 강화하도록 한다. 또한 프로그램에서 배운 내용을 일상생활에 어떻게 적용할 것인지 나누고, 필요한 경우 과제를 주어 수행해 오도록 한다. 또한 다음 회기에 다루고자 하는 희망사항을 표현하도록 한다.

③ 프로그램 진행 시 윤리원칙

다음의 윤리원칙들은 프로그램 진행 시 프로그램의 효과성과 신뢰성을 높이는 중요한 기준이 된다. 사회복지사는 프로그램에 참여하는 참여자들이 안전하고 신뢰할 수 있는 환경에서 프로그램에 참여할 수 있도록 해야 한다(박재연 · 배은경, 2021).

가. 참여자의 자발적 동의

프로그램에 참여하는 모든 대상자는 자발적으로 동의해야 한다. 강제로 참여하게 되면 프로그램의 효과가 감소할 뿐만 아니라, 참여자의 개인적인 복지에도 해가 될 수 있다. 그러니 의사결정을 내리기 어려운 대상자(예: 시적장애인, 소현병 환자)의 경우 보호자 동의가 필요하며, 본인, 보호자, 전문가 간의 충분한 논의를 통해 진행해야 한다.

나. 비밀보장의 원칙

프로그램에 참여한 대상자들의 개인정보와 프로그램 진행내용은 철저히 비밀로 보장되어야 한다. 때로는 지도자가 비밀보장을 철저히 지켜도, 참여자들 중 일부가 이를 지키지 않을 수 있다. 따라서 프로그램이 시작될 때 비밀보장의 원칙을 지도자와 참여자 모두가 이해하고, 이를 서로 약속하는 과정이 필요하다.

다. 프로그램 실행결과에 대한 정직성

프로그램의 결과는 사실 그대로 보고해야 한다. 때로는 결과가 좋지 않더라도, 이를 숨기거나 과장하여 보고하고 싶은 유혹이 있을 수 있다. 그러나 이러한 왜곡은 결국 프로그램의 신뢰성을 떨어뜨리고, 장기적으로는 프로그램의 개선에도 도움이 되지 않는다. 따라서 프로그램 실행 후에는 그 효과성에 대해 정직하게 평가하고, 그 결과에 대해 반성적 입장에서 성찰할 필요가 있다.

라. 지도자의 편견 배제

프로그램을 진행하는 사회복지사는 자신의 개인적인 가치관이나 편견이 프로그램에 영향을 미치지 않도록 주의해야 한다. 지도자가 가진 편향된 의견이나 가치관은 프로그램 결과를 왜곡할 수 있다. 따라서 지도자는 프로그램을 진행할 때 최대한 객관적인 입장을 유지하며, 참여자 중심에서 프로그램을 설계하고 실행해야 한다. 또한 자신이 가진 가치관이나 편견을 사전에 고찰하고, 그것이 프로그램에 영향을 미치지 않도록 노력해야 한다.

2) 프로그램 진행관리

프로그램을 효과적으로 관리하기 위해서는 다양한 도구와 기법을 활용하여 일정, 진행상황, 과정의 흐름, 지속적인 개선 등을 관리하는 것이 중요하다. 이를 위한 주요 기법으로 시간별 활동계획도표(Gantt Chart), 월별 진행계획 카드(Shed-U Graph), 총괄진행표(Flow Chart), PDCA 관리 사이클 등이 있다(이민홍 · 정병오, 2019). 각 기법은 프로그램 관리에서 특정 측면을 중점적으로 다루며, 이를 통해 프로그램의 목표를 체계적으로 달성할 수 있다. 또한 5WIH 체크리스트 기법도 프로그램 진행관리에 유용한 도구로, 프로그램 내용을 설명하는 데 필요한 구체적인 요소들을 정리하는 지침을 제공하며, 세부계획서를 작성할 때 고려해야 할 사항들을 점검하는 데에도 활용할 수 있다(황성철, 2005).

(1) 시간별 활동계획도표(Gantt Chart)

시간별 활동계획도표는 프로그램의 일정관리와 진행상황을 시각적으로 나타내는 중요한 도구이다. 각 작업의 시작과 종료시점을 명확히 설정하여 작업의 진행 상태를 추적할 수 있다. 프로그램의 각 단계를 세부적으로 나누어 일정에 맞춰 계획하고, 이를 통해 각 작업이 계획대로 실행되고 있는지를 점검할 수 있다. 일정관리의 핵심은 각 작업의 시간적 배치와 기간을 명확하게 정의하는 데 있다.

- 활용 예시:
  - 프로그램의 각 활동별 시작일과 종료일을 설정
  - 전체 프로젝트 일정 및 작업의 진척도를 한눈에 파악
  - 일정 지연 시, 즉각적인 조치를 취할 수 있도록 관리

〈표 8-2〉 방과 후 아동보호 프로그램의 시간별 활동계획표

활동	2019년						2020년						
	7월	8월	9월	10월	11월	12월	1월	2월	3월	4월	5월	6월	비고
프로그램 운영팀 구성	◉												
프로그램실 설치		◉											
외부 자원확보			◉	◉	◉								
대상자 선정 및 모집					◉	◉							
프로그램 매뉴얼 작성						◉	◉						
야간아동 보호								◉	◉	◉	◉		
안전귀가동행								◉	◉	◉	◉		
건강체조								◉	◉	◉	◉		
기초학습지도								◉	◉	◉	◉		
평가 및 보고서 작성				◉	◉	◉					◉	◉	

출처: 이민홍 · 정병오(2019).

(2) 프로그램 평가검토 기법

프로그램 평가검토 기법(Program Evaluation and Review Technique: PERT)은 프로그램의 실행과정을 체계적으로 모니터링하고, 목표달성에 필요한 활동들의

진행상황을 추적하는 데 사용되는 기법이다. 이 기법은 각 활동의 시간정보, 선행과제 및 과업순서를 조직화하여 목표달성을 위한 세부계획을 세울 수 있게 돕는다. PERT는 원과 화살표로 활동 간의 상호관계를 시각적으로 나타내며, 특히 대형 프로젝트 관리에 효과적이다. PERT의 핵심은 각 활동 간의 관계를 네트워크 형태로 표시하여, 최단시간과 최장시간을 계산하고, 중요한 경로를 확인하는 데 있다. 이를 통해 프로젝트 진행 중의 병목현상을 파악하고, 전체 일정의 효율성을 높일 수 있다. 예를 들어 [그림 8-1]에서 PERT의 사용방법을 구체적인 사례를 통해 알려주고 있다(황성철 외, 2003). 이 사례의 최종목표는 '그룹홈 프로그램'을 개발하고 운영하는 것이다(A). 이를 달성하기 위해서는 먼저 프로그램을 개발할 운영팀을 구성하는 것이 필요하다(F). 그 후, 그룹홈 대상자를 선정하고(E), 프로그램 운영에 필요한 구체적인 운영방안을 개발해야 한다(B). 또한 보호대상자를 확보하고(C), 그룹홈을 설치하는 과정이 필요하다(D). 이 과정에서는 일반적인 주거공간으로서 쾌적함을 제공할 수 있는 기본적인 요건이 충족되어야 한다. 여기서 최초의 과업(운영팀 구성)에서 최종과업(그룹홈 운영)에 이르는 가장 긴 경로를 '핵심통로(critical path)'라고 하며, 이 경로는 최종목표를 달성하기 위해 걸리는 최소한의 소요 시간을 나타낸다.

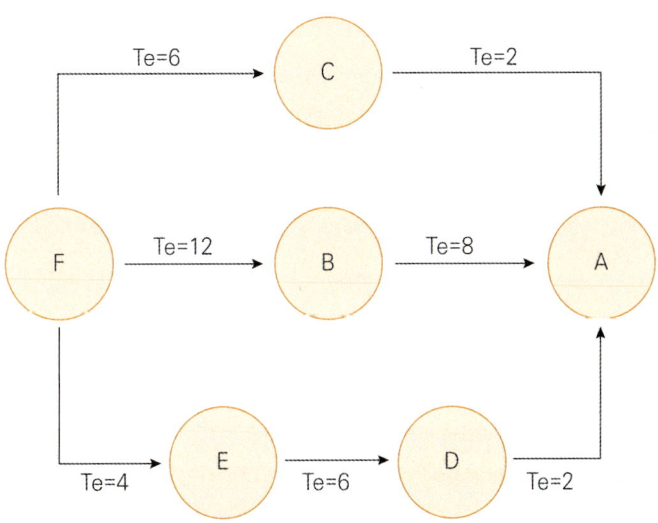

출처: 황성철 외(2003).

[그림 8-1] 그룹홈 프로그램 개발의 PERT 적용 사례

〈표 8-3〉 경로코드와 과업

코드	과업	경로	소요시간(주)
A	그룹홈 운영	F-B-A	20
B	운영 프로그램 개발	F-B	12
C	보호대상자 확보	F-C	6
D	그룹홈 설치	E-D	6
E	대상자 선정	F-E	4
F	운영 팀 구성	F	-

출처: 황성철 외(2003).

참고 **프로그램 평가검토 기법(PERT)**

PERT는 프로젝트의 각 활동 간 순서를 파악하고, 전체 프로젝트의 완료 시간을 예측하는 기법이다. PERT는 네트워크 다이어그램을 통해 각 활동을 시각화하며, 활동의 시작과 끝을 연결하는 화살표로 작업의 흐름을 나타낸다. 이때 화살표는 활동에 소요되는 시간을 표현할 수 있으며, 기대시간(Te)은 낙관적인 시간(To), 비관적인 시간(Tp), 통상적인 시간(Tm)을 종합하여 다음과 같은 공식을 통해 계산된다.

$$Te = \frac{To + 4Tm + Tp}{6}$$

Te(Expective time, 기대시간)
To(Optimistic time, 낙관적 시간): 가장 상황이 좋을 때 걸리는 시간
Tm(Most likely time, 통상적 기대시간): 반복했을 때 가장 빈번히 걸리는 시간 또는 일반적으로 걸릴 수 있는 비슷한 시간
Tp(Pessimistic time, 비관적 시간): 가장 상황이 좋지 않을 때 걸리는 시간

출처: 오세영(2022).

(3) 월별 진행계획 카드(또는 월별 활동계획 카드)

월별 진행계획 카드(Shed-U Graph)는 프로그램의 월별 진행상황을 시각적으로 관리하는 도구로, 특정 월에 수행할 주요 활동과 그 진행상태를 나타낸다. 월별 목표를 설정하고, 이를 주기적으로 점검하여 목표달성 여부를 확인한다. 월별 진행계획 카드는 프로그램 일정 내 주요 작업이나 목표달성 여부를 점검

하는 데 유용하며, 장기적인 프로그램 목표를 세분화하여 월별로 관리할 수 있도록 돕는다.

- 활용 예시
  - 월별로 구체적인 프로그램 목표와 활동을 설정하고 이를 달성할 수 있도록 지원
  - 월간 목표의 진행률을 점검하고 필요한 경우 조치를 취함
  - 월별 진행상황을 시각적으로 비교하여 프로그램의 전반적인 경과를 파악

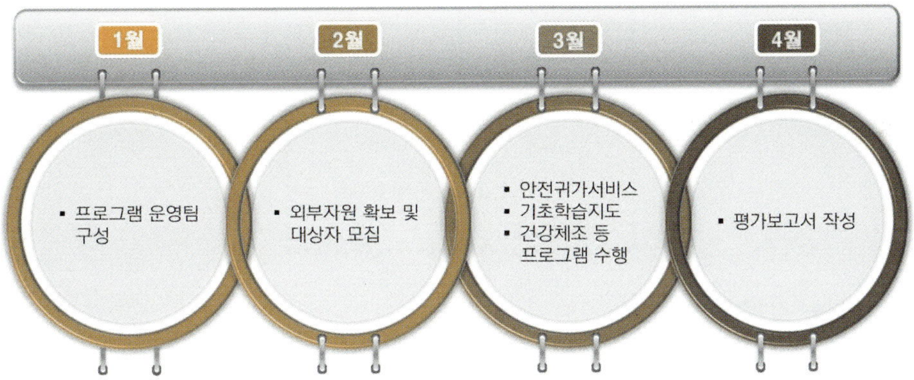

출처: 이민홍 · 정병오(2019).

[그림 8-2] 방과후 아동보호 프로그램의 월별 진행계획 카드 실례

(4) 총괄진행표

총괄진행표(Flow Chart)는 프로그램 진행과정을 시각적으로 나타내는 도구로, 활동과 과정의 흐름을 명확하게 표현한다. 각 단계와 그 흐름을 화살표로 연결하여 프로그램의 전개과정을 쉽게 이해할 수 있도록 돕는다. 총괄진행표는 프로그램의 각 단계를 시각적으로 나열해 활동들이 어떻게 연결되고 순차적으로 진행되는지 파악할 수 있게 해준다. 이를 통해 프로그램의 진행흐름을 명확히 하고, 중요한 작업이나 결정을 놓치지 않도록 관리할 수 있다.

- 활용 예시:
  - 프로그램의 각 단계와 필요한 활동을 단계별로 시각화

- 프로그램 진행과정에서의 병목현상이나 지연을 파악
- 프로그램의 흐름을 명확하게 보여주어 팀원들이 각자의 역할을 이해하고 협력할 수 있도록 함

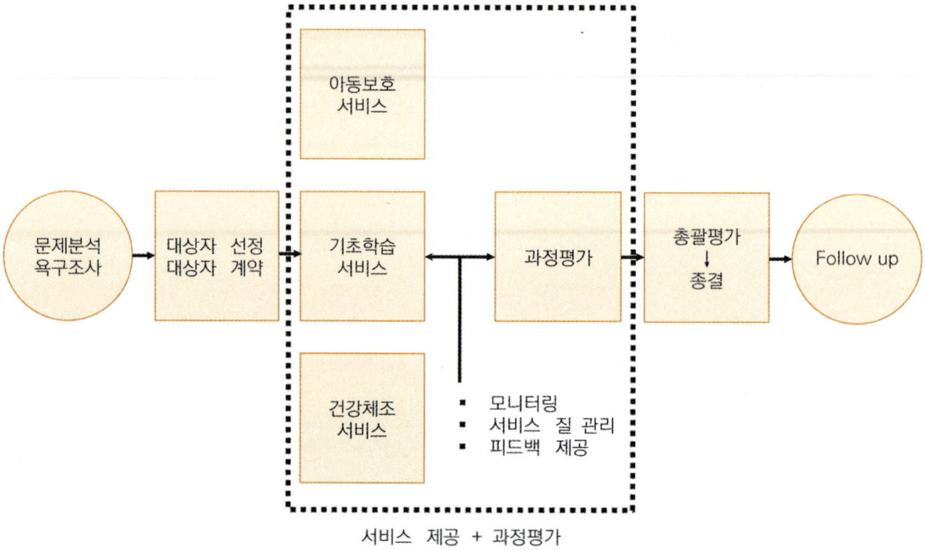

출처: 이민홍 · 정병오(2019).

[그림 8-3] 방과후 아동보호 프로그램의 총괄진행표

(5) PDCA 관리 사이클

PDCA 관리 사이클은 지속적인 개선을 위한 관리기법으로, Plan(계획), Do(실행), Check(점검), Act(조치)의 네 단계로 구성된다. 이 기법은 기관차원에서 서비스 품질관리를 체계적이고 계획적으로 수행할 수 있도록 돕는다(황성철, 2005). PDCA 관리 사이클은 프로그램 진행 중 지속적인 개선과 평가를 가능하게 하는 도구이자 성과관리 모델로 활용되며, 반복적인 과정을 통해 프로그램의 품질을 높이는 데 중요한 역할을 한다. 이를 통해 단기적인 성공을 넘어 지속적인 개선을 달성할 수 있다. 또한 PDCA 관리 사이클은 단순히 프로그램 기획에 그치지 않고 품질관리, 프로젝트 관리, 프로세스 개선 등 다양한 분야에서도 폭넓게 활용된다(조성우 외, 2024).

PDCA 관리 사이클의 주요 특징은 다음의 세 가지로 요약할 수 있다(조성우 외,

2024). 첫째, PDCA 사이클은 지속적인 개선과정을 제공한다. 계획, 실행, 점검, 조치의 과정을 반복함으로써 프로그램이나 프로젝트가 지속적으로 발전할 수 있도록 돕는다. 둘째, 체계적으로 문제를 해결할 수 있다. 단계별 점검과 개선을 통해 문제를 명확하게 분석하고 효과적으로 해결할 수 있는 체계를 마련한다. 셋째, 실행 전에 철저한 계획을 수립하고 결과를 평가함으로써 잠재적인 위험을 사전에 감지하고 예방할 수 있다. 이를 통해 예상되는 위험요소를 미리 파악하고 적절한 대응이 가능해진다. 이러한 특성 덕분에 PDCA 관리 사이클은 다양한 분야에서 성공적인 성과를 이끄는 중요한 도구로 자리 잡고 있다.

- 활용 예시:
  - Plan(계획): 프로그램 목표와 세부계획을 수립
  - Do(실행): 계획을 바탕으로 프로그램을 실행
  - Check(점검): 실행결과를 평가하고 목표달성도를 점검
  - Act(조치): 점검결과를 바탕으로 개선사항을 반영하여 계획을 수정하고, 프로그램을 지속적으로 개선

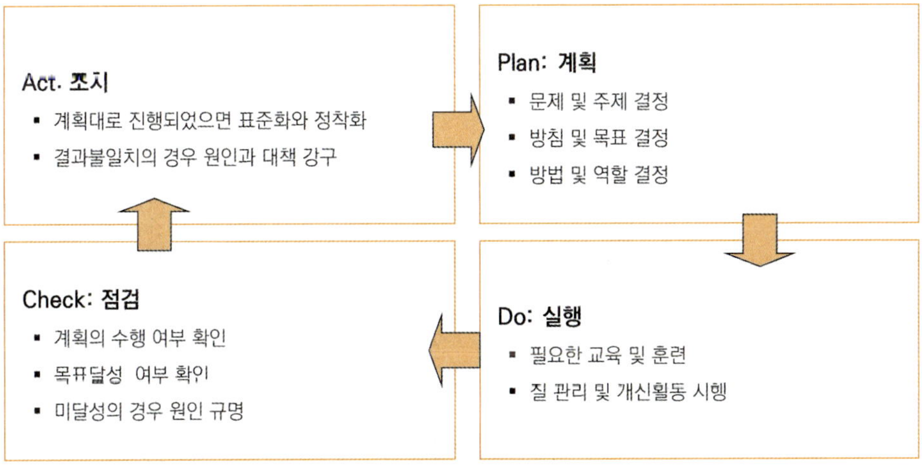

출처: 이민홍 · 정병오(2019); 황성철(2005) 참조하여 재구성.

[그림 8-4] PDCA 관리 사이클

출처: 황성철(2005).

[그림 8-5] PDCA 추진 절차와 활동내용

(6) 5W1H 체크리스트 기법

5W1H 체크리스트 기법은 프로그램이나 프로젝트의 계획을 수립하는 데 중요한 요소들을 체계적으로 점검할 수 있도록 돕는 도구이다. 이 기법은 프로그램

의 목적과 실행과정을 명확히 하고, 필요한 세부 사항들을 빠짐없이 고려하게 해준다. 5W1H는 여섯 가지 질문을 통해 프로그램을 구체적으로 정의하는 방식으로, 목표를 체계적으로 달성하는 데 도움을 준다(황성철, 2005).

〈표 8-4〉 실행계획수립과 실행과정 문제확인 5W1H 체크리스트

5W1H	프로그램 작성: 실행계획수립 주요 요소	프로그램 관리: 실행과정 문제확인 요소
1. Who (누가)	• 누가 프로그램을 실행하는가? 1) 프로그램 주최자와 주관자는 누구인가? 2) 프로그램 실행을 준비하는 사람은 누구인가? 3) 프로그램 담당자, 외부 전문가, 자원봉사자는 누구인가?	• 실행주체와 관련된 문제 1) 현재 실행하는 사람은 누구인가? 2) 그 밖에 실행할 수 있는 사람은 누구인가(대체인력)? 3) 반드시 실행에 참여해야 할 사람은 누구인가? 4) 관련이 없는 사람이 참여했는가?
2. When (언제)	• 언제 프로그램을 실행하는가? 1) 프로그램 실행예정 일시 2) 프로그램 실행기간	• 실행시기, 기간과 관련된 문제 1) 언제 실행하는 것이 바람직한가? 2) 정해진 시기와 기간 외에 할 수는 없는가? 3) 실행시기가 무리하게 정해지지 않았는가?
3. Where (어디서)	• 어디서 프로그램을 실행하는가? 1) 가장 적합한 장소 2) 차선으로 간주되는 장소	• 실행장소 및 주변 여건과 관련된 문제 1) 여기서 실행하는 것이 좋은가? 2) 그밖에 다른 장소는 없는가? 3) 실행장소가 무리하게 정해지지 않았는가?
4. What (무엇을)	• 무슨 프로그램을 실행하는가? 1) 프로그램 형태와 제목 2) 프로그램 핵심적 요소	• 실행활동과 관련된 문제 1) 어떤 활동이 실행되고 있는가? 2) 다른 활동으로 필요한 것은 없는가? 3) 무관하게 이루어지는 활동은 없는가?
5. Why (왜)	• 왜 어떤 목표로 이 프로그램을 실행하는가? 1) 프로그램 목적은 무엇인가? 2) 프로그램 주제는 무엇인가? 3) 프로그램에서 강조점은 무엇인가?	• 실행목표 달성과 관련된 문제 1) 왜 그 사람이 그 활동을 하는가? 2) 왜 그 시간과 장소에서 하는가? 3) 왜 그 방법으로 활동하는가? 4) 목표달성에서 무리, 무관성, 무일관성은 없는가?
6. How (어떻게)	• 어떻게 프로그램이 실행되는가? 1) 프로그램 구조와 절차 2) 예산과 인력 준비 3) 홍보와 프로그램 수단	• 실행방법과 관련된 문제 1) 어떤 방법으로 실행되고 있는가? 2) 다른 방법은 없는가? 3) 방법상 일관성은 유지되는가?

출처: 황성철(2005).

첫 번째로 Who(누가)는 프로그램을 누가 실행하는가?에 대한 것으로 프로그램 주최자, 주관자, 프로그램 실행 준비자, 프로그램 담당자, 외부 전문가, 자원봉사자가 누구인지를 확인한다.

두 번째로 When(언제)는 프로그램을 언제 실행하는가?에 대한 것으로 프로그램 실행일정과 기간을 확인한다.

세 번째로 Where(어디서)는 프로그램을 어디서 실행하는가?에 대한 것으로 프로그램에 가장 적합한 장소, 차선으로 간주되는 장소를 확인한다.

네 번째로 What(무엇)은 무슨 프로그램을 실행하는가?에 대한 것으로 프로그램의 형태와 제목, 프로그램의 핵심적 요소를 확인한다.

다섯 번째로 Why(왜)는 어떤 목적으로 프로그램을 실행하는가?에 대한 것으로 프로그램 목적, 주제, 프로그램의 강조점을 확인한다.

마지막으로 How(어떻게)는 프로그램이 어떻게 실행되는가?에 대한 것으로 프로그램의 구조와 절차, 예산과 인력의 준비, 홍보와 프로그램 수단을 확인한다.

3. 인력관리

1) 프로그램 참여인력 선정 및 협조체계 구축

(1) 인력별 주요 과업 선정과 실행 점검

효과적인 프로그램 수행을 위해서는 슈퍼바이저, 준전문 인력, 자원봉사자 등의 팀체계나 협력체계가 필요하다. 프로그램 수행은 단지 사회복지사의 역할만으로 이루어지는 것이 아니라, 프로그램에 참여하는 전체 인적자원들이 협력하여 효과적으로 이루어져야 한다. 따라서 기획단계에서 프로그램 주 담당자, 슈퍼바이저, 자원봉사자, 프로그램 강사, 자문가, 참여자 등의 역할과 과업을 충분히 논의하고 명확히 명시해야 한다. 각 프로그램에 투입된 인력들이 각각의 역할을 잘 수행하고 있는지 점검할 필요가 있다(조성우 외, 2018).

(2) 보조인력 관리체계

사회복지사가 직접 프로그램을 기획하고 실행하는 경우라면 전체 참여인력과의 소통이 비교적 원활할 수 있다. 그러나 현장에서는 기획자가 직접 참여하지 않고, 주로 강사 등 별도의 진행인력을 통해 프로그램을 운영하는 경우도 많다.

이러한 간접적인 프로그램 수행 시, 다양한 보조인력에 대한 구조적인 관리체계가 필수적이다. 보조인력에 대한 오리엔테이션, 지속적인 소통과 보고 체계, 주기적인 관찰과 모니터링, 정기적인 평가회의 개최, 프로그램 운영지침 마련 등이 필요하며, 이 과정에서 프로그램 관리자의 역할이 중요해진다(조성우 외, 2018).

2) 사업수행인력의 역량강화 및 슈퍼비전

(1) 역량강화를 위한 교육과 훈련

해당 프로그램을 담당하기 위해 필요한 역량을 갖춘 인력을 선정하는 것이 이상적이지만, 사회복지 영역에서는 종종 부족한 역량을 가진 인력이 프로그램을 수행해야 하는 상황이 발생한다. 이 때문에 프로그램 기획 시, 담당인력의 전문성 강화와 능력개발을 위한 교육 및 훈련, 전문자문, 슈퍼비전 계획 등을 함께 논의하는 것이 필요하다(김상곤 외, 2012).

(2) 슈퍼비전 및 자문체계 실행

슈퍼비전은 사회복지사의 직무만족, 동기부여, 전문성, 자기효능감, 직무성과 등 여러 측면에 긍정적인 영향을 미친다(안정선, 2007). 이는 클라이언트에게 최선의 서비스를 제공하기 위한 간접적 실천기제이다. 슈퍼비전을 통해 사회복지사는 명확하게 프로그램 기획자, 개발자, 보급자로서 역할을 할 수 있다. 교육적 슈퍼비전의 목표는 슈퍼바이지(피교육자)의 능력을 향상시키고, 임상적 지식과 기술을 극대화하여 전문적으로 성장하도록 돕는 것이다(Kadushin & Harkness, 2002). 슈퍼바이저는 교사로서의 역할을 수행하며, 상호학습의 과정을 통해 가르치고 배우는 역할을 한다. 슈퍼비전 방법에는 사례활용, 참관, 기록과 레코딩, 역할극, 강의, 기법 전수, 책 읽기, 질문기법, 녹음 및 녹화, 사후지도 등이 있다(Munson, 2002). 전통적으로 언어적 의사소통과 직접관찰은 가장 일반적인 슈퍼비전 방법으로, 슈퍼바이저와 슈퍼바이지가 클라이언트 사례, 윤리적 · 법적 이슈, 개인적 개발 등을 주제로 논의한다. 또한 실천현장을 직접관찰하는 방식도 점점 증가하는 추세이다(Haynes, Corey & Moulton, 2003). 프로그램을 담당하는 사회복지사의 슈퍼비전에서는 기록활용이 일반적이며, 관찰 · 참관, 역할극 · 시연 등을 통해 사전훈련을 시키거나 진행과정을 참관하고 피드백을 주는 방법도 빈번히 사용된다. 특히 새로운 프로그램 개발 시, 슈퍼바이저가 접하지 않은 새로운 분야일 경우, 책을 읽고 함께 토론하는 방법도 유용하다. 사회복지시설 프로그램 평가 시, 내부 슈퍼비전이나 외부 자문 포함여부가 주요 평가지표로 사용된다. 이는 슈퍼비전과 자문이 사회복지 전문직의 직무수행에 있어 필수적인 도구로 기능하고 있음을 보여준다(김상곤 외, 2012).

4. 프로그램 기록관리 및 정보관리

1) 프로그램 기록관리

(1) 사회복지 프로그램 기록의 중요성

사회복지 프로그램 개발은 기획 및 설계, 실행, 평가라는 세 가지 구성요소가 순환적으로 이루어지며, 이 과정에서 철저한 기록관리가 필수적이다. 프로그램 과정이 기록 없이 진행된다면, 해당 프로그램의 실존을 증명할 수 없으며, 이는 사회복지 실천에 있어 치명적인 결함으로 작용할 수 있다. 프로그램 제안서를 바탕으로 클라이언트 집단이 모집되고, 접수와 사정 기록지를 통해 면접이 수행된다. 이후 클라이언트의 욕구충족 및 문제해결 정도를 평가하기 위해 프로그램 시행 전, 시행 중, 시행 후 각 단계에서의 과정별 결과를 기록한다. 이를 통해 프로그램 목적의 달성여부를 측정하고 판단할 수 있다(이민홍 · 정병오, 2019). 이러한 기록은 프로그램이 계획대로 진행되고 있는지 모니터링할 수 있는 근거자료가 되며, 사례회의나 평가를 통해 서비스의 질을 향상시키는 데 기여한다(황성철, 2005). 따라서 사회복지 현장에서는 기록을 현장노트 및 프로그램 진행일지로 남기는 것이 필수적이다.

〈표 8-5〉 좋은 기록과 잘못된 기록 특성

좋은 기록	잘못된 기록
• 서비스 결정과 행동에 초점을 둔다. • 사정, 개입, 평가의 기초가 되는 클라이언트와 클라이언트 환경, 상황에 대한 정보가 들어 있다. • 각 단계의 목적, 목표, 계획, 과정과 진행을 포함한 서비스 전달에 대한 정보가 들어 있다. • 상황묘사와 사회복지사의 견해가 명확하게 분리되어 있어 읽는 사람들이 사회복지사의 관찰사항과 해석을 이해할 수 있다. • 구조화되어 있어 정보를 효과적으로 문서화할 수 있고, 쉽게 색출해낼 수 있다. • 서비스 전달이 잘 묘사되고 모든 문장이 정확하다. • 기록이 간결하고 구체적이며, 타당하고 명확하며, 논리적이고 시기적절하며 의미있고 사실에 근거한다. • 전문가적 윤리를 바탕으로 한다. • 전문가적 견해를 담으면서도 클라이언트의 관점을 무시하지 않는다.	• 오탈자가 많고 맞춤법상의 오류가 많다. • 내용이 부정확하고 사실에 근거하지 않고 있다. • 내용이 반복되고 장황하다. • 내용이나 과정상 윤리적인 문제가 있다. • 행위의 주체를 파악하기 어렵다. 예: ...에 대한 염려가 제기되었다. (누가?) → 사회복지사는 …에 대해 염려했다. (O) • 의미가 없고 비판적이며 과장하게 표현되어 있다. • 근거 없이 결론을 내린다. • 상황에 대해 실습생의 독단적인 견해를 표현하고 클라이언트를 무조건 비난하거나 부정적으로 표현되어 있다. 예: 순이는 편집증이 강하고 고립되어 있으며 조작적이고 자기애적이다. • 지나치게 요약하여 정보로서의 가치가 없다.

출처: 이경아 · 서홍란(2011).

참고 사회복지 기록에서 고려해야 할 사항

1. 책무성: 기록을 통해 사회복지기관의 활동과 효과를 입증해야 할 책임이 있다. 이는 사회복지 실천의 투명성을 보장하고, 기관의 신뢰성을 높이는 데 필수적이다.
2. 효율성: 기록은 초점을 명확히 하고 간결하게 작성해야 하며, 불필요한 정보나 중복을 피해 효율적인 관리가 이루어지도록 해야 한다.
3. 사생활 보호: 클라이언트의 개인정보와 비밀을 철저히 보호해야 한다. 기록관리 시 클라이언트의 동의를 받아야 하며, 클라이언트가 기록 열람을 요청할 경우 이를 제공해야 한다.
4. 시간성: 서비스 중심의 기록은 서비스 진행과정에 따라 지속적으로 문서화해야 하며, 이를 통해 프로그램의 전반적인 흐름을 정확하게 추적할 수 있어야 한다.

출처: Kagle & Kopels(2008), 홍순혜 · 한인영 공역(2010) 참조.

Activity 8-3

여러분이 생각하는 좋은 기록에 대해 생각해 보고 내용과 그 이유를 적어봅시다.

순위	내용	이유
1		
2		
3		

여러분이 생각하는 잘못된 기록에 대해 생각해 보고 내용과 그 이유를 적어봅시다.

순위	내용	이유
1		
2		
3		

〈작성팁〉

- 어떤 기록이 좋은 기록이고 잘못된 기록인지를 충분히 생각해 보고 구체적으로 작성한다.

[작성예시]

- 내용이 충실하면서도 간결한 기록: 실습지도자를 포함하여 기록을 읽는 사람들이 작성한 기록에 대해 쉽게 이해할 가능성이 높음
- 내용이 모호하고 오탈자가 많은 기록: 실습지도자를 포함하여 기록을 읽는 사람들이 작성한 내용에 대해 이해하기 어렵고 작성기록에 대한 신뢰성이 떨어질 수도 있음

(2) 사회복지 실천기록의 목적

사회복지 프로그램 기록을 수행하는 목적은 사회복지 실천기록의 목적을 참고하여 설명할 수 있다. 사회복지 실천기록의 주요 목적은 다음과 같다(서홍란 · 이경아, 2009).

① 사회복지 실천활동의 문서화: 사회복지 프로그램의 초기단계부터 종결단계까지의 모든 사회복지 실천활동(클라이언트 상황, 제공된 서비스 내용과 과정, 목표달성 여부, 성과 등)을 기록하여 문서화한다.
② 효과적인 서비스 제공을 위한 모니터링: 실천과정을 기록하면서 사회복지사는 자신의 활동을 점검하고 개선할 수 있다.
③ 사례의 지속성 유지: 담당자가 변경되거나 클라이언트가 다른 기관으로 이동하더라도, 기록을 통해 사례의 지속성을 유지할 수 있다.
④ 전문가 간 의사소통 활성화: 실천과정에 대한 기록을 통해 전문가 간 의사소통이 가능하며, 팀 활동의 매개체가 된다.
⑤ 슈퍼비전의 활성화: 기록을 통해 슈퍼바이저의 피드백을 받을 수 있어 프로그램 참여자에게 양질의 서비스를 제공할 수 있다.
⑥ 클라이언트와 정보 공유: 기록을 통해 클라이언트 및 보호자가 자신의 상황을 더 잘 이해하고 자기결정권을 적절하게 사용할 수 있도록 지원한다.

(3) 사회복지 기록의 기능

사회복지 기록은 매우 유용하며, 일차적 및 부수적 기능을 수행한다(Kagle & Kopels, 2008, 홍순혜 · 한인영, 2010 공역).

① 일차적 기능: 사회복지 기록의 일차적 기능은 책무성에 대한 기대를 충족시키는 것이다. 이 기능은 클라이언트 상황과 서비스 욕구를 확인하고 기술하며, 이용가능한 자원을 기술하고 평가한다. 또한 서비스 결정과 행동의 합리적 근거를 명확히 기록하고, 서비스 기준에 부합하는지 문서화한다. 서비스 과정과 영향을 모니터링하며, 비용상환 청구를 위한 근거자료를 제공한다.
② 부수적 기능: 사회복지 기록의 부수적 기능은 실천, 기관행정, 전문적 교육

과 발전을 지원하는 것이다. 이 기능은 사례의 연속성을 유지하고, 다른 서비스 제공자들과의 의사소통을 원활하게 한다. 클라이언트와의 정보공유를 돕고, 행정적 감독을 지원하며, 실천가의 전문적 발전을 지원한다. 또한 자격 인정 검토와 법적 증거자료 제공, 교육자료로의 활용, 연구 및 역사적 분석을 위한 자료로도 사용된다.

(4) 사회복지 프로그램 기록의 구성

조성우 외(2018)에 따르면 사회복지 프로그램 기록은 프로그램 준비, 실행, 종결의 세 단계로 나눌 수 있으며 관련 서식에 다음과 같은 문서가 포함된다.

① 프로그램 준비단계

- 프로그램 계획서: 전반적인 프로그램 계획 문서
- 욕구조사서: 클라이언트의 욕구를 파악하기 위한 자료
- 계약서: 프로그램 참여에 대한 합의 내용
- 프로그램 평가서류: 사전평가서, 과정기록지, 출석표, 과제수행지 등

② 프로그램 실행단계

- 개별기록: 상담기록, 관찰기록, 정보수집 등
- 집단기록: 집단과정 기록, 집단활동 진행일지
- 중간평가서: 프로그램 중간에 실시하는 평가기록

③ 프로그램 종결단계

- 전체 프로그램 평가서: 프로그램 종료 후의 효과분석
- 종결기록: 클라이언트의 목표달성 여부와 변화기록
- 사후지도 계획서: 프로그램 종료 후에도 클라이언트에게 지속적 지원을 제공하기 위한 계획서

이러한 기록 체계는 프로그램의 체계적 운영과 평가뿐만 아니라, 사회복지사의 전문성 강화와 서비스 질 향상에 기여한다.

참고 프로그램 활동 기록 시 유의사항

1. 핵심 위주의 기록: 프로그램 활동에서 모든 내용을 기록할 수 없으므로 요점을 중심으로 간략하고 명확하게 기록한다.
2. 객관적 근거 제공: 진행자의 주관적 판단만을 기록하지 않고, 판단에 대한 구체적 관찰 근거를 명확히 기술한다. 관찰된 상황과 상호작용에 대한 기록자의 평가와 시각도 함께 제시한다.
3. 객관성 유지: 기록은 사회복지사의 가치관, 편견, 주관적 판단이 드러나지 않도록 전문가로서의 객관적 시각을 유지하여 작성한다.
4. 쉬운 표현 사용: 이해하기 어려운 영어 표현, 전문 용어, 은어의 남용을 피하고, 기록이 사회복지사의 전문성을 과시하는 도구가 아님을 명심한다.
5. 개별 반응 관찰: 프로그램 진행 시 집단 전체의 역동뿐만 아니라 개별 구성원의 반응도 지속적으로 관찰하여 기록한다.
6. 3인칭 사용: 기록할 때는 '사회복지사는…', '지도자는…'과 같이 3인칭 표현을 사용하여 작성한다.

출처: 김상곤 외(2012).

(5) 사회복지 실천기록과 윤리적 지침

사회복지 실천기록과 관련된 윤리적 치침으로 NASW(전미사회복지사협회)의 윤리강령에 있는 기록에 대한 지침을 살펴보면 그 내용은 다음과 같다(이팔환 외 역, 2001).

① 사회복지사는 기록이 포함된 문서가 정확하며 제공된 서비스를 반영한다는 것을 보장하는 적절한 조치를 취해야 한다.

② 사회복지사는 서비스의 전달을 촉진하고 앞으로의 클라이언트에 대한 서비스의 지속성을 보장하기 위해 충분하며 시기적절하게 기록을 문서화해야 한다.

③ 사회복지사가 순비한 문서는 가능하면 적절히 클라이인드의 사생활이 보호되도록 해야 하며, 이러한 문서에는 서비스 전달과 직접적인 관련이 있는 정보만이 포함된다.

④ 사회복지사는 장차 쉽게 찾아볼 수 있도록 하기 위하여 서비스가 종료된 후의 기록을 보관해야 한다. 법률이나 관련 계약서에 명시된 기간 동안 기록이 보관 및 유지되어야 한다.

2) 프로그램 정보관리

(1) 사회복지조직에서의 정보관리 중요성

과거에는 사회복지조직에서 인사, 예산, 마케팅, 홍보가 중요하게 다루어졌으나, 최근 들어 정보관리가 가장 중요한 영역으로 대두되고 있다(정무성, 2014). 여기서 정보관리는 주로 전산화를 의미하며, 사회복지조직 전반에 걸쳐 전산화가 빠르게 확산되고 있어 앞으로도 이 추세는 더욱 가속화될 것으로 보인다(김영종, 2010). 이러한 전산화를 통한 정보관리 확산은 사회복지 프로그램의 시행과정에도 많은 영향을 미치고 있다. 현재 모든 사회복지 프로그램 담당자와 관리자는 컴퓨터를 활용하여 각종 기록과 행정업무를 처리하며, 전산 프로그램을 통해 문서를 교환하고 결재 업무도 수행하고 있다(황성철, 2005). 특히 프로그램 담당자는 정보관리를 통해 프로그램의 효과성과 효율성을 입증하기 위해 유용한 정보를 수집, 처리, 분석, 활용해야 한다(이민홍 · 정병오, 2019).

(2) 정보의 개념과 필요성

사회복지 프로그램의 정보관리 유형과 내용을 논하기에 앞서, 정보의 개념을 먼저 살펴볼 필요가 있다. 정보 개념화에서 흔히 혼용되는 용어가 데이터이다. 데이터(data)는 클라이언트의 성별, 연령, 소득, 건강상태 등과 같은 가공되지 않은 사실을 의미하며, 그 자체로는 의미가 없다(정무성, 2014). 이러한 가공되지 않은 데이터(raw data)를 유용한 형태로 전환하고 가치를 부여해야만 의미를 가지며, 이때 정보(information)로서의 가치를 얻게 된다. 즉 데이터가 의미, 지식, 아이디어, 결론 등을 도출할 수 있는 형태로 변환될 때 비로소 정보로 인식된다(이민홍 · 정병오, 2019). 정무성(2005)은 데이터에 목적적합성(relevance)이 부가될 때만이 정보로 전환된다고 설명하였다. 정보는 데이터의 생성, 축적, 가공, 전달, 활용과정을 거쳐 현재와 미래의 중요한 업무처리를 위한 의사결정의 근거자료로 활용된다.

(3) 사회복지조직의 정보관리체계

사회복지조직에서의 정보관리는 정보관리체계를 통해 수행된다. 이 정보관리체계는 막대한 양의 정보를 수집하고 전산화하여 활용할 수 있는 일련의 과정을 가능하게 하는 수단이다(성규탁, 1999).

Lewis와 동료들(2001)은 사회복지조직이 정보관리체계를 반드시 갖추어야 하는 이유를 다음과 같이 설명하였다.

① 조직의 효과성 및 책임성 검증: 사회복지조직은 다양한 서류를 요구하는 사회제도적 환경에 대응하기 위해 정보를 활용한다.

② 클라이언트 문제 및 욕구에 대응: 사회복지사들은 클라이언트의 문제와 욕구에 효과적으로 대응하기 위해 정보를 필요로 한다.

③ 프로그램 및 서비스 평가: 조직의 프로그램 및 서비스 제공에 대한 성과를 평가하고, 이를 통해 업무개선과 전문성 향상을 도모한다.

(4) 사회복지시설의 정보관리시스템 활용

사회복지시설은 한국사회보장정보원에서 운영하는 사회복지시설정보시스템을 활용하여 회계, 관리, 세무, 고객관리, 이력관리 및 시 · 군 · 구 보고를 수행한다. 이를 통해 사회복지시설은 업무 표준화와 업무량 감소, 전산 시스템 유지보수 비용 절감, 그리고 시 · 군 · 구 행정기관 제출서류의 온라인 접수 등 다양한 운영효과를 얻고 있다. 또한 사회복지통합관리망(행복e음)을 활용하여 각종 사회복지 급여 및 서비스 지원 대상자의 자격과 이력정보를 통합 관리한다. 이를 통해 지방자치단체의 복지업무 처리를 지원하기 위해 기존 시 · 군 · 구별 새올행정시스템의 31개 업무지원 시스템 중 복지분야를 분리하여, 개인별 · 가구별 데이터베이스(DB)를 중앙에서 통합 구축하였다(한국사회보장정보원, 2017).

이와 같은 정보관리시스템의 도입은 사회복지조직이 보다 효율적이고 체계적인 방식으로 운영될 수 있도록 도와주며, 이를 통해 프로그램의 투명성과 효과성을 높일 수 있다.

참고 사회복지시설정보시스템과 시스템구성도

사회복지시설정보시스템(Welfare for Citizen)은 사회복지법인 및 시설의 회계, 인사, 급여, 후원금 관리 등 다양한 업무를 전자적으로 처리하는 통합업무관리시스템이다. 이 시스템은 행복e음과 연계하여 각종 온라인 보고를 처리할 수 있도록 지원하며, 사회복지시설의 효율적인 운영과 관리에 중요한 역할을 한다. 사회복지시설정보시스템은 사회복지시설과 법인의 회계투명성을 높이고, 시설관리 업무를 간소화하며 표준화하는 데 기여한다. 또한 사회복지 정책을 수립하는 데 필요한 기초자료를 제공하며, 사회복지시설의 정보화 기반을 조성하는 데 중요한 역할을 한다. 이를 통해 사회복지시설의 운영효율성을 증대시키고, 국민에게 더 나은 복지 서비스를 제공할 수 있도록 돕는다.

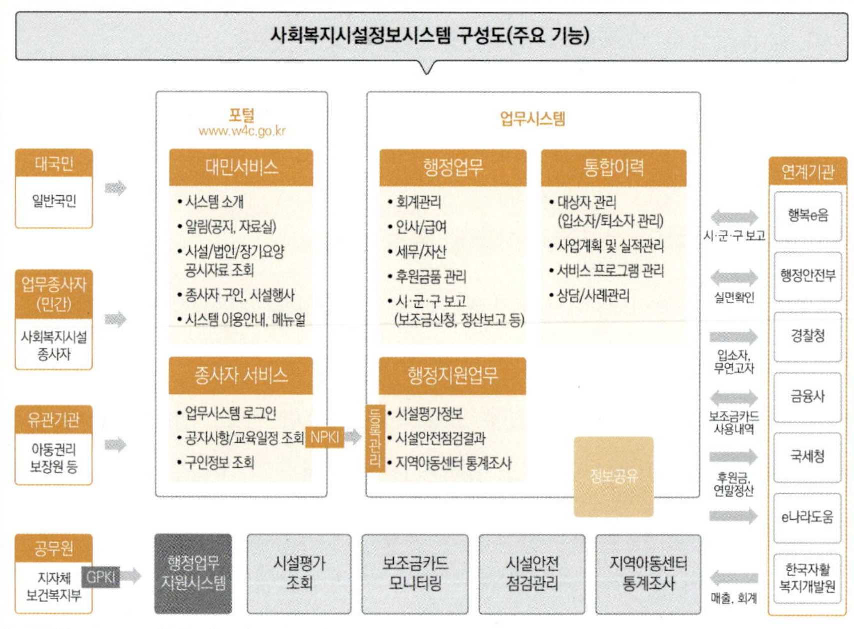

출처: 보건복지부 사회복지시설정보시스템 · 한국사회보장정보원(http://www.w4c.go..kr/intro/introInformant.do).

〈표 8-6〉 사회복지시설정보시스템 주요 기능

정보관리 구분	내용
회계	• 전표의 입·출력, 검색, 보고서 출력 • 거래내역 관리(지출결의서, 수입결의서 등) • 예산관리 및 예산 실적/잔액관리
관리	• 임·직원의 급여계산 작업/급여관리/퇴직적립금 관리 • 인사발령/인사카드 관리 • 교육/자격증/상벌/경력 관리 • 근태관리, 일용직 관리 등 • 비품·소모품 등 자산관리
세무	• 과세 수입에 대한 부가세신고, 임·직원 급여의 원천세 신고 • 세무신고/퇴직정산/연말정산 관리 • 기타 원천세 관리(사업소득, 기타소득 등) • 매출/매입 세금계산서 관리, 신고서류 관리 등
후원관리	• 후원자 등록, 후원금 입력, 영수증 발행 등 • 후원자 및 결연자 정보 관리 • 후원금 입금/지급 관리 및 CMS/OCR 관리 등 • 후원단체 관리/결연자 통장관리
이력	• 서비스종별 서비스 이력관리 기능 • 생활자(이용자)등록, 검색, 입·퇴소의 정보 관리 등 • 기본사항, 건강상태 및 가족사항 관리 • 상담관리, 일지관리 등의 정보관리
시·군·구 보고	• 사회복지시설 소관 시·군·구로 보고문서 자동 생성 • 사회복지시설 보조금 교부금 신청 및 정상 보고, 정기/수시 보고 • 예산서, 추경예산서 작성 및 세입세출 결산 보고 등
평가관리	• 연도별 평가일정 조회 • 자체평가 등록 및 연도별 이력 조회 가능 • 연도별 평가결과 조회 • 평가위원 만족도 조사 등록 • 기관별, 유형별 등 통계로 조회 가능

출처: 보건복지부 사회복지시설정보시스템·한국사회보장정보원 홈페이지(www.w4c.go.kr)에서 재구성.

(5) 사회복지 프로그램 정보 종류

사회복지 프로그램 정보는 평가목적에 따라 노력 정보, 효과성 관련 정보, 효율성 관련 정보로 나눌 수 있다(정무성, 2005).

① 노력 정보: 프로그램의 노력이나 업무 수행과 관련된 일원적인 기술적 자료(예: 개념, 변수 등)와 설명을 의미

② 효과성 관련 정보: 프로그램에서 설정한 목표가 달성되었는지 여부를 평가하는 데 중점을 둔 정보

③ 효율성 관련 정보: 프로그램의 효율성을 평가하기 위해 투자와 성과를 화폐적 가치로 환산한 정보

〈표 8-7〉 프로그램 정보종류 및 내용

프로그램 정보 종류	정보 내용
노력 정보	• 클라이언트: 수, 나이, 성별, 소득수준, 가족구성 등 • 표적인구가 서비스된 정도: 적용범위, % 등 • 클라이언트에 의한 서비스 경험: 서비스 접촉의 수와 빈도, 서비스 요청과 최초 접촉 사이의 시간, 서비스 도중 하차율 등 • 서비스 담당자들의 활용: 케이스 부담률, 제공된 서비스의 단위들(예: 상담시간), 서비스의 유형(예: 진단, 치료, 출장, 의뢰 등), 서비스 방법(예: 집단, 개인, 가족 등), 시간 등 • 담당자 업무 수행의 질: 적절한 치료기법의 화용, 구체적 계획에 의해 서비스가 진행되는가, 행정적 규칙들과 보고 의무들을 준수하는가 등 • 지출과 자원 활용: 예산항목의 지출, 물품 사용, 공간과 시설의 적합성 등 • 서비스 비용: 서비스 단위가 전달되는 데 든 실질적 비용
효과성 관련 정보	• 직접적 자료: 클라이언트에 대한 의도된 성과(예: 빈곤 감소, 가족기능 회복 등) • 간접적 자료: 클라이언트의 서비스 참여도, 만족도 등
효율성 관련 정보	• 프로그램 산출물의 단위와 관련된 비용(예: 한 아이의 입양 완료에 든 비용) • 프로그램 목표들을 성취하는 데 부과된 비용(예: 인력, 재료, 장비 등) • 상대적 비용: 같은 산출물을 위해 사용될 수 있는 다른 종류의 접근방식들에 의한 비용 • 프로그램 전달의 비용 대 급부의 화폐적 환산

출처: 이민홍 · 정병오(2019); 정무성(2005) 참조하여 재구성.

또한 사회복지조직 차원에서의 정보 관리를 확장해 보면, 지역사회 정보, 클라이언트 정보, 서비스 정보, 직원 정보, 자원할당 정보 등으로 구분할 수 있다(황성철, 2005).

① 지역사회 정보: 인구통계학적 정보, 사회적 · 경제적 특성에 관한 자료, 서비스 대상자의 범위, 유사 서비스 제공기관 및 재원목록 등이 포함된다.

② 클라이언트 정보: 클라이언트의 현존 문제, 개인력, 서비스 수혜유형, 서비스 기간, 사회경제적 및 가족적 특성, 고용상태, 만족도 및 서비스 성과측정 등을 포함한다.

③ 서비스 정보: 기관의 서비스 단위, 일정 기간 내 서비스 제공받은 클라이언트 수, 서비스 종료된 클라이언트 수, 서비스와 관련된 활동설명 등이 포함된다.

④ 직원 정보: 프로그램 수행에 투입된 시간, 프로그램 담당기간, 직원의 임용 및 해임, 전직과 보직 변경사항 등을 다룬다.

⑤ 자원할당 정보: 전체비용, 특정 유형의 서비스 비용, 예산 및 결산 보고서를 위한 자료 등이 포함된다.

이러한 정보들은 사회복지조직이 프로그램 운영과 평가에서 효과적이고 체계적인 의사결정을 내릴 수 있도록 지원하는 데 중요한 자료가 된다.

(6) 사회복지 프로그램 정보관리와 윤리적 지침

사회복지 프로그램 정보관리는 윤리적 기준을 철저히 준수하는 것이 중요하다. NASW(2023)에 따르면 주요 윤리적 지침은 클라이언트의 개인정보 보호와 기밀성을 유지하는 데 중점을 두고 있다. 이를 위해 정보의 관리, 저장, 전송 과정에서 적절한 보안 조치를 취해야 하며, 전자적 기록을 저장할 경우 법적 요구사항과 관련 규정을 준수하고 안전하게 보호해야 한다. 사회복지 전문가들은 개인적 및 전문적인 커뮤니케이션을 분리하여 클라이언트의 정보가 외부에 유출되지 않도록 해야 한다. 프로그램을 운영하는 기관 내에서는 정보접근을 제한하는 정책을 마련하여 필요한 인원만이 정보에 접근할 수 있도록 해야 하며, 클라이언트가 자신의 기록에 접근할 수 있는 권리를 보장해야 한다. 또한 클라우드 서비스를 사용하는 경우, 해당 서비스가 HIPAA(Health Insurance Portability and Accountability Act)와 같은 법적기준을 충족하는지 확인하고, 정보유출에 대비한 대응절차도 마련해야 한다. 이러한 윤리적 기준을 지키는 것은 사회복지 프로그램의 신뢰성을 높이고, 클라이언트의 권리를 보호하는 데 필수적인 역할을 한다.

8장 돌아보기

1. 프로그램 마케팅은 크게 어떻게 구분할 수 있는가?

2. 사회복지기관에서 사용하고 있는 프로그램 마케팅 방법들 중 가장 효과적인 방법이 무엇이라고 생각하는가? 그리고 그 이유는 무엇인가?

3. 프로그램 진행관리기법 중 PDCA에 대해 설명해 보라.

4. 프로그램 자원확보 마케팅의 과정에 대해 설명해 보라.

5. 사회복지 실천기록과 관련된 윤리적 지침에 대해 설명해 보라.

6. 사회복지 프로그램 정보종류는 어떤 것들이 있는가?

CHAPTER 09

프로그램 실행(2)
: 프로그램 모니터링, 프로그램 서비스 질 관리

학습목표

1. 프로그램 모니터링에 대해 이해한다.
2. 프로그램 서비스 질 관리에 대해 이해한다.

프로그램의 성공적인 운영을 위해서는 지속적인 모니터링과 서비스 질 관리가 필수적이다. 본 장에서는 프로그램 모니터링의 개념과 중요성을 이해하고, 프로그램이 계획대로 진행되는지 확인하는 방법을 살펴볼 것이다. 또한 서비스 질을 효과적으로 관리하기 위한 전략과 접근법을 살펴볼 것이다.

1. 프로그램 모니터링

1) 프로그램 모니터링의 의미와 중요성

프로그램 모니터링은 프로그램 수행과정에서, 해당 프로그램이 원래 의도했던 표적집단에 적절한 서비스를 제공하고 있는지, 인력이 계획에 따라 배치되어 적절한 역할을 수행하고 있는지, 예산이 충분히 지원되어 소기의 결과를 산출하고 있는지를 종합적으로 점검, 검토, 확인하는 과정이다(황성철, 2005). 이 과정은 프로그램의 문제점을 분석하고, 이후 개선점으로 반영할 수 있다는 장점이 있다. Rossi과 Freeman(1985)은 프로그램 모니터링을, 프로그램이 원래 의도한 표적집단을 어느 정도 감당하고 있는지와 서비스 제공이 실제로 의도한 바와 일치하는지를 측정하기 위한 체계적 노력이라고 정의하였다. 이처럼 프로그램 모니터링은 수행과정 중 제반요소에 대한 자료를 수집하고 분석하기 때문에, 형성평가의 일종으로 간주되기도 하며 프로그램 점검 또는 검토로 불리기도 한다(지은구, 2005). 프로그램 모니터링은 기획단계에서부터 결과평가에 이르기까지 프로그램 전반에 걸쳐 중요한 정보를 수집한다. 이를 통해 프로그램 수행조직은 정보수집 능력을 향상시키고 구성원들의 업무수행 능력을 강화할 수 있다. 모니터링은 프로그램의 실행가능성을 높이고, 실용적이며 논리주도적인 관리 방식을 제공한다는 점에서 매우 중요한 활동이다. 다음은 프로그램 관리자가 모니터링을 효과적으로 수행하기 위해 고려해야 할 주요 질문들이다(Kettner et al., 1999; 황성철, 2005).

(1) 대상과 서비스 적합성

- **프로그램이 적합한 대상집단에 서비스가 제공되고 있는가?**: 프로그램이 표적집단을 정확히 정의하고, 그들에게 실질적으로 혜택을 주고 있는지 확인한다.
- **제공되는 서비스의 내용과 양이 적절한가?**: 서비스가 표적집단의 필요에 부합하며 과도하거나 부족하지 않은지를 점검한다.

(2) 수행인력 및 자원

- **프로그램 수행자는 적합한 능력을 갖추고 있으며, 인력의 수는 충분한가?**: 프로그램 목표를 달성하기에 수행인력의 자질과 규모가 적절한지를 확인한다.
- **프로그램 수행에 필요한 예산, 시설, 기자재가 적절히 지원되고 있는가?**: 서비스 제공과 운영을 위해 필요한 자원이 계획에 맞게 배치되고 있는지 점검한다.

(3) 자원집행 및 운영 효율성

- **프로그램 자원은 예산범위 내에서 적절히 집행되고 있는가?**: 재정자원이 낭비 없이 효율적으로 사용되고 있는지 확인한다.
- **프로그램 서비스는 적절한 전달체계를 통해 표적집단에 효과적으로 전달되고 있는가?**: 서비스가 표적집단에 신속하고 정확하게 도달할 수 있는지 평가한다.

(4) 기준 및 요구사항 준수

- 프로그램이 정부 또는 자원제공자가 부과한 기준과 요구를 따르고 있는가?: 법적, 행정적 기준을 충족하고 있는지를 점검한다.
- 재원을 제공한 기관(정부 및 민간재단)의 기준에 부합하고 있는가?: 재정 후원기관의 요구사항과 규정을 충족하고 있는지를 확인한다.

(5) 계획 및 설계 충실성

- 프로그램이 원래 의도한 기획 및 설계대로 실행되고 있는가?: 프로그램의 설계와 실행 간의 일치여부를 점검하고, 설계단계의 목표가 실현되고 있는지 확인한다.

(6) 지역사회 및 클라이언트 만족도

- 프로그램이 지역사회의 욕구를 충족시키고 있는가?: 지역사회의 필요를 반영하며, 긍정적인 변화를 이끌어 내고 있는지를 평가한다.
- 제공된 서비스가 클라이언트에게 적절한 효과를 나타내고 있는가?: 클라이언트가 서비스에 만족하고 있으며, 그들의 삶에 긍정적인 영향을 미치고 있는지를 확인한다.

2) 프로그램 모니터링의 영역과 특성

(1) 프로그램 모니터링의 다섯 가지 영역

DePoy와 Gilson(2002)은 프로그램 모니터링이 다음 다섯 가지 영역에서 주로 이루어진다고 설명한다.

① 행정 영역 모니터링

행정 영역 모니터링은 프로그램의 목표를 달성하기 위해 필요한 행정적 구조를 점검하는 활동이다. 주로 기관의 정책, 절차, 행동들이 프로그램의 운영에 적합하게 작동하고 있는지를 살펴본다.

② 직접적 서비스 영역 모니터링

직접적 서비스 영역 모니터링은 표적집단인 클라이언트에게 직접 제공되는 서비스와 개입행동을 점검한다. 이 과정은 프로그램이 클라이언트에게 적절하고 효과적으로 전달되고 있는지를 확인하는 데 초점을 맞춘다.

③ 간접적 서비스 영역 모니터링

간접적 서비스 영역 모니터링은 클라이언트가 직접 참여하지는 않지만 이들에게 영향을 미치는 활동과 과정을 점검한다. 예를 들어 정책변화나 홍보활동 등이 클라이언트에게 어떤 영향을 미치는지를 확인하는 활동이 이에 해당한다.

④ 직원개발 영역 모니터링

직원개발 영역 모니터링은 직원들의 전문성을 향상시키기 위한 교육과 훈련 과정을 점검한다. 이를 통해 직원들이 프로그램의 목표를 달성하는 데 필요한 기술과 지식을 효과적으로 갖출 수 있도록 돕는다.

⑤ 체계적 상호행동 영역 모니터링

체계적 상호행동 영역 모니터링은 프로그램의 성과에 영향을 미치는 다양한 관계와 과정을 점검한다. 기관, 개인, 집단 간의 협력과 상호작용이 프로그램의 기획, 발전, 실행에 어떻게 기여하고 있는지를 평가한다.

(2) 프로그램 모니터링의 특성

박진필(2010)은 프로그램 모니터링이 다음과 같은 세 가지 주요 특성을 지니고 있다고 설명한다.

① 평가의 연속성

모니터링은 프로그램의 특정 시점에만 이루어지는 평가와 달리, 전 과정에서 지속적으로 수행된다. 이러한 연속성은 프로그램 흐름을 거시적으로 분석할 수 있도록 한다.

② 논리 주도적 점검

모니터링은 논리적 기반에서 프로그램을 점검하는 활동이다. 이는 프로그램이 계획대로 실행되고 있는지, 예상한 결과가 나타나는지를 평가하는 데 중점을 둔다.

③ 형성적 기능

모니터링을 통해 얻어진 정보는 프로그램의 지속, 수정, 폐지 여부를 결정하는 데 중요한 기초자료로 활용된다. 특히 이러한 정보는 프로그램의 발전과 개선을 위한 의사결정 과정에서 큰 역할을 한다.

3) 프로그램 모니터링 방법의 유형

Rossi 등(1999)은 프로그램 모니터링 방법의 유형을 관리정보시스템을 통한 모니터링, 성과측정을 통한 모니터링, 과정평가를 통한 모니터링 등으로 구분하였다.

① 관리정보시스템 모니터링: 사회복지 프로그램에 참여하는 클라이언트 특성과 참여인원에 대한 정보를 통해 모니터링한다.
② 성과측정 모니터링: 책무성에 대한 프로그램 산출(output)과 성과(outcome)의 양과 질에 관한 종합적 점검에 초점을 두고 모니터링한다.
③ 과정평가 모니터링: 프로그램이 실제 의도한 서비스가 클라이언트 체계에 전달되고 있는지를 프로그램 운영과 서비스 전달에 초점을 두고 모니터링한다. 주요 방법으로 프로그램 감사와 적용대상 측정[1)]이 있다.

조성우 외(2018)는 실제로 현장에서 사용되는 프로그램 모니터링 방법으로 논리모형에 따른 모니터링, 슈퍼비전을 통한 모니터링, 개입 효과성을 위한 모니터링 등을 제안했다.

1) 프로그램 감사(program audit)는 프로그램 투입요소(input)가 계획대로 적합하게 실행되었는지 실태를 파악하기 위해 프로그램 투입요소(프로그램 실행을 위해 할당된 프로그램 담당자 근무시간, 전문가 및 자원봉사자 활동시간, 프로그램 예산, 시설 및 장비, 법적 규정, 자금제공자 요구사항 등)에 대해 체계적으로 검토하는 것을 말한다. 프로그램 적용대상 측정은 프로그램이 원래 의도한 클라이언트 집단에 부합하는 참여자에게 적합한 서비스가 전달되었는지를 평가하는 것을 말한다.

① 논리모형에 따른 모니터링: 투입, 전환, 산출, 성과로 프로그램이 명확하게 진행되었는가와 네 가지 단계의 주요지표가 달성되었는지 확인한다.

② 슈퍼비전을 통한 모니터링: 슈퍼비전을 통해 프로그램의 효율적 실행과 서비스 질 관리를 한다.

③ 개입 효과성을 위한 모니터링: 사회복지사가 프로그램 실행과정에서 의사결정이 효과성을 토대로 이루어졌는지 확인한다.

〈표 9-1〉 프로그램 모니터링 방법과 주요 내용

모니터링 방법	주요 내용
논리모형 모니터링	• 프로그램 계획 시 수립한 투입, 활동, 산출, 성과의 논리모형에 따라 프로그램 진행 여부 점검 • 예산, 인력, 기간, 장소, 재정, 필요물품, 협력기관 등이 계획대로 투입했는지 확인 • 상담, 교육, 치료, 정보제공 등 계획한 서비스로 전환되었는지 확인 • 서비스 횟수와 이용자 수가 계획한 산출량과의 비율 • 클라이언트 집단에 의도한 성과가 발생했는지 확인
슈퍼비전 모니터링	• 업무의 처리 적합성과 업무수행 관련 능력과 기술이 있는지 판단 • 행정절차에 부합되는 방법과 시간에 맞추어 프로그램이 진행되었는지 관찰 • 모니터링 내용: 구두보고, 청취, 기록물 읽기, 통계적 보고 • 프로그램 진행과정 의사결정의 적합성 판단 • 개별, 집단, 동료 슈퍼비전 제공
개입 효과성 모니터링	• 프로그램이 예측하지 못한 방향으로 진행되거나, 실행과정에서 문제점과 장애요인이 나타날 때 프로그램 재설계 필요: 다음의 사항에서 효과성을 토대로 의사결정하도록 모니터링 - 프로그램 실행 시 나타날 수 있는 문제들에 대한 대처방안 - 재설계가 필요한 수정전략 - 개입방법과 전략의 현실적 적용 가능성 - 클라이언트와 상황에 맞는 개입 적절성 - 개입절차 적절성 - 클라이언트에게 나타나고 있는 성과

출처: 조성우 외(2018).

참고 모니터링과 과정평가

모니터링과 과정평가는 유사한 점이 많아 실무자에게 간혹 혼동을 준다. 하지만 이 둘은 분명히 서로 다른 개념이라 여기에서는 간단히 개념적 차원에서 모니터링과 과정평가에 대한 내용을 비교하여 제시한다.

〈표 9-2〉 모니터링과 과정평가

구분	모니터링	과정평가
공통점	• 프로그램 운영 중에 실시 • 목표달성을 위해 수행 • 프로그램 개선을 추구	
차이점	• 모니터링 유형에 따라 초점이 달라질 수 있음(보통은 투입, 과정, 산출에 초점) • 양적평가를 주로 활용 • 책무성 입증에 도움 • 독자가 외부 관계자	• 주로 투입과 과정에 초점 • 질적평가를 주로 활용 • 프로그램 품질 강화에 도움 • 독자가 내부 실무자

출처: 조성우 외(2018), 수정 및 보완.

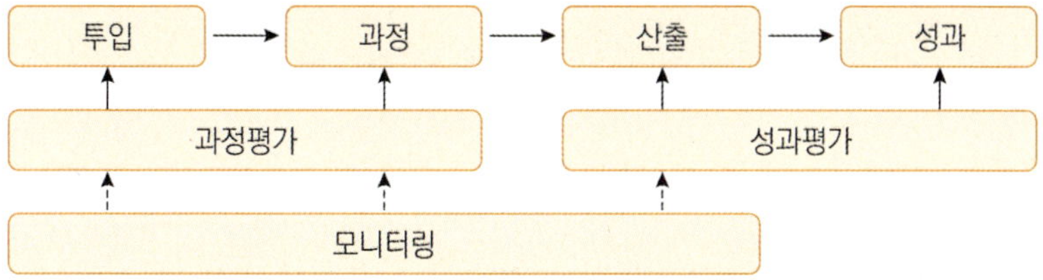

출처: 조성우 외(2024) 재수정.

[그림 9-1] 과정평가와 모니터링의 초점

3) 프로그램 실행 모니터링과 책무성

황성철(2005)은 프로그램 모니터링을 크게 실행 모니터링과 성과 모니터링으로 구분하였는데 성과 모니터링이 효과성 평가 또는 성과평가와 중복된다고 보았다. 이에 프로그램 실행이라는 주제를 다루는 이 장에서는 프로그램 실행 모니터링을 중심으로 살펴보기로 한다. 프로그램 실행 모니터링은 프로그램에 대한 투입요소(input)와 프로그램 활동내용(process)에 관한 자료와 정보를 수집해서 그것들이 프로그램 계획에 알맞게 정확한 대상에서 적절한 서비스 충실히 제공되고 있는지를 점검하는 것이다. 프로그램 실행 모니터링은 프로그램 개발과 관리에만 활용되는 것이 아니고 조직관리자나 프로그램 관리자의 책무성을 확보하는 데에도 크게 기여한다. 한편 사회복지 프로그램 모니터링의 관점에서는 다음과 같은 형태의 책무성이 중요한 의미를 가진다(Rossi & Freeman, 1985).

(1) 적용대상 책무성(coverage accountability)

적용대상 책무성 또는 커버리지 책무성은 프로그램 적용대상의 수와 성격은 어떠하며 정말 대상으로 지정된 사람들이 서비스를 받고 있는가, 서비스를 받지 않아야 할 사람이 프로그램에 참여하여 혜택을 받지는 않는가 하는 것들이 주요 문제가 되는 책무성이다.

(2) 서비스 전달 책무성(service delivery accountability)

서비스 전달 책무성은 계획된 바대로 서비스가 전달되는지에 관한 것으로 적절한 수량의 서비스가 제공되고 산출은 어떠한지를 포함하여 자격있는 인력에 의해서 서비스가 제공되는지에 관한 문제가 제기된다.

(3) 재정적 책무성(fiscal accountability)

재정적 책무성은 프로그램의 재원은 적절히 사용되었는지, 사용된 재원은 예산에서 설정된 한계의 범위 내에서 집행되었는지에 관한 내용이 핵심을 이룬다.

(4) 법적 책무성(legal accountability)

프로그램과 관련된 제반 법령에 위배되지 않고 서비스가 제공되는지 또는 기관과 자체 마련한 기준에 따라 서비스가 적절히 이루어지고 있는지에 관한 내용이다.

일반적으로 모니터링에는 위에서 언급된 네 가지 유형의 책무성들이 모두 관련되지만 프로그램 실행 모니터링에서는 주로 적용대상 책무성과 서비스 전달 책무성이 중요하다. 재정적 책무성과 법적 책무성은 종종 프로그램 실행의 차원을 넘어 전반적인 조직의 운영과 더불어 기관의 사회적 의무와 더 큰 관련성을 맺는 영역에 속한다. 그 밖에 사회복지조직의 운영과 관련된 책무성에는 윤리적 책무성, 효율적 책무성, 영향 책무성 등이 있다.

2. 프로그램 서비스 질 관리

1) 서비스 질 관리의 개념

사회복지 프로그램은 서비스 제공 활동, 행정 활동, 지역사회 활동 등을 수행하지만 가장 핵심적인 내용은 서비스를 제공하는 활동이다(이민홍·정병오, 2020). 서비스 질이란 사용의 적합성, 요구의 순응성, 욕구만족의 가능성을 포함한 개념으로 서비스나 결과물을 산출할 수 있는 능력을 의미한다(조성우 외, 2024). 그리고 사회복지 프로그램에서의 서비스 질 관리는 프로그램이 제공하는 서비스가 고객(클라이언트)의 기대를 충족하거나 이를 초과하도록 지속적으로 개선하는 활동을 의미한다(박경일, 2000).

2) 서비스 질 관리 접근방법

서비스 질 관리는 사회복지 서비스의 특성상 물리적 제품처럼 쉽게 평가할 수 없기 때문에, 클라이언트의 경험을 바탕으로 질을 측정하는 방식이 중요하다. 사회복지 서비스의 질은 신뢰성, 접근성, 대응력, 일관성 등 클라이언트가 경험하는 다양한 요소를 향상시키기 위한 노력에 초점을 둔다. 이러한 질 개선을 위해 다양한 모델들이 활용되는데, 특히 TQM과 SERVQUAL 모델이 대표적이다. 이들 모델은 서비스 품질을 체계적으로 분석하고 개선하는 도구로, 클라이언트의 기대와 경험을 기준으로 서비스를 평가하고 향상시키는 데 중요한 역할을 한다. TQM과 SERVQUAL 모델에 대한 구체적인 설명은 다음과 같다(조성우 외, 2024; 황성철, 2005).

- 총체적 품질관리(Total Quality Management, TQM): 조직 전체의 지속적인 품질향상을 목표로 하며, 모든 구성원이 품질향상에 참여하도록 유도하는 접근법이다. 사회복지 분야에서는 TQM을 통해 서비스의 질을 개선하고, 이를 바탕으로 클라이언트의 만족도를 높인다. TQM의 핵심 요소는 리더십, 고객중심의 사고, 직원 참여, 그리고 지속적인 개선이다. 사회복지 조직 내에서 모든 직원이 품질향상에 적극적으로 참여하도록 유도하는 것이 중요하다.

참고 총체적 품질관리(TQM) 모델 적용 사례

- 사례: 아동복지 서비스 개선
- 기관: ○○시 아동복지센터
- 목표: 서비스 품질향상 및 클라이언트 만족도 증대

○○시 아동복지센터에서는 총체적 품질관리(TQM) 모델을 적용하여 아동과 가족에게 제공하는 서비스의 질을 향상시키고자 하였다. TQM은 조직 전체가 지속적인 개선을 목표로 하는 접근법으로, 리더십, 고객 중심, 직원 참여 등 다양한 요소를 강조한다. 이 모델에 따라 아동복지센터는 모든 직원이 품질향상에 참여하도록 유도하고, 정기적인 회의와 교육을 통해 개선점을 도출하고 해결책을 모색하였다.
센터는 아동과 가족들의 피드백 시스템을 통해 서비스 제공 후 발생한 문제들을 기록하고 분석하여 개선점을 찾아냈다. 특히 서비스의 일관성을 유지하기 위해 상담 서비스의 프로세스를 표준화하였다. 이를 통해 서비스 제공의 효율성과 일관성을 높일 수 있었다.

- 결과: TQM 모델을 적용한 결과, 아동복지센터는 클라이언트의 만족도와 신뢰도가 크게 향상되었으며, 서비스 품질의 일관성도 개선되었다. 프로그램을 통해 효율성이 증대되고, 전반적인 서비스 품질이 향상되었다.

- SERVQUAL 모델: SERVQUAL 모델은 Parasuraman과 그의 동료들이 서비스 질을 평가하기 위해 개발한 대표적인 프레임워크로, 고객의 기대와 실제 경험 간의 차이를 분석하여 개선할 점을 도출하는 데 유용하며 신뢰성, 반응성, 보증성, 공감성, 유형성의 5개 차원으로 구성되어 있다(Parasuraman et al., 1994). 이 모델은 사회복지 프로그램의 질을 평가할 때 유용하게 사용될 수 있는데 클라이언트의 기대와 실제 경험 간의 차이를 분석하여, 각 차원별로 서비스 질을 평가하는 구조를 제공할 수 있다. 특히 신뢰성, 반응성, 보증성, 공간성, 유형성의 다섯 가지 차원은 사회복지 서비스 제공에서 필수적인 요소로, 서비스가 실제로 어떻게 전달되는지와 고객이 어떻게 경험하는지를 평가할 수 있는 기준을 마련한다. 사회복지사는 〈표 9-3〉과 같은 서비스 질의 하위차원들을 중간평가에 기본적으로 활용할 수 있어야 한다.

〈표 9-3〉 SERVQUAL의 하위차원

차원	만족도 요소
신뢰성(Reliability)	고객과 약속된 서비스를 제공할 수 있는 서비스 기관의 능력
반응성(Responsiveness)	신속한 서비스 제공 및 고객을 도우려는 자세
보증성(Assurance)	서비스 제공자가 보유한 지식, 예의, 신뢰와 확신
공감성(Empathy)	고객을 배려하고 개별적인 관심을 보이는 태도
유형성(Tangibles)	시설 장비, 직원복장 등 서비스의 외형적 품질

출처: 조성우 외(2024).

참고 SERVQUAL 모델 적용 사례

- 사례: 노인복지 서비스 품질 개선
- 기관: ○○시 노인종합복지관
- 목표: 노인복지 서비스 품질향상

○○시 노인종합복지관은 SERVQUAL 모델을 통해 노인복지 서비스의 질을 평가하고 개선하고자 하였다. SERVQUAL 모델은 서비스 품질을 측정하기 위한 도구로, 고객의 인식에 기반한 다섯 가지 차원: 유형성, 신뢰성, 반응성, 보증성, 공감성을 통해 서비스의 질을 평가한다. ○○시 노인종합복지관은 SERVQUAL의 다섯 가지 차원을 기준으로 각 차별적 개선방안을 수립하였다.

1) 신뢰성: 서비스 제공의 정확성과 일관성을 높이기 위해 표준화된 의료서비스 절차를 마련하였다.
2) 반응성: 노인의 긴급한 요청에 빠르게 대응하기 위해 긴급상황 대응 시스템을 구축하였다.
3) 보증성: 서비스의 전문성을 보장하기 위해 전문자격을 갖춘 직원을 배치하고, 클라이언트에게 투명한 정보제공을 시행하였다.
4) 공감성: 각 노인의 정서적 요구를 고려하여 맞춤형 서비스와 개별상담을 강화하였다.
5) 유형성: 시설환경을 안전하고 편안한 공간으로 개선하여 노인들이 더 나은 환경에서 서비스를 이용할 수 있도록 하였다.

- 결과: SERVQUAL 모델의 적용을 통해 노인종합복지관은 클라이언트의 만족도를 크게 향상시킬 수 있었으며, 특히 개별화된 서비스 제공이 노인의 정서적 요구를 충족시키는 데 중요한 역할을 하였다. 서비스의 전문성과 신뢰성이 크게 강화되었고, 클라이언트의 만족도와 서비스에 대한 신뢰가 증가하였다.

3) 서비스 질과 만족도 조사

사회복지 프로그램의 서비스 질에 대한 만족도 조사는 클라이언트의 피드백을 바탕으로 프로그램의 강점과 개선점을 도출하는 중요한 도구이다. 사회복지 프로그램에서는 서비스 이용자들의 만족도를 조사하여 서비스의 질을 향상시킬 수 있는 근거를 마련한다. 예를 들어 프로그램 참여자들에게 설문을 통해 서비스의 신뢰성, 대응성, 제공된 지원의 질, 공감의 정도 등을 평가하도록 한다. 이러한 조사를 통해 클라이언트의 요구를 더 잘 이해하고, 프로그램에서 개선이 필요한 부분을 파악할 수 있다. 또한 서비스 질 향상뿐만 아니라 프로그램의 효과성, 접근성 및 사회복지 실천의 전반적인 질을 높이는 데 기여할 수 있다. 서비스 질 관리에서 중요한 점은 단순히 만족도를 평가하는 것이 아니라, 그 데이터를 기반으로 지속적인 개선을 위한 정책을 수립하는 것이다. 클라이언트의 피드백을 적극적으로 반영하고, 서비스 제공방식을 개선하는 과정을 통해 사회복지 프로그램의 효과성을 높이고, 사회복지 실천의 질적향상을 도모할 수 있다.

참고 프로그램 만족도 조사와 기관 만족도 조사 비교

항목	프로그램 만족도 조사	기관 만족도 조사
조사목적	프로그램의 성과목표 달성정도를 평가하고 개선점을 찾기	기관의 서비스 전반에 대한 클라이언트의 만족수준을 측정
활용목적	프로그램 효과성 입증 및 개선을 위한 정보수집	서비스 품질개선, 기관 운영 효율화, 대외적 신뢰도 제고
조사대상	해당 프로그램에 참여한 사람들	기관의 전체 클라이언트를 대상으로 일부 표본을 선정
표본 선정방법	프로그램 종료 직후 전체 참여자나 일부를 표본으로 선정	기관의 클라이언트 전체 모집단에서 일부 표본을 선정
만족도 문항설계	성과목표에 맞는 구체적인 변화나 효과를 반영하는 문항설계	기관 운영의 다양한 측면을 평가하는 문항설계(접근성, 직원 대응성 등)
실시시기	프로그램 종료직후	일반적으로 연 1회 또는 2년에 1회 정도 실시

출처: 조성우(2024).

9장 돌아보기

1. 프로그램 모니터링은 무엇이며 어떤 특성을 가지는가?

2. DePoy와 Gilson(2002)이 제시한 프로그램 모니터링의 다섯 가지 영역에 대해 설명해 보라.

3. 프로그램 모니터링 특성에 대해 설명해 보라.

4. 모니터링과 과정평가의 공통점과 차이점에 대해 설명해 보라.

5. 사회복지 프로그램 모니터링의 관점에서 어떤 책무성들이 중요한 의미를 가지는가?

6. 프로그램 서비스 질 관리기법으로 TQM과 SERVQUAL에 대해 설명해 보라.

PART

04

사회복지 프로그램 평가

CHAPTER 10 프로그램 평가에 대한 이해

학습목표

1. 프로그램 평가의 개념과 필요성을 이해한다.
2. 프로그램 평가의 이론적 접근에 대해 이해한다.
3. 프로그램 평가모형에 대해 이해한다.
4. 프로그램 평가유형에 대해 이해한다.
5. 프로그램 평가기준에 대해 이해한다.
6. 프로그램 평가단계에 대해 이해한다.
7. 프로그램 평가윤리에 대해 이해한다.

프로그램의 효과성을 극대화하고 개선하기 위해서는 체계적인 평가가 필요하다. 본 장에서는 프로그램 평가의 개념과 그 필요성을 이해하고, 평가의 이론적 접근과 다양한 평가 모형을 살펴본다. 또한 프로그램 평가의 유형과 평가기준에 대해 다루며, 평가과정에서 중요한 단계들을 설명할 것이다. 마지막으로 프로그램 평가에서 반드시 지켜야 할 윤리적 기준을 이해함으로써 평가가 신뢰성 있고 공정하게 진행될 수 있도록 돕고자 한다.

1. 프로그램 평가의 개념과 필요성

1) 프로그램 평가의 개념

프로그램 평가의 개념은 국내외 학자들에 의해 다양한 방식으로 정의되어 왔다. 먼저 국외 학자들의 정의를 살펴보면, Rutman(1980)은 평가를 정책이나 프로그램의 수행과정과 결과를 측정하여 의사결정을 돕기 위해 사회과학적 조사방법을 사용하는 절차로 보았다. Patton(1986)은 평가를 프로그램의 특성, 활동, 결과에 대한 체계적인 정보수집을 통해 불확실성을 줄이고, 효과성을 높이며, 의사결정을 지원하는 과정으로 설명하였다. Schuerman(1983)은 평가를 특정 활동의 성공 여부를 판단하는 것이라 보고, 새로운 개입방법 실험 및 더 효과적인 방법을 개발하기 위한 조사활동으로 정의하였다. Martin과 Kettner(1996)는 평가를 프로그램의 효율성, 품질, 효과성에 관한 정보를 일정한 규칙에 따라 수집하고 보고하는 과정으로 정의하였다. 또한 이들은 사회서비스의 성과관리 체계를 [그림 10-1]에 제시된 바와 같이 투입부터 이용자 복지상태 변화에 이르는 과정을 효율성, 품질, 효과성의 관점에서 성과를 측정하고, 이러한 성과에 따라 투입자원의 배분을 재조정함으로써 서비스의 효율성, 품질, 효과성을 높이고자 하였다(Martin & Kettner, 2009).

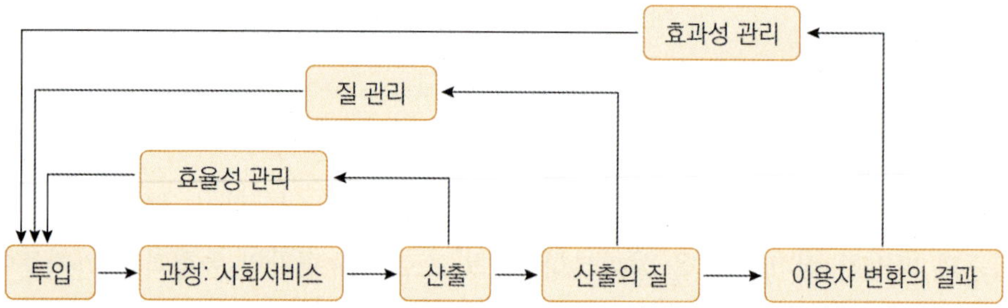

출처: Martin & Kettner(2009), 이봉주(2013) 재구성.

[그림 10-1] 사회서비스 성과관리 체계

Posavac과 Carey(1997)는 프로그램 평가를 사회복지 서비스의 필요성, 욕구충족 수준, 문제해결비용의 적절성, 목표달성 정도를 평가하기 위해 조사방법과 기술을 활용하는 것으로 보았다. Rossi와 동료 학자들(2004)은 사회복지 프로그램 평가를 사회개입 프로그램의 효과성을 체계적으로 조사하기 위해 사회조사방법을 활용하는 것이라 정의했다. Sheafor와 Horejsi(2008)는 프로그램 평가를 다수의 클라이언트나 전체 지역사회 단위에 제공되는 프로그램의 효과성과 효율성을 평가하는 과정으로 설명하였다.

국내 학자들의 정의 또한 다양하다. 먼저 김형식(1999)은 평가를 프로그램이 발달하는 각 단계에서 성취한 결과를 자원투입, 효과, 효율, 책무성, 이용자만족도를 기준으로 체계적으로 수집하고 분석하여, 프로그램 전반에 대한 결정을 내리기 위한 정보수집 과정으로 보았다. 황성철(2005)은 프로그램 평가를 프로그램의 기획, 실행, 결과에 관한 자료를 과학적 절차를 통해 수집하고 분석하여 서비스와 프로그램의 질 향상과 개발을 위한 중요한 의사결정을 돕는 조사활동으로 정의했다. 우수명(2018)은 클라이언트의 존엄성과 욕구를 해결하기 위해 사회복지 실천 전 과정을 대상으로 긍정적 성과와 부정적 요인을 종합적으로 판단하는 것이라 보았다. 이상의 국내외 학자들의 정의를 종합하면, 프로그램 평가는 프로그램의 기획, 실행, 결과에 대한 자료를 사회과학적 조사방법을 통해 체계적으로 수집·분석하여, 프로그램의 효과성, 효율성, 품질을 평가하고 이를 바탕으로 중요한 의사결정을 지원하는 조사활동으로 정의할 수 있다.

2) 프로그램 평가의 필요성

사회복지 프로그램 평가의 필요성은 다음과 같은 이유로 설명될 수 있다(김영종 외, 2007; 황성철, 2005).

첫째, 평가를 통해 프로그램이 초기 설정한 목표를 얼마나 달성했는지 확인할 수 있다. 이는 프로그램의 성과를 측정하여 목표달성 여부를 검토하고, 본래 의도한 목적을 제대로 수행했는지 평가하는 중요한 과정이다. 이를 통해 프로그램의 유효성을 판단하고 개선방향을 설정할 수 있다.

둘째, 평가과정은 자원의 효율적 사용 여부를 점검하는 데 도움이 된다. 인적·물적자원이 적절하게 배분되고 활용되었는지를 평가하여 불필요한 자원의 낭비를 줄이고, 프로그램 운영의 효율성을 높일 수 있다. 이는 자원활용을 최적화하고, 더 나은 결과를 도출하는 데 기여한다.

셋째, 프로그램 평가결과는 프로그램 개선을 위한 중요한 자료로 활용된다. 평가를 통해 도출된 문제점과 개선사항을 반영하여 프로그램의 내용을 수정·보완함으로써 성과를 향상시킬 수 있다. 이를 통해 기존 프로그램의 한계를 극복하고, 더 나은 프로그램으로 발전시킬 수 있다.

넷째, 평가를 통해 프로그램의 책임성과 투명성을 확보할 수 있다. 외부 이해관계자에게 프로그램의 성과를 입증함으로써 신뢰를 구축하고, 향후 지원을 지속적으로 유도할 수 있다. 평가결과는 프로그램이 목표한 성과를 달성했음을 증명하며, 이를 통해 프로그램에 대한 신뢰를 높인다.

다섯째, 평가결과는 관리자와 정책결정자가 합리적 의사결정을 내리는 데 중요한 근거가 된다. 프로그램 평가에서 제공되는 객관적인 정보는 프로그램의 유지, 확대, 축소 등의 결정을 지원하며, 클라이언트와 가족이 프로그램에 계속 참여할지 여부를 판단하는 데에도 활용된다. 특히 최근에는 사회복지 프로그램의 재원을 지원하는 공공 및 민간기관에서 프로그램 평가를 의무화하고 있어, 평가절차 및 방법이 프로그램 제안서 채택의 중요한 기준이 된다.

여섯째, 사회복지 프로그램 평가는 사회복지 지식기반을 확충하는 데 기여한다. 기존 프로그램의 평가를 통해 문제점을 보완하고, 성공적인 요소를 극대화함으로써 새로운 프로그램 개발에 반영할 수 있다. 또한 새로운 프로그램을 평가하여 기존 유사 프로그램과 비교 분석함으로써, 보다 효과적인 프로그램을 확산시키고, 이를 사회복지 지식으로 축적할 수 있다.

일곱째, 프로그램 평가는 프로그램에 대한 책무성을 입증하는 중요한 수단이 된다. 클라이언트, 전문가, 사회복지기관, 정부 및 재정지원자에게 프로그램의 효과성을 입증함으로써 프로그램의 정당성을 확보할 수 있다. Rossi와 Freeman(1993)은 이러한 책무성을 클라이언트의 변화, 서비스 제공의 효율성, 재정적 투명성 등 다양한 측면에서 입증해야 한다고 제시한다.

이와 같이 사회복지 프로그램 평가는 목표달성 확인, 자원 효율성 제고, 프로그램 개선, 책임성 확보, 합리적 의사결정 지원, 지식기반 확충, 책무성 입증 등 다양한 측면에서 필수적인 역할을 한다. 이를 통해 프로그램의 질적향상과 지속가능한 발전을 도모할 수 있다.

2. 프로그램 평가의 이론적 접근

프로그램 평가에는 다양한 이론적 접근이 있으며, 각 접근법은 평가 목적에 따라 다르게 적용된다. 여기서는 정무성과 정진모(2001)가 제시한 다섯 가지 접근모형을 살펴보도록 한다.

1) 실험적 접근(Experimental Approach)

실험적 접근은 과학적 방법을 활용하여 프로그램의 효과를 검증하는 평가 방식이다. 주로 실험군과 통제군을 설정하여 프로그램의 개입이 어떤 영향을 미쳤는지 비교 분석한다. 이 접근법은 평가의 객관성과 신뢰성이 높지만, 모든 프로그램에 적용하기에는 한계가 있을 수 있다. 특히 윤리적 문제나 실험조건 설정의 어려움이 발생할 수 있다.

2) 목표지향적 접근(Goal-Based Approach)

목표지향적 접근은 프로그램이 사전에 설정한 목표를 얼마나 달성했는지를 평가한다. 프로그램의 성과를 목표달성 정도로 측정하여 프로그램의 효과성을 판단한다. 이 접근법은 명확한 목표설정이 중요하며, 목표가 명확할수록 평가의 정확도가 높아진다.

3) 의사결정 중심적 접근(Decision-Oriented Approach)

의사결정 중심적 접근은 프로그램 운영 과정에서 의사결정자에게 필요한 정보를 제공하기 위해 평가를 수행한다. 이를 통해 프로그램의 실행과정에서 발생하는 문제를 조기에 발견하고 개선할 수 있다. 주로 프로그램 관리자나 정책 결정자의 의사결정 지원을 목적으로 한다.

4) 이용자 지향적 접근(User-Oriented Approach)

이용자 지향적 접근은 프로그램의 실제 이용자(클라이언트)의 경험과 반응을 중심으로 평가한다. 프로그램이 이용자에게 실제로 얼마나 유익했는지, 이용자의 만족도를 조사하여 평가결과를 도출한다. 이용자 피드백을 통해 프로그램의 현실성을 평가하고, 참여자의 관점을 반영한다.

5) 반응적 접근(Responsive Approach)

반응적 접근은 사전에 정해진 기준이 아닌, 현장에서 발생하는 반응에 따라 유연하게 평가하는 방법이다. 주로 질적 자료를 활용하여 프로그램이 특정 상황에서 어떻게 반응하는지를 평가한다. 이 방법은 정성적 데이터를 중시하며, 다양한 이해관계자의 의견을 반영하여 프로그램의 실행 상황을 이해하고 평가한다.

3. 프로그램 평가모형

프로그램 평가의 이론적 모형은 여러 가지 방식으로 분류될 수 있다. 우선 평가의 근본적인 목적에 따라 서술적 모형(descriptive model)과 처방적 모형(prescriptive model)으로 나눌 수 있다. 서술적 모형은 프로그램과 관련된 사실이나 관계를 주로 서술하거나 기술하는 데 초점을 맞추어, 프로그램의 본질에 대한 이해를 돕고자 한다. 반면, 처방적 모형은 객관적인 사실의 발견보다는 평가자의 전문적이고 규범적인 판단에 중점을 두며, 평가 자료는 주로 의사결정을 지원하는 데 사용된다. 서술적 모형의 대표적인 예로는 논리모형(logical model)이 있으며, 처방적 모형에서는 Scriven의 판단평가모형이 널리 알려져 있다(황성철, 2005). 논리모형은 프로그램의 투입(input), 전환(process), 산출(output), 성과(outcome) 간의 상호 관련성을 강조한다. 이는 프로그램 설계부터 평가에 이르기까지의 전 과정이 일관되게 진행되는 방식으로, 각 단계가 어떻게 연결되는지를 명확히 설명한다.

반면 판단평가모형은 프로그램의 가치를 평가자가 전문적으로 판단하여, 이를 통해 행정가나 의사결정자가 적절한 결정을 내릴 수 있도록 돕는 데 주안점을 둔다. 이 모형은 객관적인 자료수집과 분석뿐만 아니라, 평가자의 가치 판단도 중요한 역할을 한다. 또한 평가모형은 전통적인 것과 현대적인 것으로 구분할 수 있으며, 평가의 중심이 전문가인지, 아니면 프로그램에 직접 참여하는 직원인지에 따라 전문가 중심의 평가모형과 직원 중심의 평가모형으로도 나누어진다. 그러나 이와 같은 분류는 절대적인 기준이 없기 때문에 논란의 여지가 존재한다. 이에 따라 여기에서는 황성철(2005)이 제시한 사회복지 프로그램 평가에 유용한 몇 가지 평가모형에 대해 중점적으로 다루고자 한다.

1) 목표달성 평가모형(Objective-Oriented Evaluation Model)

목표달성 평가모형은 프로그램이 설정한 목표를 기준으로 평가하는 방식으로, 프로그램이 목표를 얼마나 잘 달성했는지를 측정하는 데 중점을 둔다. 이 모형은 특히 목표가 명확하고 구체적일 때 유용하다. 예를 들어 교육 프로그램에서 "학생들의 성적을 10% 향상시킨다"는 구체적인 목표가 있다면, 이 목표가 달성되었는지 평가하는 방식이다. 평가자는 목표달성도를 확인하는 질문을 통해 프로그램의 성과를 측정한다. 이 모형의 장점은 평가기준이 명확하여 결과가 직관적이고 쉽게 이해될 수 있다는 점이다. 목표가 명확하게 실정되면 프로그램의 성공 여부를 간단하게 판단할 수 있다. 또한 목표가 명확하면 평가자가 프로그램의 성과를 평가하는 데 있어 일관성을 유지할 수 있다. 하지만 이 모형에는 한계가 있다. 목표가 지나치게 제한적이거나 모호한 경우, 프로그램이 실제로 제공하는 가치를 온전히 평가하기 어려울 수 있다. 또한 목표를 설정하는 과정에서 중요한 부분이 배제될 위험이 있다.

2) CIPP 평가모형(CIPP Evaluation Model)

CIPP 평가모형은 프로그램의 평가를 네 가지 주요 영역으로 나눠 체계적으로 진행하는 방식이다. CIPP는 상황(Context), 투입(Input), 과정(Process), 산출(Product)의 네 가지 요소를 평가하는 방법론으로, 각 단계에서 중요한 정보를 수집 · 분석한다.

① 상황평가(Context Evaluation): 프로그램이 실행될 배경과 환경을 평가한다. 이는 프로그램이 설계된 목적이나 필요성, 외부 환경 등을 분석하여 프로그램이 실제로 해결하고자 하는 문제를 명확히 이해하려는 과정이다.

② 투입평가(Input Evaluation): 프로그램이 실행되기 위해 필요한 자원, 예산, 인력 등의 투입 요소를 평가한다. 이 단계에서 프로그램의 실행을 위한 자원이 충분하고 적절하게 배분되었는지 확인한다.

③ 과정평가(Process Evaluation): 프로그램이 실제로 실행되는 과정과 절차를 평가한다. 이 과정에서는 프로그램의 운영이 계획대로 진행되는지, 필요한 변경 사항이 있는지를 점검한다.

④ 산출평가(Product Evaluation): 프로그램의 결과와 효과를 평가한다. 이는 프로그램이 목표한 성과를 달성했는지, 기대한 결과가 실현되었는지를 평가하는 단계이다.

CIPP 평가모형은 각 단계에서 얻은 데이터를 종합적으로 분석하여 프로그램의 전반적인 효과를 파악할 수 있는 장점이 있다. 그러나 모든 단계를 철저히 분석하려면 상당한 시간과 자원이 소모되며, 과정에서 얻은 정보가 후속 평가나 개선에 제대로 반영되지 않으면 효과를 제대로 평가하기 어려운 단점이 있을 수 있다.

3) 판단평가모형(Judgment Evaluation Model)

판단평가모형은 프로그램 평가자가 주관적인 판단을 통해 프로그램의 가치를 평가하는 방식이다. 이 모형은 평가자가 프로그램의 목표달성 여부만을 평가하는 것이 아니라, 프로그램의 사회적, 문화적 가치나 의미, 참가자들에게 미친 영향을 종합적으로 고려하여 평가한다. 프로그램의 내재적인 가치와 사회적 의미까지 평가의 범위에 포함시키므로, 단순한 성과측정을 넘어 프로그램의 전체적인 영향을 이해할 수 있다. 하지만 판단평가모형은 평가자의 주관적인 판단이 큰 역할을 하므로, 평가자의 가치관이나 경험에 따라 결과가 달라질 수 있다. 이는 평가의 신뢰성에 영향을 미칠 수 있으며, 객관적인 기준을 제공하기 어려운 단점이 있다. 따라서 평가자가 누구인지에 따라 프로그램에 대한 해석이나 결과가 달라질 수 있다는 점에서 주의가 필요하다.

4) 제4세대 평가모형(Fourth-Generation Evaluation Model)

제4세대 평가모형은 프로그램의 평가자와 이해관계자들이 협력하여 프로그램을 평가하고 개선하는 방식이다. 이 모형은 평가자가 프로그램을 단순히 평가하는 것을 넘어서, 프로그램의 실행과정에서 발생하는 문제를 실시간으로 해결하며, 평가자와 참여자들이 지속적으로 의견을 교환하고 협력하면서 프로그램을 개선하는 데 중점을 둔다. 이 과정을 통해 프로그램은 계속해서 변화하고 개선될 수 있다.

제4세대 평가모형은 참여자들의 적극적인 참여를 장려하고, 다양한 이해관계자들의 의견을 반영할 수 있는 장점이 있다. 그러나 이러한 협력적 접근은 다양한 의견이 충돌하거나 갈등이 발생할 수 있다는 단점도 있다. 또한 평가자가 프로그램에 지속적으로 개입해야 하므로 시간과 자원이 많이 소요될 수 있다.

5) Shadish, Cook, Leviton 평가모형(Shadish, Cook, Leviton Evaluation Model)

Shadish, Cook, Leviton(1991)의 평가모형은 프로그램 평가에 다양한 접근방식을 제시하며, 이를 통해 프로그램의 효과를 다각도로 분석할 수 있도록 돕는다. 이 모형은 세 가지 주요 접근법으로 구성되며, 각각 평가의 다른 측면에 초점을 맞추어 프로그램의 효과를 다양한 방법으로 검토할 수 있게 한다. 이를 통해 평가자는 프로그램의 강점과 약점을 균형 있게 파악하고, 효과적인 개선방향을 제시할 수 있다.

① 해결가능성 모형: 이 모형은 프로그램이 해결하고자 하는 문제를 실제로 해결했는지를 평가한다. 주요 초점은 프로그램이 문제해결에 실질적인 변화를 일으켰는지 여부이다.

② 설명일반화 모형: 이 모형은 프로그램의 효과가 다양한 환경과 조건에서도 일관되게 유효한지를 평가한다. 즉 프로그램이 다른 환경에서도 동일한 효과를 나타낼 수 있는지를 분석한다.

③ 이해관계자 모형: 이 모형은 프로그램 평가에 참여하는 다양한 이해관계자

들의 의견을 반영하는 접근법이다. 이해관계자들이 프로그램의 효과에 대해 어떻게 평가하는지에 대한 관점을 고려한다. 이 방식은 프로그램의 효과성을 보다 종합적이고 다양한 관점에서 평가할 수 있는 장점이 있지만, 여러 의견을 반영하는 과정에서 평가가 복잡해지고 시간이 오래 걸릴 수 있다.

6) 논리모형(Logic Model)

논리모형은 프로그램의 성공을 보장할 수 있는 효과적인 도구로 인정되고 있다. 이 모형은 프로그램의 투입, 과정(활동), 산출, 성과 간의 관계를 시각적으로 도식화하여 설계부터 실행까지의 전체 흐름을 명확히 보여준다(Frechtling, 2007, 지은구 외 공역, 2012). 각 단계에서 필요한 자원, 활동, 결과를 체계적으로 정의함으로써 프로그램의 구조를 이해하고 성과를 평가하는 데 유용하다(박경일 외, 2016). 구체적으로 투입은 프로그램 실행에 필요한 예산, 인력, 자료 등을 의미하며, 과정(활동)은 프로그램이 실제로 실행되는 방법과 절차를 나타낸다. 산출은 프로그램을 통해 얻어진 즉각적이고 가시적인 결과를, 성과는 프로그램이 궁극적으로 이루고자 하는 목표나 변화를 나타낸다. 이러한 구조를 통해 논리모형은 프로그램 설계를 체계적으로 지원하고, 실행과정에서 발생할 수 있는 문제를 사전에 예측하며, 종료시점에서 목표달성 여부와 원인을 명확히 기록할 수 있도록 돕고 있다.

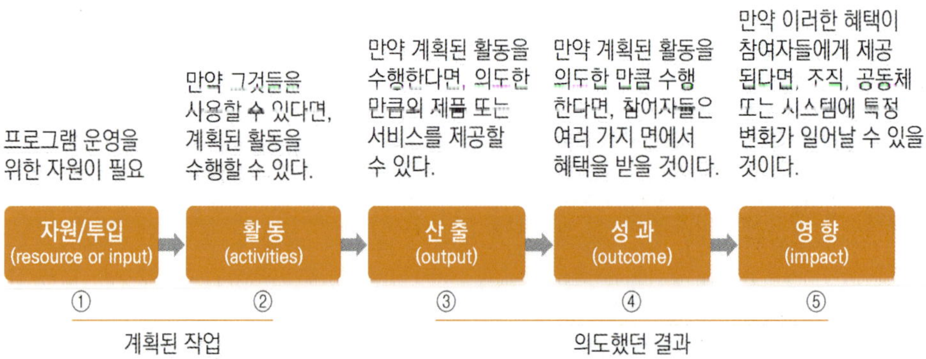

[그림 10-2] 논리모형의 구성요소와 과정

논리모형은 프로그램 기획, 실행, 평가의 다양한 측면에서 활용되고 있다(박지영, 2005). 첫째, 프로그램 기획 및 관리와 평가 기능을 체계적으로 구성하도록 돕고 있다. 둘째, 설계 단계에서 전략을 세우고 주요 이해관계자들에게 접근 방법을 명확히 설명할 수 있는 기획 도구로 활용되고 있다. 셋째, 프로그램 구조를 정교화하고 자체 평가를 체계적으로 설계하는 데 기여하고 있다. 프로그램 이행 과정에서도 논리모형은 핵심적인 역할을 하고 있다. 넷째, 프로그램 개선과 모니터링을 위한 자료를 체계적으로 수집하고 관리할 수 있도록 돕고 있다. 다섯째, 프로그램 실행 중에는 에너지를 결과물의 완성과 증명에 집중하도록 하고 있다. 여섯째, 성과 추적과 보고에서 주요 측면을 고려하고 우선순위를 정하며 필요한 수정을 가능하게 하고 있다.

논리모형을 기반으로 한 평가는 세 단계로 진행되고 있다. 첫 번째 단계는 맥락 평가로, 사업이 지역사회의 경제적, 사회적, 정치적 환경 속에서 적절히 운영되고 있는지를 살펴보고, 투입된 자원의 적절성과 부족한 자원의 보완가능성을 평가하고 있다. 두 번째 단계는 과정평가(형성평가)로, 계획된 활동이 얼마나 실행되었는지와 산출물의 품질 및 수량이 적합한지를 측정하고 있다. 마지막으로 성과평가(총괄평가)는 프로그램이 목표했던 변화를 개인, 조직, 지역사회 차원에서 얼마나 이루었는지를 판단하며, 효과성과 변화의 규모를 평가하고 있다(Kellog Foundation, 2004).

논리모형은 프로그램 소유팀, 관리 감독자, 평가자 등 다양한 이해관계자 간의 의사소통 도구로 활용되고 있으며, 개별 프로그램뿐만 아니라 여러 프로그램을 통합적으로 관리하는 포트폴리오 수준에서도 유용하다. 다만 논리모형은 프로그램 진행 중 예상치 못한 변수나 변경 사항을 반영하기 어렵고, 잘못 설계될 경우 복잡성을 높이고 비효율성을 초래할 수 있는 한계를 가지고 있다. 따라서 논리모형은 신중하게 설계하고 활용해야 한다(Frechtling, 2007, 지은구 외 공역, 2012). 이러한 특성을 바탕으로 논리모형은 프로그램의 기획, 실행, 평가를 통합적으로 관리하며 성공적인 운영을 위한 필수적인 도구로 평가받고 있다. 참고적으로 캘로그재단에서 제시하는 논리모형의 단계에 따른 평가와 평가질문은 다음과 같다.

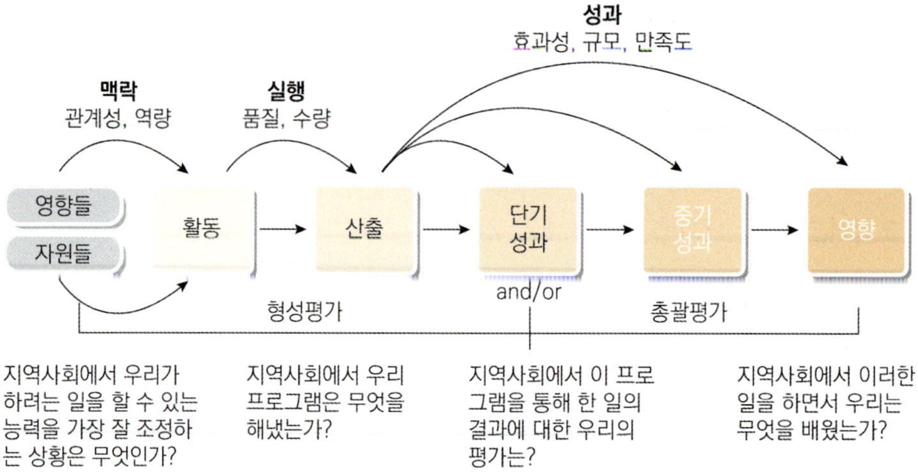

출처: Kellog Foundation(2004).

[그림 10-3] 논리모형을 활용한 평가질문 설정

참고 논리모형을 적용한 평가 사례: 저소득층 가정을 위한 아동 학습지원 프로그램

1. 사례 개요

A 지역의 저소득층 가정 아이들은 학업 성취도가 낮고, 방과 후 돌봄 서비스의 부족으로 학습에 어려움을 겪고 있었다. 이에 지역사회복지관에서는 '저소득층 가정을 위한 아동 학습지원 프로그램'을 설계하여 학습지원과 정서적 안정을 제공하고, 이들의 학업 성취도와 자기효능감을 향상시키고자 했다. 논리모형은 이 프로그램의 초기 기획부터 실행, 종료 후 평가까지 전 과정에서 활용되었다. 특히 프로그램 종료 후 '왜 목표가 달성되었거나 달성되지 않았는지'를 체계적으로 문서화하고 분석하는 데 중요한 역할을 했다.

2. 논리모형의 적용 과정

(1) 프로그램 계획단계

① 투입(Input)

- 학습 멘토링에 참여하는 대학생 봉사자 20명
- 프로그램 운영비(지역 후원금 활용)
- 사회복지사 및 상담 전문가
- 학습교재 및 교육공간

② 활동(Activities)

- 주 2회 진행된 방과 후 학습 멘토링: 수학 및 국어 교과목 집중지도
- 월 1회 심리상담 세션: 아이들의 정서적 안정 지원
- 학부모와의 소통 워크숍: 가정 내 학습환경 개선을 위한 조언제공

③ 산출(Outputs)
- 6개월 동안 50회 이상 진행된 학습 및 상담 세션
- 프로그램에 참여한 아동 30명과 학부모 20명

(2) 결과 및 성과평가단계

① 단기성과(Short-term Outcomes)
- 아동의 학습태도 변화 관찰: 학습참여도 85% 이상 유지, 과제완성도 90% 이상 기록
- 학부모의 자녀 학습지원에 대한 인식변화: 프로그램 종료 후 설문조사 결과 76%의 학부모가 가정 내 학습지원 의지가 높아졌다고 응답

② 중기성과(Medium-term Outcomes)
- 아동의 성적 향상: 프로그램 참여 아동의 수학 및 국어 평균 점수 각각 15% 증가
- 아동의 자기효능감 점수 상승: 프로그램 전후 검사에서 자기효능감 평균 점수가 10점 만점에 2.3점 상승

③ 장기성과(Long-term Outcomes)
- 프로그램 참여 아동들의 중학교 진학 후 학업지속률 92% 기록 (지역 평균 85% 대비)
- 지역 내 저소득층 아동의 학업 격차 감소: 1년 후 추적조사에서 동일 연령대 학업성취도 평균에 근접

3. 논리모형의 프로그램 평가에서의 활용

(1) 성과 문서화
- 성적향상 데이터와 상담참여 기록을 기반으로 단기 및 중기성과를 체계적으로 기록했다.
- 학습태도 변화, 성적향상과 같은 긍정적인 결과가 프로그램 활동(멘토링, 상담)과의 직접적인 연관성을 설명했다.

(2) 문제점 및 원인분석
- 일부 가정에서는 학부모의 시간 부족, 정보전달의 미비, 또는 학부모의 관심 부족 등으로 학부모 참여가 저조했다. 이로 인해 가정 내 학습지원 부족이 프로그램 효과를 제한한 요인으로 지적되었다.
- 참여 대학생 멘토링의 퇴사율이 높아 프로그램 진행 중간에 멘토 부족 현상이 발생했다.

(3) 향후 개선방향 도출
- 학부모 참여를 높이기 위해 워크숍 외에도 자녀 학습을 도울 수 있는 자료를 제공하고, 학부모 간 네트워크 형성을 지원하는 방안을 제안했다.
- 멘토링 지속성을 위해 대학생 봉사자에게 추가적인 인센티브(교통비 지원, 추천서 제공 등)를 제공하고, 활동결과를 시각화하여 성취감을 강화하는 피드백 시스템을 도입했다.

4. 사례를 통해 본 논리모형의 의의 및 한계

(1) 의의

이 사례에서 논리모형은 프로그램의 '활동이 성과로 이어지는 과정을 시각화'하고, '성과달성 여부와 그 원인'을 논리적으로 분석하는 도구로 활용되었다. 논리모형을 통해 프로그램이 가진 강점과 약점을 명확히 파악할 수 있었으며, 이를 기반으로 차기 프로그램 기획에 필요한 실질적인 개선책을 마련할 수 있었다.

(2) 한계

논리모형은 프로그램의 흐름과 성과를 시각적으로 이해하기 쉽게 만드는 데 유용하지만, 다음과 같은 한계를 가진다.

- 예기치 못한 변수 반영의 어려움: 학부모참여도나 멘토퇴사율 같은 외부변수는 초기 계획단계에서 반영되지 못해 실질적인 영향을 미쳤다.
- 질적성과의 표현 제한: 아동들의 심리적 변화와 같은 질적 결과는 정량적 데이터로 완벽히 표현되지 않아 추가적인 질적연구가 필요했다.

(3) 보완 방안

논리모형의 한계를 극복하기 위해, 평가과정에서 질적 데이터(아동과 학부모의 인터뷰, 멘토의 활동 보고서)를 병행하여 더 풍부한 결과를 도출하고, 외부변수를 반영할 수 있는 유연한 계획방식을 고려해야 한다.

Activity 10-1

프로그램의 평가를 위한 논리모델을 작성해 봅시다.

- 계획하는 프로그램명:

투입	활동/과정	산출	성과

4. 프로그램 평가유형

사회복지 프로그램 평가는 평가목적, 평가방법, 평가주체, 평가단위 등에 따라 여러 유형으로 구분할 수 있다. 평가목적에 따라 형성평가와 총괄평가로 나눌 수 있으며, 평가방법에 따라 양적평가와 질적평가로 구분된다. 또한 평가주체에 따라 내부평가와 외부평가로 나뉘며, 평가단위에 따라 적합성평가와 메타평가로 분류된다. 이러한 평가유형의 구분은 프로그램의 성격과 필요에 맞는 적절한 평가 방식을 선택하고 실행하는 데 도움을 준다. 프로그램 실행 후, 전문가는 각 평가 유형에 대해 잘 이해하고, 평가결과를 바탕으로 목적에 맞는 평가유형을 적용할 수 있어야 한다(박재연 · 배은경, 2021).

〈표 10-1〉 프로그램의 평가유형

평가목적	형성평가, 총괄평가
평가방법	양적평가, 질적평가
평가주체	내부평가, 외부평가
평가단위	적합성평가, 메타평가

1) 평가목적에 따른 구분: 형성평가와 총괄평가

평가의 목적에 따라 형성평가와 총괄평가로 나눌 수 있다. 형성평가는 프로그램 진행과정에서 이루어지는 평가로, 실행 중 문제를 발견하고 수정 · 보완하기 위한 목적으로 수행된다. 이를 통해 프로그램이 원래 계획대로 진행되고 있는지 점검하며, 필요한 경우 운영 전략을 조정하거나 프로그램의 중단, 축소, 유지, 확대를 결정하는 데 활용된다(황성철, 2005). 반면 총괄평가는 프로그램이 종료된 이후 성과와 영향을 분석하는 평가로, 프로그램의 목표달성 여부와 투입된 자원 대비 효과성을 측정하는 데 중점을 둔다. 총괄평가는 단기, 중기, 장기 성과를 분석하며, 주로 프로그램의 효과성, 효율성, 사회적 기여도를 평가하는 데 사용된다(성규탁, 1994; 황성철 외, 2003).

2) 평가방법에 따른 구분: 양적평가와 질적평가

평가의 방법에 따라 양적평가와 질적평가로 구분된다. 양적평가는 계량화된 자료와 통계적 방법을 활용하여 객관적이고 일반화 가능한 결과를 도출하는 방식이다. 설문조사, 표준화된 척도, 통계분석 등을 포함하며, 과학적 타당성과 신뢰성을 바탕으로 프로그램 성과를 측정한다(우수명, 2018). 반면 질적평가는 프로그램 참여자의 경험과 세부적 내용을 중심으로 평가하는 방식으로, 관찰이나 면접을 통해 심층적 데이터를 수집한다. 질적평가는 수량화하기 어려운 영역에서 의미 있는 정보를 제공하며, 양적평가와 병행할 경우 종합적인 프로그램 평가가 가능하다(황성철, 2005).

3) 평가주체에 따른 구분: 내부평가와 외부평가

평가의 주체에 따라 내부평가와 외부평가로 나눌 수 있다. 내부평가는 프로그램을 수행하는 기관의 관리자나 직원이 직접 평가를 진행하며, 주로 프로그램 개선을 목적으로 한다. 내부평가는 평가과정에서 조직에 특화된 정보를 제공하고 유연하게 대응할 수 있는 장점이 있다(김통원, 2009; 황성철 외, 2003). 반면 외부평가는 독립적인 외부 전문가에 의해 수행되며, 객관성과 신뢰성을 높이기 위한 목적으로 활용된다. 외부평가는 프로그램의 문제를 독립적 관점에서 분석하고, 개선방향을 제시하는 데 효과적이다(황성철, 2005).

4) 평가단위에 따른 구분: 적합성 평가와 메타평가

평가의 분석 단위에 따라 적합성 평가와 메타평가로 구분된다. 적합성 평가는 프로그램이 사회적 가치와 부합하는지, 설정된 목표를 달성할 가능성이 있는지를 평가하며, 주로 프로그램 실행 전 또는 초기단계에서 이루어진다(노화준, 2001). 임상연구 프로그램의 경우 생명윤리 심의를 포함하기도 한다. 메타평가는 이미 실행된 평가를 다시 검토하거나 여러 평가결과를 통합하여 프로그램 성과를 재분석하는 방식이다. 메타평가는 평가방법의 적절성과 결과해석의 타당성을 확인하며, 경험적 근거를 종합하고 검증된 프로그램 요소를 도출하는 데 유용하다(Scriven, 1981; 우수명, 2018). 이러한 메타평가는 유용성(평가가 이해관계자들의 정보 요구를 충족시켰는가?), 실행가능성(평가는 현실적이고 경제적이었는가?), 정당성(평가가 평가자, 피평가자를 포함한 모든 이해관계자들의 권리를 고려하여 합법적 및 윤리적으로 시행되었는가?), 정확성(평가가 믿을 만한 정보를 산출하였는가?)와 같은 평가기준을 가진다(김한별 외, 2010).

5. 프로그램 평가기준

사회복지 프로그램을 올바로 평가하기 위해서는 일정한 기준이 필요하다. 평가기준은 프로그램의 성공과 실패를 판단하는 잣대이며, 이러한 기준이 없다면 평가는 의미가 없다. Suchman(1967)은 프로그램 평가의 기준으로 노력성, 성과, 적절성, 효과성, 효율성, 과정 등 6가지 기준을 제시했고 Tripodi(1983)는 평가의 기준으로 노력성, 효과성, 효율성, 예상치 못한 결과 등 4가지로 제시했으며 Bennett과 Weisinger(1977)은 노력성, 효과성, 효율성, 서비스의 질 등 4가지 평가 척도들이 전체 프로그램, 프로그램 관리, 서비스 전달이라는 3가지 차원에서 각각 측정되어야 정확하고 총체적인 프로그램 평가가 될 수 있다고 하였다. Attkisson과 Broskowski(1978)은 접근성, 수용성, 종합성, 통합성, 인지도, 이용가능성, 지속성, 비용 등의 기준에 알맞게 구성되어야 한다고 하는데 이는 클라이언트 중심의 프로그램 평가기준으로 고려될 수 있다. 황성철(2005)은 앞선 학자들이 다양한 평가기준을 참고하여 가장 보편적으로 사용되는 다섯 가지 기준을 제시하였는데 각 평가기준의 내용을 학교사회복지 프로그램의 예에 맞춰서 그 내용을 살펴보면 다음과 같다.

1) 노력성(effort)

노력성은 프로그램 운영에 투입된 자원과 활동의 양을 의미한다. 즉 얼마나 많은 인력과 예산을 투입했고, 어떤 활동을 얼마나 했는지를 평가하는 것이다.

예를 들어 학교폭력 예방 프로그램을 운영할 때 학교사회복지사와 몇 명의 교사가 참여했고, 얼마의 예산으로 몇 개 학급의 학생들에게 서비스를 제공했는지를 평가한다. 노력성 평가를 위한 구체적인 자료는 다음과 같다.

- 참여한 클라이언트의 수: 프로그램 참여학생 수, 학부모 상담 건수 등
- 인적자원 투입정도: 학교사회복지사 외 협력 교사 수, 또래상담자 수 등
- 물적자원 투입정도: 프로그램 예산, 교구재 구입비, 활동실 운영비 등
- 업무수행활동: 집단프로그램 실시 횟수, 개별상담 횟수, 가정방문 횟수 등

2) 효과성(effectiveness)

효과성은 프로그램이 목표를 얼마나 달성했는지를 측정하는 가장 중요한 기준이다. 예를 들어 학교부적응 학생 지원 프로그램의 효과성은 프로그램 참여 후 학생들의 학교적응도가 얼마나 향상되었는지로 평가할 수 있다. 효과성 측정을 위한 자료는 다음과 같다.

- 클라이언트의 변화상태: 학교적응도 변화, 자아존중감 향상, 우울·불안 감소 등
- 가족 및 사회적 기능의 변화: 교우관계 개선도, 수업참여도, 학부모-자녀 관계 개선 등

3) 효율성(efficiency)

효율성은 투입된 비용 대비 얻은 성과의 정도를 의미한다. 예를 들어 학업중단 위기학생 지원 프로그램에 투입된 총 비용이 500만원이고 10명의 학생이 학업을 지속하게 되었다면, 1인당 학업지속 지원 비용은 50만원이 된다. 효율성 측정을 위한 자료는 다음과 같다.

- 프로그램 총비용: 인건비, 프로그램 운영비, 교구재비 등의 합계
- 단위 산출물당 비용: 1인당 서비스 비용
- 성과의 화폐가치 환산: 학업중단 예방으로 인한 사회적 비용 절감액 등

4) 서비스의 질(quality)

서비스의 질은 제공되는 서비스가 전문적 기준에 얼마나 부합하는지를 평가하는 것이다. 예를 들어 학교사회복지서비스는 제공할 수 있는 자격을 갖춘 학교사회복지사가 표준화된 도구를 사용하여 서비스 평가를 하는지를 평가한다. 서비스의 질 평가를 위한 자료는 다음과 같다.

- 전문가 자격 보유: 학교사회복지사 자격증 소지 여부
- 전문성 향상 노력: 학교사회복지사 보수교육 이수 횟수, 사례회의 실시 횟수
- 전문가 자문: 교육청 슈퍼바이저 자문 횟수, 외부 전문가 협력 횟수 등

5) 영향(impact)

영향은 프로그램이 학교와 지역사회에 미친 변화를 평가하는 기준이다. 예를 들어 학교폭력 예방 프로그램을 실시한 후 학교 전체의 폭력 발생률이 얼마나 감소했는지, 학교 분위기가 전반적으로 개선되었는지를 평가한다. 영향 평가를 위한 지표는 다음과 같다.

- 학교 문제해결 정도: 학교폭력 발생률 감소, 학업중단율 감소
- 학교구성원 인식변화: 교사와 학생의 학교만족도, 학교폭력에 대한 인식개선
- 사회문제 예방: 위기청소년 조기발견률 증가, 학교-가정-지역사회연계 강화 등

〈표 10-2〉 프로그램 평가기준

기준	정의	평가요소 예시	평가방법/도구 예시
노력성	프로그램 운영에 투입된 자원과 활동의 양을 평가	• 참여한 클라이언트 수(학생 수, 학부모 상담 건수) • 인적자원 투입정도(학교사회복지사, 협력교사 수) • 물적자원 투입정도(프로그램 예산, 교구재 구입비) • 업무수행 활동(집단 프로그램 횟수, 개별 상담 횟수)	• 참여자 수 기록(학생 수, 학부모 상담 횟수 등) • 활동 보고서(상담 횟수, 교구재 사용 내역 등)
효과성	프로그램 목표 달성 정도를 측정하는 가장 중요한 기준	• 클라이언트 변화상태(학교 적응도, 자아존중감, 우울 · 불안 감소 등) • 가족 및 사회적 기능의 변화(교우관계, 학부모-자녀 관계개선 등)	• 설문지 및 인터뷰(학교 적응도 변화, 자아 존중감 향상 등) • 사전 · 사후 비교 분석
효율성	투입된 비용 대비 얻은 성과의 정도를 평가	• 프로그램 총비용(인건비, 운영비, 교구재비 등) • 단위 산출물당 비용(1인당 서비스 비용) • 성과의 화폐가치 환산(사회적 비용 절감액 등)	• 비용-성과 분석(비용 대비 성과 산출) • 단위 비용 계산
서비스의 질	제공되는 서비스가 전문적 기준에 얼마나 부합하는지를 평가	• 전문가 자격 보유(학교사회복지사 자격증) • 전문성 향상 노력(보수교육, 사례회의 등) • 전문가 자문(교육청 슈퍼바이저, 외부 전문가 협력)	• 자격증 확인(학교사회복지사 자격증) • 교육 및 자문회의 기록
영향	프로그램이 학교와 지역사회에 미친 변화를 평가	• 학교문제 해결정도(폭력 발생률 감소, 학업중단율 감소) • 학교 구성원 인식변화(교사, 학생의 학교 만족도 등) • 사회문제 예방(위기 청소년 발견율 증가, 학교-가정-지역사회연계 강화)	• 설문조사(학교 만족도, 학교폭력 인식변화 등) • 통계분석(폭력 발생률, 학업중단율 등)

6. 프로그램 평가단계

프로그램 평가는 다양한 정보를 수집하고 이를 분석하여 프로그램의 성과와 효과를 평가하는 과정이다. 이 과정은 효과적인 프로그램 운영과 개선을 위한 중요한 기초자료를 제공한다. 프로그램 평가는 다음과 같은 여섯 단계를 거친다고 볼 수 있다. 각 단계와 주요 과업은 〈표 10-3〉과 같다(Frechtling, 1993).

〈표 10-3〉 프로그램 평가의 단계와 주요 과업

단계	주요 과업
1) 프로그램 개념모델 개발	• 프로그램의 목표, 구조, 기대성과 명확화 • 논리모델 개발(활동, 투입, 산출, 결과 정의)
2) 평가질문 개발 및 결과 정의	• 평가질문 개발(핵심 이해관계자와 청중 파악) • 평가질문을 측정 가능한 결과로 정의
3) 평가설계 개발	• 평가방법론 선정(양적/질적방법) • 표집방법 결정 • 평가시점 및 빈도 설정
4) 자료수집	• 자료수집 계획 수립 • 훈련된 수집자를 통해 자료수집 • 개인정보 보호 및 응답자 민감성 고려
5) 자료분석	• 양적/질적자료 분석(통계적/내용분석) • 분석결과 패턴 도출 및 새로운 질문 도출
6) 보고서 작성	• 배경, 평가질문, 절차, 결과, 결론 및 제안 포함 • 이해관계자에게 명확하고 쉽게 전달할 수 있도록 보고서 작성

1) 프로그램 개념모델 개발 및 핵심평가 요점 확인

첫 번째 단계는 프로그램의 개념모델을 개발하고 핵심평가 요점을 확인하는 것이다. 모든 평가는 프로그램의 목표와 구조, 기대 성과를 명확히 하는 개념모델을 바탕으로 시작해야 한다. 이를 통해 프로그램의 설계와 진행과정에서 중요한 요소들이 무엇인지 파악할 수 있다. 이 과정에서 논리모델이 자주 사용된다. 논리모델은 프로그램의 활동, 투입, 산출, 결과 등을 시각적으로 표현하며, 프로그램의 흐름과 목표를 명확히 해준다. 논리모델을 통해 활동이 언제 발생할지, 그 시점이 적절한지 등의 시간적 요소도 고려할 수 있다. 평가가 진행됨에 따라 예상되는 시간 틀과 일정은 조정되기도 한다.

2) 평가질문 개발 및 측정 가능한 결과 정의

두 번째 단계는 평가질문을 개발하고 이를 측정 가능한 결과로 정의하는 것이다. 이 과정은 프로그램의 목적에 맞는 평가질문을 설정하고, 그 질문이 측정 가능한 방식으로 정의될 수 있도록 해야 한다. 평가질문을 개발하는 첫 단계는 핵심 이해관계자와 청중을 파악하는 것이다. 이를 통해 누구에게, 어떤 정보를 제공할지 명확히 할 수 있다. 평가질문은 프로그램의 목적과 관련이 있으며, 관련된 청중에게 유용한 정보를 제공해야 한다. 또한 질문은 실질적으로 측정 가능한 결과로 전환되어야 하며, 이 결과는 이후 자료수집 및 분석을 통해 구체적인 성과로 평가된다. 평가질문이 프로그램의 목적과 잘 연결되어 있고, 결과가 실제로 평가 가능한지를 검토하는 것이 중요하다.

3) 평가설계 개발

세 번째 단계는 평가설계를 개발하는 것이다. 평가설계는 어떤 방법론을 사용할 것인지, 자료를 어떻게 수집할 것인지, 누구를 대상으로 평가할 것인지 등을 결정하는 과정이다. 평가설계는 일반적으로 양적방법과 질적방법 중 하나를 선택하는 것으로 시작된다. 양적방법은 수치 데이터를 통해 프로그램의 효과를 측

〈표 10-4〉 정성지표와 정량지표의 비교

구분	정성지표(Qualitative Indicators)	정량지표(Quantitative Indicators)
평가목적	프로그램의 질적측면 이해 및 심층분석	프로그램의 객관적 성과 및 수치적 평가
평가지표	참여자의 경험, 인식, 감정 등을 평가	수치, 비율, 평균 등을 활용한 성과평가
자료수집 방법	심층면접, 초점집단면접, 관찰	설문조사, 통계분석, 실험연구
분석방법	주제분석, 내용분석 등 정성적 데이터 해석	통계분석, 데이터 모델링 등 정량적 데이터 분석
결과표현	서술적 설명, 사례 중심의 질적 보고	그래프, 표, 수치 중심의 정량적 보고
장점	• 인간변화에 대한 심층적인 이해 제공 • 맥락과 배경 파악 가능	• 객관적 데이터 제공 • 재현성과 일반화 가능
단점	• 주관적 해석가능성 • 일반화 어려움 • 신뢰도가 낮을 수 있음	• 심층적 이해 부족(단순한 객관적 사실만 조사) • 맥락 파악 제한적 • 신뢰도가 높음
적용사례	• 서비스의 질 평가 • 프로그램 참여자 의견 분석	• 효과성 평가(예: 사전 · 사후 점수 변화) • 효율성 평가
예시	• 자아존중감 수준 • 프로그램 만족도 • 사회기술 점수 등	• 프로그램 참가인원수 • 서비스 제공 횟수 • 후원금액 등

정하는 반면, 질적방법은 참여자의 경험을 탐구하는 데 주로 사용된다. 또한 이 때 평가설계에는 정량지표(수치적 변화나 성과를 측정)와 정성지표(참여자의 경험과 감정을 반영한 데이터를 수집)가 함께 고려되어야 한다. 설계를 할 때는 표집방법을 결정해야 하며, 전체 프로그램 참가자가 아닌 일부를 선택하여 데이터를 수집하는 경우가 많다. 또한 비교집단을 설정하여 프로그램의 효과를 다른 요인들과 구별할 수 있어야 한다. 자료수집 시점이나 빈도도 고려해야 하며, 프로그램의 다양한 상황을 반영하여 평가가 이루어져야 한다.

4) 자료수집

네 번째 단계는 자료수집이다. 평가설계가 완료되면, 실제로 자료를 수집해야 한다. 이 단계에서 중요한 점은 자료수집을 위한 승인절차와 응답자들의 민감성을 고려하는 것이다. 자료수집자는 반드시 적절한 훈련을 받은 후, 공정하고 객관적인 방법으로 자료를 수집해야 한다. 또한 자료수집 시에는 응답자들의 개인정보 보호와 관련된 절차를 준수해야 하며, 프로그램 참여자들의 의사를 존중해야 한다. 훈련된 자료수집자는 일관되게 같은 방식으로 데이터를 수집하고, 자료의 신뢰도를 높이기 위해 주기적인 점검이 필요하다. 자료수집은 프로그램 활동이 진행되는 동안에 방해가 되지 않도록 주의해야 한다.

5) 자료분석

다섯 번째 단계는 자료분석이다. 자료가 수집되면, 이를 분석하여 프로그램의 효과를 평가한다. 자료분석은 양적자료와 질적자료에 따라 달라지며, 분석방법에 대한 계획을 미리 세워야 한다. 양적자료는 통계적인 방법을 사용하여 처리하고, 질적자료는 주제별 코딩이나 내용분석 등의 방법을 사용한다. 분석은 보통 초기분석과 추가분석으로 나누어지며, 초기분석을 통해 새로운 질문이 도출되기도 한다. 분석을 진행할 때는 다양한 패턴을 찾고, 예상치 못한 결과도 발견할 수 있도록 탐구적인 접근을 유지해야 한다. 자료분석은 자료수집 후 새로운 시각을 얻는 중요한 과정이며, 이를 통해 프로그램의 성과와 개선점을 도출할 수 있다.

6) 보고서 작성

마지막 단계는 평가결과를 보고서로 작성하는 것이다. 이 보고서는 프로그램 평가의 결과를 체계적으로 정리하여 이해관계자에게 전달하는 중요한 역할을 한다. 보고서에는 보통 배경, 평가질문, 평가절차, 자료분석, 분석결과, 결론 및 제안이 포함된다. 보고서는 단순히 자료를 나열하는 것이 아니라, 평가질문에 대한 답을 제시하고, 프로그램이 목표를 얼마나 달성했는지에 대한 해석을 포함해야 한다. 또한 보고서는 전문가뿐만 아니라 일반인도 이해할 수 있는 형태로 작성되어야 하며, 전자매체나 요약본 등을 활용하여 쉽게 전달될 수 있도록 해야 한다. 보고서 작성은 평가의 최종결과를 명확히 제시하고, 프로그램의 향후 개선을 위한 중요한 기초자료로 활용된다.

7. 프로그램 평가윤리

1) 프로그램 평가윤리에 대한 주요 원칙

프로그램 평가윤리는 평가과정에서 평가자들이 준수해야 할 도덕적 기준과 원칙을 말한다. 프로그램 평가윤리는 평가과정에서 윤리적 원칙을 지키고, 평가 대상자 및 이해관계자의 권리와 복지를 보호하는 데 중점을 둔다. 윤리적인 프로그램 평가는 평가결과의 정확성과 신뢰성뿐만 아니라, 모든 참여자가 공정하게 대우받고 그들의 개인정보와 권리가 존중되도록 해야 한다. 프로그램 평가윤리에 대한 주요 원칙은 다음과 같다(American Evaluation Association, 2004; Patton, 2008; Shadish et al., 1991; Yarbrough et al., 2010).

- 공정성(Fairness): 프로그램 평가에서는 모든 이해관계자들이 공평하게 대우받아야 한다. 이는 평가자들이 특정 집단이나 개인에게 유리하거나 불리하게 평가하지 않도록 하는 것이다. 공정성은 평가과정에서 결과가 특정 그룹에게 부당한 영향을 미치지 않도록 보장하는 중요한 원칙이다.
- 투명성(Transparency): 평가의 과정과 결과는 모든 관련 당사자들에게 명확하

게 공개되어야 한다. 투명성은 평가자들이 의도적으로 평가과정을 숨기거나 왜곡하지 않도록 하며, 평가결과에 대한 신뢰를 높이는 역할을 한다. 평가 방법과 절차를 명확히 공유함으로써 평가의 정확성과 정당성을 보장할 수 있다.

- 기밀성(Confidentiality): 프로그램 평가에서는 평가과정에서 수집된 정보가 외부에 공개되지 않도록 철저히 보호해야 한다. 특히 개인정보나 민감한 데이터를 다룰 때 기밀성은 필수적이다. 평가자들은 개인정보 보호를 위해 필요한 모든 조치를 취해야 하며, 참여자의 프라이버시를 존중해야 한다.
- 참여(Participation): 프로그램 평가에서 이해관계자들의 참여는 중요한 윤리적 원칙이다. 이해관계자들은 평가과정에서 그들의 의견을 반영받을 권리가 있으며, 이를 통해 평가의 질을 높일 수 있다. 참여는 평가결과가 실제 상황에 부합하고, 평가가 모든 관련자에게 의미 있는 결과를 제공할 수 있도록 한다.
- 존중(Respect): 평가자들은 평가과정에서 모든 참여자와 이해관계자들의 권리와 존엄성을 존중해야 한다. 문화적 배경이나 개인적 차이를 고려하여 각 참여자가 평가과정에서 소외되지 않도록 해야 한다. 존중은 또한 모든 의견을 경청하고, 다양한 관점을 존중하는 태도를 포함한다.
- 책임감(Responsibility): 프로그램 평가에서 평가자는 결과가 사회적, 경제적, 정치적 영향을 미칠 수 있다는 점을 인식하고 이에 대한 책임을 져야 한다. 평가결과가 실질적인 변화를 이끌어낼 수 있기 때문에 평가자는 자신의 역할에 대한 책임을 다해야 한다. 책임감은 평가자가 공정하게 평가하고 그 결과를 신중하게 활용할 수 있도록 한다.
- 정직성(Honesty): 프로그램 평가에서 가장 중요한 원칙 중 하나는 정직성이다. 평가자는 평가결과를 왜곡하거나 과장하지 않고 사실에 근거하여 결과를 제시해야 한다. 정직성은 평가의 신뢰성을 높이고, 이해관계자들이 평가결과를 신뢰할 수 있게 만드는 중요한 요소다.

2) 국내・외 사회복지사 윤리강령에서의 평가 관련 기준

(1) 한국 사회복지사 윤리강령에서의 프로그램 평가 관련 기준

한국 사회복지사 윤리강령은 프로그램 평가를 수행하는 사회복지사가 지켜야 할 윤리적 원칙을 명확히 규정하고 있다. 사회복지사는 프로그램 평가를 통해 사회복지 실천의 지식기반을 형성하고, 궁극적으로 실천의 질적향상을 위해 노력해야 한다. 또한 평가과정에서 연구 참여자의 권리와 안전을 보호하기 위해 다음과 같은 윤리적 책임을 준수해야 한다(한국사회복지사협회, 2023).

첫째, 사회복지사는 평가에 참여하는 연구 참여자(클라이언트)에게 평가와 관련된 사항을 충분히 안내하고 자발적인 동의를 반드시 받아야 한다. 동의 과정에서는 평가의 목적, 방법, 한계, 예상되는 이익과 위험요소를 명확히 설명해야 하며, 참여자가 언제든지 동의를 철회할 수 있도록 보장해야 한다. 철회로 인해 어떠한 불이익도 발생해서는 안 된다.

둘째, 프로그램 평가과정에서 수집된 정보는 비밀보장의 원칙에 따라 다뤄져야 한다. 사회복지사는 연구 참여자에게 비밀보장의 한계, 비밀보장을 위해 취해진 조치, 조사자료의 폐기시기와 방법 등을 명확히 안내해야 한다.

셋째, 평가과정에서는 참여자의 신체적・정신적 불편이나 위험을 방지하기 위해 보호 조치를 마련해야 한다. 이 과정에서 연구 참여자의 존엄성과 자기결정권을 존중하며, 「생명윤리 및 안전에 관한 법률」 등 관련 법령과 규정을 준수하여 연구 윤리를 철저히 지켜야 한다.

이러한 윤리적 기준은 사회복지사가 프로그램 평가를 통해 실천의 효과성을 검증하고, 동시에 참여자의 권리와 안전을 보장하며 사회복지 실천의 신뢰성과 질적향상을 도모하는 데 필수적이다.

(2) 미국 사회복지사 윤리강령에서의 프로그램 평가 관련 기준

미국 사회복지사 윤리강령(NASW Code of Ethics)은 프로그램 평가과정에서 사회복지사의 윤리적 책임을 명확히 하여 평가가 전문적이고 윤리적으로 수행되도록 돕고 있다. 이 윤리강령은 사회복지사가 프로그램 평가를 진행할 때 준수해야 할 중요한 윤리적 원칙들을 제시하며, 평가가 클라이언트의 권리를 존중하고, 신뢰를 바탕으로 이루어지도록 한다. 구체적으로, 사회복지사는 다음과 같은 윤리적 원칙을 준수해야 한다(NASW, 2021).

첫째, 사회복지사는 정책, 프로그램, 및 실천개입을 체계적으로 감사하고 평가해야 하며, 이를 통해 얻어진 결과를 활용하여 사회복지 실천에 필요한 지식을 개발하고 실천에 적용해야 한다.

둘째, 평가에 참여하는 클라이언트의 권리를 보호하기 위해 정보에 기반한 동의를 반드시 받아야 한다. 동의과정에서는 평가의 목적, 절차, 기간, 예상되는 위험과 이익을 명확히 설명해야 하며, 참여자가 언제든지 동의를 철회할 수 있음을 보장해야 한다.

셋째, 평가과정에서 수집된 정보는 비밀보장의 원칙에 따라 철저히 보호되어야 한다. 클라이언트의 익명성을 유지하며, 비밀보장의 한계와 자료폐기 시점에 대해 사전에 안내해야 한다.

넷째, 평가와 관련하여 예상되는 모든 결과를 신중히 고려하고, 평가 참여자가 신체적 · 정신적 위해를 입지 않도록 보호 조치를 취해야 한다. 또한 필요시 적절한 기관생명윤리위원회(IRB)의 자문을 구해야 한다.

다섯째, 평가의 결과는 왜곡하거나 조작하지 않고 정확히 보고해야 한다. 출판 후 오류가 발견될 경우, 이를 표준적인 방법으로 시정해야 한다.

여섯째, 사회복지사는 평가과정에서 이중관계나 이익갈등을 피해야 하며, 만약 발생할 경우 이를 투명하게 알리고, 참여자의 이익을 최우선으로 하여 문제를 해결해야 한다.

3) 프로그램 평가에서의 윤리적 대처

프로그램 평가와 관련하여 사회복지사가 따라야 할 구체적 절차는 사회복지사 윤리강령을 준수한다. 또한 만약에 평가조사를 수행하는 과정에서 발생하는 윤리적 갈등을 경험할 경우에는 다음과 같은 최선의 선택을 결정하는 데 도움이 되는 지침을 따르면 된다(Royse et al., 2006).

〈표 10-5〉 평가조사 윤리적 갈등 대처단계

단계	내용
1단계	자신이 선택할 수 있는 대안들을 점검한다(대안을 선택할 경우 발생하는 결과가 무엇인지 확인하고 예측되는 문제를 작성한다).
2단계	다른 평가자들은 현재 자신이 직면한 문제를 어떻게 처리했는지 문헌검토를 실시한다.
3단계	사회복지사의 윤리강령 지침을 점검한다(지침을 자신의 상황에 적용해 본다).
4단계	공정할 만한 동료나 전문가와 본 문제에 대해서 의논한다.
5단계	슈퍼바이저와 의논한다.
6단계	심사숙고하여 최종 결정한다.

출처: 이민홍 · 정병오(2020).

참고 통계적 유의성의 한계에 대한 제언

과거 한 복지관에서 프로그램 개발에 관한 보고서 자문을 요청받았다. 교육청 펀딩을 받아 진행된 연구였는데, 통계 분석결과가 유의미하지 않게 나왔다며 담당자가 어떻게 해야 할지 고민하고 있었다. 그때 나는 "통계적 유의미성이 없어도 긍정적인 점수 향상이 있었는지?"라고 물었고, 담당자는 "그렇다"라고 답했다.

이에 나는 그래프를 활용해 시각적 유의성을 제시하고(양적평가), 활동 자료와 주요 인물들과의 인터뷰를 통해 대상자 변화에 관한 실질적 유의성을 보여주는 것(질적평가)이 가장 적절한 대처방법임을 전했다. 이 방법은 통계적 유의성이 나타나지 않더라도, 시각적 유의성과 실질적 유의성을 통해 프로그램의 실제적 효과를 효과적으로 표현하는 데 도움이 되었다.

10장 돌아보기

1. Martin과 Kettner(1996)는 평가를 어떻게 정의하는가?

2. 사회복지 프로그램 평가의 필요성에 대해 설명해 보라.

3. 정무성과 정진모(2001)가 제시한 다섯 가지 접근모형들 중 목표지향적 접근과 이용자 중심 접근에 대해 설명해 보라.

4. 프로그램 평가모형 중 논리모형에 대해 설명해 보라.

5. 사회복지 프로그램 평가를 평가목적, 평가방법, 평가주체, 평가단위 등에 따라 여러 유형으로 구분해 보고 이에 대해 설명해 보라.

6. 프로그램 평가단계에 대해 설명해 보라.

7. 프로그램 평가윤리에 대해 설명해 보라.

CHAPTER 11

프로그램 평가(1)
: 양적평가

학습목표

1. 양적평가의 의미와 필요성을 이해한다.
2. 양적평가의 종류와 한계 및 측정방법에 대해 이해한다.

양적평가는 프로그램의 효과성을 수치적으로 분석하고 평가하는 중요한 방법이다. 본 장에서는 양적평가의 의미와 그 필요성을 이해하고, 양적평가가 프로그램 평가에서 어떻게 활용되는지 살펴볼 것이다. 또한 양적평가의 다양한 종류와 이 방법의 한계점, 그리고 이를 측정하는 방법에 대해 구체적으로 살펴볼 것이다.

1. 양적평가의 의미와 필요성

양적평가는 수치화된 데이터를 사용하여 프로그램의 효과성과 효율성을 평가하는 체계적 접근법이다(Rossi et al., 2004) 이를 통해 성과를 수치적으로 비교하거나 변화의 정도를 명확하게 파악할 수 있다. 양적평가는 객관적인 측정과 수치적 비교를 통해 프로그램 성과를 명확히 평가할 수 있고(Patton, 2015), 데이터의 일관성, 재현가능성, 그리고 주관성 최소화를 통해 평가자가 동일한 결과를 얻을 가능성이 높다(Babbie, 2020). 또한 명확한 지표와 기준을 통해 프로그램의 효과성과 효율성을 평가하는 데 유용하다(Rossi et al., 2004).

양적평가는 사회복지, 교육, 심리학 등 다양한 분야에서 클라이언트의 변화나 프로그램의 성과를 구체적이고 신뢰할 수 있는 방법으로 측정하기 위해 필요하다. 첫째, 양적평가는 수치로 나타내기 때문에 객관성을 제공한다(Babbie, 2020). 이를 통해 평가자의 주관적 해석을 최소화할 수 있다. 둘째, 클라이언트의 변화나 프로그램 성과를 정확하게 측정하고 이를 통해 프로그램의 효과성을 명확하게 증명할 수 있다(Rossi et al., 2004). 셋째, 양적평가는 의사결정의 기준을 제공하여 클라이언트에게 더 나은 서비스를 제공할 수 있도록 도와준다(Fitzpatrick et al, 2011). 넷째, 연구와 학문적인 기여가 가능하며, 반복 가능한 데이터와 측정 기준을 제공하여 객관적인 평가를 수행할 수 있다(Trochim & Donnelly, 2006).

2. 양적평가의 종류와 한계 및 측정방법

클라이언트의 변화에 대한 양적평가는 효과성 평가(effectiveness evaluation)와 효율성 평가(efficiency evaluation)로 구분할 수 있다. 효과성 평가는 프로그램이 목표를 달성했는지, 설정된 변화나 결과를 실제로 이끌어냈는지를 평가하는 것으로 수치집계(산술적 계산), 표준화된 척도, 개별화된 척도, 과제달성 척도, 목표달성 척도, 기능수준 척도, 만족도, 단일사례설계, 목표 대비 결과 평가, 단일집단사전사후설계, 비동일통제집단설계 등이 주로 활용된다(김상곤 외, 2012, 박재연·배은경, 2021, 조성우 외, 2024). 효율성 평가는 자원(시간, 비용, 인력 등)을 얼마나 잘 활용했는지, 즉 주어진 자원으로 얼마나 효과적인 결과를 도출했는지를 측정하는 평가로 주로 비용편익분석과 비용효과분석이 활용된다(황성철, 2005).

각각의 양적평가 방법은 유용하지만, 그에 따른 한계도 존재한다(Drummond et al., 2015; 황성철, 2005). 수집집계(산술적 계산)는 변화를 수치적으로 측정하는데 유용하지만, 변화의 질적측면이나 심리적 복잡성을 충분히 반영하지 못할 수 있으며, 단순한 숫자로 나타낼 수 없는 변화를 간과할 위험이 있다. 표준화된 척도는 객관적인 평가가 가능하지만, 모든 인간의 심리와 행동에 대해 표준화된 척도가 존재하지 않기 때문에 특정 상황이나 개별적인 차이를 반영하기 어려우며, 문화적 차이나 개인적 차이를 고려하는 데 한계가 있다. 개별화된 척도는 클라이언트의 특성에 맞춰 변화를 측정할 수 있지만, 객관성이 떨어지고 주관적인 해석이 개입될 수 있어 비교가 어려운 경우가 발생할 수 있다. 과제달성 척도는 목표달성 정도를 평가하지만, 목표설정이 주관적일 수 있고, 클라이언트가 목표를 달성하지 못한 이유를 충분히 분석하지 못할 수 있다. 목적달성 척도는 설정된 목적의 성취도를 평가하지만, 목표가 명확하지 않거나 모호한 경우 평가가 어려울 수 있으며, 클라이언트가 개인적인 편향을 반영하여 목표를 설정할 수 있다. 기능수준 척도는 기능적 개선 정도를 평가하지만, 심리적 · 정서적 상태의 변화가 반영되지 않으면 부정확한 평가가 될 수 있다. 만족도 평가는 클라이언트의 주관적인 감정과 경험을 반영하지만, 개인의 기대와 현실 사이의 차이를 반영하지 못할 수 있으며, 불만을 표현하지 못하는 경우 정확성이 떨어질 수 있다. 단일사례설계는 표적행동의 변화를 추적할 수 있어 유용하지만, 외부요인의 영향을 받을 수 있고, 비관찰적이거나 추상적인 변화를 측정하는 데 한계가 있다. 단일집단사전사후설계는 개입전후의 변화를 측정할 수 있는 유용한 방법이지만, 여러 가지 한계가 존재한다. 가장 큰 문제는 내적타당도에 대한 우려로, 개입전후의 변화를 비교할 때 변화가 개입 자체에서 비롯된 것인지, 아니면 다른 외부요인(예: 자연적 회복, 시간의 경과, 혹은 학습효과 등)에서 발생했는지를 구분하기 어렵다는 점이다. 이로 인해 개입의 효과를 정확하게 평가하는 데 한계가 있다. 비동일통제집단설계도 한계가 있다. 이 설계는 실험집단과 통제집단 간의 개입 차이를 비교하지만, 두 집단이 무작위로 배정되지 않으면 본래의 차이를 통제하기 어려워 평가결과에 영향을 미칠 수 있다. 또한 실험집단과 통제집단의 차이를 완전히 통제하지 않으면 개입의 실제효과를 정확하게 파악하기 어렵다. 이처럼 각 방법은 장점과 한계를 가지고 있기 때문에, 상황에 맞는 적절한 방법을 선택하거나 다양한 평가 방법을 병행하는 것이 중요하다.

비용편익분석은 금전으로 평가하기 어려운 비금전적 요소를 포함해야 하는 한계가 있다. 예를 들어 사회적 변화나 환경적 이득은 금전적 가치를 부여하기 어려워 정확한 평가가 불가능할 수 있다. 또한 할인율 설정에 따라 미래 가치 평가가 달라져 결과가 크게 영향을 받을 수 있으며, 비용과 편익 간의 비교가 항상

용이하지 않다는 점도 한계로 작용한다. 비용효과분석은 주로 특정 효과만을 측정하기 때문에 다양한 효과를 종합적으로 평가하기 어려운 한계가 있다. 또한 서로 다른 유형의 프로그램을 비교할 때 효과를 공정하게 비교하기 어렵고, 비용 측정의 어려움과 효과의 과도한 단순화도 한계로 작용한다.

1) 효과성 평가

(1) 수치집계(산술적 계산)

수치집계 또는 산술적 계산은 프로그램 결과에 대한 명목적 내용을 수치적으로 계산하는 것을 의미한다(황성철, 2005). 이는 클라이언트의 생활조건, 상태, 행동 등의 변화를 측정하는 데 사용될 수 있다. 예를 들어 프로그램을 통한 개입 후 약물중독에서 벗어난 클라이언트의 수, 개입 후 집으로 돌아간 청소년의 수, 직업 훈련 프로그램 참여 이후 취업한 클라이언트의 수 등이 이에 해당한다(김선희 외, 2019). 산술적 계산을 활용한 클라이언트 변화측정은 다음과 같은 단계로 진행된다(황성철, 2005).

① 변화 관련 자료수집

산술적 계산의 첫 번째 단계는 클라이언트의 변화와 관련된 명확한 데이터를 수집하는 것이다. 예를 들어 프로그램 개입 후 집으로 돌아간 아동의 수나 직업 훈련 후 취업한 클라이언트 수를 기록한다. 이 데이터는 클라이언트의 변화상태를 평가할 수 있는 기본적인 정보가 된다.

② 명목적 질문을 통한 변화측정

두 번째 단계는 수집된 데이터를 바탕으로 명목적 질문을 설정하는 것이다. 이는 '예/아니요' 형식으로 변화여부를 파악하는 간단한 질문을 통해 이루어진다. 예를 들어 '클라이언트는 직업훈련 후 직업을 얻었는가?'와 같은 질문을 통해 클라이언트의 긍정적인 변화 여부를 확인한다.

③ 결괴의 계산 및 분석

마지막 단계는 수집된 데이터를 바탕으로 산술적 계산을 수행하고, 바람직한 변화와 그렇지 않은 변화를 비교하는 것이다. 이 과정에서 클라이언트가 취직하여 더 이상의 서비스가 필요 없어졌다면, 이는 바람직한 변화로 간주된다. 산술적 계산을 통해 변화정도를 수치화하여 프로그램의 성과를 명확하게 평가할 수 있다.

참고 산술적 계산의 예시

한 사회복지 프로그램에 참여한 100명의 클라이언트가 있다. 이 프로그램의 목표는 직업훈련 후 클라이언트가 취업할 수 있도록 돕는 것이다. 프로그램 후, 클라이언트들 중 65명이 직업을 얻었다.

① 수집된 데이터
- 총 참여자 수: 100명
- 직업을 얻은 클라이언트 수: 65명
- 직업을 얻지 못한 클라이언트 수: 35명

② 명목적 질문설정
"직업훈련 후 직업을 얻었습니까?"
- 예: 65명
- 아니요: 35명

③ 산술적 계산
- 직업을 얻은 비율 = (65명/100명) × 100 = 65%
- 직업을 얻지 못한 비율 = (35명/100명) × 100 = 35%

④ 결과해석
이 계산을 통해 프로그램의 성과를 명확히 평가할 수 있다. 65%의 클라이언트가 프로그램 후 취업에 성공했으며, 이는 직업훈련 프로그램이 일정 부분 효과적임을 시사한다. 또한 직업을 얻지 못한 35%는 개선이 필요한 부분으로 평가된다.

(2) 표준화된 척도

표준화된 척도는 명확히 정의된 항목을 기준으로 클라이언트의 변화를 측정하는 도구로, 정확도와 신뢰성이 높아 널리 사용된다(Sheafor & Horejsi, 2008). 특히 개입전후의 점수차이를 통해 클라이언트의 변화를 신뢰성 있게 측정할 수 있어 큰 강점을 지닌다. 이러한 이유로 표준화된 척도는 프로그램 평가에서 가장 선호되는 도구로 자리 잡았다. 그러나 이러한 척도에도 한계가 있다. 인간의 복잡한 심리, 정서, 행동양식을 모두 표준화된 도구로 측정하기는 어려우며, 성인을 기준으로 개발된 척도가 아동에게는 적합하지 않을 수 있다는 점도 문제로 지적된다. 간편사정도구(RAI)는 문항 수가 적고 간결하여 사용이 편리한 특징이 있다. 사회복지 프로그램에서 성과측정을 위해 많이 사용되는 표준화된 측정도구는 대개 간편사정도구이다(황성철, 2005). 대부분의 표준화된 척도는 클라이언트가 직접 작성하지만, 일부는 전문가나 제3자가 작성해야 하는 경우도 있다. 표준화된 척도를 효과적으로 활용하려면 다음의 절차를 따르는 것이 중요하다(김상곤 외, 2012).

① 프로그램 성과에 맞는 표준화된 도구 선택

평가에 적합한 표준화된 도구를 선택할 때는 국내외 학위논문에서 사용된 척도를 참고하거나, 외국에서 개발된 도구를 번역하여 사용할 수 있다. 국내외 평가도구 자료집이나 인터넷 사이트에서 관련 자료를 찾을 수 있으며, 일부 도구는 무료로 제공되기도 한다. 다만, 유료도구는 저작권자의 허락을 받아 사용해야 한다.

② 번역된 도구의 재번역 확인

외국도구를 사용할 경우, 번역 후에는 재번역을 통해 원래 의미가 정확히 전달되는지 확인해야 한다. 이를 통해 의미왜곡을 방지할 수 있다.

③ 사전검사 실시

프로그램 시작 전, 클라이언트의 연령과 지적 수준에 맞는지 확인하기 위해 사전검사를 진행한다. 이를 통해 질문이 적절히 구성되었는지 점검하고 필요시 수정한다.

④ 사전 · 사후 검사를 통한 평가

프로그램 시작 전 사전검사를, 종료 후 사후검사를 실시하여 프로그램 참여 전후의 변화를 평가한다. 검사대상은 프로그램에 실제로 참여한 클라이언트로 한정한다.

⑤ 개입전후 비교 또는 평균차이 분석

개별점수 비교 또는 동일집단의 사전·사후 평균차이를 분석해 프로그램 효과성을 확인할 수 있다. 평균차이 분석 시, SPSS와 같은 통계 프로그램을 활용해 결과의 유의미성을 검정한다.

(3) 개별화된 척도

개별화된 척도는 클라이언트의 행동과 감정을 측정하는 도구로, 각 개인의 독특한 상황에 맞게 개발되어 사용된다. 특히 클라이언트가 척도 개발에 직접 참여하면 더욱 효과적이며, 이는 클라이언트가 추상적인 감정이나 관심사의 변화를 구체적인 진술로 이해할 수 있도록 돕는다. 이러한 방식은 측정도구의 개발 자체가 실천 활동의 중요한 일부가 된다는 점에서 실용적이다. 또한 클라이언트가 자신의 변화를 설명한 척도는 현실적으로 신뢰할 수 있는 지표가 될 수 있으며, 반복 측정에서도 타당성이 높아진다. 어떤 경우에는 표준화된 척도를 사용하기 어렵기 때문에 개별화된 척도가 클라이언트의 입장에서 변화를 측정하는 데 유용한 도구가 된다. 개별화된 척도를 개발할 때는 다음과 같은 단계가 필요하다(Sheafor & Horejsi, 2008, 김상곤 외, 2012 재인용).

① 클라이언트가 행동, 태도, 감정을 측정하는 가치를 인식하도록 돕는다.

클라이언트가 자신의 변화나 감정 변화를 측정하는 것이 왜 중요한지 인식하도록 돕는 과정이 필요하다.

② 측정될 요소를 주의 깊게 확인한다.

측정하고자 하는 행동, 태도, 감정 등을 명확히 정의하고, 그 요소들이 변화를 제대로 반영할 수 있도록 신중하게 선정한다.

③ 긍정적인 기능 수행에서 부정적인 기능 수행까지의 연속선상에 클라이언트의 위치를 표시할 수 있는 척도를 개발한다.

척도는 긍정적인 면과 부정적인 면을 기준으로 연속선상에 여러 점을 배치해 구성하며, 보통 3~10개의 점을 사용한다. 짝수 점수를 사용할 경우 응답자가 가운데가 아닌 어느 한 방향으로 응답하도록 유도할 수 있다. 점 개수가 정해지면 각 점에 대한 설명을 개발하여 클라이언트가 각 단계의 차이를 명확히 인식할 수 있도록 한다. 예를 들어 가장 부정적인 진술("나는 하루에 한 번 이상 매일 화를 낸다")에서 가장 긍정적인 진술("나는 일주일 동안 화를 낸 적이 없다")까지 다양한 진술을 포함한다.

④ 자료수집 방법을 결정한다.

척도가 완성되면 누가 점수를 매길지 결정해야 한다. 클라이언트 본인이나 사회복지사, 교사 등이 평가할 수 있으며, 점수 측정의 시기와 장소도 고려해야 한다. 예를 들어 매일 저녁이나 주 단위로 측정할 수 있고, 측정장소는 집이나 기관 등 적절한 공간이어야 한다.

⑤ 자료를 쉽게 이해할 수 있는 형태로 나타낸다.

변화 전후의 점수를 꺾은선 그래프나 막대그래프로 시각화하여 클라이언트와 사회복지사가 한눈에 변화를 확인하고 분석할 수 있도록 한다.

참고 개별화된 척도 활용 예시: 학교생활적응을 돕기 위한 개별화된 척도 개발

고등학생 A는 학교 생활에 어려움을 겪고 있으며, 수업 참여도와 감정 조절 능력에서 어려움을 보이고 있다. A가 자신의 변화를 인식하고 긍정적인 방향으로 나아가도록 돕기 위해 개별화된 척도를 개발하기로 했다.

1. 클라이언트의 참여유도

사회복지사는 A에게 자신의 학교 생활 변화과정을 스스로 측정하는 것이 왜 중요한지 설명하고, 이를 통해 변화된 자신을 더 잘 이해할 수 있음을 인식하도록 돕는다.

2. 측정요소 선정

A의 주요 어려움인 수업집중도와 감정조절을 측정요소로 선정한다. 이 두 가지 요소는 A의 학교적응에 중요한 영향을 미치기 때문이다.

3. 연속선상 척도 개발

각 요소에 대해 5단계 척도를 만들고, 각 단계에 구체적인 진술을 추가한다.

① 수업집중도 척도 예시

- 1점: '수업 중 전혀 집중하지 못하고 다른 생각을 한다.'

- 2점: '수업 중 10분 정도만 집중하고 나머지 시간은 딴짓을 한다.'
- 3점: '수업의 절반 정도는 집중하지만 나머지 시간은 집중이 어렵다.'
- 4점: '수업 대부분에 집중하지만 가끔 산만해진다.'
- 5점: '수업 시간 내내 집중하고 적극적으로 참여한다.'

② 감정조절 척도 예시
- 1점: '하루에 세 번 이상 화를 내기나 짜증을 낸다.'
- 2점: '하루에 한두 번 화를 내거나 짜증을 낸다.'
- 3점: '종종 짜증을 느끼지만 스스로 조절하려고 노력한다.'
- 4점: '거의 화를 내지 않고, 감정 조절이 잘 된다.'
- 5점: '화가 나더라도 차분히 대처하고 감정을 잘 조절한다.'

4. 자료수집 및 기록

A는 매일 저녁 자기 점수를 기록하고, 주간단위로 사회복지사와 함께 결과를 검토한다.

5. 시각화 및 변화 확인

수업집중도와 감정조절 점수를 꺾은선 그래프로 나타내어 A와 함께 변화과정을 확인한다. 예를 들어 첫 주에는 수업집중도가 평균 2점이었으나, 3주 후 평균 4점으로 상승했다면 이는 A의 긍정적 변화로 해석할 수 있다.

(4) 과제달성 척도

과제달성 척도(Task Achievement Scaling: TAS)는 주로 과제중심의 실천에서 클라이언트가 목표를 달성하는 과정을 평가하기 위한 도구이다. 이 척도는 클라이언트와 사회복지사가 함께 협력하여 과제를 설정하고, 각 과제가 어느 정도 달성되었는지 평가하는 방식으로 진행된다. 과제는 클라이언트의 목표를 이루기 위해 필요한 구체적인 작업으로 나뉘며, 보통 3~4개의 과제가 설정된다. 이 과제들은 한 번에 동시에 진행되지 않고, 순차적으로 하나씩 수행된다. TAS는 목표달성이 간결하고 구체적인 활동으로 이루어지는 경우에 효과적으로 활용될 수 있다(김상곤 외, 2012).

〈표 11-1〉 과제달성 척도의 예

	과제 1: 학교에서 더 많은 사람을 만나는 것	과제 2: 데이트를 시작할 준비하기	과제 3: 사회기술의 향상
진전 없음(0)	아무것도 하지 않음	될 것 같지 않은 일에 시간을 허비하지 않기(✔)	이와 관련된 생각을 안 하는 것
최소한 달성(1)	학교에서 흥미 있는 동아리 목록 작성	현실 적합한 선택의 목록 작성	작동되는 특정 사회기술을 확인
부분적 달성(2)	참여할 동아리 선택(✔)	즐겁고 적정한 비용의 데이트가 어떤 것인지 묘사	사회기술을 사용하는 과정을 설명할 수 있는 것
상당히 달성(3)	동아리 모임에 출석하여 자기소개를 하고 참여함	상대방을 만날 다양한 장소 물색(인터넷, 학교)	새로운 사회기술을 발휘할 기회를 만드는 것(✔)
완전히 달성(4)	누군가를 초대해 동아리 외부에서도 교류 활동을 가짐	시간과 돈을 들여 데이트를 하도록 준비함	새로운 사회기술을 일상생활에 통합하는 것
변화 점수	2	0	3
가능한 변화	4	4	4
가능한 변화의 달성 %	50%	0%	75%
세 가지 과제의 종합적 변화 비율 41.7%			

출처: Sheafor & Horejsi(2008), 김상곤 외(2012), 일부 수정.

(5) 목표달성 척도

목표달성 척도(Goal-Attainment Scaling: GAS)는 클라이언트가 설정한 목표의 달성 정도를 측정하는 유용한 평가도구로, 특히 정신건강, 약물남용, 보호관찰 등 치료나 교정분야에서 널리 활용되어 왔다. 최근에는 이 척도가 다양한 분야로 확장되어 사용되고 있다. 목표달성 척도는 목표달성의 정도를 수치적으로 명확하게 측정할 수 있어, 클라이언트와 사회복지사 모두 변화과정을 쉽게 이해하고, 향후 개선방향을 제시하는 데 유용하며 수행방법은 다음과 같다(김상곤 외, 2012).

① 개입목표 설정

먼저, 클라이언트와 사회복지사는 함께 개입목표를 정한 후, 이를 달성하기 위한 구체적인 세부목표를 설정한다. 예를 들어 노숙인을 위한 재활 프로그램의 목표가 있다면, 이를 달성하기 위해 다음과 같은 세부목표를 설정할 수 있다.

- 세부목표 1: 알코올 중독문제 해결

- 세부목표 2: 건강관리 개선
- 세부목표 3: 직업재활 참여
- 세부목표 4: 경제관리 능력 향상

② 세부목표별 가중치 설정

각 세부목표는 변화가 기대되는 정도에 따라 가중치를 매긴다. 가중치의 합은 1이 되어야 하며, 각 목표의 중요성에 맞는 값을 부여한다. 예를 들어

- 알코올 중독문제 해결: 0.4
- 건강관리: 0.3
- 직업재활 참여: 0.2
- 경제관리 능력: 0.1

이와 같이 각 목표에 가중치를 부여하여, 전문가와 클라이언트가 협력하여 결정한다.

③ 성과수준 기록(5점 척도)

- 1점: 가장 바람직한 기대 성과
- 0.75점: 바람직한 성과
- 0.5점: 보통 수준(기대 수준)의 성과
- 0.25점: 기대 수준 이하의 성과
- 0.0점: 가장 바람직하지 않은 성과

목표달성표는 개입전후에만 가능한 것이 아니라 개입과정에서도 필요시에 사용할 수 있다.

④ 목표달성 수준 계산

목표달성 수준은 각 목표의 성과를 가중치와 곱한 후 더하여 계산한다. 예를 들어

- 알코올 중독문제 해결: 0.5(보통 수준 성과)
- 건강관리: 0.75(바람직한 성과)

- 직업재활 참여: 0.75(바람직한 성과)
- 경제관리 능력: 0.25(기대 수준 이하 성과)

각 목표의 성과를 가중치와 곱한 값을 더하여 목표달성 수준을 계산한다:

목표 1(0.4×0.5)+목표 2(0.3×0.75)+목표 3(0.2×0.75)+목표 4(0.1×0.25)
= 0.2+0.225+0.15+0.025=0.6

이 결과는 기준점수(보통의 수준의 성과)인 0.5보다 0.1점 향상된 값으로, 20% 이상의 기대성과가 있었음을 나타낸다.

〈표 11-2〉 목표달성 척도의 예

(✔)=시작 수준 (+)=종결 수준	목적 1: 자기존중감 증진	목적 2: 또래에 대한 분노표출의 감소	목적 3: 훈육을 위해 불려가는 횟수의 감소
달성 수준	가중치: 40	가중치: 35	가중치: 25
(1) 생각할 수 있는 가장 좋지 않은 결과	자기존중감 척도점수 =30 혹은 그 이하	분노표출을 조절하여는 노력을 하지 않음	훈육호출 한 달에 4회 이상(✔)
(2) 예측했던 성공보다 낮은 수준	자기존중감 척도점수 =31~43(✔)	분노에 대처하는 새로운 기술을 배움(✔)	훈육호출 한 달에 3회
(3) 예측했던 성공	자기존중감 척도점수 =44~56	화가 났을 때 분노 대처 기술을 50% 미만으로 활용(+)	훈육호출 한 달에 2회
(4) 예측했던 성공 이상	자기존중감 척도점수 =57~69(+)	화가 났을 때 분노 대처 기술을 50~75% 사용	훈육호출 한 달에 1회
(5) 예측할 수 있는 최선의 성공	자기존중감 척도점수 =70 혹은 그 이상	화가 났을 때 분노 대처 기술을 75% 이상 사용	한 달간 훈육호출 없음(+)
요약	목적 1: 자기존중감	목적 2: 분노표출	목적 3: 훈육호출
가중치	40	35	25
변화 점수	2	1	4
가중변화 점수	80	35	100
가능한 가중 변화 점수	120	105	100
달성 백분율	66.7%	33.3%	100%
종합 가중 변화(215)/종합 가능 가중 변화(325)=66.5%			

출처: Sheafor & Horejsi(2008), 김상곤 외(2012), 재인용.

(6) 기능수준 척도

기능수준 척도(Level of Functioning scale: LOF)는 대상자의 연령이나 특성을 모두 고려하여 표준화된 척도의 한계를 보완할 수 있는 도구이다. 기능수준 척도는 클라이언트의 여러 기능 중 하나의 측면이나 범주와 관련이 있으며, 표준화된 척도가 특정 범주와 측면만을 집중적으로 평가하는 데 비해, LOF는 다양한 기능적 측면을 평가할 때 유용하다. 기능수준 척도의 수행방법은 다음과 같다(김상곤 외, 2012).

① 평가할 기능 선택

기능은 직접관찰이 가능한 클라이언트의 행동을 기준으로 평가된다. 기능수준을 표현할 때는 간결하고 실증적인 용어를 사용해야 한다. 예를 들어 '대인관계가 어렵다'는 용어는 해석이 다양할 수 있으므로, '친구에게 말을 걸지 못한다'와 같이 실제행동과 관련된 구체적인 기능을 기술해야 한다. 또한 일반학교 장애학생의 적응수준을 측정할 때는 '친구관계', '수업태도', '교사와의 관계' 등을 주요 변화목표로 설정한다.

② 척도점수 부여

척도의 점수부여는 보통 홀수점수로 이루어지며, 점수범위는 일반적으로 3~5개 정도가 적당하다. 각 점수는 클라이언트의 기능수준을 평가하는 기준에 맞춰 부여된다.

③ 척도별 점수특징 설명

각 점수에 해당하는 특징은 클라이언트의 전형적인 행동, 관찰 가능한 행동, 그리고 증명 가능한 행동을 기준으로 설명해야 한다. 예를 들어 '친구에게 말을 걸지 못한다'는 행동이 나타나면 점수를 부여하고, 그 점수에 해당하는 특성을 구체적으로 서술한다.

가장 적절한 기능 수준에 ✔표시하시오.

친구관계	1	2	3	4	5

- 1수준: 친구가 말을 걸어도 반응이 없음
- 3수준: 친구가 말을 걸면 언어와 행동으로 반응을 보임
- 5수준: 친구에게 먼저 말을 걸고자 함

수업태도	1	2	3	4	5

- 1수준: 수업에 집중을 하지 않고 자리를 벗어나고 산만함
- 3수준: 수업에 집중을 못하나 자리는 벗어나지 못함
- 5수준: 수업에 집중하는 편임

교사와의 관계	1	2	3	4	5

- 1수준: 교사의 질문에 대답을 하지 않음
- 3수준: 교사의 질문에 대답을 하고자 함
- 5수준: 교사의 질문에 적절하게 반응함

④ 기능수준 척도의 신뢰성 검증

기능수준 척도의 신뢰성은 1명의 클라이언트에 대해 2~3명의 평가자들이 평가한 결과를 바탕으로 검증한다. 평가자들의 의견이 일치하는 비율이 70% 이상이라면, 해당 평가가 신뢰성 있는 것으로 평가할 수 있다. 이를 통해 기능수준 척도는 다양한 관찰자의 시각을 반영하여 더 객관적인 평가를 제공할 수 있다.

(7) 만족도 조사

프로그램 평가에서 중요한 요소 중 하나는 바로 만족도 조사이다. 이는 프로그램이 얼마나 효과적으로 운영되었는지, 클라이언트가 프로그램을 통해 어떤 경험을 했는지를 파악하는 데 중요한 역할을 한다. 많은 프로그램 결과보고서에는 만족도 분석이 포함되어 있지만, 체계적으로 만족도를 조사하는 방법에 대한 구체적인 이해는 부족한 경우가 많다. 여기에서는 만족도 조사의 중요성과 그 적용 방법에 대해 간단히 설명하고자 한다(조성우 외, 2024).

① 만족도 조사의 중요성

만족도 조사는 프로그램이 잘 운영되었는지, 클라이언트에게 실제로 도움이 되

었는지를 평가하는 중요한 도구이다. 클라이언트는 프로그램에 참여하면서 긍정적이거나 부정적인 감정을 가지게 되며, 이는 프로그램에 대한 평가적 반응, 즉 '만족도'로 나타난다. 만족도 조사를 통해 얻을 수 있는 주요 이점은 다음과 같다.

- 프로그램 운영 평가: 만족도 조사는 프로그램이 실제로 어떻게 운영되었는지, 클라이언트에게 어떤 영향을 미쳤는지 평가할 수 있는 중요한 지표다. 이를 통해 프로그램을 개선할 수 있는 방향을 설정할 수 있다.
- 성과 입증: 만족도 조사는 프로그램의 성공적인 운영을 외부 이해관계자들에게 입증하는 데 유용한 도구가 된다. 간단한 조사결과로 성과를 명확히 보여줄 수 있어, 다른 사람들에게 프로그램의 효과를 알리기 쉽다.
- 사회복지 철학 반영: 사회복지 프로그램에서는 클라이언트의 목소리를 존중하는 것이 중요하다. 클라이언트가 프로그램을 통해 얼마나 만족했는지를 묻는 것은 이들의 경험을 인정하고 존중하는 중요한 방법이다.

② 만족도 측정도구의 선택

만족도를 정확하게 측정하려면 적절한 도구를 선택해야 한다. 여러 가지 방법이 있지만, 그중 가장 효과적인 방법은 현장에서 직접 도구를 개발하는 것이다. 아래는 만족도 측정을 위한 세 가지 주요 방법이다.

- 설문지 수정 사용: 이 방법은 다른 프로그램에서 사용한 만족도 설문지를 수정하여 사용하는 방식이다. 가장 간단하지만, 다른 프로그램에 맞춰 설문지를 수정하였기 때문에 체계적이지 않거나, 왜 이런 질문을 사용했는지 명확하게 설명하기 어려운 점이 있다. 따라서 이 방법은 권장하지 않는다.
- 표준화된 척도 사용: 공인된 표준화된 만족도 척도를 사용하는 방법이다. 예를 들어 '한국판 사회복지서비스이용자 만족도 척도(CSI-K)'가 있다. 이러한 도구는 이미 신뢰성과 타당도가 입증되었기 때문에 안전하게 사용할 수 있다. 그러나 표준화된 척도는 모든 프로그램에서 공통적으로 경험할 수 있는 항목만 포함되므로, 특정 프로그램에 맞는 항목이 부족할 수 있다.
- 현장 개발: 가장 효과적인 방법은 바로 현장에서 만족도 조사를 개발하는 것이다. 예를 들어 논리모델을 활용하여 설문지 문항을 만들면, 프로그램에 맞게 최적화된 문항을 구성할 수 있다. 이 방법은 프로그램 특성에 맞춘 체계

적이고 구체적인 조사를 할 수 있다는 장점이 있다.

③ 만족도 조사에 적정 표본 수

만족도 조사를 할 때, 어느 정도의 표본을 조사할지 결정하는 것이 중요하다. 규정된 기준은 없지만, 프로그램에 참여한 사람들의 수를 기준으로 적합한 표본 수를 설정할 수 있다. 예를 들어 프로그램 참가자가 30명이라면 적정 표본 수가 28명이므로 차라리 전수조사를 하는 것이 적합하고, 500명이라면 적정 표본 수가 217명이므로 시간과 비용절약을 위해 전수조사보다는 표본조사를 하는 것이 효율적이다(조성우 외, 2024). 〈표 11-3〉은 모집단 인원수에 적합한 표본 수를 제시하고 있으므로 이를 참고하여 표본 수를 결정하면 된다.

참고 **전수조사와 표본조사**

1. 전수조사

전수조사(complete enumeration, complete survey)란 통계집단에 속하는 모든 요소를 하나도 빠뜨리지 않고 관찰·조사하는 것을 말한다. 규정된 집단의 크기와 구조를 전체적으로 파악하는 것이 가능하고 그 결과 숫자가 표본오차를 포함하지 않는 점이 표본조사와 다르다.

2. 표본조사

표본조사(sampling survey, partial survey)란 조사대상집단(모집단)의 구성요소 중에 일부분을 관찰하는 조사를 말한다. 모집단이 커서 전체를 조사하기 어려울 때 실시하며, 표본집단의 조사결과로 모집단을 추정하는 데 그 특징이 있다. 전수조사와 달리 표본오차를 포함하고 있으나 신속성, 경제성 등의 장점이 있다. 전수조사와 표본조사를 아래와 같이 비교할 수 있다.

전수조사	표본조사
• 조사대상 전체를 빠짐없이 조사하기 때문에 원칙적으로 바람직하며, 조사집단이 작을 때는 유리하다. • 비용이 많이 든다. • 표본오차는 없으나 조사자나 대상자의 응답의 허위나 오류 등으로 오차가 발생한다. • 조사기간이 길다. • 표본조사에 비하여 전문적인 지식이 그렇게 요구되지 않는다.	• 조사대상 중 일부를 추출하기 때문에 표본추출문제가 중요하고, 모집단이 클 경우에 효과적이다. • 비용이 전수조사에 비해 적게 든다. • 표본오차가 존재하나 그 오차의 계산이 가능하다. • 조사기간이 짧다. • 전문적인 지식을 가진 조사원이 필요하며, 조사원에 대한 훈련이 용이하다.

출처: 김응렬(2004).

〈표 11-3〉 모집단에 적합한 표본크기

모집단	표본	모집단	표본	모집단	표본
10	10	220	140	1200	291
15	14	230	144	1300	297
20	19	240	148	1400	302
25	24	250	152	1500	306
30	28	260	155	1600	310
35	32	270	159	1700	313
40	36	280	162	1800	317
45	40	290	165	1900	320
50	44	300	169	2000	322
55	48	320	175	2200	327
60	52	340	181	2400	331
65	56	360	186	2600	335
70	59	380	191	2800	338
75	63	400	196	3000	341
80	66	420	201	3500	346
85	70	440	205	4000	351
90	73	460	210	4500	354
95	76	480	214	5000	357
100	80	500	217	6000	361
110	86	550	226	7000	364
120	92	600	234	8000	367
130	97	650	242	9000	368
140	103	700	248	10000	370
150	108	750	254	15000	375
160	113	800	260	20000	377
170	118	750	265	30000	379
180	1253	900	269	40000	380
190	127	950	274	50000	381
200	132	1000	278	75000	382
210	136	1100	285	100000	384

출처: Krejcie & Morgan(1970), 조성우 외(2024), 재인용.

(8) 목표 대비 결과 평가

목표 대비 결과를 계산하는 방법은 사회복지 현장에서 자주 사용되는 평가기법 중 하나이다. 이 방법은 경영학의 목표관리제(MBO, Management By Objectives)에서 유래한 것으로, 성과목표를 설정하고 실제결과를 산출한 후, 목표와 결과를 비교하여 성과를 측정한다(조성우 외, 2024). 예를 들어 프로그램의 목표 참여인원이 30명일 때 실제 참여자가 28명이라면 성과는 다음과 같이 계산할 수 있다.

$$\text{성과} = \frac{\text{결과}}{\text{목표}} \times 100 = \frac{28}{30} \times 100 = 93.3\%$$

또 다른 예시로 프로그램 서비스 제공 목표량이 70건일 때 실제결과가 75건이라면 성과는 107.1%가 된다. 이 경우, 성과를 107.1%로 보고서에 작성할지 아니면 100.0%로 작성할지는 기관의 판단에 따라 결정하면 된다.

$$\text{성과} = \frac{\text{결과}}{\text{목표}} \times 100 = \frac{75}{70} \times 100 = 107.1\%$$

목표 대비 결과는 주로 인원 수나 횟수와 같은 정량지표를 사용할 때 활용된다. 하지만 경우에 따라서는 심리척도 점수와 같은 정성지표를 사용하여 성과를 계산할 수도 있다. 예를 들어 프로그램 만족도 척도를 사용하여 목표점수가 80점이고 실제점수가 75점일 경우, 성과는 96.3%로 계산된다. 이러한 계산방법은 성과를 직관적으로 파악할 수 있게 도와주며, 목표달성 정도를 수치로 나타내어 평가할 수 있게 해준다.

참고 정량지표(Quantitative indicators)와 정성지표(Qualitative indicators)

정량지표는 수치로 표현할 수 있는 데이터를 의미한다. 이러한 지표는 특정 특성이나 현상을 측정하여 숫자로 나타내고 분석하는 데 사용된다. 예를 들어 프로그램에 참여한 사람 수, 교육 과정에서 성취한 과제물 달성률, 자원봉사자의 수 등이 이에 해당한다. 정량지표는 비교와 평가가 용이하고, 통계적 분석을 통해 결과를 도출하는 데 유용하다.

반면, 정성지표는 숫자가 아닌 질적 데이터를 다룬다. 이 지표는 경험적이고 서술적인 정보를 기반으로 하며, 주관적인 평가가 필요하다. 예를 들어 가족유대감 점수, 리더십 변화 정도, 문화탐방 만족도, 친구지지 변화 정도, 진로성숙도 변화정도 등이 정성지표로 활용될 수 있다. 정성지표는 인터뷰나 설문조사, 고객 피드백 등을 통해 수집되며, 이러한 데이터를 분석하여 중요한 패턴이나 주제를 도출할 수 있다.

정량지표와 정성지표는 서로 보완적인 관계를 형성한다. 정량지표는 객관적인 수치 기반 분석을 가능하게 하는 반면, 정성지표는 사람들의 경험과 감정을 반영하여 더 깊은 이해를 돕는다. 두 지표를 함께 활용하면 프로그램이나 서비스의 효과를 보다 종합적이고 다각적으로 평가할 수 있다.

(9) 실험조사설계: 단일집단사전사후설계, 비동일통제집단설계

실험조사설계는 독립변수의 조작, 외생변수(독립변수 외에 실험 결과에 영향을 미칠 수 있는 모든 변수)의 통제, 실험대상의 무작위화라는 기본 조건을 바탕으로 여러 유형으로 나뉜다. 이 조건들이 어느 정도 충족되느냐에 따라 순수실험조사설계, 준실험조사설계(유사실험조사설계), 전실험조사설계, 비실험조사설계로 구분된다(이창희 외, 2010). 사회복지 현장에서는 무작위 대상을 설정하는 것이 현실적으로 어려운 경우가 많아, 단일집단사전사후설계와 비동일통제집단설계가 자주 활용된다.

① 단일집단사전사후설계

단일집단사전사후설계는 하나의 집단을 대상으로 특정 프로그램(실험처치)을 실시하기 전에 사전검사를 통해 미리 종속변인과 관련된 특징을 확인하고, 프로그램 실시 후 사후검사를 통해 사전검사와 사후검사 간의 차이를 분석하여 프로그램의 효과를 평가하는 방법으로(김선희 외, 2019) 표기는 [그림 11-1]과 같이 한다.

$O_1 \quad \times \quad O_2 \qquad\qquad D = O_2 - O_1$

[그림 11-1] 단일집단사전사후설계의 표기

단일집단사전사후설계에서 데이터 분석에 사용되는 방법은 크게 세 가지로 나뉘며, 각각 고유한 장점과 단점을 지니고 있다. 따라서 연구자는 연구목적과 상황에 따라 적절한 분석방법을 선택해야 하며, 각 방법은 특정 연구상황에서 유용하게 활용될 수 있다(조성우 외, 2024).

가. 비율을 활용한 분석

비율분석은 가장 기본적인 방법으로, 프로그램 참여자 중 긍정적인 변화를 보인 사람의 비율을 계산하여 결과를 도출한다. 예를 들어 프로그램 시작 전에 참여자의 40%가 긍정적 반응을 보였고 종료 후에는 70%로 증가했다면, 이 비율의 변화를 통해 프로그램의 효과를 쉽게 파악할 수 있다. 이 방법은 간단하고 누구나 쉽게 사용할 수 있다는 장점이 있지만, 변화의 크기나 그 차이가 얼마나 중요한지 명확히 보여주지 못한다. 즉 변화가 있었음을 확인할 수는 있지만, 그 변화가 통계적으로 의미 있는지는 설명하지 못한다.

<보고서 작성예시>

〈표 11-4〉 학교폭력 인식척도의 점수와 변화방향

참여자	사전점수	사후점수	점수변화	참여자	사전점수	사후점수	점수변화
참여자1	40	52	+12	참여자11	37	55	+18
참여자2	45	50	+5	참여자12	42	52	+10
참여자3	35	54	+19	참여자13	40	50	+10
참여자4	42	48	+6	참여자14	44	48	+4
참여자5	40	52	+12	참여자15	38	55	+17
참여자6	38	50	+12	참여자16	41	54	+13
참여자7	43	54	+11	참여자17	43	50	+7
참여자8	41	50	+9	참여자18	40	52	+12
참여자9	39	52	+13	참여자19	45	48	+3
참여자10	45	48	+3	참여자20	38	55	+17

표를 분석한 결과 총 20명의 참여자 중 16명(80%)에서 점수가 향상되었음을 알 수 있다. 점수 향상 폭은 3점에서 19점 사이로 다양했지만 참여자 대부분에게서 긍정적인 변화가 나타났다.

나. 평균비교

평균비교는 프로그램 전후에 측정된 점수의 평균을 계산하여 그 차이를 분석하는 방법이다. 예를 들어 사전평균 점수가 60점이고 사후평균 점수가 75점이라면, 평균점수의 상승을 통해 프로그램의 효과를 확인할 수 있다. 두 평균을 그래프로 시각화하면 변화가 더욱 명확하게 드러난다. 이 방법은 사전과 사후 점수의 차이를 쉽게 파악할 수 있다는 장점이 있지만, 평균의 차이가 통계적으로 유의미한지를 정확히 판단하기는 어렵다. 즉 평균이 상승했더라도 그 차이가 우연일 가능성을 배제하기 어렵다.

〈표 11-5〉 학교폭력 인식 척도점수

참여자	사전점수	사후점수	참여자	사전점수	사후점수
참여자1	40	52	참여자11	37	55
참여자2	45	50	참여자12	42	52
참여자3	35	54	참여자13	40	50
참여자4	42	48	참여자14	44	48
참여자5	40	52	참여자15	38	55
참여자6	38	50	참여자16	41	54
참여자7	43	54	참여자17	43	50
참여자8	41	50	참여자18	40	52
참여자9	39	52	참여자19	45	48
참여자10	45	48	참여자20	38	55
평균점수	40.80	51.45			

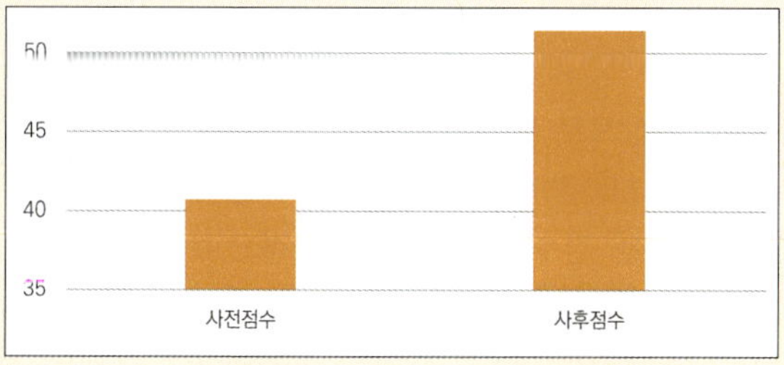

[그림 11-2] 학교폭력 인식 점수 변화 그래프

프로그램 참여자를 대상으로 학교폭력 인식의 사전점수와 사후점수를 비교한 결과, 사전점수의 평균은 40.80점이고 사후점수의 평균은 51.45점으로 나타나 점수가 10.65점 증가했다. 이는 프로그램을 통해 참여자들의 학교폭력에 대한 인식이 향상되었음을 알 수 있다.

다. 추리통계

추리통계는 사전과 사후 점수의 차이가 통계적으로 유의미한지를 검증하는 데 중점을 둔다. 예를 들어 t-검정을 사용하면 평균점수의 차이가 단순한 우연이 아니라 프로그램의 효과 때문임을 확인할 수 있다. 이 방법의 가장 큰 장점은 결과를 모집단 전체로 일반화할 수 있다는 점이다. 즉 분석에 참여한 집단을 모집단의 대표표본으로 간주하여 그 결과를 확장 적용할 수 있다. 그러나 이 방법은 통계적 지식이 필요하고 분석과정이 복잡하다는 단점이 있다.

<보고서 작성예시>

단일집단사전사후설계를 활용해서 프로그램 참여자 20명의 점수 변화를 분석한 결과는 다음과 같다.

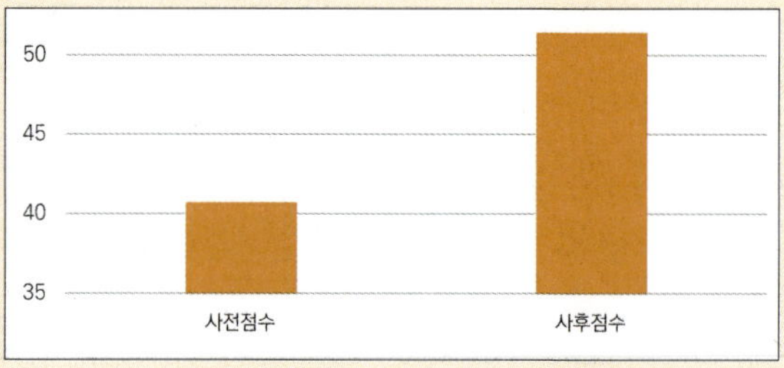

[그림 11-3] 학교폭력 인식 점수 변화 그래프

〈표 11-6〉 학교폭력 인식 척도점수

	N	M(SD)	Z값	P
사전점수	20	40.80(2.83)	-3.925	.000
사후점수	20	51.45(2.48)		

프로그램 참여자를 대상으로 학교폭력 인식의 사전점수와 사후점수를 비교한 결과, 사전점수의 평균은 40.80점이고 사후점수의 평균은 51.45점으로 나타나 점수가 10.65점 증가했다. 이러한 점수 변화가 통계학적으로 유의한지를 확인하기 위해 Wilcoxon 부호순위 검정을 실시한 결과 〈표 11-6〉과 같이 나타났다. 검정통계량을 보면 Z값이 -3.925이며 P값이 .000로 나타나 통계적으로 유의한 것으로 나타났다. 따라서 프로그램의 효과가 있다고 볼 수 있다.

② 비동일통제집단설계

비동일통제집단설계는 두 개 이상의 집단을 비교하여 실험처치의 효과를 평가하는 방법으로 표기는 [그림 11-4]와 같이 한다. 이 설계에서는 실험군과 비교군이 사전에 무작위로 선정되지 않지만, 비교군을 설정함으로써 외부요인의 영향을 어느 정도 통제할 수 있다(이창희 외, 2010).

실험집단	O_1	×	O_2	$de = O_2 - O_1$
				$D = de - dc$
통제집단	O_3		O_4	$dc = O_4 - O_3$

[그림 11-4] 비동일통제집단설계의 표기

사회복지 현장에서 운영되는 집단 프로그램은 보통 소집단 프로그램과 대집단 프로그램으로 나뉜다. 소집단 프로그램은 참여인원이 30명 미만인 경우가 많다. 이 경우에는 통계분석에서 정규분포(평균을 중심으로 좌우가 대칭을 이루며 대부분의 데이터가 평균 주변에 몰려 있는 종 모양의 분포)를 가정하기 어렵기 때문에 비모수 검정이라는 방법을 사용해 분석한다. 비모수검정은 데이터의 분포에 제한을 두지 않아, 소규모 그룹의 데이터를 분석할 때 적합하다(박재연 · 배은경, 2021).

반면 대집단 프로그램은 참여인원이 30명 이상인 경우를 말한다. 프로그램 평가에서 정규성을 가정할 때 사례 수 30이라는 기준은 각 집단의 사례 수를 의미한다. 즉 실험집단과 비교집단 각각에 사례 수가 30명 이상이어야 정규분포를 가정하는 데 적합하다고 본다. 이처럼 사례 수가 충분할 경우, 데이터가 정규분포를 따를 가능성이 높아 모수 검정을 사용할 수 있다. 모수 검정은 데이터가 특정 분포를 따른다고 가정하기 때문에, 분석결과에 대한 신뢰도가 높아지는 장점이 있다. 반면, 참여자가 적은 소집단에서는 데이터의 분포를 가정하지 않는 비모수 검정을 사용하는 것이 적합하다. 쉽게 말해 참여인원이 많은 대집단에서는 일반적인 통계기법인 모수 검정을, 인원이 적은 소집단에서는 비모수 검정을 사용하는 것이다.

〈표 11-7〉 비모수 검정방법과 모수 검정방법

	비모수 검정방법(n<30)	모수 검정방법(n≥30)
독립 2표본	Mann-Whitney의 U검정	독립표본 t검정
대응 2표본	Wilcoxon 부호순위검정	대응표본 t검정
독립 k표본	Kruskal-Wallis의 H검정	일원분산분석

<보고서 작성예시>

비동일통제집단설계를 활용한 프로그램 효과성 검정의 순서는 다음과 같다.

① 사전점수에 대한 동질성 검사

먼저 실험집단과 비교집단의 사전점수를 비교하여 두 집단 간 차이가 없는지 확인한다. 이 단계에서는 두 집단의 사전점수가 통계적으로 유의미하게 다르지 않음을 검증해야 한다.

〈표 11-8〉은 생태체계관점 진로탐색프로그램을 실시하기 전 사전점수의 동질성 검증을 살펴본 결과로서 먼저 진로결정자기효능감에 대해서는 실험집단이 평균 2.88점 통제집단이 2.82점으로 두 집단간 통계적으로 유의한 차이가 없는 것으로 나타났다(t=.540, p=.592). 하지만 하위영역인 문제해결과 미래계획에서는 두 집단이 동질하지 않은 것으로 나타났다.

〈표 11-8〉 실험집단과 통제집단의 사전점수에 대한 동질성 검정

영역		실험집단	통제집단	t	p
		M(SD)	M(SD)		
진로 결정 자기 효능감	목표선정	3.06(0.51)	2.86(0.43)	1.456	.152
	계획수립	2.89(0.48)	2.77(0.45)	.881	.383
	문제해결	3.08(0.53)	2.72(0.52)	2.386	.021
	미래계획	2.48(0.55)	2.93(0.38)	-3.246	.002
	전체	2.88(0.37)	2.82(0.39)	.540	.592

② 프로그램 효과성 검증

먼저 사전점수에 차이가 없는 경우, 실험집단과 비교집단 각각의 사전점수와 사후점수를 비교하여 효과성을 검정한다. 먼저 실험집단과 비교집단 별로 대응표본 t검정을 실시하여, 각 집단 내에서 사후점수가 사전점수에 비해 유의미한 변화가 있었는지를 확인한다. 이를 통해 실험집단만 변화가 나타났는지 평가할 수 있다. 이후 사후점수와 사전점수를 비교하여 집단 간 차이를 독립표본 t검정을 통해 확인한다. 이 단계에서 실험집단과 비교집단 간에 사후점수 차이가 유의미한지 검토한다.

〈표 11-9〉는 생태체계관점 진로탐색 프로그램이 진로결정자기효능감에 미치는 효과를 살펴보기 위해 실험집단과 통제집단의 프로그램 실시 전후의 차이를 하위영역별로 분석한 결과이다. 분석한 결과 생태체계관점 진로탐색 프로그램을 실시한 실험집단의 학생의 진로결정자기효능감 점수의 평균이 통제집단의 학생 평균보다 높은 것으로 나타났다(t=8.453, p=.000) 또한 목표선정, 계획수립, 문제해결, 미래계획의 모든 하위영역에서 실험집단 학생이 통제집단 학생에 비해 점수평균이 높은 것으로 나타났다.

〈표 11-9〉 진로결정자기효능감의 사전-사후 효과분석

영역		검사시기	사전 M(SD)	사후 M(SD)	t^a	p	사후-사전 M(SD)	t^b	p
진로결정자기효능감	목표선정	실험	3.06(0.51)	3.92(0.29)	-7.296	.000	0.86(0.58)	7.326	.000
		통제	2.86(0.43)	2.79(0.35)	1.466	.156	-0.07(0.23)		
	계획수립	실험	2.89(0.48)	3.91(0.46)	-7.017	.000	1.02(0.71)	6.630	.000
		통제	2.77(0.45)	2.76(0.38)	0.130	.898	-0.01(0.26)		
	문제해결	실험	3.08(0.53)	3.67(0.42)	-4.230	.000	0.58(0.68)	4.337	.000
		통제	2.72(0.52)	2.67(0.47)	1.072	.295	-0.06(0.25)		
	미래계획	실험	2.48(0.55)	3.29(0.47)	-5.947	.000	0.81(0.67)	6.240	.000
		통제	2.93(0.38)	2.85(0.33)	1.895	.071	-0.08(0.19)		
전체		실험	2.88(0.37)	3.70(0.23)	-8.608	.000	0.82(0.47)	8.454	.000
		통제	2.82(0.39)	2.77(0.33)	1.307	.204	-0.05(0.19)		

t^a=대응표본 t-test, t^b=독립표본 t-test

③ 사전점수 차이가 나타날 경우(사전 동질성 검사를 통과하지 못한 경우)

만약 사전 동질성 검사에서 집단 간 차이가 나타나면, 사전점수를 통제한 상태에서 사후점수 차이를 비교하기 위해 공변량분석(ANCOVA)를 실시한다. 이 방법을 통해 사전점수의 영향을 배제하고, 사후점수 차이가 실험 프로그램의 효과 때문인지를 확인할 수 있다.

〈표 11-10〉은 사전동질성 검정(〈표 11-8〉)에서 진로결정자기효능감의 하위영역인 문제해결과 미래계획에서 실험집단과 통제집단간에 유의한 차이가 있는 것으로 나타나 공변량분석을 통해 프로그램 실시 후 집단간 차이를 재확인한 결과이다. 분석결과 진로결정자기효능감의 사전점수를 통제한 상황에서 실험집단의 학생이 통제집단의 학생보다 유의한 향상을 보이는 것으로 나타났다(F=57.607, p=.000) 하위영역에서는 문제해결(F=49.265, p=.000)과 미래계획(F=23.388, p=.000)에서 모두 실험집단의 학생이 통제집단의 학생보다 점수가 높은 것으로 나타났으며 이는 통계적으로도 유의하였다. 이러한 결과는 본 프로그램이 참여학생들에게 자기 스스로 진로를 탐색하고 선택할 수 있도록 돕고 또한 직업의 의미에 대해 올바로 인식하여 자신의 진로방향을 설정하도록 하는데 도움을 주었음을 보여준다. 즉 학교부적응 중학생을 대상으로 개발된 생태체계관점의 진로탐색프로그램은 진로결정 자기효능감를 향상시키는데 유의한 영향을 미치는 것을 확인할 수 있다.

〈표 11-10〉 진로결정자기효능감에 대한 공변량분석

영역		실험 M(SD)	통제 M(SD)	F	p
진로결정 자기효능감	목표선정	3.92(0.29)	2.79(0.35)	151.284	.000
	계획수립	3.91(0.46)	2.76(0.38)	86.411	.000
	문제해결	3.67(0.42)	2.67(0.47)	49.265	.000
	미래계획	3.29(0.47)	2.85(0.33)	23.388	.000
전체		3.70(0.23)	2.77(0.33)	57.607	.000

출처: 조성심 · 주석진(2011), 일부 수정.

(10) 단일사례설계

① 개념

단일사례설계는 특정 대상(예: 클라이언트, 프로그램, 정책 등)에 대한 개입이 어떻게 효과를 미쳤는지를 평가하는 방법이다. 이 설계는 대상의 행동변화를 추적하고, 그 효과를 명확히 파악하기 위해 반복적인 측정을 통해 데이터를 수집한다. 개입전후의 변화를 기록하고, 이를 분석하여 개입의 효과를 평가한다.

② 행동측정 지표

단일사례설계에서 개입의 효과를 평가하기 위해서는 행동측정 지표가 필요하다. 이 지표는 표출된 행동을 측정할 수 있어야 하며, 주관적이거나 감정적인 요소보다는 구체적이고 관찰 가능한 행동을 선택해야 한다. 단일사례설계에서 표적행동은 빈도, 지속기간, 강도(크기)로 수량화될 수 있으며 이를 측정하여 그래프에 표시한다(황성철, 2005).

- 빈도(Frequency): 정해진 시간 동안 특정 행동이 나타난 횟수를 의미한다. 예를 들어 학교폭력 예방 프로그램이 시작되기 전과 후에 발생한 학교폭력 사건의 횟수를 기록할 수 있다.
- 지속기간(Duration): 표적행동이 얼마나 오랫동안 지속되는지를 의미한다. 예를 들어 학교폭력 사건이 발생한 후, 그 사건이 지속된 시간을 측정할 수 있다.
- 강도(Intensity): 표적행동의 양과 정도를 의미한다. 예를 들어 학교폭력의 강도를 경미, 중간, 심각 등으로 분류하여 기록할 수 있다.

③ 단일사례설계의 기본원칙

단일사례설계를 통해 개입효과를 평가할 때, 그래프를 활용하여 수집된 데이터를 시각적으로 표현한다. 이를 위해서는 다음과 같은 기본원칙을 지켜야 한다(김선희 외, 2019).

가. 기초선(A)단계

기초선(A)단계는 개입 전 또는 프로그램 시행 전의 상태를 나타내는 단계이다. 이 시기에는 개입 이전 또는 프로그램 시행 이전의 표적집단 특성에 관한 자료가 수집된다. 예를 들어 학교폭력 예방 프로그램을 시작하기 전, 학교에서 발생한 폭력적 행동의 빈도를 일정기간 기록한다. 참고적으로 기초선의 전반적인 경향은 [그림 11-5]를 참조하기 바란다.

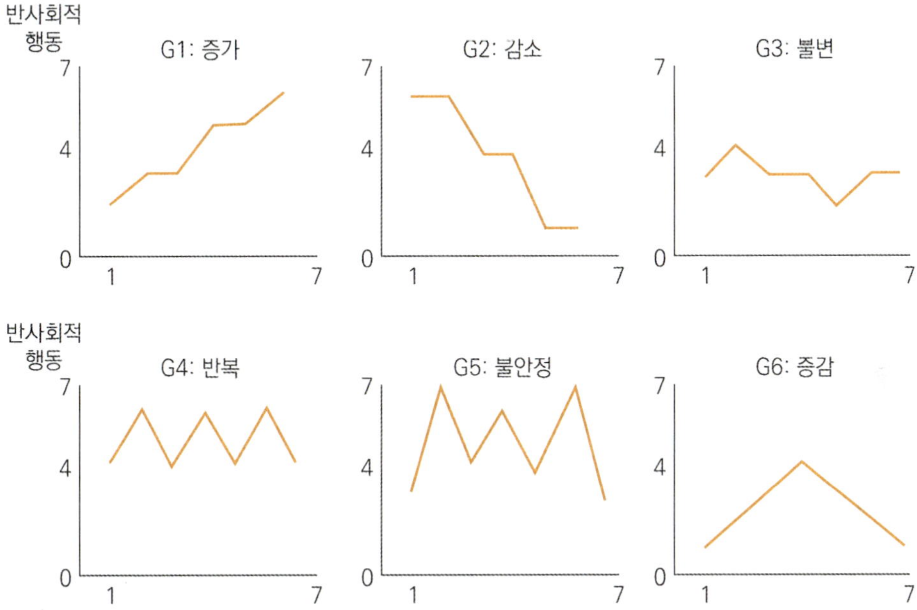

출처: 이창희 외(2010).

[그림 11-5] 기초선 경향의 유형

나. 개입(B)단계

개입(B)단계는 개입 도중 또는 개입 후의 상태를 나타내는 단계이다. 그래프에서 B는 개입 이후 또는 프로그램 시행 이후의 상황이나 변화를 나타낸다. 예를 들어 학교폭력 예방교육을 받은 후 학생들의 폭력적인 행동이 얼마나 감소했는지를 평가한다. A와 B는 점선으로 구분하여 각 단계를 명확히 구별한다.

다. 추가 개입(C, D)단계

C와 D 단계는 서로 다른 개입방법을 나타낸다. 예를 들어 학교폭력 예방프로그램 이후에도 학생들의 폭력행동이 완전히 사라지지 않았다면, 추가적으로 다른 종류의 개입(예: 상담 프로그램, 또래 지지 프로그램)을 C, D 단계로 나누어 평가할 수 있다.

④ 단일사례설계 유형

단일사례설계의 유형은 A와 B의 결합의 순서에 따라 다르게 나타난다. 즉 AB설계, ABA설계, ABAB설계, BAB설계, ABCD설계, 복수기초선 설계 등이 있다(이창희 외, 2010).

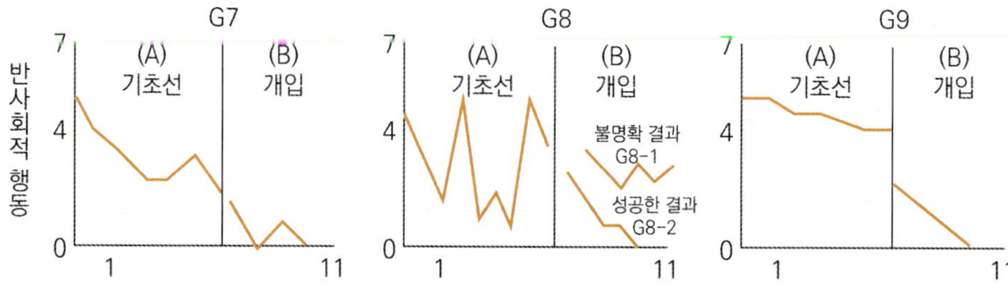

G7: 기초선이 개선되는 경향인 도중에 개입되어 개입효과가 있다고 평가하기 어려운 경우
G8: 기초선이 불안정한 가운데 개입이 효과가 있는지 불명확한 경우(G8-1)와 개입이 효과가 있다고 평가되는 경우(G8-2)
G9: 기초선이 크게 개선 가능성이 없는 경향인 반면, 개입 이후 급격히 개선된 경우로 개입이 매우 효과적임을 보여주는 경우

출처: 이창희 외(2010).

[그림 11-6] AB설계 예시

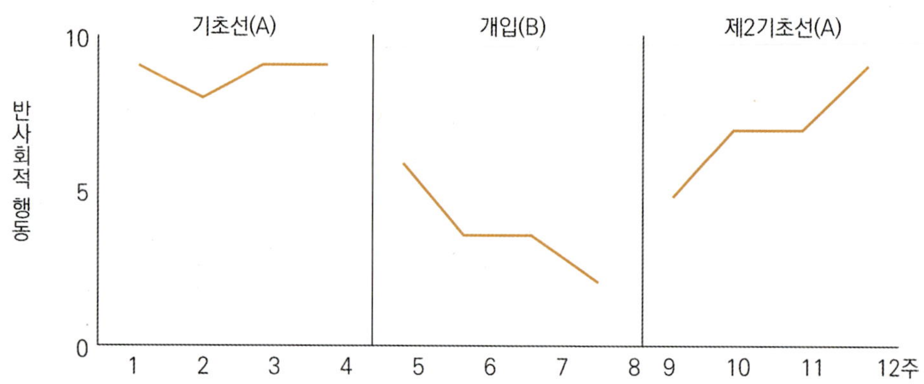

출처: 이창희 외(2010).

[그림 11-7] ABA설계 예시

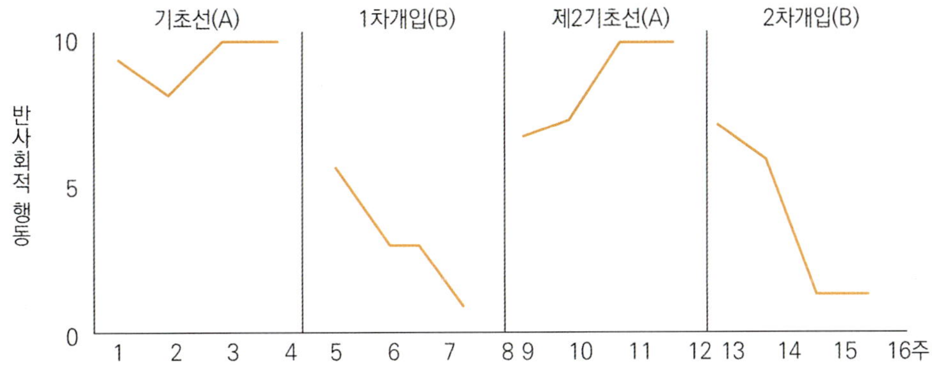

출처: 이창희 외(2010).

[그림 11-8] ABAB설계 예시

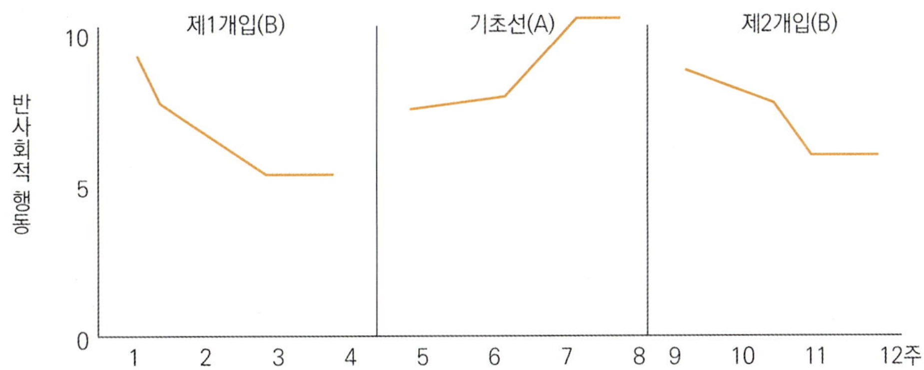

출처: 이창희 외(2010).

[그림 11-9] BAB설계 예시

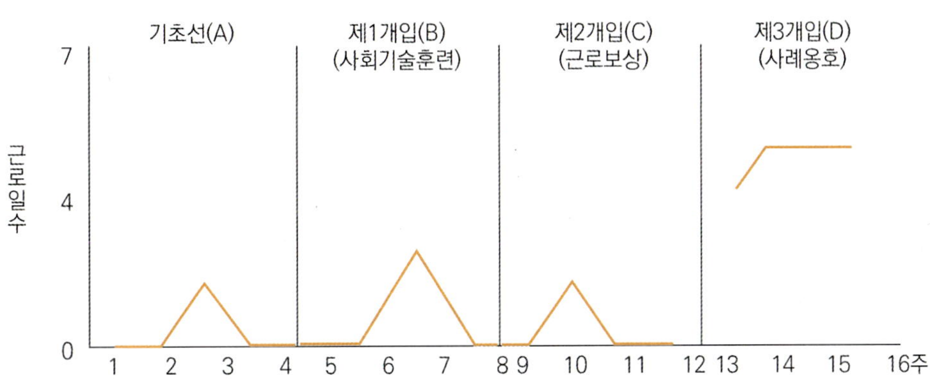

출처: 이창희 외(2010).

[그림 11-10] ABCD설계 예시

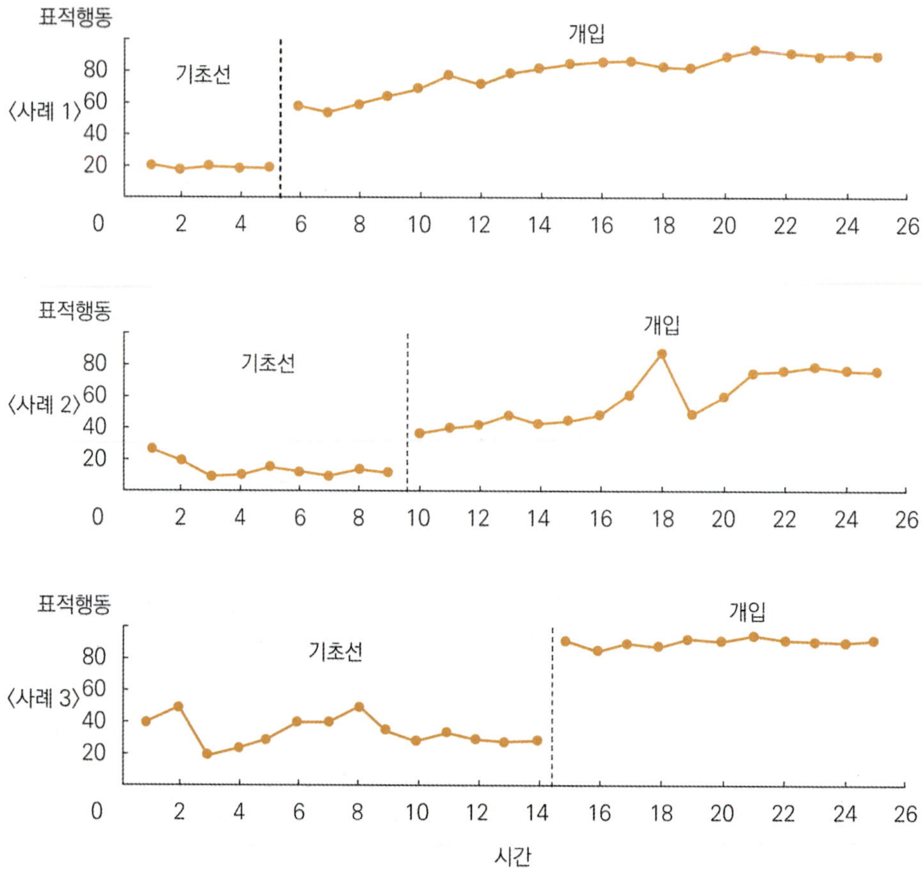

출처: 김영종(2007).

[그림 11-11] 복수기초선설계 예시

⑤ 단일사례설계 분석

가. 개입평가기준

개입평가기준은 개입을 평가할 때 기본적으로 고려해야 할 일종의 준거틀이다. 개입결과를 평가하기 위한 주요 기준으로는 변화의 파동, 변화의 경향, 변화의 수준이 있다(이창희 외, 2010).

- 변화의 파동(variability): 관찰된 표적행동의 특성이 시간의 경과에 따라 얼마나 파동을 일으키며 변화하는지를 말한다. 파동이 큰 경우, 즉 행동변화가 불규칙적이라면, 일정한 유형의 변화를 판단하기 위해 더 많은 관찰이 필요하다. 반면 파동이 적은 경우, 즉 변화가 안정적이라면, 일정한 패턴을 관찰할 수 있을 때까지 관찰횟수를 증가시키는 것이 바람직하다.

- 변화의 경향(trend): 기초선기간과 개입기간 동의 변화경향을 비교하여 평가하는 기준이다. 두 기간 동안 변화의 경향이 일치하면 개입의 영향을 평가하기 어렵고, 경향이 상반되면 개입의 효과를 더 쉽게 판단할 수 있다.
- 변화의 수준(level): 관찰된 행동특성의 점수위치를 의미한다. 기초선 점수수준과 개입기간 동안의 점수수준이 큰 차이를 보일수록 개입의 효과에 대한 확신이 높아진다.

나. 개입의 유의성 분석

단일사례조사에서 개입결과를 분석할 때 제기되는 주요 유의성 문제는 시각적 유의성, 통계적 유의성, 실질적 유의성이다(이창희 외, 2010).

- 시각적 유의성(visual significance): 개입이 도입되거나 중단된 후 표적행동의 수준과 경향에 변화가 그래프상에서 시각적으로 나타나는지를 분석한다. 기초선 수준과 개입 후 변화가 그래프에서 명확하게 보이는지 평가한다.
- 통계적 유의성(statistical significance): 개입단계 동안 관찰된 데이터가 기초선에서 연장된 예상 파동과 어떻게 다른지 통계적으로 분석한다. 예를 들어 기초선단계와 개입단계의 평균을 비교하거나, 기초선에서 자연스럽게 진행될 것으로 예상되는 경향선과 개입 후 변화의 차이를 분석한다.
- 실질적 유의성(practical significance): 개입으로 인한 표적행동의 변화가 실질적이거나 임상적으로 의미가 있는지를 평가한다. 즉 변화가 실제로 실천적인 의미를 가질 만큼 충분히 중요한지 판단한다.

2) 효율성 평가

(1) 비용편익분석

비용편익분석은 프로그램에 투입된 비용과 편익을 모두 화폐가치로 환산하여 비교분석을 하는 방법이다(김선희 외, 2021). 여기서 비용은 프로그램을 수행하는데 들어가는 모든 직간접적인 비용을 의미하고, 편익은 프로그램을 통해 얻어지는 모든 경제적, 사회적 이익을 의미한다. 비용편익분석의 절차는 우선 특정 프로그램의 모든 비용과 편익을 열거하고 그 다음 각 비용과 편익을 화폐가치로 환산하여 마지막으로 총비용과 총편익의 비율을 산출하면 된다. 비용편익분석에서 핵심적 요소가 비용과 편익을 화폐가치로 환산하는 방법에 있는데 편익은 화폐가치로 환산할 수 있는 것과 그렇지 못한 것으로 구분된다(황성철, 2005). 〈표 11-11〉은 이를 예시로 제시한 것이다.

〈표 11-11〉 아동학대예방 및 치료 프로그램의 편익

화폐가치로 환산 가능한 편익	화폐가치로 환산 불가능한 편익
• 아동과 부모에 대한 건강 및 정신건강증진 서비스 비용절감액 • 예방으로 인한 차후 아동복지서비스에 대한 비용절감액 • 위탁가정 또는 대리모서비스에 대한 비용절감액 • 부모의 학대로 인해서 발생하는 교도소 비용절감액 • 학대받은 아동에 대해 발생하는 의료비 절감액	• 프로그램 시행으로 인한 개인과 가족의 감소된 스트레스 • 부모의 아동양육기술의 향상과 부부관계 향상 • 부부갈등의 감소와 아동에 대한 태도변화 • 아동과 부모의 위협감소와 신체적 건강 • 아동학대의 범죄행위에 대한 불안감 해소

출처: 황성철(2005).

예시: 직장 내 건강증진 프로그램의 비용편익분석

프로그램 개요:

A 종합사회복지관은 직원들의 건강증진을 목표로 하는 프로그램을 시행하려고 한다. 이 프로그램은 직원들에게 정기적인 운동시간을 제공하고, 건강상담 및 식습관 개선을 위한 워크숍을 운영하는 내용이다.

1. 비용 산정

프로그램을 시행하는 데 드는 비용은 다음과 같다.

① 직접비용:
- 건강상담 서비스 제공: 500,000원
- 운동프로그램 강사 비용: 300,000원
- 식습관 개선 워크숍 비용: 200,000원
- 총 직접비용 = 500,000 + 300,000 + 200,000 = 1,000,000원

② 간접비용:
- 주민들이 프로그램에 참여하는 동안 다른 활동에 할애할 수 있는 시간이 줄어드는 기회비용: 150,000원
- 프로그램 운영을 위한 관리 및 조직 비용: 100,000원
- 총 간접비용 = 150,000 + 100,000 = 250,000원

③ 전체비용 = 직접비용 + 간접비용 = 1,000,000 + 250,000 = 1,250,000원

2. 편익 산정

이 프로그램을 통해 예상되는 편익은 다음과 같다.

① 경제적 편익:

- 주민들의 건강개선으로 병가 및 치료비용 절감: 건강증진을 통해 병원 방문 및 장기 치료가 줄어들며, 이에 따라 절감되는 비용이 발생한다. 예상 절감액: 1,500,000원
- 주민들의 생산성 향상: 프로그램에 참여한 주민들이 더 건강해지고, 지역사회에서 더 활발히 활동할 수 있게 되어 경제적 효과를 가져온다. 예상되는 생산성 증가: 1,000,000원

② 사회적 편익:

- 주민들의 삶의 질 향상 및 사회적 통합: 건강증진을 통해 주민들의 삶의 질이 향상되며, 복지관과 지역사회의 연대감이 강화된다. 사회적 효과는 주민들의 만족도와 지역 내 건강한 지역사회 형성에 기여할 수 있다. 예상되는 사회적 편익: 500,000원

③ 전체 편익 = 경제적 편익 + 사회적 편익

= 1,500,000 + 1,000,000 + 500,000 = 3,000,000원

3. 비용과 편익의 비율 산출

비용편익비율(BCR)은 다음과 같이 계산된다.

$$BCR = \frac{\text{총 편익}}{\text{총 비용}} = \frac{3,000,000}{1,250,000} = 2.4$$

4. 결론

비용편익비율이 2.4라는 것은 프로그램에 투자된 1원의 비용에 대해 2.4원의 편익이 발생한다는 의미이다. 따라서 이 프로그램은 경제적으로 타당하며, A종합사회복지관의 자원을 투자할 가치가 있는 프로그램으로 평가된다. 이와 같이, A종합사회복지관에서 건강증진 프로그램을 시행하기 위해 비용편익분석을 통해 경제적 타당성을 평가하고, 이 프로그램이 지역사회와 주민들에게 미치는 긍정적인 영향을 파악할 수 있다.

(2) 비용효과분석

비용효과분석은 프로그램에 투입된 비용을 화폐단위로 계산하고, 이를 달성된 성과와 비교하여 분석하는 방법이다(김선희 외, 2021). 비용효과분석의 절차는 먼저 프로그램 성과지표를 정의하고, 그에 따른 운영비용을 계산하는 것으로 시작된다. 이후 성과지표에 해당하는 자료를 적절히 수집하고, 프로그램의 성과를 산출한다.

그 후 프로그램에 소요된 총비용을 성공적인 참여자 수로 나누어 계산하며, 마지막으로 비용효과분석 결과를 바탕으로 최종제안을 검토한다(황성철, 2005).

예시: A종합사회복지관의 취업지원 프로그램 비용효과분석

프로그램 개요:

A종합사회복지관은 지역주민을 대상으로 한 취업지원 프로그램을 시행하고 있다. 이 프로그램은 취업을 원하는 참가자들에게 직업상담, 이력서작성 지원, 면접준비 훈련 등을 제공한다. 프로그램의 목표는 참가자들이 취업에 성공하는 것이다.

1. 프로그램 성과지표 정의
   - 성과지표: 프로그램 참가자가 취업에 성공한 수

   예: 프로그램에 참가한 100명 중 60명이 취업에 성공했다.

2. 프로그램 운영비용 계산

   ① 직접비용:
   - 직업상담 및 훈련강사 비용: 2,000,000원
   - 이력서작성 지원 및 면접훈련 비용: 1,000,000원
   - 프로그램 홍보 및 관리 비용: 500,000원
   - 총 직접비용: 2,000,000 + 1,000,000 + 500,000 = 3,500,000원

   ② 간접비용:
   - 프로그램 운영을 위한 관리인력 및 시설비용: 1,000,000원
   - 총 간접비용: 1,000,000원

   ③ 전체비용:
   - 총비용 = 직접비용 + 간접비용 = 3,500,000 + 1,000,000 = 4,500,000원

3. 프로그램 성과 산출

   취업 성공자 수: 60명(100명 중 60명이 취업에 성공)

4. 비용효과 계산

$$\text{비용효과비율(CER)} = \frac{\text{총 비용}}{\text{취업 성공자 수}} = \frac{4,500,000}{60} = 75,000\text{원/1명}$$

5. 비용효과분석 결과 검토

   비용효과분석 결과, 프로그램에 소요된 비용은 1명당 75,000원으로, 취업에 성공한 참가자 1명당 비용이 75,000원이라는 결과를 도출할 수 있었다. 이는 A종합사회복지관이 투입한 비용에 비해 프로그램이 효과적으로 수행되었음을 보여주며, 향후 유사 프로그램에 대한 경제적 타당성을 평가하는 데 중요한 지표로 활용될 수 있다. 따라서 이 프로그램은 취업을 원하는 주민들에게 효과적인 취업지원을 제공하면서도 경제적으로 합리적인 비용을 들여 성과를 달성한 것으로 평가된다.

11장 돌아보기

1. 양적평가는 무엇이며 왜 필요한가?

2. 양적평가 기법들 중 표준화된 척도의 효과적인 활용절차에 대해 설명해 보라.

3. 전수조사와 표본조사에 대해 설명해 보라.

4. 실험설계의 기본조건에 대해 제시하고 단일집단사전사후설계와 비동일통제 집단설계에 대해 설명해 보라.

5. 단일사례설계 유형 중 ABCD설계에 대해 설명해 보라.

6. 비용편익분석과 비용효과분석에 대해 설명해 보라.

CHAPTER 12

프로그램 평가(2)
: 질적평가

학습목표

1. 질적평가의 의미를 이해한다.
2. 질적평가의 필요성에 대해 이해한다.
3. 질적평가 방법에 대해 이해한다.
4. 질적평가 기법에 대해 이해한다.
5. 질적평가 연구대상 및 표집방법에 대해 이해한다.
6. 질적평가 수행과정에 대해 이해한다.
7. 질적평가 분석방법에 대해 이해한다.

질적평가는 프로그램의 효과를 심층적으로 이해하고, 인간의 경험과 행동을 풍부하게 해석하기 위한 중요한 평가방법이다. 본 장에서는 질적평가의 의미와 필요성을 이해하고, 질적평가 방법과 기법에 대해 다룰 것이다. 또한 질적평가 연구대상 선정 및 표집방법을 살펴보고, 평가수행 과정과 이를 분석하는 다양한 방법에 대해서도 설명할 것이다.

1. 질적평가의 의미

질적평가는 인간의 경험과 사회적 맥락을 이해하는 데 초점을 맞춘 평가방법으로 질적조사방법을 활용하여 평가하는 방법이며(황성철, 2005), 프로그램에서 수집한 면접기록, 관찰기록, 글, 영상, 사진 등의 질적자료를 분석에서 자료에 내재된 의미를 발견하여 프로그램의 성과를 보고하는 방법이기도 하다(조성우 외, 2024). 양적평가 숫자나 통계로 객관적 사실을 제시하는데 초점을 둔다면 질적평가는 숫자나 통계로는 표현할 수 없는 참여자의 감정, 태도, 동기 등을 깊이 탐구하며, 프로그램의 영향이나 맥락적 의미를 해석한다. 예를 들어 청소년 상담 프로그램을 평가한다고 가정했을 때, 정량적 데이터는 상담 횟수와 참여율을 보여줄 수 있지만, 질적평가는 상담이 청소년의 자아존중감에 어떤 변화를 가져왔는지를 참여자의 목소리를 통해 파악한다(Patton, 2002). 질적평가는 맥락을 이해하는 데도 유용하다. 동일한 프로그램이라도 환경과 문화적 배경에 따라 효과가 달라질 수 있기 때문이다. 예컨대 도시 지역과 농촌 지역에서 동일한 부모교육 프로그램이 진행되었을 때, 농촌 지역의 부모들이 교육을 더 실생활에 유용하다고 느꼈다는 결과가 나올 수 있다. 질적평가는 이러한 차이를 설명하며, 프로그램이 각기 다른 환경에서 어떻게 작동하는지 구체적으로 이해하는 데 도움을 준다(Creswell, 2014).

〈표 12-1〉 양적평가와 질적평가의 비교

구분	양적평가	질적평가
목적	성과를 객관적 사실로 간략히 제시	성과를 상세한 내용으로 풍부하게 제시
철학적 입장	세상에는 객관적인 사실이 존재한다. 많은 사람들이 동일하게 인식하는 것이 바로 객관적인 사실이다.	객관적인 사실은 중요하지 않다. 정작 중요한 것은 어떤 대상에 관해 사람들이 어떻게 이해하고 의미를 부여하는지 알아내는 것이다.
방법	측정도구를 사용해서 복수의 사람, 복수의 문항, 복수 시점의 측정을 통해 자료를 수집해서 통계분석	면접기록, 사진, 글 등의 질적자료를 수집해서 프로그램 참여자의 관점에서 해석하고 의미를 부여함
장점	숫자나 통계로 제시되어 객관성이 높음	풍부한 의미전달
단점	분석결과가 지나치게 단순함	평가자에 따라 해석 결과가 달라짐

출처: 조성우 외(2024).

2. 질적평가의 필요성

프로그램 평가에서 질적평가는 양적평가로는 파악하기 어려운 프로그램의 효과와 참여자의 경험을 심층적으로 이해하기 위해 필요하다. 양적평가는 성과를 수치화하는 데 유용하지만, 프로그램의 맥락적 이해와 참여자의 내러티브를 담아내는 데에는 한계가 있다. 질적평가가 중요한 이유는 다음과 같다(김영종 · 권순애, 2023, 황성철, 2005).

① 결과에 대한 심층적 설명

프로그램의 성공이나 실패를 단순히 결과적 성과지표로 판단하기보다, '왜 그렇게 되었는가?'를 이해하는 것이 더 중요하다. 이러한 설명은 심도 있는 관찰과 면담 등 질적방법을 통해 가능하며, 이는 양적평가로는 드러나지 않는 프로그램의 맥락적 요소를 밝히는 데 도움을 준다.

② 참여자 중심의 접근

질적평가는 참여자들이 프로그램에서 경험한 변화와 효과를 직접 표현할 기회를 제공한다. 예를 들어 청소년 자원봉사 프로그램이 사회적 기술 향상이라는 양적결과를 보여주더라도, 참여자들이 봉사 활동을 통해 자신의 가치와 역할을 새롭게 발견했다는 내러티브는 질적평가를 통해서만 확인할 수 있다. 이를 통해 프로그램이 참여자의 실제 필요에 얼마나 부합했는지를 입체적으로 이해할 수 있다. 즉 질적평가는 양적평가를 통해 찾는 객관적인 성과를 살아있는 이야기로 더욱 풍성하게 만들어주는 효과가 있다.

③ 숨겨진 효과와 부수적 영향의 발견

양적평가가 미리 설정된 목표를 중심으로 결과를 분석하는 데 반해, 질적평가는 예상치 못한 효과와 부수적인 긍정적 영향을 드러낼 수 있다. 예를 들어 학교폭력 예방 프로그램이 의사소통 기술을 강화시키는 양적성과 외에도, 학생들 사이의 신뢰와 공동체 의식 형성 같은 부수적 효과를 질적자료를 통해 확인할 수 있다.

④ 휴먼서비스 실행과정의 설명

사회복지 프로그램은 대인적 상호작용에 크게 의존하며, 이 과정에서의 팀워크, 서비스 인력 간 관계, 이용자와 전문직 간의 상호작용은 프로그램의 성과에 중요한 영향을 미친다. 이러한 실행과정은 양적평가로는 충분히 설명할 수 없으며, 질적평가가 이를 보완할 수 있다.

⑤ 내밀하고 민감한 정보의 탐색

사회복지 프로그램 실행과정에서는 내밀하고 민감한 정보가 포함되는 경우가 많다. 서비스 제공 과정에서의 의사결정 맥락, 서비스 인력의 태도와 사기, 이용자의 프로그램에 대한 인식 등은 구조화된 설문도구로는 파악하기 어렵다. 질적 평가를 통해 이러한 정보를 탐색함으로써 프로그램의 성과를 보다 정확하게 분석할 수 있다.

3. 질적평가 방법

질적평가 방법은 그 자체로 복잡하고 다양한 구조를 가지며, 이를 통해 프로그램의 여러 측면을 깊이 이해할 수 있다. 다음은 여러 가지 질적평가 방법을 간략히 설명한 내용이다(권지성 · 염태산, 2019).

① 논리모형의 틀을 적용하는 방법

논리모형을 기반으로 하여 각 요소에 질적인 분석을 추가하는 방법이다. 예를 들어 투입요소에 대해 각 요소들의 질을 분석하거나, 과정요소에서는 과정경험, 상호작용 등을 분석할 수 있다. 산출과 성과 요소에 대해서는 예상치 못한 결과를 분석하거나, 변화의 의미를 탐색할 수 있다. 또한 사회복지기관과 클라이언트 환경, 거시적 구조의 영향 등을 분석하는 것도 포함된다. 논리모형을 일반적으로 사용하면서 각 요소에 질적인 분석을 더하는 방법은 현실적으로 적용가능성이 높다.

② 질적연구 접근의 기본 분석방법을 적용하는 방법

심층면접, 관찰, 질문지 등을 통해 수집한 데이터를 분석하는 방법이다. 이 과정에서 수집된 자료를 의미단위, 개념, 하위범주, 범주 등의 순으로 추상화하여 범주화하고, 이를 통해 연구참여자의 진술을 인용하는 방식으로 결과를 도출한다. 이 방법은 질적평가에서도 자주 사용되며, 개입 전, 중간, 종결 시점을 기준으로 변화를 비교하고 분석한다.

③ 특정 질적연구 접근을 적용하는 방법

현상학, 근거이론, 내러티브 탐구, 질적 사례연구 등의 기존 질적연구 접근법을 선택하여 평가에 적용하는 방법이다. 각 접근법은 그 철학과 절차에 맞추어 평가할 수 있으며, 사회복지 실천에서의 적용도 가능하다. 이 방법은 기존의 연구 방법론을 평가에 맞게 변형하거나 절충하여 적용하는 방식이다.

④ 질적 사례연구를 시도하는 방법

질적 사례연구는 특정 사례를 깊이 연구하는 방법이다. 사회복지 실천에서는 하나의 개입을 사례로 정의하고, 시간과 공간의 경계를 설정하여 다양한 자료를 수집하고 분석하는 방식이다. 이를 통해 개입의 전반적인 과정을 평가하고, 개입이 미친 영향을 깊이 있게 탐구할 수 있다.

⑤ 양적평가 방법을 확장하는 방법

양적평가에서 사용하는 도구나 척도를 해석하여 질적평가 도구로 활용하는 방법이다. 예를 들어 자아존중감 척도의 질문을 질적면접에서 활용하거나, 수량적으로 집계한 변화를 질적으로 분석하는 방식이다. 양적데이터를 질적해석을 통해 풍부하게 평가할 수 있다.

⑥ 실행연구 방법을 적용하는 방법

실행연구는 실천을 연구하는 방법으로, 사회복지 실천의 개입을 연구하고 평가하는 데 적합하다. 클라이언트와 함께 개입을 기획하고, 실행하며 그 결과를 평가하는 방식으로, 주관적인 평가를 보완할 수 있는 방법이다. 이 방법은 사회복지 실천에 대한 철학적 접근과도 연계되어, 실천가와 클라이언트가 함께 평가 과정을 진행하는 방식이다.

⑦ 질적평가 방법을 개발하고 적용하는 방법

기존의 질적평가 방법을 넘어서는 새로운 방법을 개발하거나 절충하는 방식이다. 아직 구체적으로 확립되지 않은 방법이지만, 다양한 실천 현장과 학문 공동체에서 이를 개발해 나가고 있다. 이 방법은 계속해서 연구되고 적용될 수 있는 가능성을 가지고 있다.

4. 질적평가 기법

질적평가는 다양한 기법을 통해 데이터를 수집하는데 심층면접, 초점집단면접, 참여관찰, 문서분석 등이 있다. 상황과 필요에 따라 적절한 기법을 선택하는 것이 중요하다. 여기서는 각각의 기법에 대해 형식, 절차, 장・단점, 활용을 중심으로 살펴보기로 한다.

1) 심층면접

심층면접은 연구자가 참여자와 일대일로 대화하며 특정 주제에 초점을 맞추고, 그들의 경험과 감정을 깊이 있게 탐구하는 방법이다(조성우 외, 2024). 이 면접의 핵심은 표면적인 질문과 답변을 넘어, 참여자가 겪은 사건이나 그들의 생각과 감정을 심도 있게 이해하는 데 있다. 예를 들어 자아존중감 증진 프로그램에 참여한 청소년이 자아존중감을 회복했다고 느꼈다는 경험을 면접을 통해 듣게 되면, 면접자는 그 변화를 더 잘 이해하기 위해 구체적이고 심층적인 질문을 던져 진솔한 이야기를 이끌어낸다. 심층면접은 참여자의 경험과 감정을 깊이 있게 파악할 수 있는 중요한 도구로, 질적연구에서 중요한 역할을 한다. 이를 통해 얻어진 데이터는 프로그램의 효과를 평가하고, 사회적 및 감정적 맥락을 반영한 더 나은 프로그램 설계를 위한 기초자료로 활용될 수 있다.

(1) 심층면접의 형식

심층면접은 크게 구조화된 면접, 반구조화된 면접, 비구조화된 면접으로 나눌 수 있다(Fontana & Frey, 2005).

① 구조화된 면접

구조화된 면접은 면접상황, 과정, 시간, 질문 등을 사전에 체계적으로 설계하여 모든 참여자에게 동일한 질문을 동일한 순서로 진행하는 방식이다. 이 방식은 데이터 수집의 일관성을 보장하고 참여자 간 답변비교 및 가설검증에 유용하며, 대규모 표본을 대상으로 하는 연구에서 특히 효과적이다(Minichiello et al., 1990).

예를 들어 학교사회복지사가 창의적 재량수업으로 진행한 학교폭력 예방 프로그램 평가에서, 모든 학생에게 동일한 질문을 던져 반응을 비교 분석하는 상황이 이에 해당한다. 이를 통해 프로그램의 효과성을 객관적으로 평가하고, 개선점을 도출할 수 있다. 그러나 이러한 방식은 개인의 경험과 맥락을 깊이 탐구하는 데에는 제한적일 수 있다.

<구조화된 면접의 질문 예시>

1. 이 학교폭력 예방 프로그램에 참여한 후, 학교에서의 폭력상황에 변화가 있었나요? (예/아니오)
2. 프로그램 중 가장 기억에 남은 활동은 무엇이었나요?
3. 프로그램에서 배운 내용이 실제 학교 생활에 어떻게 도움이 되었나요?
4. 학교폭력 예방에 대한 인식이 프로그램 후 어떻게 달라졌나요?
5. 프로그램을 통해 동료 학생들과의 관계가 개선되었습니까? 그렇다면 어떤 방식으로 개선되었나요?
6. 이 프로그램이 학교폭력을 예방하는 데 어느 정도 효과적이었다고 생각하나요? (1~5점 척도)
7. 프로그램에서 개선이 필요하다고 생각되는 부분이 있다면 무엇인가요?

② 반구조화된 면접

반구조화된 면접은 기본적인 질문목록을 바탕으로 대화의 흐름에 맞춰 질문을 추가하거나 조정할 수 있는 방식이다. 이 방법을 통해 연구자는 참여자의 이야기와 경험을 더 깊이 탐구하며, 그들의 생각과 감정을 풍부하게 이해할 수 있다(Patton, 2002). 예를 들어 '3. 프로그램에서 배운 내용이 실제 학교 생활에 어떻게 도움이 되었나요?'라는 질문에 학교폭력 예방 프로그램에 참여한 학생이 '폭력적인 상황에서 더 잘 대처할 수 있게 되었다'고 말할 때, 면접자는 '어떤 경험이 대처능력을 향상시키는 데 도움이 되었나요?'와 같은 후속질문을 던져, 더 구체적이고 심도 있는 이야기를 이끌어 낼 수 있다.

③ 비구조화된 면접

비구조화된 면접은 사전 질문 없이 자유롭게 대화형식으로 진행된다. 이 방식은 참여자가 자신의 경험을 자연스럽게 이야기할 수 있도록 유도하며, 연구자는 그들의 이야기에서 중요한 정보를 찾아내고 주요 주제를 파악한다(Fontana & Frey, 2005). 예를 들어 학교폭력 예방 프로그램에 참여한 학생이 프로그램에 대해 자유롭게 이야기할 때, 면접자는 그들의 이야기를 바탕으로 적절한 질문을 하여 핵심적인 내용을 이끌어 낼 수 있다.

(2) 심층면접 절차

심층면접은 다음과 같은 절차로 진행된다.

① 면접준비

면접을 시작하기 전에 연구자는 참여자의 배경을 사전에 이해하고 연구목적에 맞는 개방형 질문을 준비한다. 이 과정에서 연구윤리를 고려하여 참여자의 자발적 동의와 개인정보 보호절차를 확정한다.

② 면접진행

면접이 시작되면, 연구자는 참여자에게 연구목적과 면접 진행방식을 설명하고 편안한 분위기를 조성한다. 참여자의 이야기를 경청하며, 중요하거나 구체적인 부분에 대해 후속 질문을 던져 더 깊이 있는 답변을 유도한다. 필요한 경우 면접 내용을 녹음하고 추후 전사(글로 옮겨 적음)할 것임을 사전에 동의받는다.

③ 면접 후 분석

면접이 끝난 후, 수집된 데이터는 체계적으로 전사되고 분석되어 연구목적에 맞게 해석된다. 이를 통해 연구자는 참여자의 경험을 구체적으로 이해하고, 질적 데이터를 바탕으로 중요한 통찰을 도출할 수 있다.

(3) 심층면접의 장점과 단점

심층면접의 장점은 참여자의 경험을 깊이 이해할 수 있고, 그들의 정서적 및 사회적 맥락을 파악할 수 있다는 점이다. 또한 면접자와의 신뢰관계를 통해 참여자로부터 진솔한 답변을 이끌어낼 수 있어 연구의 깊이를 더할 수 있다. 그러나 단점으로는 면접에 많은 시간이 소요되고, 연구자가 개입할 여지가 있어 주관적인 요소가 결과에 영향을 미칠 수 있다는 점이 있다. 또한 연구자와 참여자 간의 관계가 결과에 영향을 미칠 수 있으며, 대규모 표본을 대상으로 한 분석이 어렵다는 한계가 존재한다.

(4) 심층면접의 활용

심층면접은 특정 개인이나 소규모 집단의 경험과 의견을 심도 있게 탐구하는 방법으로, 프로그램의 효과나 정책의 영향을 평가할 때 매우 유용하다. 예를 들어 학교폭력 예방 프로그램의 효과를 평가하기 위해 심층면접을 활용할 경우, 가해자나 피해자 학생들 개개인의 경험을 자세히 듣고, 그들이 겪은 변화나 프로그램에 대한 개인적인 인식을 구체적으로 파악할 수 있다. 이는 표면적인 설문조사나 집단토론을 통해 드러나지 않을 수 있는 보다 개인적이고 심리적인 측면에서의 변화를 이해하는 데 중요한 정보를 제공한다. 또한 심층면접은 프로그램 참가자들이 겪은 실제적인 문제나 어려움, 그리고 해결과정에서의 느낌 등을 보다 자유롭게 표현할 수 있는 기회를 제공함으로써 프로그램의 강점과 개선점을 파악하는 데 큰 도움이 된다. 예를 들어 학교폭력 예방 프로그램에서 학생들이 어떤 상황에서 실제로 폭력적 행동을 피하거나, 반대로 폭력을 행사했을 때의 마음가짐이나 동기를 심층적으로 이해할 수 있다. 심층면접은 각기 다른 관점에서의 개인적인 이야기를 통해, 학교폭력 예방 프로그램의 효과를 보다 명확하게 평가하고, 프로그램의 개선방향을 제시할 수 있는 중요한 질적 연구 방법이다. 특히 학생들의 경험을 보다 구체적으로 이해하고, 그들의 마음속에 어떤 변화가 일어났는지 분석함으로써, 학교폭력 예방을 위한 보다 개인화되고 효과적인 프로그램 설계를 도울 수 있다.

참고 심층면접을 통한 질적평가 보고 예시: 학교사회복지 프로그램의 영향 분석

1. 연구개요

본 연구는 학교사회복지 프로그램에 참여한 학생들이 경험한 변화를 심층적으로 이해하고, 꿈과 자신감 형성 과정에서 어떤 요소들이 주요한 영향을 미쳤는지 탐구하는 데 중점을 두었다. 심층면접을 통해 참여학생들의 개인적인 이야기와 변화과정을 면밀히 분석하였다.

2. 대상 및 배경

- 참여자 1(여, 13세): 중학교 1학년, 진로탐색 프로그램을 통해 꿈을 재발견하게 된 학생
- 참여자 2(남, 14세): 중학교 2학년, 학습 멘토링을 통해 자신감을 되찾은 학생
- 참여자 3(여, 15세): 중학교 3학년, 문화체험을 통해 다양한 시야를 넓힌 학생

3. 면접결과 일부내용

[목표 1: 꿈의 발견과 구체화]

- 참여자 1의 사례

  "처음에는 선생님이 되고 싶었어요. 선생님처럼 저도 아이들을 가르치고 싶었거든요. 그런데 프로그램에서 다양한 경험을 하다 보니 은행원이 되는 것도 재미있을 것 같다는 생각이 들었어요. 아직 완전히 결정된 건 아니지만, 앞으로 내가 잘하는 걸 더 찾아보고 싶어요."
- 분석: 진로탐색 프로그램은 참여자 1이 자신의 흥미와 강점을 발견하는 과정에서 꿈을 다시 정의하는 데 긍정적인 역할을 했다.

[목표 2: 자신감 형성 및 회복]

- 참여자 2의 사례

  "일대일 멘토링 수업을 받으면서 성적이 오르고 공부가 훨씬 쉬워졌어요. 그전에는 성적이 낮아서 걱정만 했는데, 이제는 '나도 할 수 있구나'라는 생각이 들어요. 덕분에 자신감이 많이 생겼어요."
- 분석: 학습 멘토링은 참여자 2가 학습 능력을 향상시키고, 자신에 대한 긍정적인 인식을 회복하는 데 중요한 역할을 했다.
- 참여자 3의 사례

  "문화체험을 하면서 내가 몰랐던 것들을 많이 배웠어요. 예전에는 자신감이 부족해서 새로운 것에 도전하는 게 두려웠는데, 이제는 새로운 걸 배우는 게 재미있어요. 성적도 유지되고 자신감도 생겨서 기분이 좋아요."
- 분석: 다양한 문화체험 활동은 참여자 3이 새로운 도전에 대한 두려움을 줄이고, 성취감을 통해 자신감을 회복하는 데 크게 기여했다.

4. 결론 및 제언

학교사회복지 프로그램은 학생들에게 새로운 꿈을 탐색할 기회를 제공하고, 자신감을 회복할 수 있는 중요한 기반을 마련해 주었다. 특히 일대일 학습 멘토링 및 다양한 문화체험 활동은 학습 성과와 정서적 성장을 동시에 촉진하였다. 이러한 프로그램의 지속적인 확대와 맞춤형 지원이 필요하며, 개별 학생의 필요에 따른 체계적인 지원이 더욱 강화되어야 할 것이다.

2) 초점집단면접

초점집단면접(Focus Group Interview, FGI)는 여러 명의 참여자를 한자리에 모아 집단 내 대화를 통해 다양한 의견과 경험을 수집하는 질적연구 방법이다. 이 기법은 다양한 사람들의 생각과 관점을 동시에 탐색할 수 있어, 집단 상호작용을 통해 예상치 못한 정보나 깊은 통찰을 얻을 수 있는 장점이 있다. 초점집단면접은 주로 사회적 상호작용을 통해 의견을 나누고, 서로 다른 관점을 비교하면서 집단 내에서 중요한 주제나 패턴을 도출하는 데 사용된다. 예를 들어 학교사회복지사가 학부모를 대상으로 진행한 초점집단을 구성하면, 참여자들은 서로의 경험을 나누고, 프로그램에 대한 의견을 교환할 수 있다. '이 프로그램 덕분에 자녀와의 대화에서 더 인내심을 갖게 되었고, 아이의 감정을 더 잘 이해하게 되었다'는 구체적인 경험이 그룹 내에서 나올 수 있다. 이러한 대화를 통해 프로그램에 대한 긍정적인 측면뿐만 아니라 개선이 필요한 부분도 함께 도출될 수 있다.

(1) 초점집단면접의 형식

초점집단면접은 일반적으로 6명에서 12명 사이의 참여자로 구성된 그룹에서 진행되며, 특정 주제에 대해 자유롭게 의견을 교환한다. 초점집단면접은 비교적 비구조적인 방식으로 진행되기 때문에, 참여자들이 서로의 경험을 공유하고, 그룹 내에서 자연스럽게 의견을 나누도록 유도된다.

① 구조화된 초점집단면접

구조화된 초점집단면접에서는 연구자가 미리 정해놓은 질문 목록을 사용하여 참여자들에게 질문을 던진다. 질문들은 특정한 주제나 문제에 대해 깊이 있는 논의를 이끌어내도록 설계된다(Krueger & Casey, 2000). 예를 들어 부모교육 프로그램을 평가하는 초점집단에서는 '이 프로그램에서 가장 도움이 되었던 부분은 무엇인가요?'와 같은 질문이 사용될 수 있다.

② 반구조화된 초점집단면접

반구조화된 초점집단면접에서는 연구자가 기본적인 질문을 준비하되, 대화의 흐름에 맞게 질문을 조정하거나 추가할 수 있다. 연구자는 참여자들의 발언을 경청하며 논의가 더 깊이 있는 방향으로 나아가도록 유도한다. 이 방식은 집단 내 상호작용을 통해 예상치 못한 통찰을 얻을 수 있는 장점이 있다(Morgan, 1997).

③ 비구조화된 초점집단면접

비구조화된 초점집단면접은 사전 질문 없이 자유롭게 진행된다. 연구자는 참여자들이 자유롭게 이야기를 나누도록 유도하며, 중요한 주제나 패턴이 대화 중에 자연스럽게 드러날 수 있도록 한다. 이 방식은 유연성과 참여자들의 자유로운 의견개진을 중시한다(Barbour, 2007).

(2) 초점집단면접의 절차

초점집단면접은 다음과 같은 절차로 진행된다(Morgan, 1997).

① 준비단계

초점집단면접을 진행하기 전에 연구자는 집단의 구성과 연구목적에 맞는 참여자를 모집한다. 일반적으로 참여자는 연구의 목적에 부합하는 경험을 가진 사람들로 선정된다. 또한 연구자는 면담할 주제와 관련된 기본적인 질문을 준비하고, 대화를 이끌어갈 계획을 세운다.

② 면담진행

면담이 시작되면, 연구자는 참가자들에게 주제를 소개하고, 각자 자유롭게 의견을 나눌 수 있도록 분위기를 만든다. 면접자는 주로 질문을 던지며 대화를 이끌어 가지만, 참여자들 간의 상호작용을 중시하고, 다양한 의견이 나올 수 있도록 유도한다. 이 과정에서 연구자는 적극적으로 경청하며, 참여자들이 자신의 경험을 충분히 나눌 수 있도록 돕는다.

③ 후속질문과 심화대화

대화가 진행되면, 연구자는 주요 주제나 중요한 의견에 대해 추가적인 질문을 던져 심화된 논의를 유도한다. 예를 들어 부모교육 프로그램에서 '아이와의 대화법'에 대해 의견이 나왔다면, 연구자는 "구체적으로 어떤 방법을 사용하시나요?"와 같은 후속 질문을 통해 참가자들의 경험을 더 깊이 탐구할 수 있다.

④ 결과분석

면담 후, 수집된 데이터는 분석되어 주요 주제나 패턴을 도출한다. 초점집단면접에서 나온 의견들은 각기 다른 참여자의 경험과 생각을 바탕으로, 연구자가 분석하여 연구목적에 맞는 통찰을 얻는다.

(3) 초점집단면접의 장점과 단점

초점집단면접은 여러 명의 참여자가 함께 대화하는 방식으로, 다양한 의견과 관점을 동시에 수집할 수 있는 장점이 있다. 참여자 간의 상호작용을 통해 예상치 못한 정보나 중요한 주제가 도출되기도 하며, 집단 역동성을 활용하여 각 참여자의 경험을 비교하고 공통된 경험이나 차이를 발견할 수 있다. 그러나 이 방식에는 몇 가지 단점도 있다. 예를 들어 강한 의견을 가진 참여자가 다른 사람들의 의견에 영향을 미칠 수 있으며, 여러 명의 의견이 동시에 나오는 상황에서는 데이터를 체계적으로 분석하기 어려울 수 있다. 또한 다수의 참여자와 함께 진행되므로 시간과 노력이 많이 들 수 있다.

(4) 초점집단면접의 활용

초점집단면접은 다양한 프로그램이나 정책의 효과를 평가하거나, 특정 주제에 대한 사람들의 생각과 경험을 파악할 때 매우 유용한 방법이다. 예를 들어 학교폭력 예방 프로그램의 효과를 평가할 때, 참여학생들 간의 대화에서 나타나는 공통적인 인식변화나 실천방안을 통해 프로그램의 강점과 보완점을 파악할 수 있다. 또한 참여학생들이 자유롭게 의견을 나누는 과정에서 학교폭력 예방을 위한 새로운 아이디어나 효과적인 대처방안을 도출할 수 있어, 프로그램 개선을 위한 중요한 기초자료가 된다. 초점집단면접은 집단 내 상호작용을 통해 얻은 다양한 경험과 의견을 바탕으로, 학교폭력 예방 프로그램의 실효성 평가나 학교폭력 현상에 대한 더 깊은 이해를 도울 수 있는 중요한 질적 연구 방법이다. 특히 가해자, 피해자, 방관자 등 다양한 입장에서의 의견을 수렴하고 분석함으로써 보다 효과적인 학교폭력 예방 프로그램을 설계하는 데 도움이 된다.

참고 초점집단면접을 활용한 질적평가 보고 예시: 학교사회복지 프로그램의 효과분석

1. 연구배경 및 목적

본 연구는 학교사회복지 프로그램이 학생들의 학업적, 정서적, 사회적 성장에 미친 영향을 초점집단면접을 통해 분석하고자 한다. 학생들이 집단 내에서 자신의 경험과 변화를 공유하며 서로 공감하고 배운 내용을 바탕으로, 프로그램이 어떤 방식으로 긍정적인 변화를 이끌었는지를 파악하는 데 초점을 두었다.

2. 연구대상

- 그룹: 중학교 1학년 학생 5명(남학생 2명, 여학생 3명)
- 주요 활동: 학업 멘토링, 감정표현 워크숍, 리더십 훈련, 진로탐색 프로그램

3. 초점집단면접 결과

[목표 1: 학업 동기 부여와 향상]

- 참여자 A의 사례:
  "멘토링 수업을 통해 공부 방법을 배웠어요. 전에는 막연히 암기만 하려고 했는데, 이제는 계획을 세우고 목표를 나누어서 공부하는 게 훨씬 효과적이라는 걸 알게 되었어요. 시험 점수가 올라서 자신감도 생겼어요."
- 참여자 B의 사례:
  "감정표현 워크숍에서 내가 왜 공부를 하기 싫어했는지 알게 됐어요. 선생님과 친구들에게 제 이야기를 털어놓으니 마음이 가벼워졌고, 이제는 목표를 세우고 조금씩 실천해 보려고 노력 중이에요."

[목표 2: 사회적 기술과 협력 강화]

- 참여자 C의 사례
  "리더십 훈련에서 팀 프로젝트를 진행하며 처음으로 팀을 이끌어 봤어요. 처음에는 많이 서툴렀지만, 친구들과 함께 목표를 세우고 역할을 나누면서 점점 협력의 중요성을 배웠어요. 이제는 다른 사람들과 일하는 게 재미있어요."
- 참여자 D의 사례
  "진로탐색 프로그램에서 다양한 직업을 조사하고 발표했어요. 발표를 준비하면서 의견을 조율하는 법을 배웠고, 사람들이 제 이야기를 들어주는 경험이 참 좋았어요. 팀원들과 함께 성취감을 느껴서 뿌듯했어요."

[목표 3: 정서적 안정과 자기효능감 형성]

- 참여자 E의 사례

  "감정표현 워크숍에서 내 감정을 솔직히 말해 보는 게 처음에는 어색했어요. 하지만 친구들이 제 이야기를 이해하고 공감해줘서 정말 위로가 됐어요. 이제는 제 감정을 숨기지 않고 표현하는 게 훨씬 편안해졌어요."

4. 결론 및 제언

초점집단면접 결과, 학교사회복지 프로그램은 학생들에게 학업 동기와 정서적 안정감을 부여하며, 협력과 사회적 기술을 강화하는 데 긍정적인 영향을 미쳤다. 특히, 학업 멘토링과 감정표현 워크숍은 학업 성과 향상과 정서적 성장을 촉진하였고, 리더십 훈련과 진로탐색 프로그램은 협력과 의사소통 능력을 개발하는 데 기여하였다. 따라서 프로그램의 지속적 운영과 더불어, 학생들의 학업적·정서적·사회적 성장을 동시에 지원할 수 있는 맞춤형 활동과 집단 기반 프로그램을 확대해야 할 것이다.

3) 참여관찰

참여관찰(Participant Observation)은 연구자가 직접 프로그램에 참여하거나 현장에서 관찰을 통해 자연스러운 행동과 상호작용을 기록하는 질적연구 방법이다(Spradley, 1980). 이 기법은 연구자가 대상집단의 일원으로 활동하면서 그들의 경험과 행동을 자연스럽게 관찰할 수 있도록 해준다. 참여관찰의 핵심은 연구자가 대상자들과 같은 환경에서 활동하거나 그들 가까이에서 일어나는 상호작용을 기록함으로써, 참여자의 실제행동을 더 깊이 이해하는 것이다. 예를 들어 방과후 프로그램에서 학생들이 협동하여 과제를 해결하는 모습을 관찰함으로써, 프로그램이 단순히 학습 향상에 그치지 않고, 학생들의 협동심이나 문제해결능력을 키우는 데도 기여했음을 알 수 있다. 참여관찰은 연구자가 관찰대상의 일원이 되어 자연스러운 상황 속에서 데이터를 수집할 수 있기 때문에, 그들이 실제로 경험하는 사회적, 심리적 맥락을 보다 생생하게 반영할 수 있다.

(1) 참여관찰의 유형

참여관찰은 연구자가 프로그램에 참여하는 정도와 관찰의 깊이에 따라 크게 완전 참여와 비참여로 구분할 수 있다. Spradley(1980)는 참여 수준에 따라 완전 참여, 능동적 참여, 중간 정도의 참여, 수동적 참여, 비참여로 참여자 관찰의 유형을 제시하였다. 각 유형은 연구자가 프로그램에 참여하는 방식과 관찰의 깊이에 따라 달라진다.

① 비참여(Non-Participation)

연구자가 대상집단에 참여하지 않고, 외부에서 관찰만 수행하는 방식이다. 이 경우 연구자는 객관성을 유지하며 보다 간섭 없이 데이터를 수집할 수 있지만, 참여자의 행동이 다소 인위적으로 변할 수 있는 단점이 있다. 예를 들어 수업이 진행되는 방과 후 프로그램에서 연구자가 외부에서 학생들의 협동 활동을 관찰하는 경우, 학생들이 연구자의 존재를 의식할 수 있으므로 그들의 행동이 자연스럽지 않을 수 있다. DeWalt와 DeWalt(2011)는 비참여 방식이 연구자에게 관찰의 객관성을 제공할 수 있지만, 참여자들이 연구자의 존재를 인식하게 되면 그들의 행동에 변화가 있을 수 있음을 경고한다.

② 수동적 참여(Passive Participation)

연구자가 집단의 일원으로서 최소한의 참여만 하며, 주로 관찰자로서의 역할을 수행하는 방식이다. 연구자는 대체로 집단의 일상 활동에 관여하지 않고, 외부에서 집단의 활동을 관찰하는 방식으로 진행된다. 예를 들어 연구자가 학생들의 활동을 방해하지 않도록 배경에서 관찰만 하고, 학생들과의 상호작용은 최소화하는 방식이다. 수동적 참여는 객관성을 유지하기 용이하며, 연구자가 집단에 미치는 영향이 적은 장점이 있지만, 집단의 맥락을 충분히 이해하지 못할 위험이 있다.

③ 중간 정도의 참여(Moderate Participation)

연구자가 일정 부분 프로그램에 참여하되, 그 외의 시간에는 관찰자로서 역할을 수행하는 방식이다. 이 방식은 연구자가 대상집단의 활동에 어느 정도 참여하면서도, 동시에 관찰자로서의 역할을 유지할 수 있게 해준다. 예를 들어 학생들이 참여하는 프로젝트 수업에서 연구자가 일부 활동에 참여하고, 다른 활동에서는 관찰자로서 그들의 상호작용을 기록하는 방식이다. 이 방식은 연구자가 참여와 관찰을 적절히 조화시킬 수 있게 해준다. Jorgensen(1989)는 중간 정도의 참여 방식이 연구자에게 대상집단과의 관계를 강화하고, 동시에 관찰자로서의 객관성을 유지하는 균형을 맞출 수 있도록 도와준다고 설명한다.

④ 능동적 참여(Active Participation)

연구자가 대상집단의 일원으로서 그들의 활동에 깊이 참여하면서, 동시에 연구자로서의 관찰을 병행하는 방식이다. 연구자는 집단의 일원으로 적극적으로 참여하고, 집단의 기술과 관습을 이해하려 노력하지만, 여전히 연구자로서의 역할을 의식하고 객관적으로 관찰하려는 노력이 필요하다. 예를 들어 연구자가 학급의 토론에 참여하면서 학생들의 상호작용과 의사소통 방식을 관찰하는 경우이다. 능동적 참여는 연구자가 집단 내에서 더 많은 정보를 얻을 수 있게 해주지만, 객관성 유지가 어려워질 수 있다는 점에서 위험이 따를 수 있다. Spradley(1980)는 연구자가 연구대상에 너무 몰입할 위험이 있으며, "원주민화"될 수 있음을 경고한다.

⑤ 완전 참여(Complete Participation)

연구자가 대상집단의 일원으로 완전히 참여하여, 자신의 연구자로서의 역할을 드러내지 않고 관찰을 진행하는 방식이다. 이 방식은 대상자의 행동이나 상호작용을 가장 자연스럽게 관찰할 수 있지만, 연구자가 객관성을 유지하기 어려울 수 있다. 예를 들어 청소년들이 참여하는 봉사활동에 연구자가 자원봉사자로 참여하여 그들의 활동을 자연스럽게 관찰하는 경우이다. 이 경우 연구자는 자신의 정체성을 드러내지 않기 때문에, 참여자들의 자연스러운 반응을 기록할 수 있다. Spradley(1980)는 완전 참여의 장점으로 자연스러운 상호작용과 행동을 관찰할 수 있다는 점을 강조하며, 연구자가 집단의 일원으로서 완전하게 몰입해야 한다고 설명한다. 그러나 이 방식은 연구자가 대상집단에 너무 몰입함으로써 객관성 상실의 위험이 존재한다고 경고한다.

〈표 12-2〉 참여자 관찰의 유형

유형	참여수준	제한사항
비참여적 관찰	연구자는 연구대상이나 현장에 대해 아무런 접촉이 없음	새로운 정보가 나올 때 관계를 맺거나 질문을 할 수 없음.
수동적 참여	연구자는 방관자로만 참여	현장에 몰입하고 관계를 맺는 능력 제한
중간 정도의 참여	연구자는 '내부자'와 '외부자' 역할을 균형 있게 유지	참여와 객관성 유지의 균형이 잘 이루어짐
능동적 참여	연구자는 집단의 일원이 되어 집단의 기술과 관습을 완전히 포용	연구자가 집단에 너무 몰입해 '토착화'될 위험이 있음
완전 참여	연구자는 연구대상을 사전에 충분히 이해하고 완전히 통합됨	객관성을 잃을 위험이 있음. 분석한 것들이 대중에게 잘못 전달될 수 있음

출처: Spradley(1980).

참고 Patton(1990)이 제시한 세 가지 질적 면접방법

Patton(1990)은 질적면접에서 세 가지 형태의 개방적 면접을 제안하였다. Patton이 제안한 세 가지 면접 방식은 면접의 개방성과 구조화 수준을 조절하여 연구목적과 상황에 맞는 면접을 수행하는 데 중요한 역할을 한다.

① 비공식 대화면접: 이는 현장 관찰 중 평가자와 참여자 간에 자연스럽게 발생하는 예상치 못한 언어적 상호작용을 의미한다. 이 면접은 가장 개방적인 형태로, 참여자가 자신의 생각을 자유롭게 표현할 수 있는 기회를 제공한다. 그러나 이러한 면접은 일상 대화와 유사하기 때문에 평가자는 대화가 연구를 위한 면접임을 인식시키는 것이 중요하다.

② 면접지침 접근법: 이 면접은 비공식 대화면접보다 구조화되어 있으며, 평가자가 다루어야 할 주제를 미리 정하고 순서에 따라 질문을 진행한다. 참여자는 자신의 언어로 자유롭게 답할 수 있지만, 질문의 구조화된 순서는 면접과정의 일관성을 높이고 평가자의 편견을 줄이는 데 도움을 준다. 상황에 따라 구조화의 정도는 달라질 수 있으나, 일정한 지침에 따라 면접을 수행하는 것이 특징이다.

③ 표준화된 개방적 면접: 사전에 계획된 질문을 통해 면접의 일관성을 확보하고 평가자의 영향력을 최소화한다. 이 방법은 시간과 자원이 제한된 상황에서 효과적이며, 장기간에 걸친 참여자 추적면접에서도 평가자의 편향을 줄이는 데 유용하다. 표준화된 면접을 효과적으로 수행하기 위해서는 질문의 표현방식과 순서를 신중히 계획해야 한다.

출처: 황성철(2005), 재인용.

(2) 참여관찰의 절차

참여관찰은 일반적으로 다음과 같은 절차로 진행된다. 이와 같은 체계적인 관찰과정은 질적연구에서 풍부한 데이터를 수집하고, 연구의 타당성을 높이는 데 기여한다(황성철, 2005).

① 1단계: 관찰장소 선택 및 섭근 허가 확보

먼저 연구에 적합한 관찰장소를 선택하고, 해당 장소에 접근할 수 있는 허가를 확보해야 한다. 연구장소에 대한 승인 절차를 사전에 철저히 준비하여 원활한 연구 진행을 보장한다.

② 2단계: 관찰대상 및 범위 설정

누구를, 언제, 얼마나 오랫동안, 무엇을 관찰할지를 명확히 계획한다. 이 과정에서 문지기(gatekeeper)나 주요정보제공자(key informants)의 도움이 필수적이다. 그들의 안내와 협조를 통해 관찰의 범위를 구체화하고 효과적인 접근을 시도한다.

③ 3단계: 관찰자로서의 역할 설정

초기에는 외부인의 역할로 시작하여 시간이 흐름에 따라 내부인으로 점진적으로 변화하는 방식이 권장된다. 관찰자로서의 역할은 완전한 참여자부터 완전한 관찰자까지 다양할 수 있으며, 연구의 목적에 따라 적절한 수준을 선택한다.

④ 4단계: 관찰지침서 작성

관찰 시 필요한 기술노트(descriptive note)와 반영노트(reflective note)를 포함한 관찰지침서를 준비한다. 기술노트는 관찰한 내용을 사실적으로 기록하고, 반영노트는 관찰자의 개인적인 생각이나 해석을 담는다.

⑤ 5단계: 세부 정보기록

정보제공자, 물리적 환경, 특별한 사건과 활동, 연구자의 반응 등을 상세히 기록한다. 이는 연구의 깊이를 더하고, 추후 데이터 분석 시 중요한 자료로 활용된다.

⑥ 6단계: 초기관찰의 유연한 접근

관찰초반에는 자신을 소개할 사람이 필요하며, 수동적이고 우호적인 태도를 유지한다. 초기 세션에서는 제한된 관찰을 수행하며, 관찰보다는 현장에 적응하고 상황을 파악하는 데 중점을 둔다. 필요에 따라 기록보다는 현장 분위기에 집중할 수 있다.

⑦ 7단계: 관찰종료 및 철수

관찰을 마친 후에는 참여자들에게 감사의 뜻을 전하고, 수집된 자료의 활용 및 연구목적을 설명한다. 장소에서 천천히 철수하며 자연스럽게 현장을 떠나도록 한다. 이 과정은 연구의 신뢰성을 높이고, 참여자들과의 긍정적인 관계를 유지하는 데 중요한 역할을 한다.

(3) 참여관찰의 장점과 단점

참여관찰은 연구자가 현장에 직접 참여하거나 근처에서 관찰하여 참여자들의 자연스러운 행동을 기록할 수 있는 장점이 있다. 이를 통해 참여자가 실제로 경험하는 사회적, 심리적 맥락을 깊이 이해할 수 있으며, 상호작용의 맥락을 파악하는 데 도움을 준다. 그러나 이 방식에는 몇 가지 단점도 존재한다. 연구자가 직접 참여하게 되면, 자신의 감정이나 생각이 연구결과에 영향을 미칠 수 있어 객관성을 유지하기 어려울 수 있다. 또한 참여관찰은 시간이 많이 소요되며, 연구자가 현장에서 다양한 활동을 관찰해야 하므로 많은 자원을 필요로 한다. 더불어 연구자가 참여자들에게 인식될 경우, 그들의 행동이 변할 수 있어 자연스러운 관찰이 어려워질 수 있다.

(4) 참여관찰의 활용

참여관찰은 프로그램의 효과를 평가하거나, 특정 집단의 행동 패턴을 이해하는 데 매우 유용하다. 예를 들어 학교폭력 예방 프로그램에서 학생들이 역할극을 통해 피해자의 감정을 이해하고 공감하는 장면을 관찰함으로써, 프로그램이 학생들의 공감능력과 폭력예방 의식을 높이는 데 효과적이었음을 알 수 있다. 또한 연구자는 참여관찰을 통해 학생들 간의 상호작용 방식이나 갈등 해결 과정을 구체적으로 이해하고, 향후 학교폭력 예방 프로그램을 개선하는 데 필요한 중요한 통찰을 제공할 수 있다. 참여관찰은 연구자가 프로그램 현장에서 직접 참여하거나 관찰을 통해 얻은 데이터를 바탕으로, 학교폭력 예방 프로그램의 실제적 효과를 깊이 이해하고 평가할 수 있는 강력한 방법이다. 이 방법은 학교폭력의 예방과 대처, 학생들의 심리적 변화과정을 고려한 더 효과적인 프로그램 설계를 위한 중요한 기초자료로 활용될 수 있다.

참고 참여관찰을 활용한 질적평가 보고 예시

학교폭력 예방 프로그램을 수행하며 변화를 경험하다

이번기의 집단 프로그램을 통해 학교폭력에 대한 학생들의 인식변화가 관찰되었다. 특히 처음에는 소극적이던 A학생의 태도와 행동변화가 두드러졌다. 프로그램 초기에는 방관자적 태도를 보이던 A학생이 회기가 진행될수록 적극적으로 참여하며, 다른 학생들과 소통하고 공감하는 모습을 보여주었다. A학생은 다양한 활동을 통해 학교폭력에 대한 인식이 크게 변화했으며, 특히 역할극 활동에서 피해자의 감정을 이해하고 공감하는 모습이 인상적이었다.

기록 1: A학생(중2)은 첫 프로그램에 참여할 때 매우 무관심한 태도를 보였다. "이런 거 해서 뭐해요?"라며 부정적인 반응을 보이며 뒷자리에 앉아 있었다. 그러나 '피해자의 마음 이해하기' 활동에서 다른 학생이 발표할 때 처음으로 진지한 표정을 지었고, 끝난 후 "저도 비슷한 경험이 있었어요"라고 조용히 이야기했다. (2024년 1월 8일)

기록 2: 역할극 활동 중 A학생은 방관자 역할을 맡았다가 갑자기 손을 들어 가해자 역할을 자청했다. "그동안 저도 모르게 가해자였을 수 있겠다는 생각이 들었어요"라며 진지한 태도로 활동에 임했다. 활동이 끝난 후 다른 학생들과 자연스럽게 토론에 참여하는 모습을 보였으며, 폭력 예방을 위한 실천방안을 적극적으로 제안했다. (2024년 1월 15일)

기록 2: 마지막 회기에서 A학생은 프로그램 소감을 발표하며 눈시울을 붉혔다. "제가 전에는 그냥 지나쳤던 일들이 사실은 폭력이었다는 걸 이제 알았어요"라며 자신의 과거를 반성하고, 앞으로는 적극적으로 폭력 예방에 동참하겠다는 의지를 보였다. 다른 학생들도 A학생의 변화를 긍정적으로 평가했으며, A학생은 학급폭력 예방위원 활동을 자청했다. (2024년 1월 22일)

4) 문서분석

문서분석(Document Analysis)은 설문지, 보고서, 이메일, 일기 등 프로그램과 관련된 다양한 문서를 분석하여 프로그램의 운영 방식, 효과, 참여자의 경험 등을 평가하는 질적연구 기법이다. 이 기법은 데이터를 검토하고 해석하여 의미를 도출하고 이해를 증진시키며 실증적 지식을 개발하는 데 초점을 둔다(Corbin & Strauss, 2008; Rapley, 2007). 문서는 참여자의 생각과 감정을 반영하며, 프로그램의 정성적 효과를 파악하는 데 매우 유용한 자료로 활용된다. 문서분석은 연구에서 다섯 가지 주요 역할을 한다. 첫째, 문서는 연구 참여자들의 활동 배경과 과거 사건을 이해하는 데 필요한 맥락정보를 제공한다. 둘째, 새로운 질문을 도출하거나 관찰해야 할 상황을 설정하는 데 도움을 준다. 셋째, 다른 자료를 보완하는 추가 데이터를 제공한다. 넷째, 문서 초안과 수정본을 비교함으로써 변화와 발전 과정을 추적할 수 있다. 다섯째, 연구결과를 검증하고 신뢰성을 높이는 데 기여한다(Bowen, 2009). 예를 들어 한 참여자가 작성한 후기에서 '이 프로그램은 내 삶의 전환점이었다'는 표현이 발견되었다면, 이는 프로그램이 참여자에게 미친 긍정적 영향을 보여주는 중요한 단서가 된다. 이러한 방식으로 문서분석은 프로그램의 정성적 효과와 숨겨진 의미를 깊이 이해할 수 있는 강력한 도구로 활용된다.

(1) 문서분석의 형식

문서분석은 분석하는 문서의 종류와 연구의 목적에 따라 다양하게 활용될 수 있다. 주로 사용되는 문서분석 형식은 다음과 같다.

① 설문지 분석

설문지에서 수집된 응답은 질적 연구에서 매우 중요한 자료가 된다. 설문지 분석은 참여자의 의견이나 경험을 텍스트로 나타낸 자료를 평가하여, 프로그램에 대한 만족도나 효과를 파악하는 데 사용된다. 예를 들어 교육 프로그램에 대한 만족도를 묻는 설문에서 '이 프로그램은 나의 학습에 큰 도움이 되었다'는 답변을 통해, 프로그램이 학습효과를 증대시켰다는 것을 알 수 있다.

② 보고서 분석

프로그램의 운영에 대한 공식적인 문서나 보고서를 분석함으로써 프로그램의 목표, 전략, 실행과정을 평가할 수 있다. 예를 들어 프로그램 진행 중에 작성된 보고서에서 프로그램의 목표달성 여부, 예산사용 현황, 참여자의 반응 등을 파악하고, 그 내용에서 프로그램이 실제로 설정한 목표를 얼마나 효과적으로 달성했는지 평가할 수 있다.

③ 이메일 및 커뮤니케이션 기록 분석

프로그램 관련 이메일이나 커뮤니케이션 기록을 분석함으로써, 참여자들의 피드백이나 프로그램 내 소통의 흐름을 확인할 수 있다. 예를 들어 프로그램 진행 중에 참여자들이 주고받은 이메일에서 프로그램에 대한 우려나 칭찬을 분석하고, 이를 통해 프로그램이 어떤 점에서 긍정적인 영향을 미쳤는지 혹은 개선이 필요한 부분은 무엇인지를 파악할 수 있다.

④ 일기 및 개인 후기 분석

참여자들이 작성한 일기나 후기는 개인적인 경험과 감정을 직접적으로 담고 있어, 프로그램의 효과를 정성적으로 평가하는 데 매우 중요한 자료가 된다. 예를 들어 프로그램 후 작성된 일기에서 "이 프로그램을 통해 나는 나 자신을 더 이해하게 되었다"는 표현을 발견할 수 있다. 이는 프로그램이 참여자의 내적변화에 긍정적인 영향을 미쳤다는 중요한 지표가 될 수 있다.

(2) 문서분석의 절차

문서분석은 보통 다음과 같은 절차를 거쳐 진행된다(Bernard, 2006).

① 자료수집

연구자는 프로그램과 관련된 다양한 문서를 수집한다. 이때 연구자는 문서가 프로그램의 운영, 참여자 경험, 효과 등과 관련이 있는지 확인하고, 가능한 다양한 문서 자료를 확보한다. 예를 들어 프로그램에 참여한 사람들의 후기, 진행 중 작성된 보고서, 설문지 결과 등을 수집할 수 있다.

② 내용분석

수집한 문서의 내용을 분석한다. 이때, 연구자는 문서 안에 나타난 주요 주제나 패턴을 추출하며, 문서의 텍스트를 정리하고 분류한다. 예를 들어 프로그램 후기에 나타난 주요 긍정적/부정적 반응을 분류하거나, 설문지에서 반복적으로 나타나는 의견을 중심으로 분석할 수 있다.

③ 주제도출

문서의 내용을 분석한 후, 주요 주제를 도출한다. 예를 들어 프로그램이 참여자의 폭력 예방 인식과 태도변화에 미친 영향을 평가하고자 한다면, 소감문에서 '공감', '배려', '이해', '도움', '예방' 등과 같이 폭력 예방과 관련된 단어들이 반복되는 부분을 추출하여 해당 주제를 중심으로 분석한다. 이 과정에서 연구자는 학교폭력의 맥락(가해-피해-방관자 구도, 폭력의 유형, 대처방안 등)을 충분히 고려하며, 프로그램 참여 전후의 인식변화나 실천의지 표현과 같이 중요하거나 반복적으로 등장하는 내용을 중심으로 주제를 선정한다.

④ 해석과 결론도출

분석된 자료를 바탕으로 연구자는 연구질문에 대한 답을 찾는다. 이때, 문서에 나타난 텍스트의 의미를 해석하고, 프로그램이 어떻게 참여자들에게 영향을 미쳤는지에 대한 결론을 도출한다. 예를 들어 후기를 통해 참여자들이 프로그램을 통해 느낀 감정적 변화를 파악하고, 이를 바탕으로 프로그램의 효과를 평가한다.

(3) 문서분석의 장점과 단점

문서분석은 이미 존재하는 자료를 이용하기 때문에 비교적 간편하게 자료를 수집할 수 있으며, 시간소모가 적은 장점이 있다. 또한 참여자가 자신의 생각과 감정을 자유롭게 표현할 수 있는 문서를 통해 진솔한 반응을 얻을 수 있고, 시간에 구애받지 않고 후속 분석이 가능하다는 점에서 유리하다. 그러나 문서로 남겨진 표현은 참여자의 생각을 완벽히 전달하기 어렵고, 글로 경험을 표현하는 데 제한이 있을 수 있다. 또한 문서분석 과정에서 연구자의 주관적 해석이 개입될 위험이 있으며, 특히 감정적이거나 추상적인 내용은 해석에 따라 다르게 평가될 수 있다. 더불어 문서가 제대로 작성되지 않았거나 중요한 정보가 누락되면, 분석에 어려움이 있을 수 있다.

(4) 문서분석의 활용

문서분석은 프로그램 평가에서 중요한 역할을 한다. 예를 들어 프로그램 후 작성된 참여자의 후기나 일기를 분석함으로써, 프로그램이 참여자에게 실제로 어떤 변화를 일으켰는지, 그 변화가 긍정적인지 부정적인지에 대한 구체적인 정보를 얻을 수 있다. 또한 보고서나 설문지를 분석함으로써 프로그램의 운영 과정에서 드러난 문제점을 파악하고, 이를 개선하기 위한 기초자료로 활용할 수 있다. 문서분석은 프로그램의 효과를 정성적으로 평가하는 데 중요한 기법으로, 프로그램의 발전 방향을 제시하는 데 중요한 역할을 한다. 문서분석을 통해 얻은 깊이 있는 정보는 프로그램의 개선과 향후 연구에 중요한 기초자료로 활용될 수 있다.

참고 문서(소감문) 분석 예시

갈등해결의 새로운 길을 발견하다

행복한 학교만들기 학교폭력 예방 프로그램에 참가한 학생들에게서 가장 주목할 만한 변화는 갈등 상황에서의 문제해결 방식이었다. 처음에는 소극적이고 방관자적 태도를 보이던 학생들이 연극치료와 미술 활동을 통해 자연스럽게 감정을 표현하는 법을 배웠고, 갈등 상황에서 대화로 해결하려는 시도가 증가했다. 특히 '감정 일기 쓰기' 활동을 통해 자신과 타인의 감정을 이해하고 존중하는 태도가 형성되었으며, 이는 일상생활에서 실제적인 행동변화로 이어지고 있음을 관찰할 수 있었다.

- "화가 날 때마다 참기만 했는데, 이제는 '나 화가 났어'라고 말할 수 있게 되었어요." (참여자 1)
- "친구가 힘들어할 때 그냥 지나쳤던 제 모습이 부끄러웠어요. 이제는 용기 내어 다가가 말을 걸어요." (참여자 2)
- "연극에서 왕따당하는 역할을 해 보니 그 아픔이 이렇게 크다는 걸 처음 알았어요."(참여자 3)
- "싸움은 폭력이 아닌 대화로 해결할 수 있다는 걸 배웠어요. 요즘은 동생과도 싸우지 않고 잘 지내요." (참여자 4)
- "예전에는 친구를 놀리는 게 재미있다고 생각했는데, 그게 폭력이 될 수 있다는 걸 이제야 알았어요." (참여자 5)
- "반 분위기가 많이 좋아졌어요. 서로 배려하고 돕는 친구들이 늘어난 것 같아요."(참여자 6)
- "누군가 괴롭힘을 당할 때 이제는 그냥 구경만 하지 않고 선생님께 알리거나 직접 도와줄 수 있을 것 같아요." (참여자 7)
- "우리 반 규칙을 함께 만들면서 서로를 더 이해하게 된 것 같아요. 폭력 없는 학교를 만들고 싶어요." (참여자 8)

5. 질적평가 연구대상과 표집방법

연구대상의 선정은 질적평가에서 중요한 핵심 요소로, 표집방법에 의해 이루어진다. 질적연구에서는 주로 연구목표에 맞는 특정 대상을 선정하는 목적 표집(Purposive Sampling), 현상의 원인이나 맥락을 설명하기 위한 설명적 표집(Explanatory Sampling), 그리고 관계망을 확장하는 눈덩이 표집(Snowball Sampling) 등의 방법이 사용된다. 예를 들어 학교폭력 예방 프로그램의 평가에서는 프로그램에 직접 참여한 학생뿐만 아니라, 관련 경험이 있는 교사와 학부모도 연구대상으로 포함될 수 있다. 이와 같은 대상선정은 연구목적과 관련성이 깊어야 하며, 평가질문에 대해 심층적이고 의미 있는 답변을 제공할 수 있는 사람들을 중심으로 선정되어야 한다. 또한 표집대상이 다양한 관점을 제공할 수 있도록, 대상자의 특성과 배경: 성별, 연령, 프로그램 참여 기간 등을 고려하는 것이 중요하다. 이를 통해 연구는 보다 포괄적이고 깊이 있는 분석을 할 수 있으며, 여러 다양한 경험과 관점을 수집할 수 있다. 표집방법은 연구의 목적과 질문에 맞게 신중하게 선택되어야 하며, 각 표집방법이 제공하는 데이터의 특성과 유용성을 고려하여 연구설계를 최적화하는 것이 중요하다.

〈표 12-3〉 질적평가의 연구대상 표집방법

표집방법	설명	예시
목적 표집 (Purposive Sampling)	연구목적에 적합한 경험과 정보를 가진 특정 대상자를 선정하는 방법	학교폭력 예방 프로그램 참가자 중 효과를 느낀 학생을 인터뷰 대상으로 선정
편의 표집 (Convenience Sampling)	연구자가 접근하기 쉬운 대상자를 선정하는 방법	연구자가 근무하는 학교의 학생들 중 연구 참여에 동의한 학생들을 대상으로 연구
눈덩이 표집 (Snowball Sampling)	초기 대상자에게 다른 관련 대상자를 추천받아 연구대상을 확장해가는 방법	학교폭력 피해 학생을 대상으로 시작해, 피해 경험을 공유한 친구나 가족을 추가적으로 인터뷰
이질적 표집 (Heterogeneous Sampling)	다양한 특성과 배경을 가진 연구대상을 선정하여 넓은 범위의 경험과 관점을 포착하는 방법	연령, 성별, 학년이 다양한 학생들을 대상으로 프로그램의 효과를 비교하고 분석

표집방법	설명	예시
동질적 표집 (Homogeneous Sampling)	유사한 특성을 가진 대상자들을 선정하여 특정 경험을 심층적으로 탐구하는 방법	같은 학년의 동일 프로그램에 참여한 학생들을 대상으로 평가
이론적 표집 (Theoretical Sampling)	연구 과정에서 자료를 분석한 결과를 바탕으로 추가적으로 수집해야 할 대상자를 선정하는 방법	초기 자료에서 자기조절이 중요한 주제로 도출되면, 자기조절 능력이 뛰어난 학생을 추가 인터뷰 대상으로 선정
극단 사례 표집 (Extreme Case Sampling)	독특하거나 극단적인 사례를 가진 대상자를 선정하여 특정 현상의 특징을 심층적으로 연구하는 방법	폭력 대처능력이 가장 크게 변화한 학생을 인터뷰하여 프로그램 효과의 극단적 사례 분석
전형적 사례 표집 (Typical Case Sampling)	연구대상 중 평균적인 특성을 가진 전형적인 사례를 선정하여 그 경험을 탐구하는 방법	프로그램 참여학생 중 대다수와 비슷한 경험을 보고한 학생을 전형적 사례로 인터뷰
기준 표집 (Criterion Sampling)	특정 기준을 만족하는 연구대상을 선정하는 방법	학교폭력 예방 프로그램을 6개월 이상 지속적으로 참여한 학생만을 연구대상으로 선정
기회 표집 (Opportunistic Sampling)	연구 중 예상치 못한 기회를 활용하여 새로운 대상자를 추가적으로 선정하는 방법	인터뷰 도중 참가자가 추천한 특별한 경험을 가진 학생을 연구대상에 포함
설명적 표집 (Explanatory Sampling)	특정 현상의 원인이나 맥락을 설명하기 위해 관련성이 높은 사례를 선정하는 방법	학교폭력 예방 프로그램 효과를 설명하기 위해 초기에는 변화가 없던 학생이 이후 변화한 이유를 심층 분석

출처: Creswell & Poth(2023); Miles, Huberman, & Saldaña(2014); Patton(2002) 참조.

6. 질적평가 수행과정

질적평가는 프로그램이나 프로젝트의 효과를 평가할 때, 그 참여자들의 경험, 감정, 태도 등을 심층적으로 분석하는 과정을 의미한다. 이 과정은 전통적인 양적평가 방식과 달리, 수치나 통계보다는 사람들의 이야기와 행동을 중심으로 한 해석적 접근이다. 질적평가는 일반적으로 다음과 같은 단계적 과정을 통해 수행된다(Patton, 2002).

1) 목적 설정

질적평가의 첫 번째 단계는 평가의 목적을 명확히 설정하는 것이다. 이 단계에서는 평가하고자 하는 프로그램이나 프로젝트의 목표를 세분화하고, 평가가 어떤 정보를 얻기 위한 것인지 구체적으로 정의한다. 예를 들어 학교폭력 예방 프로그램의 경우, 목적은 '프로그램이 참가자들에게 폭력상황에서 대처하는 능력이나 자기 조절 능력을 얼마나 향상시켰는지'를 평가하는 것이다. 이를 통해 평가자는 프로그램의 목표와 일치하는 중요한 영역을 파악할 수 있다. 목적 설정은 평가 후 얻을 수 있는 인사이트가 무엇이 될지를 명확히 하고, 이를 바탕으로 적절한 데이터 수집방법과 분석방법을 결정하는 데 중요한 역할을 한다. 또한 평가목표를 구체적으로 설정하는 것은 평가의 결과가 실제 프로그램 개선에 실질적인 도움이 될 수 있도록 한다.

2) 자료수집 계획

자료수집 계획은 평가의 목표에 따라 적합한 방법을 선택하고, 이를 뒷받침할 연구대상을 선정하는 단계이다. 질적자료는 주로 참여자들의 경험과 감정에 대한 서술적 자료이므로, 자료수집 방법은 그들이 겪은 이야기나 경험을 최대한 풍부하게 얻을 수 있도록 설계된다.

자료수집 방법으로는 심층면접, 초점집단면접, 참여관찰 등이 자주 사용된다. 심층면접은 각 참가자와 일대일로 대화를 통해 개인적인 경험과 감정을 깊이 이해할 수 있다. 초점집단면접은 프로그램에 참가한 여러 명이 모여 서로의 경험을 공유하며, 다양한 관점과 의견을 수집하는 데 유용하다. 참여관찰은 프로그램 중 활동하는 모습이나 상호작용을 직접관찰하여, 참가자들이 실제로 경험하고 느끼는 변화를 기록할 수 있다.

이 단계에서 중요한 점은 자료수집 방법과 표집방법을 평가목적에 맞추어 정교하게 계획하는 것이다. 또한 자료수집 시 참여자의 개인적인 프라이버시와 윤리를 고려해야 하며, 데이터 수집 과정에서 발생할 수 있는 불확실성을 대비하는 방법도 마련해 두어야 한다.

3) 자료수집

자료수집 단계에서는 계획한 방법에 따라 실제 자료를 수집한다. 이때 자료는 참여자들의 경험, 생각, 감정을 반영하는 서술적 자료로 수집되므로, 연구자는 참여자가 자유롭게 이야기를 나눌 수 있도록 환경을 조성해야 한다. 예를 들어 학교폭력 예방 프로그램에 참가한 학생과의 면접에서 한 참가자가 '처음에는 폭력적인 상황에서 대처하기가 어려웠지만, 프로그램 이후 더 침착하게 대응할 수 있게 되었다'고 말할 수 있다. 이와 같은 구체적인 이야기들은 프로그램이 참가자들에게 미친 영향을 평가하는 데 중요한 자료가 된다. 이 단계에서는 자료의 질을 높이기 위해 적극적으로 참여자와의 신뢰를 쌓고, 그들이 편안하게 이야기할 수 있는 분위기를 만드는 것이 중요하다. 또한 초점집단면접이나 참여관찰을 진행하는 경우에는 대화나 행동을 주의 깊게 기록하며, 중간중간 참여자들에게 추가적인 질문을 던져 더욱 깊이 있는 자료를 수집한다.

4) 자료분석

수집된 자료는 분석을 통해 패턴이나 주요 주제를 도출하는 과정이다. 이 단계에서는 텍스트나 관찰 내용을 정리하고, 공통된 테마나 의미를 파악하여 프로그램의 성과나 문제점을 평가한다. 예를 들어 학교폭력 예방 프로그램에 참가한 사람들의 경험에서 "자신감 상승"과 "폭력상황에서의 대처능력 향상"이라는 주제가 반복적으로 나타난다면, 이는 프로그램의 주요 성과로 간주될 수 있다. 자료분석에서는 이러한 반복적인 패턴을 찾고, 참가자들이 언급한 구체적인 경험들을 중심으로 자료를 분류한다. 이 과정에서 연구자는 데이터를 단순히 나열하기보다는 그 안에 숨어 있는 의미를 추출하고, 이를 종합적으로 해석한다.

데이터 분석은 주제분석(Thematic Analysis), 내용분석(Content Analysis), 내러티브 분석(Narrative Analysis) 등의 방법을 활용하여 이루어질 수 있다. 예를 들어 주제분석을 통해 참가자들이 경험한 '자신감 향상'이나 '폭력적인 상황에서의 대처능력 향상'과 관련된 다양한 이야기를 분류하고, 이들이 프로그램의 목적과 어떻게 일치하는지 분석한다. 또한 내러티브 분석은 참여자들이 프로그램에 대해 어떻게 이야기하는지를 분석하고, 그들의 경험이 어떻게 변화했는지를 이해하는 데 중요한 역할을 한다. 예를 들어 학교폭력 예방 프로그램에 참여한 한 학생이 '폭력상황에서 침착하게 대처할 수 있는 자신감을 얻었다'는 이야기를 한다면, 이는 내러티브 분석을 통해 학생의 경험이 어떻게 변화했는지, 그 변화가 프로그램의 효과와 어떻게 연결되는지를 이해하는 데 중요한 정보를 제공할 수 있다.

5) 결론도출 및 보고

최종적으로 수집된 자료를 분석한 후, 이를 바탕으로 결론을 도출하고 평가결과를 보고서로 작성한다. 보고서에는 분석한 내용과 그에 대한 해석을 바탕으로 구체적인 사례나 통찰을 포함해야 한다. 예를 들어 '학교폭력 예방 프로그램 참가자 중 75%가 폭력상황에서 더 자신감을 갖고 대처할 수 있었다'고 보고할 수 있다. 이와 같은 구체적인 사례를 포함한 결과는 프로그램의 성과를 명확히 보여준다. 결론도출 시, 프로그램이 긍정적인 변화를 일으켰는지, 또는 개선이 필요한 부분은 무엇인지를 명확히 하고, 그에 대한 실질적인 제안을 한다. 예를 들어 '참가자들이 폭력상황에서 대처하는 자신감을 얻었지만, 감정조절 훈련을 추가하는 것이 도움이 될 것이다'는 식의 제안이 포함될 수 있다. 또한 보고서는 평가의 목적과 결과에 따라 다른 이해 관계자들에게 전달될 수 있으며, 각기 다른 청중에게 맞춰 내용을 조정할 수 있다. 연구자, 프로그램 관리자, 정책 입안자 등에게는 결과와 함께 프로그램 개선을 위한 실질적인 피드백을 제공하는 것이 중요하다.

7. 질적평가의 분석방법

질적 데이터 분석은 수집된 다양한 자료를 해석하여 의미 있는 결과를 도출하는 중요한 과정이다. 질적 데이터는 숫자나 통계적 수치를 넘어서, 사람들의 경험과 감정, 이야기 등을 깊이 있게 탐구하는 데 중점을 둔다. 따라서 분석방법은 텍스트나 인터뷰 내용을 주의 깊게 읽고, 그 안에서 의미를 찾는 과정이 필요하다. 질적 분석은 여러 가지 기법이 있으며, 연구의 목적에 맞게 적절한 방법을 선택하여 데이터를 분석하게 된다.

1) 주제분석(Thematic Analysis)

주제분석은 가장 널리 사용되는 질적분석 방법 중 하나로, 데이터를 검토하여 반복되는 주제나 패턴을 도출하는 기법이다. 이 방법은 데이터 내에서 공통적으로 나타나는 주요 개념이나 경험을 분류하고, 그 의미를 해석하는 데 사용된다. 주제분석의 과정은 크게 세 단계로 나눌 수 있다(Braun,& Clarke, 2006).

① 데이터 읽기: 수집된 데이터를 꼼꼼히 읽고 주요 문장이나 발언을 추출한다.
② 주제식별: 데이터에서 반복적으로 나타나는 주요 주제나 키워드를 찾아낸다.
③ 주제분석 및 해석: 각 주제를 세부적으로 분석하고, 그 주제가 프로그램의 어떤 측면과 관련이 있는지를 해석한다. 이러한 분석을 통해 프로그램의 효과나 참여자의 경험을 구체적으로 이해할 수 있다.

참고 주제분석 예시: 학교폭력 예방 프로그램의 효과

① 데이터 읽기

"이 프로그램에 참여한 후, 폭력상황에서 어떻게 대처해야 할지 알게 되었어요. 그리고 제 감정을 잘 다스릴 수 있게 되었어요. 예전엔 화가 나면 바로 싸웠는데, 이제는 차분하게 생각하고 말로 해결하려고 해요."

② 주제 식별

- 폭력상황에서의 대처능력 향상
- 자기조절능력 증가

③ 주제분석 및 해석

이 데이터에서 반복되는 주요 주제는 '폭력상황에서의 대처능력 향상'과 '자기조절 능력 증가'이다. 이는 학교폭력 예방 프로그램이 학생들의 폭력적 반응을 줄이고, 상황에 맞는 대처능력을 키우는 데 긍정적인 영향을 미쳤다는 것을 의미한다. 학생들이 감정을 조절하고, 갈등을 해결하는 능력이 향상된 것으로 해석할 수 있다.

2) 내러티브 분석(Narrative Analysis)

내러티브 분석은 참여자가 제공한 이야기나 경험을 중심으로 데이터를 분석하는 방법이다. 이 분석방법은 단순히 사건을 나열하는 것이 아니라, 이야기의 맥락을 이해하고, 그 안에서 경험한 감정과 의미를 파악하는 데 중점을 둔다. 내러티브 분석은 참여자들이 자신들의 경험을 어떻게 이야기하는지, 그들이 겪은 사건을 어떻게 구조화하고 해석하는지를 살펴본다. 내러티브 분석의 과정은 다음과 같다(Riessman, 1993).

① 이야기 수집: 심층면접, 초점집단면접, 관찰 등을 통해 참여자들이 제공한 이야기나 경험을 수집한다.

② 이야기의 구조분석: 각 이야기의 구조를 분석하여, 주요사건, 등장인물, 감정 등을 파악한다.

③ 맥락적 이해: 각 이야기가 개인의 삶에서 어떤 의미를 가지며, 그 맥락에서 어떤 변화를 겪었는지를 이해한다.

참고 내러티브 분석 예시: 학교폭력 예방 프로그램의 개인적 경험

① 이야기 수집

"그 전엔 폭력적인 상황을 만나면 두려웠어요. 하지만 이 프로그램에서 역할극을 하면서 다른 사람의 입장이 되어 보니, 그들의 감정을 이해할 수 있었어요. 그때부터 폭력상황에서 더 차분하게 대처할 수 있게 되었어요."

② 이야기 구조분석

- 주요사건: 프로그램에서 역할극을 통해 감정 이해
- 등장인물: 자신, 역할극에서 상대방 역할을 맡은 학생들
- 감정: 두려움, 이해, 차분함

③ 맥락적 이해

이 이야기는 학생이 폭력적인 상황을 이해하고 대처하는 방식에서 감정적 변화를 경험한 것을 보여준다. 역할극을 통해 다른 사람의 감정을 이해하고, 그로 인해 자신감이 증가한 것을 강조한다. 프로그램이 학생의 감정인식과 대처능력 향상에 중요한 영향을 미쳤다는 의미를 담고 있다.

3) 내용분석(Content Analysis)

내용분석은 텍스트 데이터를 분석하여 특정 단어나 문구의 빈도를 확인하고, 그 의미를 해석하는 기법이다. 이 분석방법은 주로 설문지나 인터뷰 텍스트, 보고서 등에서 반복적으로 나타나는 단어나 구절을 찾아내서 그 빈도와 맥락을 기반으로 분석한다. 내용분석은 주제분석보다 더 구체적인 단어의 사용패턴을 분석하는 데 중점을 둔다. 내용분석의 과정은 다음과 같다(Bernard, 2006).

① 텍스트 준비: 분석할 텍스트를 준비하고, 관련 단어나 문구를 찾아낸다.
② 빈도분석: 특정 단어나 문구가 반복되는 빈도를 계산하여 중요한 키워드를 파악한다.
③ 의미분석: 반복되는 단어나 문구의 의미를 분석하고, 그 단어들이 어떤 패턴이나 주제를 나타내는지 해석한다. 예를 들어 설문 응답에서 '자신감'이라는 단어가 반복적으로 등장한다면, 이는 참여자들이 학교폭력 예방 프로그램을 통해 자신감을 얻었다는 중요한 증거로 해석할 수 있다. '자신감'의 반복은 프로그램이 제공한 긍정적인 효과를 잘 보여주며, 프로그램이 효과적이었다는 실질적인 증거를 제시한다.

참고 내용분석 예시: 학교폭력 예방 프로그램에서의 자신감 변화

① 텍스트 준비
설문지나 인터뷰에서 나온 텍스트에서 '자신감'이라는 단어를 분석한다.

② 빈도분석
설문 응답에서 '자신감'이 총 10번 이상 반복 등장하며, 다른 긍정적인 단어들(예: '변화', '효과')도 함께 나타남

③ 의미분석
'자신감'이 반복적으로 등장한다는 사실은 프로그램 참가자들이 학교폭력 예방 프로그램을 통해 자신감을 얻었다는 것을 시사한다. '자신감'은 프로그램이 학생들의 자기효능감과 폭력 예방 의식을 강화시킨 중요한 지표로 해석할 수 있다. 이 결과는 프로그램의 성공적인 효과를 뒷받침하는 중요한 증거로 사용될 수 있다.

12장 돌아보기

1. 양적평가과 질적평가를 비교하여 설명해 보라.

2. 질적평가가 필요한 이유에 대해 설명해 보라.

3. 질적평가 기법 중 심층면접과 초점집단면접에 대해 설명해 보라.

4. 질적평가의 연구대상 표집방법들 중 눈덩이 표집방법과 전형적 사례 표집방법에 대해 설명해 보라.

5. 질적평가의 분석방법들 중 내러티브 분석에 대해 설명해 보라.

PART

05

프로포절 작성의 실제

CHAPTER 13 프로포절 작성
: 사회복지공동모금회의 배분사업을 중심으로

학습목표

1. 프로포절에 대해 이해한다.
2. 성공적인 프로포절의 조건에 대해 이해한다.
3. 사회복지공동모금회의 배분사업에 대해 이해한다.
4. 프로포절 작성요령에 대해 이해한다.

프로포절은 사회복지 프로그램이나 사업의 계획을 제시하는 중요한 문서로, 자원확보와 사업승인에 중요한 역할을 한다. 본 장에서는 프로포절의 개념과 중요성을 이해하고, 성공적인 프로포절을 작성하기 위한 필수조건을 살펴본다. 또한 사회복지공동모금회의 배분사업에 대해 이해하고, 이를 중심으로 프로포절 작성요령을 구체적으로 다룰 것이다.

1. 프로포절의 이해

프로포절은 사회복지기관이 수행하려는 프로그램의 내용을 설명하는 사업 제안서로, 최근에는 공동모금회, 기업복지재단, 민간기금, 정부 등에서 프로그램 공모를 통해 기금을 지원하는 사례가 증가하면서, 프로포절 작성에 대한 관심이 높아지고 있다. 이는 사회복지기관이 자원을 확보하고 프로그램의 성과를 달성하기 위해 필수적인 수단으로 자리잡았다(정무성, 2005). 사회복지 프로포절은 마치 건축물의 설계도와 같이 프로그램의 성패를 좌우하는 중요한 문서로 간주된다. 프로포절에는 해당 프로그램이 해결하고자 하는 문제의 심각성, 프로그램의 참신성, 효과성, 비용효율성, 기관의 전문성 등이 구체적으로 담겨야 한다. 또한 기금주가 심사할 때에는 문제의 심각성, 프로그램의 효과성, 운영의 비용효율성, 기관의 능력과 준비성, 직원들의 전문성 등 여러 요소를 평가한다. 특히 사회복지의 가치와 실현가능성, 기록의 신뢰성이 반영된 프로포절이 요구된다(정무성, 2005). 자원이 부족한 사회복지기관의 입장에서 프로포절은 재원을 확보하는 유용한 도구가 된다. 따라서 프로포절을 얼마나 효과적으로 작성하느냐가 예산 확보에 큰 영향을 미친다. 이를 위해 프로포절 작성자는 기금주가 요구하는 내용을 정확히 이해하고, 심사 기준에 부합하는 문서를 준비해야 한다. 이는 자원을 확보함으로써 프로그램 실행을 가능하게 하는 중요한 과정이다(정무성, 2005).

사회복지 프로포절은 단순한 문서가 아니라 사회복지 프로그램의 개발모형의 전 과정을 청사진(blueprint)으로 제시하는 전문적이고 공식적인 문서로 간주된다. 이는 아직 프로그램이 기획, 실행, 평가 중 어느 과정도 진행되지 않았지만, 프로포절을 통해 문제해결가능성과 성과를 명확히 제시해야 함을 의미한다. 따라서 각 사회복지기관은 자신들의 역량과 설립목적, 그리고 해결하고자 하는 문제와 접근방식을 포괄적으로 담아내야 한다(현외성, 2004). 오늘날 사회복지 현장은 공모제도를 통해 재원이 배분되는 구조로 변화하고 있다. 공모제도는 삼성복지재단이 1991년, 사회복지공동모금회가 1999년 이를 도입하면서 본격화되었으며, 이를 통해 사회복지 프로그램 개발에서 기획의 중요성이 강조되었다. 이와 더불어 사회복지사의 업무 역량에도 큰 변화를 가져왔으며, 사회복지 실천과정을 표준화하고 매뉴얼화하는 데 기여하였다. 이로 인해 프로포절은 사회복지 활동의 책무성을 강화하고, 홍보 및 마케팅에서도 중요한 역할을 하고 있다(서인해·공계순, 2008). 결론적으로 프로포절은 단순한 서류를 넘어 사회복지기관의 역량과 가치를 외부에 효과적으로 전달하는 핵심 수단이며, 이를 통해 사회복지 서비스의 질적향상과 자원확보를 동시에 도모할 수 있다.

2. 성공적인 프로포절의 조건

사회복지 프로그램을 개발하고 운영하기 위해서는 프로포절 작성이 필수적이며, 이를 성공적으로 작성하기 위해 충족해야 할 여러 요건이 있다. 이러한 요건은 각 재정지원처의 평가기준에 따라 구체화되며, 사업의 실현가능성과 사회적 영향을 판단하는 중요한 기준으로 작용한다. 프로포절은 해결하고자 하는 사회문제의 심각성과 이를 해결하기 위한 구체적인 방안을 명확히 제시해야 한다. 문제의 심각성이 낮거나 예산사용 계획이 불명확하고 문제제기 방식이나 증빙자료가 부적절할 경우, 해당 프로포절은 기금을 받기 어려울 수 있다(임걸, 2007). 또한 프로포절은 단순히 재정적 부족을 해결하려는 목적이 아니라, 클라이언트와 지역사회의 긍정적 변화를 추구하는 사회복지적 가치를 중심으로 작성되어야 한다. 사업의 필요성과 실현가능성을 구체적으로 기술해야 하며, 클라이언트의 욕구와 사회문제를 구체적으로 서술하고, 문제의 심각성과 규모에 적합한 예산편성을 제시해야 한다. 사업의 목적과 목표, 활동계획은 체계적으로 구성되어야 하며, 이를 통해 해당 프로그램이 사회복지 현장에서 새로운 발견과 긍정적 변화를 가져올 수 있음을 입증해야 한다(사회복지공동모금회, 2023).

프로포절 작성 시 심사자의 관점을 고려하는 것도 중요하다. 심사자가 쉽게 이해할 수 있도록 문제의 정의와 해결가능성을 명확히 하고, 실증적 근거와 비용 대비 효과성을 강조해야 한다. 복잡한 설명 대신 도식화된 자료와 요약된 정보를 활용하여 심사자의 관심을 끌어야 한다. 이러한 접근은 프로포절 심사를 운영하는 주요 기관들이 강조하는 공통된 원칙이다. 사회복지공동모금회의 경우, 평가기준으로 사업내용과 추진전략의 적절성, 예산편성의 합리성, 사업의 필요성과 실현가능성, 목표 및 평가체계의 타당성, 사업종료 후 지속가능성, 사업의 일관성 및 체계성을 포함한다. 이러한 기준은 사업이 지역사회의 구체적 문제를 해결하는 데 기여할 수 있는지 판단하는 데 초점을 맞춘다(사회복지공동모금회, 2023).

성공적인 프로포절은 우수한 프로그램 기획을 바탕으로 해야 한다. 성규탁(1998)은 클라이언트의 접근성과 문제해결의 적합성, 지역사회의 다양성 포괄,

통합적 서비스 제공, 지속가능성, 적절한 비용구조 등을 성공적인 사회복지 프로그램의 요건으로 제시했다. 또한 Royse 등(2010)은 적합한 인력배치와 안정적 재원의 확보, 프로그램의 정체성과 철학, 사회문제 해결을 위한 이론적 근거와 실증적 검증, 과학적이고 체계적인 평가를 강조하며, 이러한 요소가 프로그램의 질적 개선을 도모한다고 보았다. 따라서 성공적인 프로포절은 사회문제 해결의 필요성과 실현가능성을 중심으로 구체적이고 체계적으로 구성되어야 하며, 심사자의 공감을 이끌어낼 수 있도록 설득력 있는 내용을 포함해야 한다. 이를 통해 프로그램이 단순히 실행가능성을 넘어 지역사회와 클라이언트의 지속적인 변화를 추구할 수 있도록 기여해야 한다.

3. 사회복지공동모금회의 배분사업

사회복지공동모금회는 사회복지 프로그램과 다양한 사회복지 활동을 지원하기 위해 설립된 사회복지법인이다. 주요 목적은 사회복지사업과 관련 활동에 필요한 재원을 조성하고, 민간 사회복지 재정의 안정성을 확보함으로써 사회복지 서비스의 전문화 및 질적수준을 높이는 것이다. 이를 실현하기 위해 사회복지공동모금회는 두 가지 주요 업무를 수행한다. 첫 번째는 모금사업이며, 두 번째는 배분사업이다. 모금사업은 연중모금과 연말 집중모금 등 다양한 방식으로 진행된다. 배분사업은 모금사업만큼 중요한 역할을 하며, 사회복지공동모금회는 사회복지 기관들이 제출한 프로포절을 평가하고, 필요한 재정을 지원하여 사회복지 프로그램의 성공적인 운영을 돕는다. 이러한 배분사업은 여러 가지 유형으로 나뉘며(〈표 13-1〉 참조), 각 사업은 지역사회의 다양한 사회적 요구를 반영하여 진행된다.

〈표 13-1〉 사회복지공동모금회 배분사업의 종류

<table>
<tr><th>구분</th><th colspan="2">사업내용</th><th>배분한도</th><th>신청 시기</th><th>배분신청서 제출처</th></tr>
<tr><td rowspan="2">신청사업</td><td rowspan="2">사회복지 증진을 위하여 자유주제 공모형태로 복지사업을 신청 받아 배분하는 사업</td><td>지회 신청사업</td><td>3,000만원 이하 (※ 지회별로 배분 한도 내에서 조정 가능)</td><td>2023년 7~8월</td><td>지회</td></tr>
<tr><td>복지현안지원사업 및 소규모복지기관지원사업 등 자유주제 공모사업</td><td>별도공고</td><td>별도 공고</td><td>중앙회/ 지회</td></tr>
<tr><td>기획사업</td><td colspan="2">모금회가 그 주제를 정하여 배분하는 사업 또는 배분대상자로부터 제안받은 내용 중에서 선정하여 배분하는 시범적이고 전문적인 사업</td><td>별도지정</td><td>별도 공고</td><td rowspan="3">중앙회/ 지회</td></tr>
<tr><td>긴급지원 사업</td><td colspan="2">개인긴급지원, 재난재해지원 등 긴급히 지원해야 할 필요가 있는 경우에 배분하는 사업</td><td>별도지정</td><td>별도 공고</td></tr>
<tr><td>지정기탁 사업</td><td colspan="2">사회복지 증진을 위하여 기부자가 기부금품의 배분지역·배분대상자 또는 사용용도를 지정한 경우 그 지정취지에 따라 배분하는 사업</td><td>별도지정</td><td>수시</td></tr>
</table>

※ 일부사업에 대해 지역별로 분리 시행 및 별도 공지할 수 있음.
※ '기획사업'과 '긴급지원사업'의 경우 세부사업 시행 공지는 사업의 성격과 내용에 따라 생략할 수 있음.
※ '긴급지원사업'의 경우, 시행 지회에 따라 개인 대상 배분사업이라도 사회복지사업 기타 사회복지활동을 행하는 법인·기관·단체·시설 및 공공기관을 통해 신청할 수 있음.
출처: 사회복지공동모금회(2023).

사회복지공동모금회의 배분사업 신청은 프로그램사업과 기능보강사업으로 구분된다. 프로그램사업은 성과중심형, 성과확산형, 산출중심형 세 가지 유형으로 세분화되며, 각 유형별 신청양식에는 차이가 있다(〈표 13-2〉 참조).

〈표 13-2〉 사회복지공동모금회 배분사업 신청유형

사업 유형		내용	표준 신청 양식
프로그램 사업	성과 중심형	• 성과목표 달성을 통해 사업참여자의 의미 있는 변화를 꾀하고, 나아가 지역사회 변화의 기초를 다지는 사업 • 주로 단년도 형태를 띠며, 사업참여자의 역량강화 또는 소규모의 지역사회 네트워크 구축 등의 사업을 포함	• 배분신청서 • 신청기관 현황 • 신뢰성 점검표 • 사업계획서
	성과 확산형	• 2년 이상 계획하는 다년도 사업으로 사업참여자의 의미 있는 변화뿐만 아니라 지역사회, 나아가 우리 사회에 파급력(Impact)을 미치는 것을 지향하는 사업	• 배분신청서 • 신청기관 현황 • 신뢰성 점검표 • 3개년 사업계획서 • 1차년도 사업계획서
	산출 중심형	• 현재 당면한 지역사회 이슈 및 개인(또는 가족)의 문제해결을 위한 지원사업으로 성과목표 달성보다는 사업수행 과정에 중점을 두는 사업	• 배분신청서 • 신청기관 현황 • 신뢰성 점검표 • 사업계획서
기능보강 사업		• 기능보강을 통해 현재의 문제를 해소하거나 보다 의미 있는 사업을 향후 수행하고자 하는 사업 • 장비보강, 개보수, 자동차 구입 등이 해당	• 배분신청서 • 신청기관 현황 • 신뢰성 점검표 • 사업계획서

※ 100만원 이하 사업의 경우 약식 사업계획서 작성(배분신청서, 신청기관 현황, 신뢰성 점검표, 사업계획서)

출처: 사회복지공동모금회(2023).

모든 신청양식은 공통적으로 사업명, 사업의 필요성, 사업내용, 예산편성 항목을 포함하지만, 각 유형의 특성에 맞게 구체적인 내용과 목차는 다르게 작성된다. 특히 성과확산형 사업은 3개년 사업계획서와 연차별(1차년) 사업계획서를 분리하여 작성해야 하며, 두 계획이 유기적으로 연결되어야 한다. 이 유형은 3개년 계획을 포함하므로 다른 유형에 비해 신청양식이 더욱 복잡하고 내용이 많다. 참고적으로 온라인 배분사업 절차는 [그림 13-1]과 같다. 온라인배분신청 홈페이지는 신청/접수 〉 심사 〉 사업조정 및 계약체결 〉 사업관리로 진행된다.

[그림 13-1] 배분사업 절차

4. 프로포절 작성요령

대부분의 프로포절은 사업의 요약을 담은 표지와 사업개요를 포함한다. 표지와 사업개요는 프로그램의 첫인상을 결정짓는 중요한 요소로, 프로그램의 방향과 내용을 간결하게 전달한다. 이 두 가지 항목은 사업결정자들이 프로그램의 중요성과 지원 여부를 판단하는 데 큰 영향을 미친다. 따라서 사업개요는 전형적인 한 장짜리 계획서 형태로 작성되며, 사업결정자는 이를 바탕으로 프로그램의 선정여부를 결정하게 된다.

1) 배분신청서와 신청기관 현황양식 작성방법

사회복지공동모금회는 배분신청서와 신청기관 현황양식을 제공하며, 신청서에는 기관명, 고유번호(사업자등록번호), 사업명, 사업의 기본정보, 참여자 정보, 성과목표, 주요 사업내용, 사업비, 담당자 연락처 등을 포함해야 한다. 배분신청서 작성방법은 〈표 13-3〉에 구체적으로 명시되어 있다.

〈표 13-3〉 사회복지공동모금회 배분신청서 작성방법

1) 기관명: 신청기관의 공식 명칭을 기재

2) 고유번호(사업자등록번호):
기관의 고유번호, 사업자등록번호 기재

3) 사업명:
대상, 목적, 사업내용을 포함할 수 있도록 작성하며, 부제 사용가능

4) 사업 기본정보
- 연차: 모금회 지원으로 해당 사업을 수행하는 연차를 기재
  - 신규로 신청하는 사업일 경우에는 ① 1년차 사업에 해당, 전년도에 모금회의 지원을 받은 사업으로 사업수행자, 핵심참여자, 사업내용이 동일한 경우에는 사업 연차에 따라 ② 2년차, ③ 3년차, ④ 기타를 선택
  - 예) 2023년에 지원을 받아 사업수행 중에 있으며, 2024년에도 동일사업을 수행하기 위해 사업신청을 하는 경우 ② '2년차'에 V표시
  - 예) 2021년부터 3년 간 지원 받아 사업을 수행 하고 2024년에 동일한 사업을 신청하는 경우 ④ '기타'에 V표시 후 (4년차) 기입
- 대상지역: 본 사업이 수행되는 주요 대상 지역을 시군구 단위까지 기입
  예) 경상남도 창원시/충청남도 당진시/서울시 양천구
- 사업수행인력: 본 사업을 실질적으로 수행하는 실무자의 수 기입
  (기관장, 슈퍼바이저는 제외)
- 사업기간: 사업수행기간을 기입
  - 사업 신청 안내 시 별도의 사업기간이 공지되므로 해당 사업기간 확인 후 작성

5) 사업참여자
- 참여자 구분: 목록 중 1개 선택
- 핵심참여자: 본 사업의 성과를 측정하게 되거나 서비스를 직접적으로 제공받는 주요 참여자(대상자)
- 인원수: 핵심참여자의 실제 인원수, 중복되지 않은 순수 인원을 의미
  - 무료 급식, 행사 등과 같이 대상자가 불규칙하거나 불특정 다수인 경우 1일 평균 이용자를 기재
  - 참여자가 매달 중복될 경우 '1'인으로 기재
  - 예) 핵심참여자 'A'씨가 매달 주1회씩 3개월 프로그램에 12회 참석 시, 인원수는 12명이 아닌 '1'명으로 기재

6) **사업구분:** 사업구분 목록 중 1개를 선택하고, 사업구분과 연결되는 모금회 지속가능발전목표(C-SDGs) 1개 선택

7) **성과목표:** 사업의 결과로 나타나는 효과 또는 변화를 기입(해당 사항이 없을 경우 미기입)
※ 성과목표는 3개 이하로 기입하고, 성과목표가 4개 이상일 경우 중요한 순서로 3개만 기입

8) **주요 사업내용**
- 세부 사업명: 주요 세부 사업명을 3개 이하로 기입
- 주요 내용: 세부 사입별 수행방법, 추진 내용을 간략하게 기재

9) **사업비**
- 총 사업비: 사업수행에 필요한 모든 비용을 합산한 금액(신청금액+기관 부담액)
- 신청금액: 총 사업비 중 모금회에 신청하는 금액
※ 사업기간 전체(1년, 2년, 3년 등) 사업비

10) **신청금액 세부 내역:**
신청금액 중 사업비, 인건비, 관리운영비에 해당하는 금액과 비율을 기입

11) **담당자:** 본 사업을 직접 수행할 담당자 정보를 기입
- 성명: 담당자 성명 기재(담당자 미정 시 작성자명 기입)
- 직위: 담당자의 직위를 기입(예: 사원, 대리, 과장 등)
- 직통전화 · 휴대폰 · E-mail · FAX: 사업 심사 또는 수행과정 중에 연락 가능한 정보를 기재. 이메일의 경우 가급적 기관 대표(공용) 이메일 사용

출처: 사회복지공동모금회(2023).

다음으로 신청기관 현황을 작성한다. 신청기관 현황에는 기관명, 대표자 성명, 고유번호(사업자등록번호), 전화번호, 이메일 주소, FAX 번호, 홈페이지 등 연락처 관련 사항이 포함된다. 또한 설립 연월일과 주소, 직원현황, 기관 주요 사업, 결산 및 예산, 운영법인 및 단체와 관련한 정보도 기재해야 한다(〈표 13-4〉 참조).

〈표 13-4〉 사회복지공동모금회 신청기관 현황 작성방법

신청기관 현황

가 관 명					대 표 자		
고유번호 (사업자등록번호)					전화번호		
E-mail					FAX		
홈페이지					설립연월일	년 월 일	
주 소		□□□□□□					
직원 현황		총 12명 (①+②)		상근 (①)	명	비상근 (②)	명
기관 주요 사업	구분	__① 노인복지 __⑤ 지역복지 __⑨ 청소년복지	__② 영유아/아동복지 __⑥ 정신보건 __⑩ 다문화지원	__③ 장애인복지 __⑦ 여성복지 __⑪ 북한/해외지원	__④ 노숙인복지 __⑧ 가족복지 __⑫ 기타( )		
	내용						
결산	세입	총계	보조금수입	전입금	후원금수입	사업수입	기타수입
		원	원	원	원	원	원
	세출	총계	인건비	관리운영비	사업비	재산조성비	기타지출
		원	원	원	원	원	원
예산	세입	총계	보조금수입	전입금	후원금수입	사업수입	기타수입
		원	원	원	원	원	원
	세출	총계	인건비	관리운영비	사업비	재산조성비	기타지출
		원	원	원	원	원	원
운영 법인 또는 단체	운영주체 성격	__① 사회복지법인 __⑤ 재단법인 __⑨ 법인(기타)	__② 사단법인 __⑥ 국가지방자치단체 __⑩ 단체(기타)( )	__③ 종교법인 __⑦ 임의단체 __⑪ 개인(기타) ( )	__④ 학교법인 __⑧ 개인(신고)		
	법인 (단체)명				대 표 명		
	고유번호 (사업자번호)				전화번호		
	홈페이지				설립연월일		
	주소	□□□□□□					

※ 신청기관 조직도, 운영위원회 및 운영법인 이사회 명단은 별첨자료로 첨부 요망

※ 조직도, 운영위원회 및 운영법인 이사회 명단은 별도 첨부

출처: 사회복지공동모금회(2023).

신청기관 현황 작성방법은 〈표 13-5〉에 구체적으로 명시되어 있으며 〈표 13-6〉은 신청기관 현황 작성예시를 제시한 것이다.

〈표 13-5〉 사회복지공동모금회 신청기관 현황 작성방법

1) **기관명**: 신청기관의 공식 명칭 기입

2) **대표자**: 신청기관을 대표하는 사람 이름 기입. 2인 이상의 경우에도 모두 기입

3) **고유번호(사업자등록번호)**: 기관의 고유번호, 사업자등록번호 기입

4) **전화번호**: 지역번호를 포함한 기관의 대표번호 기입

5) E-mail: 기관의 대표 이메일 또는 연락 가능한 이메일 기재

6) FAX: 기관 팩스번호를 기재. 팩스를 사용하지 않는 경우에는 미기재

7) **홈페이지**: 기관이 운영하는 홈페이지 주소를 기입. 홈페이지가 없는 경우 카페, 블로그 등도 기재 가능

8) **설립연월일**: 행정기관으로부터 인 · 허가를 받은 또는 행정기관에서 신고를 수리한 날짜를 기입. 시설 (인)허가증 또는 시설신고증에 기재된 날짜 기입

9) **주소**: 기관의 실제 소재지 주소를 우편번호를 포함하여 도로명 주소로 기재

10) **직원 현황**: 상근 직원과 비상근 직원 수의 합계를 기재
- 상근: 신청기관에 고용된 직원 중 일정한 시간에 출근하여 정해진 시간 동안 근무하는 직원 수를 기재
- 비상근: 신청기관에 고용된 직원 중 상근 직원과 달리 필요한 때에만 근무하는 직원 수를 기재

11) 기관 주요사업
- 구분: 신청기관의 고유목적사업에 해당하는 항목을 1개 선택
- 내용: 신청기관의 특화사업 등 주요 사업에 해당하는 내용 중심으로 간략하게 제시

12) **결산 · 예산**: 작성 시점 기준 전년도 결산금액 및 당해 연도 예산금액 기재. 각 항목의 합계는 총계와 일치시켜 작성. 아래의 내용을 참고하여 기재하며, 해당사항이 없는 항목은 '0'으로 기재
- 세입
  - 보조금수입: 국가 및 시 · 도, 또는 시 · 군 · 구로부터 받은 경상보조금 및 자본보조금
  - 전입금: 법인으로부터의 전입금(또는 후원금)
  - 후원금수입: 국내외 민간단체 및 개인으로부터 후원명목으로 받은 기부금 · 결연후원금 · 위문금 · 찬조금(지정 및 비지정 후원금 포함)
  - 사업수입: 법인 수익사업, 시설 운영으로 인하여 발생되는 사업 수입
  - 기타수입: 기타 위에서 언급되지 않은 이용자부담금, 재산수입(부동산임대수입, 소유주식 배당수입, 예금이자수입, 부당산매각수입, 불용재산매각 등), 과년도 수입(전년도에 세입 조정된 수입으로서 금년도에 수입으로 확정된 것), 차입금, 전입금, 이월금, 잡수입 등
- 세출
  - 인건비: 임 · 직원에 대한 급여, 제수당, 퇴직금, 사회보험부담금, 기타후생경비
  - 관리운영비: 인건비를 제외한 업무추진비, 운영비 등의 사무비
  - 사업비: (법인) 법인시설 운영 외의 지원 사업을 하는 경우의 사업비
  - (시설) 이용자, 입소자에게 지원되는 운영비, 교육비, 기타 프로그램 사업비
  - 재산조성비: 시설비, 자산취득비, 시설장비유지비 등
- 기타지출: 기타 위에서 언급되지 않은 전출금, 과년도지출, 상환금, 잡지출 등

13) **운영법인 또는 단체**: 운영주체는 신청 기관의 운영을 책임지고 있는 소속법인을 의미함
- 신청기관과 운영주체가 다를 경우 전체 내용을 기입
- 신청기관과 운영주체가 같은 경우 '운영주체 성격'만 기재

※ 신청기관의 조직도와 신청기관 · 운영법인(또는 단체)의 운영위원회/이사회 명단은 자유 양식으로 제출

출처: 사회복지공동모금회(2023).

〈표 13-6〉 사회복지공동모금회 신청기관 현황 작성예시

<table>
<tr><td colspan="2">기 관 명</td><td colspan="2">열매종합사회복지관</td><td colspan="1">대 표 자</td><td colspan="3">이 사 랑</td></tr>
<tr><td colspan="2">고유번호
(사업자등록번호)</td><td colspan="2">100-82-10000</td><td>전화번호</td><td colspan="3">02-6262-3000</td></tr>
<tr><td colspan="2">E-mail</td><td colspan="2">fruit@fruit.or.kr</td><td>FAX</td><td colspan="3">02-6262-3100</td></tr>
<tr><td colspan="2">홈페이지</td><td colspan="2">www.fruit.or.kr</td><td>설립연월일</td><td colspan="3">2002년 10월 24일</td></tr>
<tr><td colspan="2">주 소</td><td colspan="6">04519
서울시 중구 ○○대로 24길 사랑의열매회관 1층</td></tr>
<tr><td colspan="2" rowspan="2">직원 현황</td><td rowspan="2">총 12명 (①+②)</td><td colspan="2">상근 (①)</td><td colspan="3">비상근 (②)</td></tr>
<tr><td colspan="2">10 명</td><td colspan="3">2 명</td></tr>
<tr><td rowspan="2">기관 주요 사업</td><td>구분</td><td colspan="6">v① 노인복지 __② 영유아/아동복지 __③ 장애인복지 __④ 노숙인복지
__⑤ 지역복지 __⑥ 정신보건 __⑦ 여성복지 __⑧ 가족복지
__⑨ 청소년복지 __⑩ 다문화지원 __⑪ 북한/해외지원 __⑫ 기타( )</td></tr>
<tr><td>내용</td><td colspan="6">• 통합사례관리: 사례발굴, 사례개입, 서비스연계
• 서비스제공: 가족기능강화, 지역사회보호, 아동청소년 교육 및 문화 지원
• 지역조직화: 주민조직화, 복지네트워크 구축, 자원개발 및 관리
• 자활자립지원: 노인일자리사업, 자활공동체 창업지원</td></tr>
<tr><td rowspan="4">결산</td><td rowspan="2">세입</td><td>총계</td><td>보조금수입</td><td>전입금</td><td>후원금수입</td><td>사업수입</td><td>기타수입</td></tr>
<tr><td>658,001,000원</td><td>100,628,000원</td><td>162,000,000원</td><td>238,235,000원</td><td>103,948,000원</td><td>53,190,000원</td></tr>
<tr><td rowspan="2">세출</td><td>총계</td><td>인건비</td><td>관리운영비</td><td>사업비</td><td>재산조성비</td><td>기타지출</td></tr>
<tr><td>658,001,000원</td><td>375,617,000원</td><td>93,905,000원</td><td>102,934,000원</td><td>7,573,000원</td><td>77,972,000원</td></tr>
<tr><td rowspan="4">예산</td><td rowspan="2">세입</td><td>총계</td><td>보조금수입</td><td>전입금</td><td>후원금수입</td><td>사업수입</td><td>기타수입</td></tr>
<tr><td>804,592,000원</td><td>236,709,000원</td><td>241,000,000원</td><td>113,600,000원</td><td>97,760,000원</td><td>115,523,000원</td></tr>
<tr><td rowspan="2">세출</td><td>총계</td><td>인건비</td><td>관리운영비</td><td>사업비</td><td>재산조성비</td><td>기타지출</td></tr>
<tr><td>804,592,000원</td><td>434,556,000원</td><td>121,390,000원</td><td>225,174,000원</td><td>15,480,000원</td><td>7,992,000원</td></tr>
<tr><td rowspan="5">운영 법인 또는 단체</td><td>운영주체 성격</td><td colspan="6">v① 사회복지법인 __② 사단법인 __③ 종교법인 __④ 학교법인
__⑤ 재단법인 __⑥ 국가지방자치단체 __⑦ 임의단체 __⑧ 개인(신고)
__⑨ 법인(기타) __⑩ 단체(기타)( ) __⑪ 개인(기타) ( )</td></tr>
<tr><td>법인
(단체)명</td><td colspan="2">사랑의열매</td><td>대 표 명</td><td colspan="3">박모금</td></tr>
<tr><td>고유번호
(사업자번호)</td><td colspan="2">000-82-00000</td><td>전화번호</td><td colspan="3">02-626-3100</td></tr>
<tr><td>홈페이지</td><td colspan="2">www.chest.or.kr</td><td>설립연월일</td><td colspan="3">2000년 11월 13일</td></tr>
<tr><td>주소</td><td colspan="6">04519
서울시 중구 ○○대로 24길 사랑의열매회관 5층</td></tr>
</table>

출처: 사회복지공동모금회(2023).

2) 사업계획서 작성요령

(1) 사업명 작성

사업개요에서 중요한 요소 중 하나는 사업명이다. 사업명은 프로그램의 목표와 의미를 간결하게 전달하는 것이 핵심이다. 이를 통해 프로그램이 해결하고자 하는 문제와 그 효과성 또는 의도를 명확히 드러내야 한다. 따라서 사업명은 프로그램의 내용을 정확하게 반영하면서도 설득력 있고 기억하기 쉬운 형태로 구성되어야 한다. 특히 사업의 대상, 목적, 방법을 포함하는 것이 중요하다. 사업명이 단독으로 충분히 의미를 전달하기 어려운 경우, 부제를 추가하여 사업의 목적과 전문성을 보완할 수 있다. 이때 부제와 제목은 상호 보완적인 관계를 형성해야 하며, 부제는 제목이 전달하는 희망적인 메시지를 실현할 수 있는 전문성을 반영해야 한다. 부제를 사용할 때는 사업의 핵심내용을 함축적으로 전달할 수 있는 슬로건이나 별명을 활용하는 것이 유리하다. 이는 사람들이 쉽게 기억할 수 있도록 친근하면서도 창의적인 방식으로 구성하며, 다른 유사사업과의 차별성을 강조할 수 있다. 사업명 작성은 사업기간에 따라 달라질 수 있다. 1개년 사업의 경우 1년 동안의 계획을, 3개년 사업의 경우 3년 동안의 계획을 포함하여 사업의 전체기간을 반영하는 제목을 작성해야 한다. 사업명이 프로그램이 누구를 대상으로, 어떤 목적을 가지고 무엇을 달성하려는지를 명확하게 알 수 있도록 해야 하며, 슬로건을 강조하고자 할 경우 사업명 아래에 부제를 병기하는 것이 효과적이다.

〈표 13-7〉 사업명 작성의 좋은 예와 피해야 할 예

구분	내용
좋은 예	대상, 목적, 방법을 파악할 수 있는 사업명
	• 성인 발달장애인의 자립생활을 지원하기 위한 식생활 개선 프로그램 - Rainbow 영양지원, 다양한 자립의 길! • 장애 · 비장애 청소년의 지역네트워크 형성을 통한 또래통합프로그램
피해야 할 예	제목만으로는 누구에게 어떤 프로그램을 진행하는지 알 수 없는 경우
	• 내 일을 잡(Job)아라! - 너의 손안에 펼쳐질 세계가 있다. • 색다른 문화공감, Rainbow • 빼앗긴 보금자리에서 새 희망을 안고 가는 "Happy Van"

출처: 사회복지공동모금회(2023).

(2) 사업내용 및 추진전략 작성

프로그램 사업내용은 주로 대상자, 구조, 담당인력, 일정표로 구성된다. 사업대상자는 프로그램의 성과와 효율성을 결정하는 중요한 요소이므로, 대상자를 명확히 설정하는 것이 필수적이다. 대상자를 정하지 못한 프로포절은 사업의 성공가능성을 판단하기 어려우며, 프로그램이 누구를 위한 것인지 분명히 밝혀야 한다. 일반적으로 프로그램 대상은 일반대상(general population)에서 위기대상(at-risk population), 표적대상(target population), 클라이언트로 점차 좁혀가는 위계적 특성을 가진다. 이와 같은 대상 설정은 대외적 명분을 강화하고, 사회복지사가 필요로 하는 대상범위를 정확히 이해하고 있다는 신뢰를 줄 수 있다. 프로그램의 구조는 목표달성을 위한 구체적인 수행방법을 설명하는 부분으로, 세부목표를 중심으로 프로그램의 내용과 수행방법, 역할을 명확히 기술해야 한다. 프로그램의 목표와 방법이 잘 정의될수록 성공적인 실행가능성이 높아진다. 담당인력은 슈퍼바이저, 직원, 자원봉사자 등을 포함하며, 실명과 함께 각자의 경력과 학력을 명시하는 것이 중요하다. 담당인력의 경력이나 학력은 프로그램 실행의 능력을 평가하는 중요한 기준이 되므로 구체적으로 기록해야 한다. 일정표는 프로그램의 실행계획을 시간대별로 나열한 것으로, 프로그램의 기간, 간격, 소요시간을 포함해야 한다. 일정표는 프로그램이 체계적으로 진행될 수 있도록 세부적으로 설정되어야 하며, 이를 통해 프로그램이 언제, 어떻게, 어떤 방식으로 진행될지 명확히 알릴 수 있다. 사회복지공동모금회의 프로포절 양식에서 사업내용은 사업참여자 모집전략, 사업내용 및 사업집행 전략, 기관연계협력 전략으로 구성된다.

① 사업참여자 모집전략 작성

사업참여자 모집전략에는 참여대상과 인원, 참여자 선정기준, 참여자 모집방안이 포함된다. 이 부분에서 중요한 점은 '사업대상'이라는 전통적인 용어 대신, '사업참여자'라는 표현을 사용한다는 것이다. 이는 클라이언트의 보다 주체적인 참여를 강조하는 것으로, 참여자가 사업의 중요한 일환으로서 역할을 한다는 인식을 내포하고 있다.

가. 참여대상 및 인원

사업참여자는 핵심참여자와 주변참여자로 구분된다. 핵심참여자는 사업에 참여함으로써 변화의 주체가 되며, 프로그램의 성과를 측정할 수 있는 대상이다. 이들은 프로그램의 중심적인 변화를 이끌어내는 주체로서, 사업의 최종목표 달성 여부를 평가하는 기준이 된다. 반면 주변참여자는 성과측정의 대상은 아니지만, 핵심참여자의 변화를 이끌어내는 데 중요한 역할을 하는 사람이나 조직을 의미한다. 이들은 사업의 성과달성을 위한 중요한 조력자로 기능하며, 사업이 원활하게 진행될 수 있도록 지원한다. 예를 들어 〈표 13-8〉에서와 같이 '손자녀에 대한 조부모의 양육기술 향상 프로그램'에서는 핵심참여자가 '조부모'가 된다. 이 프로그램에서는 손자녀의 부모가 매개적 역할을 할 수 있으며, 손자녀 부모에 대한 별도의 프로그램이 운영될 수도 있다. 하지만 이 경우에도 프로그램의 핵심초점은 '조부모의 양육기술 향상'에 맞춰져 있다. 즉 손자녀 부모에 대한 프로그램은 산출목표를 설정할 수 있지만, 최종 성과목표는 '조부모의 양육기술 향상 여부'가 된다. 따라서 핵심참여자와 주변참여자를 명확히 구분함으로써, 사업의 주인공이 누구인지, 그리고 성과목표를 달성하는 과정에서 각 참여자가 어떤 역할을 하게 되는지 분명히 할 수 있다. 이러한 구분은 사업의 목표달성에 중요한 역할을 하는 각 참여자들의 역할을 명확히 하고, 성과측정 대상을 정확히 정의하는데 도움을 준다.

〈표 13-8〉 참여대상 및 인원 작성예시

<table>
<tr><td rowspan="2">예시</td><td>손자녀에 대한 조부모의 양육기술 향상 프로그램</td></tr>
<tr><td>• 핵심참여자: 손자녀를 양육하고 있는 조부모 10명
• 주변참여자: 손자녀의 어머니 10명(손자녀 1명당 어머니 1명)</td></tr>
</table>

출처: 사회복지공동모금회(2023).

나. 참여자 선정기준

참여자 선정기준은 프로그램에 참여할 대상을 선정하는 기준을 제시하는 중요한 부분이다. 이 기준은 참여자의 인구사회학적 특성(예: 지역, 성별, 연령 등)이나 특정한 욕구(예: 기본적인 생계 지원, 신체 및 심리 재활, 지위 변화, 취업 및 일자리 지원, 공동체 형성 등)를 기준으로 설정할 수 있다. 사업의 성격에 맞추어, 프로그램에 참여할 우선순위 대상자를 결정하는 것이 중요하다. 예를 들어 프로그램의 목적에 따라 특정 지역의 주민이나, 특정 연령대 혹은 특수한 욕구를 가진 사람들을 우선적으로 모집할 수 있다. 또한 참여 희망자가 모집 상한 규모를 초과하는 경우, 우선순위를 어떻게 정할 것인지 명확히 해야 한다. 이는 공정하고 체계적인 참여자 선발을 위한 기준을 설정하는 과정으로, 프로그램의 목표달성을 위한 중요한 단계이다. 이를 통해 선정기준이 명확하게 드러나고, 참여자들에게도 신뢰를 줄 수 있다. 예를 들어 〈표 13-9〉에서와 같이 '손자녀에 대한 조부모의 양육기술 향상 프로그램'에서는 참여자가 모집 상한을 초과할 경우, 다음의 우선순위 기준을 적용하여 선발한다.

〈표 13-9〉 참여자 선정기준 작성예시

예시	참여자 선정기준
	• 1순위: 손자녀를 양육하고 있으며, 양육에 실질적인 어려움을 겪고 있는 조부모 • 2순위: 손자녀 양육에 대한 의지가 높고 양육기술 향상을 원하는 조부모

다. 참여자 모집방안

참여자 모집방안은 사업에 적합한 참여자를 어떻게 모집할 것인지를 설명하는 부분이다. 신청기관은 효과적인 홍보전략을 활용하여 참여자를 모집하되, 홈페이지 공지나 현수막 부착과 같은 지나치게 상투적인 방법은 지양해야 한다. 대신, 사업에 실제로 참여할 잠재적 참여자들을 대상으로 한 구체적이고 차별화된 홍보방안을 계획해야 한다(이봉주 외, 2019). 이는 사업의 성공적인 실행을 위한 핵심전략으로, 참여자들의 관심을 끌고 적극적인 참여를 유도할 수 있는 방식이 상세히 기술되어야 한다. 예를 들어 〈표 13-10〉에서와 같이 '손자녀에 대한 조부모의 양육기술 향상 프로그램'에서는 다음과 같은 방식으로 참여자 모집을 진행할 수 있다. 지역사회 내에서 홍보활동을 강화하고, 관련기관과 협력하여 손자녀를 양육하고 있는 조부모들에게 직접적인 접근을 시도한다. 또한 해당 프로그램에 대한 필요성을 알리기 위해, 지역사회센터나 관련 단체의 공지사항 및 뉴스레터를 활용하거나, 프로그램의 성과와 기대효과를 알리는 전단지를 배포하는 등의 방법을 활용할 수 있다. 참여를 유도하는 방법으로는, 프로그램의 혜택과 효과를 구체적으로 안내하고, 참여자들에게 실질적인 도움이 되는 교육 및 지원을 제공할 수 있음을 강조하는 것이 중요하다.

〈표 13-10〉 참여자 모집방안 예시

모집방안	내용
홍보전략	**온·오프라인 홍보** - 온라인: 프로그램 관련 웹사이트 및 SNS(예: 카페, 페이스북, 인스타그램)에서 손자녀 양육과 관련된 정보제공 - 오프라인: 홍보지 배포 (아파트 게시판, 관내 게시판, 주변 상가, 마을신문 발간, 1층 TV 및 전광판 상영) - 지역 네트워크 활용: 조부모가 자주 방문하는 커뮤니티 센터나 지역 상점 등을 활용해 프로그램 안내
상담 및 신청	**참여자 상담을 통한 참여 의지 확인 및 선정** - 참여자 상담: 조부모가 프로그램에 참여할 의사를 확인하고, 손자녀 양육에 어려움을 겪고 있는 조부모를 우선적으로 고려 - 개인적 욕구 및 상황 확인: 각 조부모의 양육 환경을 고려하여, 어려움이나 지원이 필요한 부분을 파악하고, 대상자를 선정

② 사업내용 및 사업집행 전략

사업내용과 사업진행 전략은 논리모델에서 '활동'에 해당하는 내용을 구체적으로 작성하는 부분으로, 전체 사업을 몇 개의 세부 사업으로 나누고 각 세부 사업을 어떻게 추진할 것인지에 대해 명확히 제시하는 데 중점을 둔다. 이를 위해 세부 사업별 시행방법, 시행시기와 횟수, 사업 진행일정 등 구체적인 정보를 포함하여 작성해야 한다. 사업추진일정은 활동별 시간계획을 시각적으로 나타내는 활동별 시간계획표(Gantt Chart)를 활용하는 것이 바람직하다(이봉주 외, 2019). 또한 사업내용과 사업집행 전략은 사업의 목적을 자유롭고 창의적으로 표현하되, 다음의 두 가지 관점을 반드시 충족해야 한다.

첫째, 사업내용은 문제의식을 충분히 반영하여 소기의 목표를 달성할 수 있도록 구성해야 한다(충분성). 예산과 시간이라는 제약이 있지만, 이 범위 내에서 실현 가능한 핵심 사업들을 포함시켜야 한다. 사업은 주어진 자원 내에서 목표를 달성할 수 있도록 설계하되, 구체적이고 실행 가능한 계획을 갖추어야 한다.

둘째, 사업은 여러 세부 프로그램으로 구성되며, 각 프로그램은 독립적으로 운영되는 것이 아니라 상호 유기적으로 연결되어야 한다(세부 프로그램 간의 연계성). 세부 프로그램들이 단순히 나열되는 것이 아니라, 각 프로그램이 사업의 전체 목표달성에 유의미하게 기여하도록 설계해야 한다. 이를 통해 각 프로그램이 궁극적으로 사업의 성공을 도울 수 있음을 논리적으로 설명해야 한다.

〈표 13-11〉 사업내용 및 사업진행 전략 작성예시

<table>
<tr><th colspan="2">세부
사업명</th><th>활동내용(수행방법)</th><th>시행
시기</th><th>목표량</th><th>수행
인력</th></tr>
<tr><td colspan="2">오리엔테이션</td><td>• 사업소개 및 안내
- 사업목표 · 목적 안내 - 활동 계획 공유
• 기초교육 및 사전설문 실시
- 권리형 사회참여활동(선배시민론)기초교육
- 사전설문 조사 실시</td><td>3월</td><td>1회/
20명</td><td>담당자</td></tr>
<tr><td rowspan="3">환경
역량
강화
활동</td><td>환경
실천가
양성과정</td><td>• 환경교육
<table><tr><th>회기</th><th>교육내용</th></tr><tr><td>1회기</td><td>문명의 전환</td></tr><tr><td>2회기</td><td>기후위기와 탄소중립</td></tr><tr><td>3회기</td><td>탄소를 흡수하는 숲의 역할/탐방</td></tr><tr><td>4회기</td><td>기후위기대응-도시에서 어떻게 할 것인가</td></tr><tr><td>5회기</td><td>기후위기시대의 자리저인 삶</td></tr><tr><td>6회기</td><td>기후위기와 먹거리</td></tr><tr><td>7회기</td><td>지구를 위한 녹색소비활동</td></tr><tr><td>8회기</td><td>재활용과 새 사용</td></tr><tr><td>9회기</td><td>마을에서 시작하는 기후위기대응활동</td></tr><tr><td>10회기</td><td>마을이 답이다</td></tr><tr><td>11회기</td><td>저탄소마을 활동 소개</td></tr><tr><td>12회기</td><td>환경 공동체 선진 사례 공유</td></tr></table>※ 교육주제는 환경 관련 전문가와 논의 후 변경 가능</td><td>3월~
6월</td><td>12회/
240명</td><td>강사,
담당자</td></tr>
<tr><td>강사활동
역량강화교육</td><td>• 강사 역량강화 교육
- 교수법, 스피치 등 강사활동 역량강화 교육 진행</td><td>9월</td><td>3회/
60명</td><td>강사,
담당자</td></tr>
<tr><td>자조모임</td><td>• 자조모임
- 환경실천활동 계획 수립 및 공유
- 캠페인 및 전시회 활동 계획 수립 및 평가
- 강사활동 역량강화 학습 등 조직운영에 필요한 활동 실시</td><td>4월~
11월</td><td>10회/
200명</td><td>담당자</td></tr>
</table>

주요내용 \ 기간		1월	2월	3월	4월	5월	6월	7월	8월	9월	10월	11월	12월
오리엔테이션				▶									
환경 역량 강하 활동	환경실천가 양성과정			▶	▶	▶	▶						
	강사활동역량 강화교육									▶			
	자조모임			▶	▶	▶	▶	▶	▶	▶	▶	▶	
기후 위기 대응 활동	환경실천활동			▶	▶	▶	▶	▶	▶	▶	▶	▶	
	환경캠페인						▶						
	환경전시회											▶	
시니어클럽 신중년 일자리 사업 등록													
평가회												▶	

출처: 박경일 외(2023).

③ 기관연계협력 전략

기관연계협력 전략은 사업을 성공적으로 수행하기 위해 협력할 기관들을 선정하고, 각 기관의 역할과 협력절차를 구체적으로 기술하는 부분이다. 이를 작성할 때는 협력기관이 사업에서 맡을 역할이 사업목표달성에 어떻게 기여할지를 명확히 해야 한다. 또한 협력체계가 어떻게 조직되고, 협력이 어떤 절차를 통해 이루어지는지에 대한 구체적인 계획을 포함해야 한다.

먼저 협력의 필요성을 명확히 해야 한다. 사업목표와 관련된 전문성을 보유한 기관들과 협력하는 것이 필수적이다. 예를 들어 재가장애인 영양교육 사업에서는 대학교 영양학과의 이론적 전문성뿐만 아니라, 지역 내 장애인 시설의 영양사나 보건소와 협력하여 실질적인 지원을 강화할 수 있다. 또한 장애인 종합사회복지관을 통해 참여자 의뢰 및 정보제공, 사업수행 관련 자문제공, 공동 모니터링 등으로 프로그램의 효과를 높이고, 참여자들의 개별적인 요구에 맞춘 후속 지원을 제공할 수 있다. 협력기관을 선정할 때는 각 기관의 전문성, 자원, 역할을 고려하여 명확하게 정의해야 한다.

협력기관들은 주요 수행기관, 전문 기관, 지역 커뮤니티 기관 등으로 구분될 수 있으며, 각 기관은 자신이 맡을 역할에 맞춰 협력해야 한다. 주요 수행기관은 사업의 총괄과 관리를 담당하고, 전문 기관은 프로그램 개발 및 실행을 지원하며, 지역 커뮤니티 기관은 대상자 모집과 현장지원을 맡는다. 이러한 협력관계는 협약체결 후 실행계획을 수립하고, 정기적인 회의와 피드백을 통해 진행상황을 점검한다. 사업종료 후에는 각 기관의 기여도를 평가하고, 향후 공동 프로젝트를

〈표 13-12〉 기관연계협력 전략 작성예시

	협력기관명	세부 사업명	협력 계획	비고
예시	☆☆장애인 종합사회 복지관	재가장애인 영양교육	• 본 기관: 참여자 발굴 협조 요청, 사업수행관련 자문 요청 • 협력기관: 참여자 의뢰 및 정보제공, 사업수행 관련 자문제공 본 기관과 공동모니터링	
	☆☆구 복지행정팀	긴급지원 기금 모금	• 본 기관: 사업 홍보 컨텐츠 제공 기금 및 후원자 관리 • 협력기관: 본 기관과 공동모금행사 주관 ○○단지 입주기업 대상 사업 홍보	MOU체결 예정

출처: 사회복지공동모금회(2023).

위한 기반을 마련하는 것이 중요하다. 협력 네트워크는 지속적으로 관리되며, 각 기관 간의 소통과 신뢰를 바탕으로 관계를 발전시켜 나가야 한다.

이와 같이 기관연계협력 전략을 작성하는 과정에서는 협력기관의 역할과 협력 절차를 명확히 규정하고, 이를 통해 사업목표를 달성할 수 있는 구체적인 계획을 마련하는 것이 핵심이다.

(3) 예산편성

예산편성은 사업내용을 실제로 구현하기 위한 중요한 과정으로, 사업수행에 필요한 자원을 금액으로 구체화한 것이다. 사업내용과 예산편성은 불가분의 관계에 있으며, 사업목표를 달성하기 위해 소요되는 예산을 빠짐없이 정확하게 반영해야 한다. 사업을 충실히 이행하기 위해 필요한 예산을 과대하게 편성하는 것은 신뢰를 저하시킬 수 있으므로, 예산을 현실적으로, 과도하게 부풀리지 않도록 주의해야 한다. 예산이 과대하게 책정되면 신청기관에 대한 신뢰가 떨어지고, 사업 전체에 대한 신뢰를 해칠 수 있다. 따라서 사업내용을 바탕으로 예산을 적정하게 편성하는 것이 중요하다.

예산을 편성할 때는 세부 사업별로 구체적인 산출근거를 제시해야 한다. 이를 통해 사업의 진행흐름과 세부 항목들을 명확히 이해할 수 있도록 해야 한다. 세부 사업을 이해할 수 있도록 예산 내역을 쉽게 확인할 수 있게 작성하는 것이 필요하다. 예산 항목은 〈표 13-13〉과 같이 인건비, 사업비, 관리운영비로 나누어 세분화하며, 각 항목은 '세부 사업명' 단위로 기재하고, 필요시 세세목으로 구분하여 작성한다. 예산 내역은 실제 단가, 수량, 인원수, 횟수 등을 구체적으로 기록해야 하며, 이를 통해 실제 지출 계획을 명확히 제시할 수 있다. 참고적으로 해당 사업을 수행하기 위해 사업수행기간 동안 채용되는 인력의 인건비(급여, 수당, 4대보험 분담금, 퇴직적립금 등)는 인건비 항목에 포함된다. 또한 기존 사업수행기관에 근무하는 직원이 해당 사업을 위해 초과근무 등의 사유로 지급받는 수당도 인건비에 포함될 수 있다. 그러나 일부 프로그램에 투입되는 강사나 자원봉사자에게 지급되는 강사비나 교통비는 인건비가 아니라 사업비나 관리운영비로 분류된다(이봉주 외, 2019).

〈표 13-13〉 예산 항목

목	설명	해당 항목
인건비	해당 사업을 직접적으로 수행하는 인력에 투입되는 비용	프로그램 담당자/보조담당자 인건비
사업비	프로그램의 수행에 필요한 직접비용(실인원수에게 제공되는 서비스에 필요한 비용)	강사비, 자원봉사자 관리비, 자문비, 회의비, 행사진행비, 홍보물품 구입, 프로그램 준비물 구입, 사업결과보고서/ 결과물 제작 등
관리운영비	프로그램의 수행에 필요한 간접비용(사업관리에 필요한 비용)	사무용품, 냉난방비, 우편료, 사업담당자 교통비 등

출처: 사회복지공동모금회(2023).

또한 예산조달계획은 신청하는 금액과 자부담 금액을 구분하여 기입한다. 자부담이 있는 경우 자부담 금액의 출처(자체 예산, 외부 지원, 수익금 등)를 구분하여 명시하되 지나치게 상세할 필요는 없다. 예산의 각 항목이 전체 예산에서 차지하는 비율도 계산하여 기재해야 한다. 비품이나 장비 구입 시에는 프로그램 수행에 직접적으로 필요한 품목만 사업비에 편성하고, 간접적으로 필요한 품목은 관리운영비에 포함시킬 수 있다. 하지만 사업이 종료된 후 비품/장비가 남아있거나 신청사업이 아닌 다른 용도로 활용가능할 것으로 판단된 경우에는 심사과정에서 예산조정 및 사업 미지원 결과가 발생할 수 있으니 유의할 필요가 있다.

〈표 13-14〉 사회복지공동모금회 예산편성 예시

목	세목	세세목	계	산출근거	예산조달 계획				
					신청금액	비율(%)	자부담	비율(%)	자부담 재원
총계			52,150,000	-	48,900,000	100	3,250,000	100	
인건비	전담 인력	급여	16,600,000	1,600,000원×10월×1명	16,000,000				
		사회보험	1,750m000	71,000월×12개월×1명				1,750,000	자체예산
	소계		17,750,000		16,000,000	322.7	1,750,000	53.8	
사업비	맞춤형 서비스 지원	상담/리	17,500,000	가정 방문 다과 10,000원×20가정×5회			1,000,000		자체예산
				심리 검사 200,000원×20가정×1회	4,000,000				
				심리 치료비 100,000원×20가정×6회	12,000,000				
				사례회의 자문 및 진행비 100,000원×5회					
		심화 프로그램	4,000,000	전문상담 100,000원×10가정×1회	1,000,000				
				정신과 진료 지원 300,000원×10가정×1회	3,000,000				
	양육 교육 프로그램	양육기술 상담교육	12,000,000	강사비(특별강사, 2시간) 400,000원×20회	8,000,000				
				교재, 교구 200,000원×10회	2,000,000				
				교육진행비 100,0000원×20회	2,000,000				
	소계		33,500,000		32,000,000	65.4	1,500,000	46.2	
관리운영비	관리운영비	교통비	600,000	50,000×12개월×1명	120,000				
		사무용품비	300,000	100,000원×3회	300,000				
	소계		900,000		900,000	1.9			

출처: 사회복지공동모금회(2020).

성과확산형 사업의 경우, 3개년 예산서는 큰 흐름만 파악할 수 있도록 세목 단위로 금액을 기재하며, 1차년도 사업계획서에서는 더 상세히 작성한다. 3개년 예산편성표를 통해 각 단위사업에 할당된 예산과 사업별 예산의 비중을 한눈에 확인할 수 있도록 한다. 이렇게 정확한 예산편성을 통해 사업의 전체적인 예산 흐름을 파악하고, 필요한 자원을 적절하게 배분하여 사업이 원활하게 진행될 수 있도록 한다.

〈표 13-15〉 사회복지공동모금회 3개년 사업 예산편성표

(단위: 천원)

구분	1차년도			2차년도			3차년도		
목	세목	신청금액	자부담	세목	신청금액	자부담	세목	신청금액	자부담
	총계	90,668	20,000	총계	171,953	10,000	총계	141,690	20,000
인건비	담당자 급여	23,000		담당자 급여	25,000		담당자 급여	20,000	5,000
	소계	23,000		소계	25,000		소계	20,000	5,000
사업비	심리정서 지원	8,820		심리정서 지원	6,780		심리정서 지원	7,530	
	직업 역량강화	52,128		직업 역량강화	56,438		직업 역량강화	60,350	
	인턴십 센터 운영	2,100	20,000	인턴십 센터 운영	80,815	10,000	인턴십 센터 운영	50,890	15,000
	소계	63,048	20,000	소계	144,033	10,000	소계	118,770	15,000
관리운영비	사무용품	1,900		사무용품	1,900		사무용품	1,900	
	출장비	720		출장비	1,020		출장비	1,020	
	집기비품	2,000		-	-		-	-	
	소계	4,620		소계	2,920		소계	2,920	

출처: 사회복지공동모금회(2023).

(4) 문제의식(필요성)

프로그램의 당위성을 주장하는 사업의 필요성은 프로포절의 핵심 요소로, 이를 효과적으로 서술하려면 논리적 구조와 객관적 근거가 필수적이다. 사회복지 프로그램은 사회문제의 심각성에서 출발하며, 문제의 심각도가 클수록 프로그램의 지원 당위성은 더욱 높아진다. 따라서 사회현상을 문제로 규명할 수 있는 기준을 마련하고, 이를 뒷받침할 수 있는 검증된 이론, 체계적인 욕구조사, 통계 자료, 그리고 경험적 연구를 활용해야 한다. 이러한 자료들은 문제의 심각성을 객

관적으로 설명하는 데 핵심적인 역할을 한다. 또한 대상집단이 다른 지역이나 집단에 비해 상대적으로 얼마나 박탈되어 있는지를 제시하면, 해당 프로그램의 지원 필요성은 더욱 명확해진다. 결국, 문제의 본질과 대상자의 욕구를 분석하고, 객관적 자료를 통해 프로그램의 당위성을 논리적으로 증명하는 것이 중요하다.

① 사업계획 배경

사업계획 배경은 신청기관이 왜 이 사업을 시작하게 되었는지와 당시 문제 상황을 설명하는 부분이다. 이때 사업을 기획하기 전의 상황이 어땠는지 구체적으로 설명해야 하며, 주변 지역에서도 비슷한 문제가 있었는지, 그 문제를 어떻게 해결했는지도 함께 다뤄야 한다. 이를 통해 신청기관이 문제를 어떻게 바라보고, 어떤 방식으로 해결하려는지 명확히 보여줄 수 있다. 사업 아이디어는 단순히 '무엇을 할지' 나열하는 것이 아니라, 신청기관이 가진 문제의식에서 출발해야 한다. 즉 왜 이 사업이 필요한지에 대한 이유를 스토리로 풀어내야 한다. 비슷한 이야기를 가진 사업이라도 문제를 어떤 시각으로 보느냐에 따라 해결 방법은 달라질 수 있다. 그래서 이 사업을 통해 어떤 변화를 만들고 싶은지, 신청기관이 어떤 관점을 가지고 있는지를 명확히 설명하는 것이 중요하다.

② 기존 유사사업과의 차별성

기존 유사사업과의 차별성을 강조하는 것은 사업의 독창성을 보여주는 데 꼭 필요하다. 사업을 기획할 때는 기존에 비슷한 사업이 어떻게 성공하거나 실패했는지 분석하고, 이를 바탕으로 새로운 아이디어나 접근방식을 만들어야 한다. 예를 들어 참여하는 사람의 수를 늘리거나, 사업을 시작하는 시점을 다르게 정하거나, 새로운 자원을 활용하는 것처럼 기존 사업과 비교해 더 나은 점을 구체적으로 설명해야 한다. 또한 작성자가 기획하는 사업이 지역의 특별한 상황 때문에 필요한 것인지, 아니면 더 빨리 대응하기 위해 필요한 것인지도 명확히 적어야 한다. 만약 다른 지역이나 기관에서 이미 비슷한 사업을 많이 해왔다면, 그럼에도 불구하고 왜 이 사업이 필요한지 이유를 분명히 해야 한다. 중요한 것은 단순히 다른 사업을 따라 하는 것이 아니라, 신청기관의 지역적 상황이나 조건이 다르기 때문에 사업의 필요성이 있다는 점을 잘 설명하는 것이다. 이렇게 작성하는 이유는 이미 해본 사업이라서 선정하지 않겠다는 것이 아니다. 같은 주제라도 지역이나 기관에 따라 필요한 접근방식이 달라질 수 있기 때문에, 신청기관이 처한 상황과 특성을 고려해 사업의 필요성을 설명하라는 것이다. 따라서 다른 사업의 좋은 점과 성공사례는 참고하되, 그 과정에서 있었던 시행착오나 문제점도 분석하고, 신청기관의 상황에 맞게 새롭게 발전시켜야 한다. 결국 작성자는 기존 사업과 비교해 어떤 점이 다른지, 왜 이 사업이 해당 지역에 꼭 필요한지를 논리적으로 설명해야 한다. 이렇게 하면 사업이 단순한 복사본이 아니라 지역사회에 실질적인 변화를 가져올 수 있는 독창적이고 가치 있는 프로그램임을 잘 전달할 수 있다.

③ 신청기관의 강점

신청기관의 강점을 설명할 때는, 이 사업을 성공적으로 수행할 수 있는 이유를 분명하게 강조해야 한다. 먼저 사업을 시작하기 전에 철저히 조사한 내용과 그 결과를 바탕으로, 사업의 필요성과 가능성을 분석한 점을 설명해야 한다. 특히, 신청기관이 과거에 비슷한 사업을 해본 경험이 있다면, 그 과정에서 배운 것과 성공사례를 구체적으로 소개함으로써 문제를 잘 이해하고 있다는 점을 보여주는 것이 중요하다. 또한 사업을 수행하는 데 필요한 다양한 자원도 강점으로 언급해야 한다. 예를 들어 전문 지식을 가진 인력, 탄탄한 네트워크, 재정 지원, 지역사회와의 협력 등 신청기관이 활용할 수 있는 자원들이 무엇인지 구체적으로 설명해야 한다. 이런 자원들은 사업의 성공가능성을 높여주는 중요한 요소로 작용한다. 특히 이 사업이 단순히 좋은 아이디어에서 끝나는 것이 아니라, 철저한 조사와 관련 경험을 바탕으로 세심하게 계획되었음을 강조해야 한다. 이렇게 하면 사업이 실제로 필요한 만큼 잘 준비된 계획이라는 점을 더 설득력 있게 전달할 수 있다. 만약 신청기관이 다른 기관보다 더 특별한 강점이나 유리한 점이 있다면, 그것도 함께 설명해야 한다. 예를 들어 지역사회와의 긴밀한 협력이나 독창적인 접근법이 그런 사례가 될 수 있다. 결국, 신청기관의 강점을 설명할 때는 사전 조사, 관련 경험, 활용가능한 자원, 그리고 차별화된 요소를 종합해서 이야기해야 한다. 이렇게 하면 신청기관이 이 사업을 성공적으로 수행할 능력과 준비가 충분하다는 점을 분명하게 보여줄 수 있다.

참고 사회복지공동모금회 문제의식(필요성) 작성예시

1) 사업계획 배경

아동학대 사례가 발생하여 피해아동에 대한 상담 및 치료가 성공적으로 진행되더라도 학대행위자 및 가정환경에 대한 근본적인 개입이 이루어지지 않으면 재학대로 이어질 확률이 높다. 20XX년 전국아동학대 현황 보고서에 따르면, 아동학대 사례 1만 7천여 건 중 가해자가 부모인 사건은 80%이며, 전체 피해 아동의 76%는 가정으로 돌아갔다. 또한 전체 피해 아동 10명 중 1명은 재학대 경험이 있으며, 재학대 장소의 93%가 가정이라는 점은 부모에 의한 재학대 발생의 심각성을 뒷받침한다. 최근 5년간 재학대 사례를 살펴보면, 20△△년 563건에서 20XX년 1,240건으로 약 220% 증가한 것으로 나타나고 있으나, 이에 대한 대책은 전무한 실정이므로 적극적인 사회적 지원이 필요하다.

2) 기존 유사사업과의 차별성

본 기관의 기존 사업은 아동학대 예방을 위한 의심 사례와 아동학대 피해 사례 개입 중심으로 진행된다. 아동학대 의심 사례 개입의 경우 예방적 차원에서 접근되기는 하나 아동학대 피해 사례 개입의 경우 예방적 차원보다는 문제해결을 위한 접근을 우선으로 한다. 더욱이 피해아동과 학대행위자 중심으로 진행되어, 가족구성원 등과 같은 주변 요소에 대해서는 간과되는 경우가 많고, 결국 학대 발생 위험 환경에 동일하게 노출되는 경우가 발생하고 있다. 따라서 본 프로그램을 통해 기존에 간과되었던 주변 환경에 대한 개입과 예방차원의 접근을 통해 재학대 발생 위험요인을 제거하고 재학대 예방을 도모하고자 한다.

3) 신청기관의 강점

본 기관은 아동복지법에 의해 설치된 전문기관으로 아동학대 개입 및 아동 권익증진 관련 사업을 진행하고 있다. 또한 피해아동 및 가정 지원을 위해 법조계, 의료계 등 전문가 조직 네트워크를 구축하고 있으며, 아동학대 사례 가정의 지역사회 내 정착을 위해 자원봉사동아리를 구축하여 운영하는 노력을 펼치고 있다. 20XX년부터는 재학대율을 낮추고자 전문가 자문을 통해 가족단위 심리정서 프로그램을 진행한 바 있으며, 이를 통해 재학대 발생 위험을 감소시킨 경험을 가지고 있다. 본 프로그램을 통해 보다 체계적인 개입을 실시하여 재학대 예방을 성공적으로 진행할 수 있을 것으로 기대된다.

(5) 목표 및 평가

사회복지공동모금회 프로포절에서는 사업의 목적 대신 목표와 평가로 나누어 작성한다. 목표는 산출목표와 성과목표로 구분되며, 각각이 사업의 진행과 결과를 평가하는 데 중요한 역할을 한다.

① 산출목표

산출목표는 사업을 진행하면서 실제로 이루어야 할 구체적인 활동을 뜻한다. 예를 들어 프로그램에 참여하는 사람의 수나 서비스가 제공된 횟수 같은 수치로 측정할 수 있는 목표가 여기에 포함된다. 이 목표는 사업의 크기와 성격에 맞게 설정되어야 하며, 달성 여부가 명확하게 확인될 수 있어야 한다. 예를 들어 상담 프로그램에서는 "청소년 50명이 상담을 받는다" 또는 "상담 프로그램이 총 10회 진행된다"는 식으로 구체적인 활동을 목표로 삼을 수 있다. 이 목표는 사업을 모니터링하는 데에도 중요하며, 활동이 잘 이루어졌는지를 확인할 수 있는 기준이 된다. 목표를 설정할 때 너무 과도하게 잡지 않고, 실제 가능한 수준으로 설정하는 것이 중요하다.

② 성과목표 및 평가방법

성과목표는 프로그램에 참여한 사람들이 프로그램을 통해 어떤 변화를 겪는지를 측정하는 목표이다. 예를 들어 상담을 통해 우울감이 얼마나 감소했는지 또는 교육을 통해 기술이 얼마나 향상되었는지를 성과로 설정할 수 있다. 이 목표는 사업이 얼마나 성공적으로 이루어졌는지 수치로 평가할 수 있게 만들어야 한다.

예시로 상담 프로그램에서는 '참여자의 우울감이 30% 감소한다'는 목표를 설정할 수 있고, 코딩교육 프로그램에서는 '참여자의 코딩실력이 20% 향상된다'는 목표를 세울 수 있다.

성과목표를 평가하는 방법은 크게 양적평가와 질적평가로 나눌 수 있다.

- 양적평가는 수치로 변화를 측정하는 방법이다. 예를 들어 설문조사를 통해 우울감 점수가 얼마나 줄었는지 확인하거나, 교육 전후로 코딩실력 점수를 비교하는 방법이다.
- 질적평가는 수치로 측정하기 어려운 변화를 평가하는 방법이다. 예를 들어 참여자와 면접을 통해 자신감이나 태도변화를 파악하거나, 참여관찰을 통해 정서적인 변화를 분석하는 방식이다.

따라서 성과목표는 수치로 나타낼 수 있는 목표와 정성적인 변화를 함께 고려하여 작성하는 것이 중요하다.

③ **과정목표 및 평가방법**(성과확산형 사업에만 해당)

과정평가는 주로 성과확산형 사업에서 중요한 평가항목으로, 사업이 장기적으로 진행되면서 각 단계에서 발생한 변화와 과정을 기록하고 분석하는 데 필요하다. 성과확산형 사업은 1년 단위로 진행되지 않고, 여러 해에 걸쳐 실행되기 때문에, 최종 성과는 사업종료 시점에 나타나며, 그 과정에서의 경험과 교훈을 공유하는 것이 중요하다. 과정평가는 사업이 처음 계획한 대로 진행되지 않았을 경우 그 이유를 분석하고, 발생한 문제에 대해 어떻게 해결했는지를 기록한다. 또한 사업이 진행되면서 얻은 교훈을 바탕으로 향후 개선점을 제시하고, 다른 기관에서 사업을 추진할 때 참고할 수 있는 사례를 제공한다. 따라서 과정평가는 사업의 흐름을 점검하고, 사업을 더 효과적으로 이끌어가기 위한 중요한 정보를 제공하며, 향후 비슷한 사업이 진행될 때 도움이 될 수 있도록 구체적으로 기록하고 분석해야 한다.

〈표 13-16〉 사회복지공동모금회 목표 및 평가의 작성예시

1) 산출목표: 세부 사업명 산출목표 모니터링 방법

세부 사업명	산출목표	모니터링 방법
맞춤형 서비스 지원	• 20가정 일반상담 5회, 총 100회 실시	• 방문 일자별 상담기록 작성
	• 20가정 심리 치료 1회, 총 120회 실시	• 검사 결과 / 치료 일지 확인
	• 서비스 통합 사례 회의 5회 실시	• 사례회의록 작성
	• 일상생활 지원 가정별 1회, 총 20회 실시	• 자원연계 내역 기록
양육교육 프로그램	• 전문가 상담 및 교육 가정별 2회, 총 20회 진행	• 교육 일지 및 상담기록 작성

2) 성과목표 및 평가 방법

성과목표	평가도구 및 방법	측정시기
아동학대 행위자의 학대 위험요인 감소	• 성과지표: 학대 위험 20% 감소 • 평가도구: 학대위험도 평가척도 • 평가방법: 학대행위자 20가정 대상 사전 사후 설문조사	사전(2월), 사후(12월)
아동학대 행위자의 부모양육태도 향상	• 성과지표: 부모 양육 태도 20% 향상 • 평가도구: 부모양육태도검사(PAT) 척도 • 평가방법: 부모, 가족구성원 사전 사후 설문조사	사전(4월), 사후(12월)
아동학대 피해가정가족 기능 강화	• 평가주체: 본 기관 담당자 • 평가방법: 참여자 20가정 대상으로 구조화된 질문지를 통해 인터뷰 실시	사업종료 후(12월)

출처: 사회복지공동모금회(2020).

(6) 사업종료 후 지향점

① 기대효과 및 사업결과의 활용계획

이 사업이 성공적으로 수행된다면 기대되는 효과는 사업의 목적에 부합하는 변화나 결과를 포함해야 한다. 예를 들어 만약 청소년을 대상으로 한 상담 프로그램이라면, 프로그램을 통해 청소년들의 정서적 안정이나 사회적 관계개선이 이루어질 것이라고 기대할 수 있다. 이런 효과는 사업을 통해 이루어지는 변화의 목표와 연결되며, 사업이 잘 진행되면 예상되는 긍정적인 결과를 의미한다. 또한 사업결과의 활용계획은 사업수행을 통해 얻은 효과를 어떻게 활용할지에 대한 전략을 포함한다. 사업이 끝난 후 그 효과를 유사한 사업에 적용하거나, 다른 기관이나 지역사회에 이 사업의 성과와 방법을 알려 더 많은 사람에게 도움이 될 수 있도록 하는 계획이다. 예를 들어 이번 사업에서 얻은 방법론이나 경험을 다른 지역사회나 유사한 기관에 전달하여 그들도 같은 효과를 얻을 수 있도록 하는 모델화 계획이 필요하다. 이렇게 사업결과를 활용하면, 사업종료 후에도 그 성과가 지속적으로 영향을 미칠 수 있다.

② 사업 지속유지 전략(성과확산형 사업에만 해당하며 기재 의무사항은 아님)

사업 지속유지 전략은 특히 성과확산형 사업에서 중요한 항목이다. 성과확산형 사업은 사업이 끝난 후에도 그 효과를 계속 유지하고 확장할 수 있도록 하는 전략을 마련해야 한다. 이 전략은 사업이 종료된 후에도 사업을 지속적으로 수행할 수 있는 능력을 확보하는 방법에 대해 설명한다.

첫 번째로, 재정확보를 위한 내부전략이 있다. 이는 사업을 수행하는 기관이 안정적인 예산을 확보하거나, 자체적으로 수익을 창출할 수 있는 방법을 찾는 것이다. 예를 들어 사업을 운영하는 기관이 추가적인 수익사업을 통해 재정을 마련하거나, 기관의 주체로부터 지속적으로 예산을 지원받는 방법이 될 수 있다.

두 번째로, 외부전략은 사업이 종료된 후에도 다른 재정적 지원을 받을 수 있는 방법을 의미한다. 외부전략은 크게 세 가지로 나뉜다. 첫 번째는 정부나 지방자치단체로부터 지원을 받는 것이다. 예를 들어 국가나 지방자치단체의 사업으로 인정받아 지속적인 보조금을 받는 방법이다. 두 번째는 민간재단으로부터 지원을 받는 것이다. 사업의 중요성과 우수성이 인정되면 민간재단이나 기업이 사업을 지속할 수 있도록 후원을 제공할 수 있다. 세 번째는 불특정 다수로부터 후원금을 모금하는 방법이다. 예를 들어 대중의 참여를 통해 후원금을 모아 사업에 필요한 자금을 확보하는 방법이다.

이 중에서 사업을 신청한 기관이 가장 적합한 방법을 선택하고, 이를 어떻게 실행할 것인지에 대한 구체적인 계획을 수립하는 것이 중요하다. 사업의 지속적인 운영을 위한 전략을 마련해 두면, 사업종료 후에도 지속적으로 사업을 운영하고 그 효과를 확장할 수 있는 기회를 마련할 수 있다.

〈표 13-17〉 사업종료 후 지향점 작성예시

1) 사업수행으로 인한 기대효과
아동학대 피해 사례 발생 이후 근본적인 학대 발생 위험요인이 충분히 제거되지 않은 채, 재학대의 위험에 노출되어 있던 아동과 가족에 대한 체계적인 접근을 통해 가족의 기능을 강화시키고, 아동의 안전을 도모함으로써 건강한 성장에 기여할 수 있을 것으로 기대된다.

2) 사업결과의 활용계획
본 사업으로 구축된 지역사회 내 자원들과의 지속적인 협력체계를 확보하여, 사업종료 후에도 지속적인 모니터링을 통해 한시적인 사례관리가 아닌 재학대 예방을 위한 사례관리를 실시할 수 있도록 아동보호예방체계를 구축하고자 한다.

13장 돌아보기

1. 프로포절이 무엇인가?

2. 성공적인 프로포절의 조건에 대해 설명해 보라.

3. 사회복지공동모금회 배분사업의 종류에 어떤 것들이 있는가?

부록

부록 1. 사회복지공동모금회 배분사업 배분신청서 및 사업계획서 표준양식

부록 2. 사회복지공동모금회 배분사업 배분신청서 및 사업계획서 작성예시

부록 3. 사회복지공동모금회 배분사업 예산편성기준표 및 표준 심사기준

부록 1 사회복지공동모금회 배분사업 배분신청서 및 사업계획서 표준양식

배분신청서

<table>
<tr><td>기 관 명</td><td colspan="3"></td><td colspan="2">고유번호
(사업자등록번호)</td><td colspan="2"></td></tr>
<tr><td>사 업 명</td><td colspan="7">〈대상+목적+방법: 부제〉</td></tr>
<tr><td rowspan="3">사업
기본정보</td><td>연차</td><td colspan="6">__①1년차 ②2년차 ③3년차 ④기타( )</td></tr>
<tr><td>대상 지역</td><td colspan="2"></td><td colspan="2">사업수행 인력</td><td colspan="2">명</td></tr>
<tr><td>사업 기간</td><td colspan="6">년 월 일 ~ 년 월 일 (총 개월)</td></tr>
<tr><td rowspan="2">사업
참여자</td><td>참여자 구분</td><td colspan="6">__①아동/청소년 __②노인 __③장애인 __④여성/다문화
__⑤위기가정 __⑥지역사회 __⑦북한/해외/기타</td></tr>
<tr><td>핵심참여자</td><td colspan="2"></td><td colspan="2">인원수</td><td colspan="2">명</td></tr>
</table>

<table>
<tr><td>사업구분</td><td colspan="2">모금회 지속가능발전목표(C-SDGs)</td></tr>
<tr><td>□ 기초생계 지원</td><td>□ 경제적 빈곤 퇴치</td><td>□ 영양 및 급식지원/기아종식</td></tr>
<tr><td>□ 교육/자립 지원</td><td>□ 교육 및 자립역량 강화
□ 적정기술과 정보기술격차 해소 지원</td><td>□ 양질의 일자리 만들기</td></tr>
<tr><td>□ 주거/환경 개선</td><td>□ 모두를 위한 깨끗한 에너지
□ 지속가능한 생산과 소비
□ 해양생태계 보존</td><td>□ 지속가능한 지역사회 인프라 구축
□ 기후변화와 대응
□ 육상생태계 보호</td></tr>
<tr><td>□ 보건/의료 지원</td><td>□ 신체·정서적 건강과 회복</td><td>□ 깨끗한 물과 위생</td></tr>
<tr><td>□ 심리/정서 지원</td><td colspan="2">□ 신체·정서적 건강과 회복</td></tr>
<tr><td>□ 사회적 돌봄 강화</td><td colspan="2">□ 사회적 배제 감소와 불평등 완화</td></tr>
<tr><td>□ 소통과 참여 확대</td><td>□ 성평등
□ 사회적 약자의 권리증진</td><td>□ 지속가능한 지역사회 인프라 구축</td></tr>
<tr><td>□ 문화 격차 해소</td><td colspan="2">□ 사회적 배제 감소와 불평등 완화</td></tr>
</table>

<table>
<tr><td>성과목표</td><td colspan="7">해당 사항이 없을 경우에는 공란으로 표기</td></tr>
<tr><td rowspan="4">주요
사업내용</td><td>세부 사업명</td><td colspan="6">주요 내용</td></tr>
<tr><td></td><td colspan="6"></td></tr>
<tr><td></td><td colspan="6"></td></tr>
<tr><td></td><td colspan="6"></td></tr>
<tr><td>사 업 비</td><td>총 사업비</td><td colspan="2">원</td><td colspan="2">신청금액</td><td colspan="2">원</td></tr>
<tr><td rowspan="2">신청금액
세부내역</td><td rowspan="2">사업비</td><td>원</td><td rowspan="2">인건비</td><td>원</td><td rowspan="2">관리
운영비</td><td>원</td></tr>
<tr><td>%</td><td>%</td><td>%</td></tr>
<tr><td rowspan="2">담 당 자</td><td>성명</td><td></td><td>직통전화</td><td></td><td>E-mail</td><td>@</td></tr>
<tr><td>직위</td><td></td><td>휴대폰</td><td></td><td>FAX</td><td></td></tr>
</table>

위와 같이 년도 사업을 신청합니다.

년 월 일

기관대표자: (인)

사회복지공동모금회장 귀하

신청기관 현황: 일반현황

<table>
<tr><td colspan="2">기 관 명</td><td colspan="3"></td><td>대 표 자</td><td colspan="2"></td></tr>
<tr><td colspan="2">고유번호
(사업자등록번호)</td><td colspan="3"></td><td>전화번호</td><td colspan="2"></td></tr>
<tr><td colspan="2">E-mail</td><td colspan="3"></td><td>FAX</td><td colspan="2"></td></tr>
<tr><td colspan="2">홈페이지</td><td colspan="3"></td><td>설립연월일</td><td colspan="2">년 월 일</td></tr>
<tr><td colspan="2">주 소</td><td colspan="6">□□□□□</td></tr>
<tr><td colspan="2" rowspan="2">직원 현황</td><td rowspan="2">총명
(①+②)</td><td colspan="2">상근 (①)</td><td colspan="3">비상근 (②)</td></tr>
<tr><td colspan="2">명</td><td colspan="3">명</td></tr>
<tr><td rowspan="2">기관
주요
사업</td><td>구분</td><td colspan="6">__① 노인복지 __② 영유아/아동복지 __③ 장애인복지 __④ 노숙인복지
__⑤ 지역복지 __⑥ 정신보건 __⑦ 여성복지 __⑧ 가족복지
__⑨ 청소년복지 __⑩ 다문화지원 __⑪ 북한/해외지원 __⑫ 기타( )</td></tr>
<tr><td>내용</td><td colspan="6"></td></tr>
<tr><td rowspan="4">결산</td><td rowspan="2">세입</td><td>총계</td><td>보조금수입</td><td>전입금</td><td>후원금수입</td><td>사업수입</td><td>기타수입</td></tr>
<tr><td>원</td><td>원</td><td>원</td><td>원</td><td>원</td><td>원</td></tr>
<tr><td rowspan="2">세출</td><td>총계</td><td>인건비</td><td>관리운영비</td><td>사업비</td><td>재산조성비</td><td>기타지출</td></tr>
<tr><td>원</td><td>원</td><td>원</td><td>원</td><td>원</td><td>원</td></tr>
<tr><td rowspan="4">예산</td><td rowspan="2">세입</td><td>총계</td><td>보조금수입</td><td>전입금</td><td>후원금수입</td><td>사업수입</td><td>기타수입</td></tr>
<tr><td>원</td><td>원</td><td>원</td><td>원</td><td>원</td><td>원</td></tr>
<tr><td rowspan="2">세출</td><td>총계</td><td>인건비</td><td>관리운영비</td><td>사업비</td><td>재산조성비</td><td>기타지출</td></tr>
<tr><td>원</td><td>원</td><td>원</td><td>원</td><td>원</td><td>원</td></tr>
<tr><td rowspan="5">운영
법인
또는
단체</td><td>운영주체
성격</td><td colspan="6">__① 사회복지법인 __② 사단법인 __③ 종교법인 __④ 학교법인
__⑤ 재단법인 __⑥ 국가지방자치단체 __⑦ 임의단체 __⑧ 개인(신고)
__⑨ 법인(기타) __⑩ 단체(기타)( ) __⑪ 개인(기타) ( )</td></tr>
<tr><td>법인
(단체)명</td><td colspan="3"></td><td>대 표 명</td><td colspan="2"></td></tr>
<tr><td>고유번호
(사업자번호)</td><td colspan="3"></td><td>전화번호</td><td colspan="2"></td></tr>
<tr><td>홈페이지</td><td colspan="3"></td><td>설립연월일</td><td colspan="2">년 월 일</td></tr>
<tr><td>주소</td><td colspan="6">□□□□□</td></tr>
</table>

※ 신청기관 조직도, 운영위원회 및 운영법인 이사회 명단은 별첨자료로 첨부 요망
※ 조직도, 운영위원회 및 운영법인 이사회 명단은 별도 첨부

〈성과중심형〉 사업계획서

1. 사업명: 대상 목적 방법

• 대상, 목적, 방법과 관련된 정보를 담은 사업명을 적어주십시오. (슬로건은 부제(副題)로 병기해주세요.)

2. 사업내용 및 추진전략

1) 사업참여자 모집전략

(1) 참여대상 및 인원

핵심참여자	
주변참여자	

• 누가 이 사업에 참여합니까?
- (핵심참여자) 성과를 측정하게 되는 대상은 누구이며, 인원은 몇 명입니까?
  (이 사업에 참여하게 함으로써 누구의 변화를 이끌어내려고 하는 것입니까?)
- (주변참여자) 성과측정 대상은 아니지만 핵심참여자의 변화를 이끌어내는 데 중요한 역할을 하는 사람은 누구이며, 인원은 몇 명입니까?

(2) 참여자 선정기준

• 어떤 기준을 세워서 참여자를 모집하게 됩니까?

(3) 참여자 모집방안

• 기준에 적합한 참여자를 어떻게 모집할 예정입니까?

2) 사업내용 및 사업집행 전략

• 아래 내용을 모두 포괄하되, 자유롭게 (질문순서에 상관없이) 표현해 주시기 바랍니다.
- 전체 사업을 몇 개의 세부 사업으로 분류한다면 어떻게 구성될 수 있습니까?
- 사업을 어떻게 추진할 것인지에 대하여 세부 사업별 시행방법, 시행시기 및 횟수, 사업 진행일정 등 구체적인 정보를 담아서 기술해 주시기 바랍니다.

※ 아래 표는 예시이며, 사업에 맞게 양식 변경 가능

세부 사업명	활동내용(수행방법)
	(시행방법, 시행시기, 횟수 등 포함하여 작성)

주요내용 \ 기간													

3) 기관연계협력 전략

- 위의 사업집행 전략과 관련하여, 지역사회 내(또는 그 범위를 넘어서) 어떤 기관들과 유기적인 협조관계를 가질 것인지에 대하여 아래 내용을 포함하여 기술해 주시기 바랍니다.
  - 협력기관이 세부 사업에서 어떤 역할을 담당하게 되는지, 그 때 신청기관의 역할은 무엇인지, 이러한 협력체계는 어떤 절차를 통해 진행되는지 등

3. 예산편성

(단위: 원)

목	세목	세세목	계	산출근거	예산조달 계획				
					신청 금액	비율 (%)	자부담	비율 (%)	자부담 재원
총계									
인건비									
	소계								
사업비									
	소계								
관리 운영비									
	소계								

- 사업에 직접 투입되는 비용을 인건비, 사업비, 관리운영비로 구분하여 작성해 주시기 바랍니다.
  - (인건비) 해당사업을 직접적으로 수행하는 인력에게 투입되는 비용
  - (사업비) 프로그램 수행에 필요한 직접비용
  - (관리운영비) 프로그램의 수행에 필요한 간접비용(사업관리에 필요한 비용)
  - 예산수립 시 '부록3. 예산편성기준표'를 참고하여 주시기 바랍니다.
- 세목은 세부 사업별로 구분하고 단위가 큰 경우 세세목으로 구분하여 작성하시기 바랍니다.
- 산출근거는 실제 단가, 수량, 인원수, 건수, 횟수 등을 구체적으로 기록해 주시기 바랍니다.

4. 문제의식(사업 필요성)

1) 사업계획 배경

- 왜 이 사업을 기획하게 되었습니까?
  - 귀 기관이 관심을 가지기 전에는 어떤 상태에 있었는지, 인근 다른 지역에도 유사한 상황이 있다면 어떻게 대응하고 있는지에 대해서도 서술해 주시기 바랍니다.

2) 기존 유사사업과의 차별성

- 기존의 시각이나 접근방식과 다른 점은 무엇입니까?

3) 신청기관의 강점

• 이 사업을 신청기관에서 수행해야 하는 이유에 대해 사전조사 내용, 관련 분야 수행 경험 등을 포함하여 기재해 주시기 바랍니다.

5. 목표 및 평가

1) 산출목표

세부 사업명	산출목표	모니터링 방법

• 성과목표를 달성하기 위해 이끌어 내야 하고 모니터링해야 하는 산출목표는 무엇입니까?

2) 성과목표 및 평가 방법

성과목표	평가도구 및 방법	측정시기

• (성과목표) 성과목표와 관련하여 아래 내용들에 대해 작성해 주시기 바랍니다.
  - 핵심참여자의 어떤 부분을 어느 수준까지 변화시키는 것입니까?
  - 작성하고자 하는 성과목표가 이후에 기술되는 평가 방법을 통해 달성 여부를 알 수 있게 됩니까?
  - (성과라고 강조하고 싶은데) 양적으로 드러내기(수치화하기) 어려운 성과목표가 있다면 무엇입니까?
  - 앞서 기술하신 사업내용과 성과목표를 논리적으로 연결하여 작성해 주십시오.
• (평가도구 및 방법/측정시기) 성과목표 달성 여부와 정도를 어떻게 평가하실 건가요?
  - 성과목표 달성 여부와 정도를 판단하기 위해 어떤 성과지표를 설정하실 건가요?
  - 제시된 성과목표에 대한 평가계획(자료수집방법, 측정시기 등)은 어떠한가요?
  - 수치화하기 어려운 성과목표가 있다면 어떤 평가방법을 통해 변화의 수준과 의미를 드러내실 건가요?

6. 사업종료 후 지향점

1) 사업수행으로 인한 기대효과

• 이 사업이 성공적으로 수행된다면 기대되는 효과는 무엇입니까?

2) 사업결과의 활용계획

• 사업의 효과로 나타난 결과를 어떻게 활용할 계획입니까?
• 사업결과를 통해 유사기관이나 지역사회에 꼭 알리고 싶은 이야기가 있다면 무엇입니까?

〈성과확산형〉 3개년 사업계획서

1. 사업명: 대상 목적 방법

• 대상, 목적, 방법과 관련된 정보를 담은 사업명을 적어주십시오.
(슬로건은 부제(副題)로 병기해 주세요.)

2. 사업내용 및 추진전략

1) 참여대상 및 인원

구분	1차년도	2차년도	3차년도
핵심참여자			
주변참여자			

• 누가 이 사업에 참여합니까? 연차별 핵심참여자와 주변참여자를 상호 관련성 있게 작성하시기 바랍니다.
- (핵심참여자) 성과를 측정하게 되는 대상은 누구이며, 인원은 몇 명입니까?
(이 사업에 참여하게 함으로써 누구의 변화를 이끌어내려고 하는 것입니까?)
- (주변참여자) 성과측정 대상은 아니지만 핵심참여자의 변화를 이끌어내는데 중요한 역할을 하는 사람은 누구이며, 인원은 몇 명입니까?

※ 『시스템 구축』, 『지역사회 수준변화』 등과 같이 '사람'의 변화에 일차적인 초점이 있지 않은 경우가 있을 수 있습니다. 이런 때에는 사업참여자에 대한 기술 내용 및 방식이 달라질 수 있을 것이므로 사업내용에 따라 적절하게 기술해 주시기 바랍니다.

2) 연차별 사업내용

1차년도	
특징	
핵심내용	
2차년도	
특징	
핵심내용	
3차년도	
특징	
핵심내용	

• (특징) 각 연차별 인과 관계 등을 포함하여 연차별 특징(주요 초점)에 대해 제시하여 주십시오.
• (핵심내용) 연차별 주요사업 등 핵심내용을 작성하여 주십시오.

3) 기관연계협력 전략

• 위의 사업내용과 관련하여, 지역사회 내(또는 그 범위를 넘어서) 어떤 기관들과 유기적인 협조관계를 가질 것인지에 대하여 아래 내용을 포함하여 기술해 주시기 바랍니다.
  - 협력기관이 세부 사업에서 어떤 역할을 담당하게 되는지, 그때 신청기관의 역할은 무엇인지, 이러한 협력체계는 어떤 절차를 통해 진행되는지 등
• 연차별 네트워크의 확대 혹은 축소가 있는 경우 변화에 대한 확인이 가능하도록 기재

3. 예산편성

(단위: 천원)

구분	1차년도			2차년도			3차년도		
목	세목	신청금액	자부담	세목	신청금액	자부담	세목	신청금액	자부담
총계				총계			총계		
인건비									
	소계			소계			소계		
사업비									
	소계			소계			소계		
관리운영비									
	소계			소계			소계		

• 사업에 직접 투입되는 예산 내 주요 세목(세부 사업별)의 금액과 비중이 사업 연차별로 어느 정도 차지하는지에 대해 작성해 주시기 바랍니다.

4. 문제의식(사업 필요성)

1) 사업계획 배경

• 왜 이 사업을 기획하게 되었습니까?
  - 귀 기관이 관심을 가지기 전에는 어떤 상태에 있었는지, 인근 다른 지역에도 유사한 상황이 있다면 어떻게 대응하고 있는지에 대해서도 서술해 주시기 바랍니다.

2) 기존 유사사업과의 차별성

• 기존의 시각이나 접근방식과 다른 점은 무엇입니까?

3) 신청기관의 강점

• 이 사업을 신청기관에서 수행해야 하는 이유에 대해 사전조사 내용, 관련분야 수행 경험 등을 포함하여 기재해 주시기 바랍니다.

5. 목표 및 평가

1) 성과평가

• (성과목표) 3년 뒤 핵심참여자의 어떤 부분을 어느 수준까지 변화시킬 목표를 가지고 있습니까?
  - 성과목표가 '사람'이 아닌 경우에는 그와 관련되는 성과목표를 제시하여 주십시오.
  - (성과라고 강조하고 싶은데) 양적으로 드러내기(수치화하기) 어려운 성과목표가 있다면 무엇입니까?
  - 앞서 기술하신 사업내용과 성과목표를 논리적으로 연결하여 작성해 주십시오.
• (평가도구 및 방법 / 측정시기) 성과목표 달성 여부와 정도를 어떻게 평가하실 건가요?
  - 성과목표 달성 여부와 정도를 판단하기 위해 어떤 성과지표를 설정하실 건가요?
  - 제시된 성과목표에 대한 평가계획(자료수집방법 등을 포함)은 어떠한가요?
  - 달성된 성과가 사업참여자에게 (나아가서는 지역사회에) 주는 의미를 어떻게 드러내실 계획입니까?

2) 과정평가(선택)

평가대상 내용	평가 방법	측정시기

• '어떤 과정을 통해 성과를 거두게 되었는지'에 대한 내용을 어떻게 보여주시겠습니까?

6. 사업종료 후 지향점

1) 사업수행으로 인한 기대효과

• 이 사업이 성공적으로 수행된다면 기대되는 효과는 무엇입니까?

2) 사업결과의 활용계획

• 사업의 효과로 나타난 결과를 어떻게 활용할 계획입니까?
• 사업결과를 통해 유사기관이나 지역사회에 꼭 알리고 싶은 이야기가 있다면 무엇입니까?

3) 사업 지속유지 전략

• 모금회로부터 이 사업 소요예산에 대한 지원이 종료된 후 후속적인 사업추진을 위한 재원 마련 등의 전략은 무엇입니까?
• 후속 사업 추진을 구현하기 위한 노력을 각 연도별로 어떻게 반영하였습니까?

〈성과확산형〉 연차별(1차년도) 사업계획서

1. 사업명: 대상 목적 방법

• 3개년 사업계획서와 동일한 사업명을 적어주십시오.

2. 사업내용 및 추진전략

1) 사업참여자 모집전략

(1) 참여대상 및 인원

핵심참여자	
주변참여자	

• 1차년도에는 누가 이 사업에 참여합니까?
- (핵심참여자) 성과를 측정하게 되는 대상은 누구이며, 인원은 몇 명입니까?
(이 사업에 참여하게 함으로써 누구의 변화를 이끌어내려고 하는 것입니까?)
- (주변참여자) 성과측정 대상은 아니지만 핵심참여자의 변화를 이끌어내는데 중요한 역할을 하는 사람은 누구이며, 인원은 몇 명입니까?

(2) 참여자 선정기준

• 어떤 기준을 세워서 참여자를 모집하게 됩니까?

(3) 참여자 모집방안

• 기준에 적합한 참여자를 어떻게 모집할 예정입니까? 그 방법이 적합하다고 생각하는 이유가 무엇입니까?

2) 사업내용 및 사업집행 전략

• 아래 내용을 모두 포괄하되, 자유롭게 (질문순서에 상관없이) 표현해 주시기 바랍니다.
- 1차년도 사업을 몇 개의 세부 사업으로 분류한다면 어떻게 구성될 수 있습니까?
- 3개년 사업계획서에 기반하여 1차년도 사업을 어떻게 추진할 것인지에 대하여 세부 사업별 시행방법, 시행시기 및 횟수, 사업 진행일정 등 구체적인 정보를 담아서 기술해 주시기 바랍니다.

※ 아래표는 예시이며, 사업에 맞게 양식 변경 가능

세부 사업명	활동내용(수행방법)
	(시행방법, 시행시기, 횟수 등 포함하여 작성)

주요내용 \ 기간													

3) 기관연계협력 전략

- 위의 사업집행 전략과 관련하여, 지역사회 내(또는 그 범위를 넘어서) 어떤 기관들과 유기적인 협조관계를 가질 것인지에 대해 아래 내용을 포함하여 기술해 주시기 바랍니다.
  - 협력기관이 세부 사업에서 어떤 역할을 담당하게 되는지, 그때 신청기관의 역할은 무엇인지, 이러한 협력체계는 어떤 절차를 통해 진행되는지 등

3. 예산편성

(단위: 원)

목	세목	세세목	계	산출근거	예산조달 계획				
					신청금액	비율(%)	자부담	비율(%)	자부담재원
총계									
인건비									
	소계								
사업비									
	소계								
관리운영비									
	소계								

- 1차년도 사업에 직접 투입되는 비용을 인건비, 사업비, 관리운영비로 구분하여 작성해 주시기 바랍니다.
  - (인건비) 해당사업을 직접적으로 수행하는 인력에게 투입되는 비용
  - (사업비) 프로그램 수행에 필요한 직접비용
  - (관리운영비) 프로그램의 수행에 필요한 간접비용(사업관리에 필요한 비용)
  - 예산수립 시 '부록3. 예산편성기준표'를 참고하여 주시기 바랍니다.
- 세목은 세부 사업별로 구분하고 단위가 큰 경우 세세목으로 구분하여 작성하시기 바랍니다.
- 산출근거는 실제 단가, 수량, 인원수, 건수, 횟수 등을 구체적으로 기록해 주시기 바랍니다.

4. 목표 및 평가

1) 산출목표

세부 사업명	산출목표	모니터링 방법

- 성과목표를 달성하기 위해 이끌어내야 하고 모니터링해야 하는 산출목표는 무엇입니까?

2) 성과목표 및 평가 방법

성과목표	평가도구 및 방법	측정시기

- (성과목표) (3차년도에 달성할 성과목표가 아니라) 1차년도 사업을 추진함으로써 달성하려고 하는 중간목표 성격의 성과목표는 무엇입니까?
  - 앞서 기술하신 1차년도 사업내용과 성과목표를 논리적으로 연결하여 작성해 주십시오.
  - (성과라고 강조하고 싶은데) 양적으로 드러내기(수치화하기) 어려운 성과목표도 포함하여 작성해 주시기 바랍니다.
- (평가도구 및 방법 / 측정시기) 성과목표 달성 여부와 정도를 어떻게 평가하실 건가요?
  - 성과목표 달성 여부와 정도를 판단하기 위해 어떤 성과지표를 설정하실 건가요?
  - 제시된 성과목표에 대한 평가계획(자료수집방법 등을 포함)은 어떠한가요?
  - 수치화하기 어려운 성과목표가 있다면 어떤 평가방법을 통해 변화의 수준과 의미를 드러내실 건가요?

3) 과정평가(선택)

성과목표	평가도구 및 방법	측정시기

- 1차년도 사업에서 '어떤 과정을 통해 성과를 거두게 되었는지'에 대한 내용을 어떻게 보여주시겠습니까?

〈산출중심형〉 사업계획서

1. 사업명: 대상 목적 방법

• 대상, 목적, 방법과 관련된 정보를 담은 사업명을 적어주십시오. (슬로건은 부제(副題)로 병기해주세요.)

2. 사업 필요성

• 수행하려는 사업내용과 관련하여 지금 직면해 있는 현실적인 어려움은 무엇입니까?
• 무엇을 해소 또는 완화하려는 것입니까?

3. 사업내용 및 추진방법

1) 사업참여자 및 인원

• 참여자는 누구이며, 몇 명입니까?
• 어떤 기준을 세워서 참여자를 결정하게 됩니까?

2) 사업내용 및 방법

세부 사업명	활동내용(수행방법)	산출목표

주요내용 \ 기간		1월	2월	3월	4월	5월	6월	7월	8월	9월	10월	11월	12월

• (세부 사업명) 전체 사업을 몇 개의 세부 사업으로 분류한다면 어떻게 구성될 수 있습니까?
• (활동내용) 사업을 어떻게 추진할 것인지에 대하여 세부 사업별 시행방법, 시행시기 및 횟수, 사업 진행일정 등의 정보를 담아서 기술해 주시기 바랍니다.
• (산출목표) 사업 시행의 결과로 발생하는 산출물은 무엇입니까?

4. 예산편성

(단위: 원)

목	세목	세세목	계	산출근거	예산조달 계획				
					신청 금액	비율 (%)	자부담	비율 (%)	자부담 재원
총계									
인건비									
	소계								
사업비									
	소계								
관리 운영비									
	소계								

- 사업에 직접 투입되는 비용을 인건비, 사업비, 관리운영비로 구분하여 작성해 주시기 바랍니다.
  - (인건비) 해당사업을 직접적으로 수행하는 인력에게 투입되는 비용
  - (사업비) 프로그램 수행에 필요한 직접비용
  - (관리운영비) 프로그램의 수행에 필요한 간접비용(사업관리에 필요한 비용)
  - 예산수립 시 '부록3. 예산편성기준표'를 참고하여 주시기 바랍니다.
- 세목은 세부 사업별로 구분하고 단위가 큰 경우 세세목으로 구분하여 작성하시기 바랍니다.
- 산출근거는 실제 단가, 수량, 인원수, 건수, 횟수 등을 구체적으로 기록해 주시기 바랍니다.

〈기능보강〉 사업계획서

1. 사업명: 대상 목적 방법

- 대상, 목적, 방법과 관련된 정보를 담은 사업명을 적어주십시오.
  (슬로건은 부제(副題)로 병기해 주세요)

2. 지원 필요성

1) 주요 문제점

- 현재 어떤 어려움에 직면해 있습니까? 어떤 문제 때문에 기능보강을 신청하는지 설명해 주시기 바랍니다.
- 지원받지 못하면 어떤 상황이 벌어집니까?

2) 관련 현황(해당 사항만 기재)

〈장비〉

1	장비 교체 지원의 경우 기존 장비 사진	
전면사진	후면사진	측면(좌)사진

〈개보수〉

1	시설개보수의 경우 현 시설 사진	
사진1	사진2	사진3

〈자동차(기 보유차량 관련 정보)〉

차종	연식	배기량	좌석수	현재 사용용도	지원주체
	년	CC	명		*자체구입*
					경북모금회

- 앞서 기술한 어려움과 관련한 현황에 대해 작성해 주시기 바랍니다.
  - 장비, 개보수, 자동차 중 해당 사항만 기재하며, 관련 사진 첨부

3. 사업내용

1) 이용대상 및 인원

• 본 사업을 통해 생활이 개선되거나 수행할 사업에 참여하게 되는 이용자는 누구이며, 인원은 몇 명입니까?

2) 세부 사업내용(해당 사항만 기재)

〈장비구입〉

구입 장비명	용도	사용횟수 (또는 시간)	사용 연한	구입 수량	사용 장소

1	구입하고자 하는 장비사진 등 첨부	
전면사진1	전면사진2	전면사진3

〈개보수〉

개보수 장소	개보수 내용

〈자동차 구입〉

차종	연식	배기량	좌석수	예상가액	비고
	년	CC	명	천원	

• 진행하고자 하는 사업내용은 무엇입니까?
  - 장비, 개보수, 자동차 중 해당 사항만 기재
• 구매/계약 방법 참고
  - 배분신청 시 1인 견적서 제출

3) 사업 진행일정

• 추진 내용별 일정을 기재하여 주시기 바랍니다.

4. 예산편성

(단위: 원)

목	세목	계	산출근거	예산조달 계획				
				신청 금액	비율 (%)	자부담	비율 (%)	자부담 재원
총계								
사업비								
	소계							
관리 운영비								
	소계							

- 사업에 직접 투입되는 비용을 사업비, 관리운영비로 구분하여 작성해 주시기 바랍니다.
  - (사업비) 사업수행에 필요한 직접비용
  - (관리운영비) 사업수행에 필요한 간접비용(사업관리에 필요한 비용)
  - 예산수립 시 '부록3. 예산편성기준표'를 참고하여 주시기 바랍니다.
- 세목은 세부 사업별로 구분하고 단위가 큰 경우 세세목으로 구분하여 작성하시기 바랍니다.
- 산출근거는 실제 단가, 수량, 인원수, 건수, 횟수 등을 구체적으로 기록해 주시기 바랍니다.

5. 향후 운영계획

- 장비구입, 개보수 또는 자동차구입을 통해 향후 어떤 사업을 수행하고자 하는지 작성해 주시기 바랍니다.
  - 동 기능보강사업에 따른 장비나, 개보수 내용이나 구입한 자동차가 어떻게 활용될 것인지에 대해 사후관리 및 유지보수 계획을 포함하여 작성해 주시기 바랍니다.

〈약식〉 사업계획서

1. 사업명 : 대상 목적 방법

• 대상, 목적, 방법과 관련된 정보를 담은 사업명을 적어주십시오.(슬로건은 부제(副題)로 병기해 주세요.)

2. 사업내용 및 방법

세부 사업명	활동내용(수행방법)	산출목표

• (세부 사업명) 전체 사업을 몇 개의 세부 사업으로 분류한다면 어떻게 구성될 수 있습니까?
• (활동내용) 사업을 어떻게 추진할 것인지에 대하여 세부 사업별 시행방법, 시행시기 및 횟수, 사업 진행일정 등의 정보를 담아서 기술해 주시기 바랍니다.

3. 예산편성

(단위: 원)

목	세목	세부 신청금액	비고
총계			
인건비			
사업비			
관리운영비			

• 사업에 직접 투입되는 비용을 인건비, 사업비, 관리운영비로 구분하여 작성해 주시기 바랍니다.
- (인건비) 해당사업을 직접적으로 수행하는 인력에게 투입되는 비용
- (사업비) 프로그램 수행에 필요한 직접비용
- (관리운영비) 프로그램의 수행에 필요한 간접비용(사업관리에 필요한 비용)
- 예산수립 시 예산편성기준표를 참고하여 주시기 바랍니다.

부록 2 사회복지공동모금회 배분사업 배분신청서 및 사업계획서 작성예시

〈배분신청서〉

1) 기관명	열매종합사회복지관	2) 고유번호 (사업자등록번호)	100-82-1000
3) 사업명	저소득층 방임아동의 보호 · 학습지원을 위한 야간보호사업 "꿈나무 교실"		

4) 사업 기본 정보	연차	___①1년차 ___②2년차 ___③3년차 ___④기타( )		
	대상 지역	서울시 중구	사업수행 인력	2명
	사업 기간	20XX년 1월 1일 ~ 20XX년 12월 31일 (총 12개월)		
5) 사업 참여자	참여자 구분	___①아동/청소년 ___②노인 ___③장애인 ___④여성/다문화 ___⑤위기가정 ___⑥지역사회 ___⑦북한/해외/기타		
	핵심참여자	저녁 10시까지 보호자가 없는 초등학생	인원수	20명

6) 사업구분	모금회 지속가능발전목표(C-SDGs)	
□ 기초생계 지원	□ 경제적 빈곤 퇴치	□ 영양 및 급식지원/기아종식
☑ 교육/자립 지원	☑ 교육 및 자립역량 강화 □ 적정기술과 정보기술격차 해소 지원	□ 양질의 일자리 만들기
□ 주거/환경 개선	□ 모두를 위한 깨끗한 에너지 □ 지속가능한 생산과 소비 □ 해양생태계 보존	□ 지속가능한 지역사회 인프라 구축 □ 기후변화와 대응 □ 육상생태계 보호
□ 보건/의료 지원	□ 신체 · 정서적 건강과 회복	□ 깨끗한 물과 위생
□ 심리/정서 지원	□ 신체 · 정서적 건강과 회복	
□ 사회적 돌봄 강화	□ 사회적 배제 감소와 불평등 완화	
□ 소통과 참여 확대	□ 성평등 □ 사회적 약자의 권리증진	□ 지속가능한 지역사회 인프라 구축
□ 문화 격차 해소	□ 사회적 배제 감소와 불평등 완화	

7) 성과목표	① 보호 아동의 야간 안전사고율 감소 ② 기초 학습능력 향상 ③ 보호 아동의 가족 유대감 증대	
8) 주요 사업내용	세부 사업명	주요 내용
	야간아동 보호	복지관 방과후교실 운영, 아동보호자 귀가 시간 따라 귀가일정 조정, 보호자가 동행귀가를 하지 못하는 경우 복지관 차량을 통한 귀가 서비스 제공
	기초학습 지도	자체 자원봉사대학생을 활용한 기초학습(국어, 영어, 수학) 지도, 자체 자원봉사대학생을 활용한 숙제지도, 매일 숙제 알림장 점검
	가족관계 개선 프로그램	가족관계개선프로그램시행 (가족음식 만들기, 가족나들이, 가족체육대회, 영화보기 등)

9) 사업비	총 사업비	20,000,000원		신청금액	17,000,000원		
10) 신청금액 세부내역	사업비	11,300,000원 66.5%	인건비	4,800,000원 28.2%	관리 운영비	900,000원 5.3%	
11) 담당자	성명	김열매	직통전화	02-123-4567	E-mail	fruit03@fruit.or.kr	
	직위	대리	휴대폰	010-1234-5678	FAX	02-123-4568	

위와 같이 년도 사업을 신청합니다.

2022년 7월 30일

기관대표자: 이 사 랑 (인)

사회복지공동모금회장 귀하

〈신청기관 현황: 일반현황〉

1) 기 관 명	열매종합사회복지관	2) 대표자	이 사 랑
3) 고유번호 (사업자등록번호)	100-82-1000	4) 전화번호	02-6262-3000
5) E-mail	fruit@fruit.or.kr	6) FAX	02-6262-3100
7) 홈페이지	www.fruit.or.kr	8) 설립연월일	2002년 10월 24일
9) 주 소	04519 서울시 중구 OO대로 24길 사랑의열매회관 1층		

10) 직원 현황	총 12 명 (①+②)	상근 (①)	비상근 (②)
		10 명	2 명

11) 기관 주요 사업	
구분	__① 노인복지 __② 영유아/아동복지 __③ 장애인복지 __④ 노숙인복지 V⑤ 지역복지 __⑥ 정신보건 __⑦ 여성복지 __⑧ 가족복지 __⑨ 청소년복지 __⑩ 다문화지원 __⑪ 북한/해외지원 __⑫ 기타(　　　)
내용	• 통합사례관리: 사례발굴, 사례개입, 서비스연계 • 서비스제공: 가족기능강화, 지역사회보호, 아동청소년 교육 및 문화 지원 • 지역조직화: 주민조직화, 복지네트워크 구축, 자원개발 및 관리 • 자활자립지원: 노인일자리사업, 자활공동체 창업지원

12) 결산						
세입	총계	보조금수입	전입금	후원금수입	사업수입	기타수입
	658,001,000원	100,628,000원	162,000,000원	238,235,000원	103,948,000원	53,190,000원
세출	총계	인건비	관리운영비	사업비	재산조성비	기타지출
	658,001,000원	375,617,000원	93,905,000원	102,934,000원	7,573,000원	77,972,000원

12) 예산						
세입	총계	보조금수입	전입금	후원금수입	사업수입	기타수입
	804,592,000원	236,709,000원	241,000,000원	113,600,000원	97,760,000원	115,523,000원
세출	총계	인건비	관리운영비	사업비	재산조성비	기타지출
	804,592,000원	434,556,000원	121,390,000원	225,174,000원	15,480,000원	7,992,000원

13) 운영 법인 또는 단체			
운영주체 성격	V① 사회복지법인 __② 사단법인 __③ 종교법인 __④ 학교법인 __⑤ 재단법인 __⑥ 국가지방자치단체 __⑦ 임의단체 __⑧ 개인(신고) __⑨ 법인(기타) __⑩ 단체(기타)(　) __⑪ 개인(기타) (　)		
법인 (단체)명	사랑의열매	대 표 명	박모금
고유번호 (사업자번호)	100-82-1007	전화번호	02-626-3100
홈페이지	www.chest.or.kr	설립연월일	2000년 11월 13일
주소	04519 서울시 중구 OO대로 24길 사랑의열매회관 5층		

〈성과중심형〉 사업계획서

1. **사업명**: 이웃이 이웃을 돕는 나눔문화공동체 문화 확산을 위한 의 · 식 · 주 UP! 프로젝트 'OO 마을 윗(With · 이웃) 공동체'1)

2. 사업내용 및 추진전략

1) 사업참여자 모집전략

(1) 참여대상 및 인원

핵심참여자	• 의(衣)복 공동체 - 옷 수선 · 업사이클링과 공동체 활동에 관심 있는 OO동 지역주민 6명 • 식(食)사 공동체 - 요리와 공동체 활동에 관심 있는 OO동 지역주민 8명 • 주(住)거 공동체 - 집 정리 · 수납과 공동체 활동에 관심 있는 OO동 지역주민 10명
주변참여자	• 네트워크 유관 기관 - OO마을만들기지원센터, OO센터

(2) 참여자 선정기준

※ 공통사항: OO동에 거주하는 지역주민 중

- 의(衣)복 공동체
  - 바느질 또는 업사이클링에 관심이 있는 주민 중 이웃들과 공동체 활동을 할 수 있는 주민
- 식(食)사 공동체
  - 식사하는 모임을 통해 이웃들과 소통하고 싶은 주민 중 이웃들과 공동체 활동을 할 수 있는 주민
- 주(住)거 공동체
  - 주거환경 및 마을환경 개선에 관심이 있는 주민 중 이웃들과 공동체 활동을 할 수 있는 주민

1) 본 예시는 2020년 신청사업-달서구학산종합사회복지관 사업계획서 일부를 발췌 · 요약하여 작성되었으며, 전체 사업계획서의 내용은 http://proposal.chest.or.kr에서 확인할 수 있음.

(3) 참여자 모집방안

홍보전략	• 온 · 오프라인 홍보 - 온라인: 홈페이지 및 SNS 홍보 - 오프라인: 홍보지 배포(아파트 게시판, 관내 게시판, 주변 상가, 마을신문 발간, 1층 TV 및 전광판 상영 • 기존 조직 및 단체 연계 - 의 · 식 · 주와 관련된 기존 조직 및 단체 대상 활동 안내
상담 및 선정	• 참여자 상담을 통한 참여의지 확인 및 선정 - 프로그램에 대한 이해, 프로그램 참여의지 확인 - 의 · 식 · 주 중 관심 있는 공동체 확인 및 선정

2) 사업내용(사업수행일정 포함) 및 사업집행전략

		모임/배움		활동/관계		나눔/공유
의복 공동체 지역주민 6명	⇒	• 새활용 교육(월 2회) - 수선 · 업사이클링 교육	⇒	• 정기 모임(월 2회) - 수선 · 업사이클링 연습 • 마을 수선소(연 5회) - 주민대상 의복 수거 후 무료 수선 활동	⇒	• 새활용 나누기(연 4회) - 업사이클링 주민교육 • 새활용 프리마켓(연 2회) - 업사이클링 나눔 · 판매
식사 공동체 지역주민 8명	⇒	• 집밥 교육(월 2회) - 식생활 · 위생 교육 요리 수업	⇒	• 집밥 모임(월 1회) - 각 모임별 집밥 모임 - 집밥 캠핑 • 텃밭 가꾸기(월 1회) - 작물 재배 및 수확	⇒	• 집밥 나누기(연 3회) - 저소득층 집밥 나눔 - 집밥 배달 및 식사나눔 - 말벗 및 식생활 교육
주거 공동체 지역주민 10명	⇒	• 정리 · 수납 교육 (주 1회) - 정리 · 수납 교육 - 세대방문 현장실습	⇒	• 정기 회의(월 1회) - 저장강박세대 발굴 - 마을청소구역 조사 • 마을 만들기(연 3회) - 정리수납 팜플렛 제작 - 마을 및 아파트 청소	⇒	• 정리 · 수납 컨설팅 (연 3회) - 저장강박세대 정리 · 수납 및 컨설팅 • 주민 교육(연 1회) - 정리 · 수납 주민 특강

• 사업내용

성과목표	세부 사업명	활동(수행방법)			
		프로그램명	시행 시기	시행횟수 /시간	내 용
의 · 식 · 주 공동체 조직 및 역량강화: 모임/배움	의복 공동체	새활용 교육	4~10월	14회기 (월 2회)	• 대상: 의복 공동체 모임 6명 • 수행인력: ○○연대, ○○업사이클센터, 담당자 - ○○연대: 수선 교육 진행 - ○○업사이클센터: 업사이클링 교육 진행 • 수행방법 - 바느질 및 업사이클링 교육 진행 • 진행내용: 수선에 대한 이해, 자원 선순환/업사이클링 이해하기, 업사이클링 기본과정(천, 옷 등), 업사이클링 심화과정
	식사 공동체	집밥 교육	4~11월	14회기 (월 2회)	• 대상: 식사 공동체 모임 8명 • 수행인력: 외부강사, 담당자 • 수행방법 - 요리교육 전 필수 이론교육 진행 - 집밥 배우기 교육(회기당 2H / 국, 찌개, 반찬, 등) • 진행내용: 식생활 교육, 위생 · 영양 교육, 요리수업 및 실습 (기본/심화)
	주거 공동체	정리 · 수납 교육	4~6월	12회기 (주1회)	• 대상: 주거 공동체 모임 10명 • 수행인력: 외부강사, 담당자 • 수행방법 - 정리 · 수납 전문가 양성교육 진행 - 세대 방문을 통한 현장실습 활동 진행 • 진행내용: 수납의 이해, 주방 정리 · 수납, 침구 · 의류 정리 · 수납, 현장실습 I, 냉장고 정리 · 수납, 재활용품 DIY, 거실, 서재, 아이방, 현관, 신발장, 욕실, 베란다, 세대방문 현장실습 II, 과제물 발표 및 수료
이웃과의 교류 및 유대감 증진: 활동/관계	의복 공동체	정기 모임	4~11월	14회기 (월 2회)	• 대상: 의복 공동체 모임 6명 • 수행방법 - 모임활동에 대한 의견 수렴 및 조율(퍼실리테이션) - 새활용 교육 내용 연습 및 복습 • 진행내용: 수선 활동, 체험활동 계획, 새활용 교육 복습
		마을 수선소	6~11월	5회기 (월 1회)	• 대상: 수선을 희망하는 지역주민 누구나 • 수행인력: 의복 공동체 모임 6명 • 수행방법 - 복지관 온 · 오프라인을 활용한 홍보 진행

성과목표	세부 사업명	활동(수행방법)			
		프로그램명	시행 시기	시행횟수/시간	내 용
					- 복지관 1층 P·G실을 활용한 의복 수거 및 수선 • 진행내용 - 수거DAY: 수거기간 안내, 부스 설치 및 의류 수거 진행, 수선가능 여부 확인 및 개별 접수 명단 작성 - 수선DAY: 수거된 의류 수선 진행, 수선 완료 안내
	식사 공동체	집밥 모임	4~11월	8회기 (월 1회)	• 대상: 식사 공동체 모임 8명(1모임당 4명) • 수행인력: 1모임 · 2모임 각 1명씩 • 수행방법 - 각 모임이 돌아가면서 자기 집에 조원들을 초대해 함께하는 식사 모임 진행(2조가 각각 따로 진행) - 두 모임이 함께 도시락을 싸서 떠나는 집밥 캠핑
		텃밭 가꿈	4~11월	8회기 (월 1회)	• 대상: 식사 공동체 모임 8명 (1모임당 4명) • 수행방법 - 각 모임별 텃밭 배분, 작물 재배 및 수확, 텃밭 관리 - 수확한 작물을 집밥 모임 또는 간식나눔에 활용 • 진행내용: 작물 심기, 작물 재배 및 수확
	주거 공동체	정기 회의	4~11월	7회기 (월 1회)	• 대상: 주거 공동체 모임 10명 • 수행방법 - 사례관리팀과의 연계를 통한 지역 내 저장강박세대 발굴 및 마을 청소 필요구역 확인 - 주민교육 진행을 위한 교육자료 및 교안 제작
		마을 청소	7, 9, 11월	3회기	• 대상: 정리 · 수납에 관심 있는 지역주민 누구나 • 수행인력: 주거 공동체 모임 10명 • 수행방법 - 정리 · 수납 방법이 수록된 팜플렛 제작 - 팜플렛 배포 및 마을정화 활동을 통한 지역주민 인식개선 캠페인 실시 • 진행내용: 정리 · 수납 팜플렛 제작/배포, 마을청소 캠페인 실시, 마을 청소

<table>
<tr><th rowspan="2">성과목표</th><th rowspan="2">세부
사업명</th><th colspan="4">활동(수행방법)</th></tr>
<tr><th>프로
그램명</th><th>시행
시기</th><th>시행횟수
/시간</th><th>내 용</th></tr>
<tr><td rowspan="5">나눔문화
확산 및
공동체 의식
함양: 나눔/
공유</td><td>의복
공동체</td><td>새활용
나눔
교육</td><td>11~12월</td><td>4회기</td><td>• 대상: 새활용에 관심 있는 지역주민 6명
• 수행인력: 의복 공동체 모임 6명
• 수행방법
- 복지관 온·오프라인을 활용한 홍보 및 참여자 모집
- 의복 공동체 주민이 직접 지역주민을 대상으로 수선·업사이클링 교육 진행(교육 내용도 직접 계획)
• 진행내용: 수선, 업사이클링에 대한 기본 이해, 수선, 업사이클링 활동하기</td></tr>
<tr><td>의복
공동체</td><td>새활용
프리
마켓</td><td>6월,
10월</td><td>2회기</td><td>• 대상: 지역주민
• 수행인력: 의복 공동체 모임 6명
• 수행방법
- 모임활동을 통하여 만든 업사이클링 제품 판매활동
- 발생된 수익금의 경우 지역사회 기부 예정
• 진행내용: 업사이클링 제품 판매 및 전시활동</td></tr>
<tr><td>식사
공동체</td><td>집밥
나눔</td><td>5, 9,
11월</td><td>3회기</td><td>• 대상: 지역 내 소외된 이웃 12명
• 수행인력: 식사 공동체 모임 8명(1모임당 4명)
• 수행방법
- 각 모임별로 집밥(밑반찬)을 직접 조리
- 2명의 이웃을 찾아가 한 끼 함께 나눔(말벗)</td></tr>
<tr><td rowspan="2">주거
공동체</td><td>정리·
수납
컨설팅</td><td>7, 9,
11월</td><td>3회기</td><td>• 대상: 저장강박세대 3가구
• 수행인력: 주거 공동체 모임 10명
• 수행방법
- 직접 세대 발굴 및 사례관리팀 추천을 통한 저장강박세대 3가구 선정
- 세대 방문을 통한 정리·수납 계획 수립
- 정리·수납 기술을 활용한 컨설팅 진행</td></tr>
<tr><td>주민
교육</td><td>8월</td><td>1회기</td><td>• 대상: 지역 내 주민 50명
• 수행인력: 주거 공동체 모임 10명
• 수행방법: 실생활에 필요한 정리·수납 기술 교육 진행</td></tr>
</table>

• 사업 진행일정

주요내용 \ 기간		1월	2월	3월	4월	5월	6월	7월	8월	9월	10월	11월	12월
의복공동체	새활용 교육					전시회 관 람							
	정기모임												
	마을 수선소												
	새활용 나눔교육												
	플리마켓 참여												
식사공동체	집밥 교육				선진지 견 학								
	집밥 모임						집 밥 캠 핑						
	텃밭 가꿈												
	집밥 나눔												
주거공동체	정리·수납 교육												
	정기 회의												
	마을 청소							자료집 발 간					
	정리·수납 컨설팅												
	주민 교육												

3) 기관연계협력 전략

협력기관명	세부 사업명	협력 계획	비고
○○마을공동체 만들기지원센터	공동체 교육	• 본 기관 - 마을공동체 교육 진행 전문가 요청 - 사업 자문 및 협조 요청 • 협력기관 - 마을공동체 교육 진행 - 사업 자문 및 정보제공	의·식·주 공동체
○○업사이클센터	새활용 교육, 새활용 프리마켓	• 본 기관 - 프리마켓 행사 및 전시회 참가 요청 • 협력기관 - 프리마켓 행사 및 전시회 초청	의복 공동체
○○연대	수선 교육	• 본 기관 - 수선 교육 진행 전문가 요청 • 협력기관 - 수선 교육 진행	의복 공동체

3. 예산편성

(단위: 원)

목	세목	세세목		계	산출근거	예산조달 계획				
						신청금액	비율(%)	자부담	비율(%)	자부담 재원
총 계				40,922,000	-	26,270,000	100	14,652,000	100	
인건비	전담인력	급여		21,600,000	1,800,000원×12개월×1명	10,800,000		10,800,000		
		사회보험		2,052,000	171,000월×12개월×1명			2,052,000		자체예사
		퇴직적립금		1,800,000	150,000×12개월×1명			1,800,000		자체예산
	소계			25,452,000		10,800,000	41.1	14,652,000	100	
사업비	모임/배움	의복공동체	새활용 교육	3,290,000	• 강사료(3급, 2시간) 200,000×14회=2,800,000 • 재료비 100,000×4회=400,000	3,290,000				
		식사공동체	집밥 교육	3,900,000	• 강사료(3급, 2시간) 200,000×13회=2,600,000 • 식재료비 100,000×13회=1,300,000	3,900,000				
		주거공동체	정리·수납 교육	2,910,000	• 강사료(3급, 2시간) 200,000×14회=2,800,000 • 교재구입비 11,000×10개=110,000	2,910,000				
	활동/관계	의복공동체	정기모임	210,000	• 다과비 5,000×6명×7회=210,000	210,000				
			마을 수선소	890,000	• 재봉틀, 다리미 300,000×2개=600,000 • 다리미 구입비 70,000×2개=140,000 • 재료비(실, 천 등) 50,000×3회=150,000	890,000				
		식사공동체	집밥모임	715,000	• 식재료비 50,000×7회×2모임=700,000 • 여행자보험(캠핑) 15,000×1회=15,000	715,000				
			텃밭가꿈	150,000	• 모종 구입비 50,000×2회=100,000 • 물품 구입비(비료 등) 50,000×1회=50,000	150,000				
		주거공동체	정기회의	350,000	• 다과비 5,000×10명×7회=350,000	350,000				
			마을청소	1,550,000	• 팜플렛 제작비 1,500,000×1회=1,500,000 • 물품 구입비(청소도구 등) 50,000×1회=50,000	1,550,000				
	나눔/공유	의복공동체	새활용 나눔교육	320,000	• 재료비 50,000×4회=200,000 • 다과비 5,000×6명×4회=120,000	320,000				
			새활용 프리마켓	120,000	• 식사비 15,000×6명×2회=120,000	120,000				
		식사공동체	집밥나눔	400,000	• 도시락 구입비 25,000×4개=100,000 • 식재료비 50,000×3회×2모임-300,000	400,000				
		주거공동체	정리·수납 컨설팅	125,000	• 다과비 5,000×5명×3회=75,000 • 물품구입비 50,000×1회=50,000	125,000				
			주민교육	180,000	• 다과비 3,000×50명=150,000 • 엑스배너 제작비 30,000×1회=30,000	180,000				
	소계			15,110,000	-	15,110,000	57.5			
관리운영비	관리운영비	교통비		360,000	30,000 × 12개월 × 1명	360,000				
	소계			360,000		360,000	1.4			

4. 문제의식(사업 필요성)

1) 사업계획 배경

(1) 이웃과의 관계 단절로 인한 지역공동체 의식 부재

오늘날 '이웃사촌'이라는 말의 의미가 점점 옅어지고 있다. 한 조사결과에 따르면 전국 만 19세~59세 성인남녀 1,000명을 대상으로 실시한 2019 '이웃과의 교류' 관련 인식 평가 설문조사 결과에 따르면, 이웃사촌이라는 개념이 확연하게 옅어졌으며 이웃들과 별다른 교류 없이 지내는 경우가 태반인 것으로 나타났다. (시장조사전문기업 트렌드모니터(trendmonitor.or.kr)) 성인남녀 10명 중 4명(39.8%)은 현재 옆집에 누가 사는지도 모르고 있는 것으로 나타났으며 특히 1~2인 가구(1인 가구 67.3%, 2인 가구 44.9%, 3인 가구 32. 6%, 4인 가구 35.6%)에게서 이웃과의 단절된 모습이 높게 나타나 '관계의 단절' 현상의 가속화가 우려되고 있다.

이렇게 이웃이 낯선 존재가 되어 버린 요즘, 고민거리를 나누거나 위급한 상황이 생겼을 때 선뜻 이웃의 도움을 청하는 것도 어려워지고 있다. 시간이 지날수록 이웃에게 고민거리를 나누거나 위급 상황 시 이웃의 도움제공에 대한 기대감이 점차 감소되고 있는 것을 알 수 있다. 이러한 '관계의 단절' 현상이 지속화된다면 위급한 상황이 생겼을 때 도움을 받을 수 있는 일이 없어지며 서로를 배려하는 지역공동체 의식이 사라지게 된다. 이는 자연스럽게 현재 살고 있는 동네에 무관심을 야기시키며, 지역공동의 이익을 위한 헌신보다는 개인의 목적과 이익만을 우선시하는 현상이 나타난다.

본 기관이 위치하고 있는 ○○동에 살고있는 주민과의 인터뷰를 진행한 사례를 보면 '지역공동체 의식의 부재'는 이웃간의 다양한 사회문제를 야기시킨다, 하지만 이러한 문제들은 단순한 민원제기나 법적인 조치로 쉽게 해결되지 않는다. 주민들이 개인주의에서 벗어나 지역공동의 이익을 위한 지역공동체 의식을 갖는 것이 중요하다. 그러기 위해서는 이웃 간의 관계개선과 교류가 활발히 이루어져야 하며, 이웃이 이웃을 돕는 '이웃사촌', '이웃 공동체'의 필요성을 인식하고 지역공동체 의식을 확산시키는 활동이 우선되어야 한다.

(2) 마을 공동체 형성을 통한 저소득층의 기본권(의 · 식 · 주) 존중

본 기관의 관할구역인 ○○동에는 8,468가구가 살고 있는데 이 중 기초생활수급자는 2,538가구로 전체 가구의 30%를 차지한다. 이는 ○○동에 살고 있는 주민 3~4명 중 1명이 기초생활수급자인 것을 의미한다. 또한 ○○구 전체 기초생활수급자 15,113가구 중 2,538가구(16.8%)가 ○○동에 거주하고 있어 ○○구 22개동 중 수급자 최다 밀집지역에 속한다.

본 기관이 위치한 ○○단지 아파트는 영구임대아파트이며 2,364세대의 저소득 가구가 살고 있다. 수급자가 많이 거주하고 있기 때문에 의 · 식 · 주를 포함한 일반적인 생활이 어렵거나 경제적인 상황이 어려운 주민들이 많다. 특히 의 · 식 · 주는 인간으로서 마땅히

누려야 할 기본권이기 때문에 복지관에서는 주민들의 의·식·주(=인권)를 보장하기 위한 책무성을 지녀야 한다. 하지만 본 기관에서는 의(衣)와 관련된 서비스는 별도로 제공되고 있지 않으며, 식(食)과 주(住)와 관련된 서비스를 제공하고는 있지만 외식서비스나 방역서비스와 같이 단순 지원 또는 1회성 지원에 국한되어 있다. 이마저도 서비스 대상이 한정적이기 때문에 모든 주민들이 서비스를 제공받지 못하고 있는 실정이다.

본 사업은 복지관에서 의·식·주와 관련된 단순 서비스를 추가로 더 제공하자는 것이 아니라 마을 공동체 활동에 관심 있는 주민들을 의·식·주 각 모임에 구성하여 지역조직화 활동을 통해 마을 내 모든 주민들의 기본권이 존중받을 수 있는 구조적·환경적인 체계를 마련하고자 한다.

2) 기존 유사사업과의 차별성

(1) 이웃이 이웃을 돕는 나눔공동체 문화 확산

지역 공동체를 만들기 위해서는 마을의 주인인 주민들의 역할이 무엇보다 중요하다. 자발성을 토대로 자신의 삶과 터를 변화시켜 나갈 주민들의 노력 없이는 사실상 불가능하기 때문이다. 주민의 참여를 이끌어내기 위해서는 지역사회에서의 공동체적 역량을 높이고 구성원들 간의 관계 형성과 역량강화 등이 필요하다. 하지만 ○○동에 속한 기존의 조직과 단체들의 경우 구성원들 간의 만남이 이루어지곤 있지만 지역문제를 스스로 해결하기 위한 역량 개발과 활동의 지속적인 참여가 이루어지지 않고 있다. 본 기관은 이러한 조직과 단체들을 재조직화해 지역공동체의 정체성을 확립하고 지속적인 참여를 확대하고자 한다. 여기서 중요한 것은 구성원들이 만나서 서로 소통하고 배우는 것에서만 그치는 것이 아니라 지역사회 나눔을 통해 마을주민 모두가 함께 교류하고 화합할 수 있는 나눔공동체 문화를 확산시키는 것이다.

(2) 자기결정권을 통한 지속적 참여 유도

주민들의 적극적이고 지속적인 참여를 유도하기 위해서는 주민들의 흥미를 유발하는 것이 중요하다. 기존의 조직과 단체들을 보면 활동에 대한 체계적인 계획이나 정체성이 없어 단기적·1회성 참여에 그치거나 단순모임으로 이어지는 경우가 많았다. 그렇기 때문에 주민들 스스로가 원하는 활동을 직접 선택해 공동체에 속한다면 소속감과 흥미를 갖고 공동체 활동의 지속적 참여가 가능할 것이다.

3) 신청기관의 강점

(1) 공동체 활동이 가능한 다양한 인적자원 보유

마을공동체를 형성하기 위해서는 마을에서 활동할 의지가 있거나 활동을 하고 있는 많은 주민들이 필요하다. 하지만 본 기관은 오랫동안 지역조직사업을 진행해오면서 이미 주민활동가로 활동할 수 있는 다양한 인적자원들을 보유하고 있다. 앞서 언급했듯이 주부 새활용 모임 '○○자원순환공동체'를 통해 '의복 공동체' 활동 참여를 유도할 수 있고, ○○단지 입주민 모임 '살기좋은동네만들기 추진위원회'를 통해 '주거 공동체' 활동 참여를 유도할 수 있다. 또한 식사공동체의 경우 복지관 P/G을 이용하는 주민들이나 수강생을 대상으로 활동 참여를 유도할 수 있다. 그 외에도 ○○단지 통우회, 행복지킴이, 부녀회의 경우 주민들과 밀접한 관계를 맺고 있기 때문에 의 · 식 · 주 공동체에 관심 있는 주민 발굴에 도움이 될 수 있다.

(2) 정기적인 모임 · 활동이 가능한 공간 확보

각 공동체가 모임을 갖고 정기적인 활동을 진행하기 위해서는 물리적인 공간이 필요하지만 사회교육이나 문화강좌 수업으로 인해 상시적으로 사용할 수 있는 공간이 많지는 않다. 하지만 본 사업을 위해각 공동체가 상시적으로 모임을 갖거나 활동준비를 위해 상주할 수 있는 공간 3곳을 마련할 수 있었다. 이를 통해 의복 공동체는 업사이클링 연습과 마을수선소를 진행할 수 있으며, 식사 공동체는 집밥 교육과 집밥 나눔 시 조리를 할 수 있으며, 주거 공동체는 정기회의와 주민특강 준비 등을 진행할 수 있다.

5. 목표 및 평가

1) 산출목표

세부 사업명	산출목표	모니터링 방법
모임/배움	• 새활용 교육: 의복 공동체 모임 6명, 월 2회/총 14회 실시 • 집밥 교육: 식사 공동체 모임 8명, 월 2회/총 14회 실시 • 정리 · 수납 교육: 주거 공동체 모임 10명, 주 1회/총 12회 실시, 정리 · 수납 자격증 취득 50% 이상	• 출석부 • 실시 · 결과보고 • P · G 활동일지 • 정리 · 수납 자격증
활동/관계	• 정기 모임: 의복 공동체 모임 6명, 월 2회/총 14회 실시 • 마을 수선소: 수거/수선 의류 개수 총 15개 이상 • 집밥 모임: 식사 공동체 모임 8명, 월 1회/총 8회 실시 • 텃밭 가꿈: 월 1회/총 8회 실시 • 정기 회의: 주거 공동체 모임 10명, 월 1회/총 7회 실시, 저장강박세대 7세대 발굴 • 마을 청소: 주거 공동체 모임 10명, 연 3회 실시	• 출석부 • 실시 · 결과보고 • P · G 활동일지 • 평가회의록 • 수선 의류 목록표
나눔/공유	• 공동체 나눔: 의 · 식 · 주 공동체 모임 24명, 연 1회 실시/마을축제 체험부스/프리마켓 모임별 1개씩 운영 • 새활용 나눔교육: 월 1회/총 5회 실시 • 새활용 프리마켓: 연 2회 실시 • 집밥 나눔: 지역 내 소외된 이웃 12명 대상, 연 3회 실시 • 정리 · 수납 컨설팅: 저장강박세대 3가구 대상, 연 3회 실시 • 주민 특강: 지역주민 50명 대상, 연 1회 실시	• 출석부 • 실시 · 결과보고 • P · G 활동일지

2) 성과목표 및 평가방법

구분	성과목표	평가도구 및 방법	측정시기
모임/배움	의·식·주 공동체 조직 및 역량강화	• 성과지표: 사전·사후 마을만들기 참여 점수 8점 이상 향상 • 평가도구: 마을만들기 참여 척도 (60점 만점) • 평가방법: 참여자 대상 사전·사후 척도검사	사전(3월), 사후(12월)
활동/관계	이웃과의 교류 및 유대감 증진	• 성과지표: 사전·사후 동네응집력 점수 10점 이상 향상 • 평가도구: 동네응집력 척도 (72점 만점) • 평가방법: 참여자 대상 사전·사후 척도검사	사전(3월), 사후(12월)
나눔/공유	나눔문화 확산 및 공동체 의식 함양	• 성과지표: 사전·사후 공동체 의식 점수 10점 이상 향상 • 평가도구: 공동체 의식 척도 (80점 만점) • 평가방법: 참여자 대상 사전·사후 척도검사	사전(3월), 사후(12월)

6. 사업종료 후 지향점

1) 사업수행으로 인한 기대효과

(1) 참여자 개인의 긍정적인 변화

구분	변화내용	비 고
의(衣)	• 수선 및 업사이클링 전문기술 습득 • 재능나눔을 통한 사회적 자존감 형성	-
식(食)	• 올바른 식습관 형성 및 안정된 영양 섭취 • 요리실력 및 식생활 해결능력 향상	-
주(住)	• 체계적·표준화된 정리·수납 기술 습득 • 마을문제 해결을 위한 능동적 태도 향상	정리·수납 자격증 취득

(2) 지역사회의 긍정적인 변화

구분	변화내용	비고
의(衣)	• 자원선순환에 대한 긍정적 인식 형성 • 재능나눔을 통한 나눔문화 확산	-
식(食)	• 소외계층의 안부확인 및 결식문제 해결 • 지역주민과의 긍정적 유대감 형성	-
주(住)	• 저장강박세대 발굴 및 주거환경 개선 • 마을정화활동을 통한 지역주민 인식개선	정리·수납 팜플렛 제작

2) 사업결과의 활용계획

- 공동체 모임별 참여자 증원 및 소통 강화: 지역사회에 사업의 효과성을 알린 후 각 공동체별로 활동에 관심 있는 주민들을 추가로 모집해 공동체를 확장시키고 활동의 범위를 증대할 계획이며 구성원 간 관심사항을 함께 공유하고 논의하여 함께 활동을 계획하고 진행하고자 함.
- 연계사업 활성화 도모: 공동체별로 나눔·공유 활동을 강화하여 지역사회 공헌 및 나눔문화 확산을 위해 노력할 계획임. 그러기 위해서는 다양한 기관 및 단체와의 연계를 통해 지역사회의 한정된 자원을 효율적으로 활용해 지역사회에 더 큰 시너지효과를 가져올 수 있도록 하겠음

〈성과확산형〉 3개년 사업계획서

1. 사업명: 마을 공동체 활성화를 통한 청년 니트(NEET) 자립역량강화 지원사업 「청년 비상(飛上)플랫폼」[2)]

2. 사업내용 및 추진전략

1) 참여대상 및 인원

구분	1차년도	2차년도	3차년도
핵심 참여자	• ○○지역에 거주하는 청년 (만19세~34세) 40명	• ○○지역에 거주하는 청년 (만19세~34세) 50명	• ○○지역에 거주하는 청년 (만19세~34세) 50명
주변 참여자	• 청년참여자의 가족 20가족 • 지역사회 유관기관(지자체, 복지기관, 청년관련 기관, 청년활동가) 15곳(명) • 자문위원(청년 및 지역사회 네트워크 전문가) 3명 • 지역주민 네트워크 (마을 활동가) 10명	• 청년참여자의 가족 20가족 • 지역사회 유관기관(지자체, 복지기관, 청년관련 기관, 청년활동가) 20곳(명) • 청년자치네트워크 3곳(청년정책 네트워크 구성원) • 마을멘토기업 10곳 • 자문위원(청년 및 지역사회 네트워크 전문가) 3명 • 지역주민 네트워크(마을 활동가) 10명	• 청년참여자의 가족 20가족 • 지역사회 유관기관(지자체, 복지기관, 청년관련 기관, 청년활동가) 20곳(명) • 청년자치네트워크 3곳(청년정책 네트워크 구성원) • 마을멘토기업 10곳 • 자문위원(청년 및 지역사회 네트워크 전문가) 3명 • 지역주민 네트워크(마을 활동가) 10명

2) 본 예시는 2019년 전국기획사업-부산진구종합사회복지관 사업계획서 일부를 발췌·요약하여 작성되었으며 전체 사업계획서의 내용은 http://proposal.chest.or.kr에서 확인할 수 있음.

2) 연차별 사업내용

1차년도	
특징	"청년 복지의 시작, 청년의 마음에 공감하기" "청년 지원에 대한 지역사회의 공감대 형성하기" • 청년NEET 발굴 및 지원을 위한 지역사회 체계 구축 • 청년의 자결(自決) 역량강화를 위한 욕구중심 지원 • 청년 관계망 육성을 통한 청년주도형 공동체 기반 마련
핵심내용	• 청년NEET 아웃리치, 마을청년 욕구조사, 지역사회네트워크 그룹 형성(유관기관/마을활동가) • 자립컨설팅, 자립소양교육, 배움 지원, 마음두드림, 청년NEET자문회의, 가족지원
2차년도	
특징	"청년 개개인의 진로 · 자립 역량 성장하기" "청년 공동체가 활성화되며, 지역사회 중심의 시각으로 확장되는 성장 과정" "지역사회가 청년 지원에 협력하며 마을이 함께 성장하기"
핵심내용	• 진로: 청년 진로 · 자립욕구 및 유형별 개별 코칭 과정(각 분야 전문가 멘토 연계), 공모전 기획단 • 가족: 청년 지원에 디딤돌이 되는 가족그룹(부양자 공동체) 활동, 가족여행 • 공동체: 청년이 모여 소통하고 기획하고 성장하는 '청년아지트(거점공간)' 조성, 청년의 활동이 지역으로 확장되는 지역사회 활동 • 네트워크: 지역사회 청년 지원의 마을 협력 독려를 위한 청년 포럼 · 토론회 개최, 청년NEET 연구조사
3차년도	
특징	"청년의 자립 역량이 실제 자립 성과로 이어져 비상하기" "청년 참여자의 공동체 활동이 지역 내 청년에게 선한 영향력으로 확산되기" "청년의 지역사회 정착을 위한 마을의 다양한 제도적 기반 조성하기"
핵심내용	• 청년NEET 마을 정착의 완성「진구愛살다」: 마을 멘토기업 발굴, 직업 연수 및 정착 연계(1청년 1마을 정착 연계) • 청년 공동체 활동의 선한 영향력 확산: 재능콘서트, 청년비상 성장여행 • ○○형 청년 정착 선순환 지원체계 확립-청년친화마을 매뉴얼

3) 기관연계협력 전략

협력기관명	세부 사업명	협력 계획	비고
[지자체] • ○○구청 • ○○,○○,○○,○○주민센터	사각지대 발굴, 청년 참여자 모집	• 지역사회 청년NEET, 사업참여자 모집을 위한 공문 발송, 의뢰, 아웃리치활동 협조 • 지속적인 사각지대 발굴 연계	
[지역 내 대학교] • ○○대, ○○대 사회복지학과	사각지대 발굴, 청년 참여자 모집, 청년전문교육, 청년인식 캠페인 등 협력	• 지역사회 청년NEET, 사업참여자 모집을 위한 연계, 아웃리치 활동 등 장소 협조 • MOU협약을 통한 청년 지원 상시 연계망	
[지역 유관기관] • ○○건강가정지원센터 • ○○자원봉사센터 • ○○여성인력개발센터 • ○○사회적기업센터 • ○○지역자활센터	사각지대 발굴, 청년 참여자 모집, 실무자 네트워크 활동, 청년인식 캠페인, 가족사업 연계 등	• 지역사회 청년NEET, 사업참여자 모집을 위한 연계 • MOU협약 및 실무자 네트워크 활동을 통한 상시 연계망 구축 • 전문프로그램 강사 연계 등	
[전문가 그룹] • ○○대학교 ○○○교수 (사업자문 교수) • ○○연대 ○○○팀장 (청년 공동체 활동 자문)	청년NEET자문회의	• 청년비상플랫폼 사업진행에 따른 점검, 전문가 슈퍼비전 수렴을 통한 사업의 질 향상, 방향성 모색 • 청년 공동체 네트워크 활동에 따른 자문	
• ○○○○교육원	마을활동가 육성	• 청년 지원을 위한 마을활동가 그룹 양성, 활동에 있어 자문 및 교육 연계	
• 전문 상담 기관	청년 심리·정서 지원	• 심리·정서적 문제를 겪고 있는 청년 대상 전문가 개별 심층 상담 연계	
• 청년 진로 교육 기관	자립컨설팅, 자립소양교육, 자립역량강화프로그램 연계	• 청년 진로계획 수립, 동기강화, 비전 수립을 위한 전문 교육 연계	
• 마을활동가 그룹	지역사회 네트워크	• 마을활동가 네트워크 구축, 양성, 청년 옹호활동 진행	
• 청년정책네트워크	이루다 공동체	• 청년 공동체 네트워크 활동에 따른 멘토 역할, 자문 연계	
• 청년 분야 전문가	청년NEET자문회의	• 청년 공동체 네트워크 활동에 따른 자문, 참여 요청, 청년 공동체 멘토의 역할	
• 마을멘토기업	마을멘토기업 발굴 및 연계	• 지역 내 기업을 '마을멘토기업'으로 연계, 청년들이 다양한 직업세계의 경험을 쌓을 수 있도록 멘토활동 연계 • 이후 청년이 마을에서 정착하도록 돕는 자립 연계	

3. 예산편성

(단위: 천원)

구분	1차년도			2차년도			3차년도		
목	세목	신청금액	자부담	세목	신청금액	자부담	세목	신청금액	자부담
총계		84,910	5,145	총계	90,510	5,292	총계	90,225	5,451
인건비	실무자	23,400	5,145	실무자	25,400	5,292	실무자	27,400	5,451
	소계	23,400	5,145	소계	25,400	5,292	소계	27,400	5,451
사업비	청년NEET 아웃리치	3,800	-	자립컨설팅	800	-	자립컨설팅	800	-
	지역사회 네트워크	7,400	-	배움지원	32,500	-	배움지원	30,000	-
	자립컨설팅	800	-	자립역량 강화교육	3,000	-	자립역량 강화교육	2,000	-
	자립소양 교육	3,360	-	비전캠프 1기	2,500	-	비전캠프 2기	3,000	-
	배움지원	32,500	-	힐링P/G 속닥속닥	1,500	-	힐링P/G 속닥속닥	1,725	
	마음두드림	250	-	청년NEET 자문회의	400	-	청년NEET 자문회의	300	-
	청년NEET 자문회의	400	-	공동체 2기	11,410	-	공동체 3기	12,000	-
	공동체 1기	11,000	-	청년NEET 연구조사	3,000	-	청년친화 마을매뉴얼	3,000	-
				지역사회 네트워크	8,000	-	지역사회 네트워크	8,000	-
	소계	59,510	-	소계	63,110	-	소계	60,825	-
관리운영비	수용비 및 수수료	1,200	-	수용비 및 수수료	1,200	-	수용비 및 수수료	1,200	-
	교육출장비	800	-	교육출장비	800	-	교육출장비	800	-
	소계	2,000	-	소계	2,000	-	소계	2,000	-

4. 문제의식(사업 필요성)

1) 사업계획 배경

(1) 청년NEET 문제, 경제적 취약 계층일수록 더욱 심화

- 청년NEET족은 15~29세 청년 중 취업자와 학생, 주부 등을 제외한 계층으로 무급가족봉사자, 실업자, 구직단념자, 취업준비자, 지금은 사정상 쉬고 있으나 장래에 취업의사가 있는 자 등을 포함함.

• 통계개발원에 따르면 아무 것도 하지 않고 지내는 청년층이 2013년 처음으로 10%를 넘어선 이래 지속적으로 증가하고 있으며, 가구 소득이 적고, 부모의 학력이나 고용 수준이 낮을수록 NEET족이 될 확률이 높아지는 것으로 분석함.

(2) 청년의 심리 · 정서 문제의 심화: 복지형 청년 네트워크 욕구 증가

• 청년 지원은 '단순 취업 연계'라는 단편적인 지원이 아니라 청년들의 '성장통', 즉 청년세대 고유의 심리 · 정서 문제를 효과적으로 해소하는 과정을 통해 건강하게 자립할 수 있도록 지원해야 하며, 이 과정에서 지역이 함께 하는 '청년 복지'의 개념이 필요한 시점임.

• 이와 함께 사회 전반에 성과 · 경쟁주의가 팽배한 오늘날, 심리적으로 고립된 청년의 문제를 해소하고 효과적으로 자립을 지원하기 위해 '청년 공동체' 네트워크의 필요성이 대두됨.

2) 기존 유사사업과의 차별성

(1) 복지적 시각에서 바라보는 통합적 청년 지원

• 본 사업은 청년을 복지 권리를 충분히 누리는 당사자로 인식하고 '개인역량강화-사례관리-사회참여'라는 통합적 차원으로 지원하고자 '청년공감 프로젝트', '청년성장 프로젝트', '청년비상 프로젝트'의 단계로 개입하고자 함.

(2) 마을 중심 공동체 활성화를 통한 청년 문제 개입 노력

• 본 사업은 지역사회복지관이 청년을 복지적 관점으로서 참여자로 포괄한다는 데 차별성을 두고 있으며, 이 과정에서 지역사회복지관의 통합적 지원체계(3대 기능) 및 공동체 형성의 방법으로 다양한 유형의 청년 문제에 효과적으로 개입하고자 함.

3) 신청기관의 강점

: 빈곤의제 시범사업 '성인이행기 빈곤 아동 · 청소년 지원사업' 수행 경험

• 본 복지관은 2016년 4월부터 2018년까지 사회복지공동모금회가 지원하는 빈곤의제 사업인 '성인이행기 빈곤 아동 · 청소년 발달지원사업(이하 희망플랜)'을 수행함.

• 희망플랜사업을 수행하며 지역사회복지관 청년 지원의 선두주자로 다양한 지역자원과 연계, 청소년 · 청년의 건강한 성장 · 자립에 대한 질적 · 양적 성과를 도출 할 수 있었음.

5. 목표 및 평가

1) 성과평가

성과목표	평가도구 및 방법	측정시기
청년NEET의 개별 욕구중심 진로 지원을 통한 긍정적 진로 태도 및 자립 역량강화	• 성과지표: 니트 상태 변화 (니트상태 탈출 20% 이상, 구직의향 50% 이상 향상) • 평가도구: 니트판별 척도(활동상태 변화), 향후 진로 계획 및 구직의향, 프로그램 참여율 및 적극성 평가 • 평가방법: 참여자 대상 사전-사후 설문조사	프로그램 시작/종류
청년 관계망 육성을 통한 청년주도형 공동체 활성화	• 성과지표: 참여 청년 간 관계의 긍정적 변화, 청년의 지역사회에 대한 인식변화 • 평가도구 - 공동체 활동내용분석, 참여자 소감문 및 인터뷰를 통한 질적평가 - 공동체 참여자 대상 인터뷰 및 소감문 수렴으로 참여자 간 관계 변화 평가 • 평가방법: 내용분석, 인터뷰, 사전-사후 설문	분기별 1회

2) 과정평가

평가대상 내용	평가 방법	측정시기
청년공동체(이루다) 활동 추진 과정	• 평가주체: 실무자, 구성원, 지역주민 • 평가내용: ① 청년의 욕구가 충분히 반영되었는가? ② 청년이 주도적(주체적)으로 참여하는가? ③ 다양한 지역사회 활동 과정에서 청년의 마인드가 개인에서 지역으로 확장되었는가? • 평가방법: 참여자 활동기록 및 소감문, 실무자 질적평가, 지역주민 인터뷰	수시
청년 친화형 마을 기반 조성 추진 과정	• 평가주체: 실무자, 네트워크 구성원, 마을멘토기업, 지역주민 • 평가내용: ① 청년의 욕구가 충분히 반영되었는가? ② 마을의 다양한 구성원들이 청년 지원을 위해 협력하였는가? ③ 청년에 대한 마을의 인식은 어떻게 변화되었는가? • 평가방법: 참여자 및 지역주민 인터뷰, 지역사회활 동 과정기록지 분석, 청년친화마을 매뉴얼 검토	수시

6. 사업종료 후 지향점

1) 사업수행으로 인한 기대효과

• 청년NEET의 효과적인 발굴 및 지원

- 본 사업을 통해 지자체 등 자원과 연계한 청년NEET 발굴을 진행함으로써 그동안 청년이라는 이유로 사각지대에 놓여 적절한 복지 서비스에 참여하지 못하고 있던 청년을 발굴, 지원할 수 있을 것이라 기대함.

• 청년NEET의 자립역량강화 및 자립의 성과

- 본 사업은 청년이 스스로의 진로·자립욕구, 성향 및 재능, 가족 욕구 등을 중심으로 다양한 자립지원서비스를 제공하게 됨. 이에 '스펙'이라는 이름하에 획일화된 자립 준비만을 하고 있었거나, 혹은 이 과정이 스스로의 성향에 맞지 않아 포기하고 있던 청년들에게 동기부여가 될 것이며 '청년 자신이 정말 하고 싶은 일'이 무엇인지를 함께 고민하고 지원하는 장으로 활용될 것임.

• 스스로 돕는 청년 공동체 기반 조성

- 본 사업에서는 '이루다 공동체'를 중심으로 하는 청년 공동체 지원을 진행함으로써, 개인주의·성과주의·경쟁주의가 만연한 오늘날, 청년들이 '함께 하는 즐거움'의 힘을 자연스레 깨우치게 될 것이라 기대함.

2) 사업결과의 활용계획

• 청년 친화형 종합사회복지관으로서 영역 개척

- 지역복지관 사업은 그동안 지역특성에 의해 주로 성인 및 노인층 대상 서비스 제공 방식으로 운영되어옴.
  이에 본 복지관은 「청년비상플랫폼」사업을 수행함으로써 얻은 경험을 토대로 청년 친화형 복지관 사업으로의 재편, 지역사회복지관으로써 청년을 포함한 모든 연령대를 포괄할 수 있는 기반이 마련되는 기회로 삼고자 함.

3) 사업 지속유지 전략

• 지자체 연계 연계를 통한 청년 세대 장기적 지원의 실현: 이를 위해 본 사업 기간 3년 간 지자체와 긴밀한 협력 관계를 구축하고 다양한 사업을 수행하며 신뢰관계를 구축하고자 하며, 이를 기반으로 지자체 연계(보조금)를 제도화 하고자 함.

• 지역사회보장계획 수립을 통한 사업의 제도적 기반 마련: 지역사회보장계획에 청년 지원에 관한 사항, 이를 수행하는 구체적인 계획이 수립되도록 노력하고자 함.

〈성과확산형〉 연차별(1차년도) 사업계획서

1. **사업명**: 마을 공동체 활성화를 통한 청년 니트(NEET) 자립역량강화 지원사업 「청년 비상(飛上)플랫폼」[3)]

2. 사업내용 및 추진전략

1) 사입침어자 모집진략

(1) 참여대상 및 인원

핵심참여자	• ○○지역에 거주하는 청년(만19세~34세) 40명
주변참여자	• 청년 참여자 가족(보호자) 20명 (건강한 가족관계를 기반으로 한 청년 성장 매개체) • 지역사회 유관기관(지자체, 복지기관, 청년관련 기관, 청년활동가) 15곳(명) (지역활동 활성화를 통한 지역사회 변화의 촉진자) • 자문위원(청년 및 지역사회네트워크 전문가) 3명 (NEET 청년 사례개입 및 맞춤형 자립지원 활성화를 위한 전문가 그룹) • 지역주민 네트워크(마을 활동가) 10명 (마을주민 지지체계로서 청년 옹호활동 수행)

(2) 참여자 선정기준

- 공통 기준: ○○지역에 거주하는 만19세~34세 청년
- 우선 순위
  - 1순위) 사회적 지지기반 및 관계망이 미약한 청년NEET(현재 아무것도 하지 않는 청년)
  - 2순위) 정규학업과정에 속해있지 않으나 진로·자립 준비에 대한 욕구가 높은 청년
  - 3순위) 정보 부족으로 자립·취업에 어려움을 겪고 있는 청년

  ※ 우선 순위에서 동등할 경우 가계소득기준(중위소득 120% 이하)으로 가산점 부여

(3) 참여자 모집방안

- 청년NEET 아웃리치 활동을 통한 홍보 및 모집
- 마을활동가 사각지대 발굴을 통한 지역사회 청년 모집
- 사업지역 내 주민센터 홍보 및 청년 연계 의뢰
- 지역사회연계기관(네트워크기관 등)

---

3) 본 예시는 2019년 전국기획사업-부산진구종합사회복지관 사업계획서 일부를 발췌·요약하여 작성되었으며 전체 사업계획서의 내용은 http://proposal.chest.or.kr에서 확인할 수 있음.

2) 사업내용 및 사업집행 전략

• 사업내용

<table>
<tr><th rowspan="2">성과
목표</th><th colspan="4">활동(수행방법)</th></tr>
<tr><th>프로그램명</th><th>시행
시기</th><th>시행횟수/
시간</th><th>내용</th></tr>
<tr><td rowspan="2">지역
사회
체계
구축</td><td>청년
NEET
아웃리치</td><td>1~3월</td><td>3회/3h</td><td>• 내용: 지역사회 청년 현황 파악 및 실태조사를 통한 참여자 중심 서비스 기반 마련
• 수행인력: 실무자 2명, 활동가
• 참여인원: 지역 청년 200명
• 방법: 지역 대학 및 시내 등을 중심으로 사업홍보, 청년 실태 리서치 수행
• 모집된 청년에 대한 욕구별 구분: 학업중단 위기청년, 현실회피 니트청년, 정보부족 청년</td></tr>
<tr><td>지역사회
네트워크
그룹 형성</td><td>2~12월</td><td>11회/-</td><td>• 마을활동가 네트워크
- 내용: 마을이 함께 하는 청년 지원을 위한 활동에 참여하고자 하는 주민 그룹 구성 및 활동
- 수행인력: 실무자 1명
- 참여인원: 마을 주민 10명
- 방법: 지역 사각지대 발굴, 청년NEET아웃리치, 마을 멘토기업 발굴, 지역 상시연계체계 구축</td></tr>
<tr><td rowspan="3">긍정적
진로
태도
형성
및
자립
역량
강화</td><td>자립
컨설팅</td><td>2~4월
5~12월</td><td>160회/-</td><td>• 내용: 대상자별 지원 계획 수립, 지원 계획 설정, 우선순위에 의거한 개입 과정 검토를 위한 기초 컨설팅
• 수행인력: 실무자 2명
• 참여인원: 260명(실인원 40명)
• 방법: 기초 컨설팅(참여자 당 2회), 수시 컨설팅(최소 분기별 1회)</td></tr>
<tr><td>자립소양
교육</td><td>3,5,
7,9월</td><td>7회/2h</td><td>• 내용: 청년 자립의 동기부여 및 긍정적인 진로 준비 태도 형성을 지지하기 위한 욕구 맞춤형 교육 지원
• 수행인력: 실무자 1명, 전문강사
• 참여인원: 140명(실인원 20명)
• 방법: 동기부여 교육(동기 향상, 자기탐색, 목표수립, 비전수립 등), 자립역량강화교육(스피치특강, 면접교육, 이력서 및 자기소개서 작성법, 이미지메이킹 등)</td></tr>
<tr><td>배움 지원</td><td>3~12월</td><td>20회/-</td><td>• 내용: 청년이 자립에 필요한 다양한 배움의 기회에 참여할 수 있도록 실비 지원
• 수행인력: 실무자 2명, 전문학원
• 참여인원: 350명(실인원 35명)
• 방법: 자립훈련비 지원(월 30명/연 10회), 자격시험 응시 지원(월 5명/연 10회)</td></tr>
</table>

성과목표	활동(수행방법)			
	프로그램명	시행 시기	시행횟수/ 시간	내용
	마음 두드림	연중	5회/-	• 내용: 심리 · 정서적 문제 및 갈등으로 진로 준비에 내적 어려움을 겪고 있는 청년을 대상으로 전문가 개별 심층 상담 연계 • 수행인력: 실무자 1명, 상담전문가 • 참여인원: 20명(실인원 5명) • 방법: 청년 심리 · 정서지원을 위해 연계 할 전문 기관 발굴 및 협약 ⇨ 자립컨설팅 결과를 토대로 심리 · 정서 지원이 필요한 청년 상담 의뢰 ⇨ 수시 모니터링 진행
	청년NEET 자문회의	4, 7, 9, 11월	4회/2h	• 내용: 청년 니트 발굴 및 자립컨설팅에서 심층 사례개입이 필요한 참여자에 대한 전문가 자문 진행 • 수행인력: 실무자 2명, 자문위원 • 참여인원: 8명(실인원 2명) • 방법: 청년 사례관리, 청년 지원을 위한 전문가(교수, 상담센터 등) 그룹을 자문위원으로 위촉. 분기별 1회 case 자문 요청
청년 주도형 공동체 기반 마련	이루다 공동체	3~12월	20회/2h	• 내용: 다양한 주제로 서로 소통하고, 공동의 재미난 활동을 스스로 기획하며 실천하는 청년 자치 공동체 네트워크 • 수행인력: 실무자 1명, 멘토 활동가 • 참여인원: 200명(실인원 20명) • 방법 - 참여를 희망하는 청년 모집(사전 욕구 수렴을 통한 2그룹 구성) - 청년들과 함께 할 멘토 모집(청년활동가) - 격월로 네트워크 모임에 참여하며 자유로운 소통과 기획의 장으로 활동 - 진로, 자립에 관한 활동, 청년 이슈 및 탐색 및 논의 활동 진행 - 각 공동체별로 신규 참여자와 지속 참여자가 어울릴 수 있도록 구성 - 청년비상플랫폼 참여자 중 이루다공동체 구성원으로 활동하는 청년에 대하여 월별 '활동 장려비' 지급(월 2만원)

• 사업 진행일정

주요내용			1월	2월	3월	4월	5월	6월	7월	8월	9월	10월	11월	12월
지역사회 체계 구축	청년 NEET 아웃리치		■	■	■									
	지역사회 네트워크 그룹 형성	실무자 네트워크			■	■	■	■	■	■	■	■	■	
		마을활동가 네트워크		■	■	■	■	■	■	■	■	■	■	■
긍정적 진로 태도 형성 및 자립 역량강화	자립 컨설팅			기초 컨설팅			수시 컨설팅							
	자립소양교육				■		■		■		■			
	배움 지원				■	■	■	■	■	■	■	■	■	■
	마음 두드림		■	■	■	■	■	■	■	■	■	■	■	■
	청년NEET 자문회의					■			■		■		■	
청년 주도형 공동체 기반 마련	이루다 공동체				■	■	■	■	■	■	■	■	■	■
	온라인공동체			■	■	■	■	■	■	■	■	■	■	■

3) 기관연계협력 전략

협력기관명	세부 사업명	협력 계획	비고
[지자체] • ○○구청 희망복지과 • ○○지역주민센터	• 청년 NEET 아웃리치 • 마을청년 욕구조사	• 지역사회 청년NEET, 사업참여자 모집을 위한 공문 발송, 의뢰, 아웃리치 활동 협조 요청	-
[지역 내 대학교] • ○○대, ○○대 사회복지학과	• 청년 NEET 아웃리치 • 마을청년 욕구조사 • MOU협약	• 지역사회 청년NEET, 사업참여자 모집을 위한 연계, 아웃리치 활동 등 장소 협조 • MOU협약을 통한 청년 지원 상시 연계망	-
[지역 유관기관] • ○○건강가정지원센터 • ○○자원봉사센터 • ○○여성인력개발센터 • ○○사회적기업센터 • ○○지역자활센터	• 청년 NEET 아웃리치 • MOU협약 및 유관기관 실무자 네트워크 • 세부사업 연계 (가족지원)	• 지역사회 청년NEET, 사업참여자 모집을 위한 연계 • MOU협약 및 실무자 네트워크 활동을 통한 상시 연계망 구축 • 전문프로그램 강사 연계 등	-
[전문가 그룹] • ○○대학교 ○○○교수 (사업자문 교수) • ○○연대 ○○○팀장 (청년공동체 활동 자문)	• 청년NEET 지원회의 • 공동체	• 청년비상플랫폼 사업진행에 따른 점검, 전문가 슈퍼비전 수렴을 통한 사업의 질 향상, 방향성 모색 • 청년 공동체 네트워크 활동에 따른 자문, 참여 요청, 청년 공동체 멘토의 역할	-
• ○○운동교육원	• 마을활동가 네트워크	• 청년 지원을 위한 마을활동가 그룹 양성, 활동에 있어 자문 및 교육 연계	-
• 전문 상담기관	• 마음두드림	• 심리 · 정서적 문제를 겪고 있는 청년 대상 전문가 개별 심층 상담 연계	-
• 청년 진로 교육기관	• 자립소양교육	• 청년 진로계획 수립, 동기강화, 비전 수립을 위한 전문 교육 연계	-
• 마을활동가	• 마을활동가 네트워크 • 청년NEET 아웃리치 • 마을 청년 욕구조사	• 마을활동가 네트워크 구축, 양성, 청년 모니터링 및 옹호활동 수행	

3. 예산편성

(단위: 원)

목	세목	세세목	계	산출근거	예산조달 계획				
					신청금액	비율(%)	자부담	비율(%)	자부담 재원
총계			90,055,000		84,910,000	100	5,145,000	100	
인건비	급여		23,400,000	전담인력 1,950,000원×12월	23,400,000				
	퇴직적립금		2,145,000	전담인력 25,740,000원÷12월			2,145,000		
	사회보험		3,000,000	전담인력 250,000원×12월			3,000,000		
	소계		28,545,000		23,400,000	27.6	5,145,000	100	
사업비	지역사회 체계구축	청년NEET 아웃리치	3,800,000	진행비(부스 및 각종 물품) 1,000,000원×3회	3,000,000				
				리플릿 제작비 400,000원×2회	800,000				
		지역사회 네트워크 그룹형성	7,400,000	[유관기관 실무자 네트워크] - 회의비 50,000원×7명×6회=2,100,000원 - 진행비 100,000원×6회=600,000원	2,700,000				
				[마을활동가 네트워크] - 활동 진행비 23,500원×10명×20회	4,700,000				
	청년 자립 역량 강화	자립 컨설팅	800,000	상담활동비 5,000원×40명×4회	800,000				
		자립 소양교육	3,360,000	강사비 280,000원(3h)×7회×1명	1,960,000				
				진행비 200,000원×7회	1,400,000				
		배움 지원	32,500,000	[자립훈련비 지원] 100,000원×30명×10회(월)	30,000,000				
				[자격시험 응시 지원] 50,000원×5명×10회(월)	2,500,000				
		마음 두드림	250,000	진행비(연계 및 모니터링 등) 50,000원×5회	250,000				
		청년NEET 자문회의	400,000	자문비 100,000원×4회	400,000				
	청년 주도 공동체 기반	이루다 공동체	11,000,000	구성원 활동장려비 20,000원×20명×10회	4,000,000				
				자율주제 공동활동 수행비 1,000,000원×3회	3,000,000				
				진행비(모임 진행비, 물품구입 등) 200,000원×10회×2그룹	4,000,000				
	소계		59,510,000		59,510,000	70.1			
관리 운영비	관리 운영비	관리 운영비	2,000,000	수용비 및 수수료 100,000원×12월	1,200,000				
				교육출장비 100,000원×2명×4회	800,000				
	소계		2,000,000		2,000,000	2.3			

4. 목표 및 평가

1) 산출목표

성과목표	산출목표	모니터링 방법
청년NEET 발굴 · 지원을 위한 지역사회 체계 구축	• 연 3회 청년NEET 아웃리치 실시 • 연 40명 이상 참여자 발굴 · 등록 • 연 1회(300명) 마을청년 욕구조사 실시 • 연 15회(곳) 사업 MOU협약 실시 • 연 6회 유관기관 실무자 네트워크 실시 • 연 11회 마을활동가 네트워크 실시	• 아웃리치 결과보고서 • 참여신청서 및 케이스파일 확인 • 마을청년 욕구조사서 및 보고서 • MOU 협약서 • 네트워크 과정기록지 모니터링 • 마을활동가 활동 과정기록지 모니터링
욕구중심 지원으로 긍정적 진로 태도 및 자립 역량강화	• 연 160명 자립컨설팅 지원 • 연 7회(140명) 자립소양교육 실시 • 연 20회(350명) 배움지원 실시 • 연 20명 마음두드림 연계 • 연 4회 청년NEET 지원 회의(자문) 실시	• 상담기록지 및 사례관리기록지 • 자립소양교육 출석부, 과정기록지 • 배움지원 출석부, 참여자 활동기록지 • 기관연계의뢰서 모니터링 • 자문기록, 케이스파일 점검
청년 관계망 육성을 통한 청년주도형 공동체 기반 마련	• 연 10회 이루다 공동체 진행 • 이루다 공동체 참여자 20명 구성 • 온라인 공동체 "청년비상플래닛"운영	• 이루다 공동체 참여신청서 검토 • 이루다 공동체 활동 기록 • 공동체 활동 보고서 모니터링 • 온라인공동체 게시글 기록 확인

2) 성과목표 및 평가방법

성과목표	평가도구 및 방법	측정시기
청년NEET 발굴	• 성과지표: 발굴 목표 인원 100% 달성 • 평가도구: 프로그램 참여동의서	사업종료 후
청년NEET의 개별 욕구중심 진로 지원을 통한 긍정적 진로 태도 및 자립 역량강화	• 성과지표: 니트 상태 변화(니트상태 탈출 10% 이상, 구직의향 30% 이상 향상) • 평가도구: 니트판별 척도(활동상태 변화), 향후 진로 계획 및 구직의향, 프로그램 참여율 및 적극성 평가 • 평가방법: 참여자 대상 사전-사후 설문조사	사전 2020.2 사후 2020.11
청년 관계망 육성을 통한 청년주도형 공동체 활성화	• 성과지표: 참여 청년 간 관계의 긍정적 변화, 청년의 지역사회에 대한 인식변화 • 평가도구 - 공동체 활동내용분석, 참여자 소감문 및 인터뷰를 통한 질적평가 - 공동체 참여자 대상 인터뷰 및 소감문 수렴으로 참여자 간 관계 변화 평가 • 평가방법: 내용분석, 인터뷰, 사전-사후 설문	분기별 1회

3) 과정평가

평가대상 내용	평가 방법	측정시기
청년공동체(이루다) 활동 추진 과정	• 평가주체: 실무자, 구성원, 지역주민 • 평가내용: ①청년의 욕구가 충분히 반영되었는가? ②청년이 주도적(주체적)으로 참여하는가? ③다양한 지역사회 활동 과정에서 청년의 마인드가 개인에서 지역으로 확장되었는가? • 평가방법: 참여자 활동기록 및 소감문, 실무자 질적평가, 지역주민 인터뷰	수시

〈산출중심형〉 사업계획서

1. **사업명**: 독거어르신 밑반찬 배달을 통한 식생활 개선 사업 “은빛 영양지킴이”

2. 사업 필요성

○○시는 도농복합지역으로 농업에 종사하는 가구가 많으며, 농촌 저소득 독거노인은 경제 능력이 매우 취약하여 생활고와 더불어 결식 문제가 심각한 수준에 이르고 있다. 또한 식사는 하더라도 다양한 반찬을 섭취하지 못하여 영양불균형이 오는 경우도 많다. 20XX년 ○○시 보건소에서 관내 65세 이상 300명을 대상으로 식습관과 음식 섭취를 분석한 결과 탄수화물, 단백질 등의 에너지원 섭취량이 필요량에 비해 약 17.5% 부족한 것으로 나타났다. 이러한 노인의 영양 불균형은 각종 질병에 노출되기 쉬운 환경으로 이어지고 있다.

위와 같은 문제를 개선하고자 ○○노인복지관에서는 20△△년부터 무료 경로급식을 제공하고 있으나, 거동이 불편하거나 외부 활동이 적은 어르신은 서비스를 제공받지 못하는 한계점을 여전히 지니고 있다. 이에 본 복지관은 영양 밑반찬 배달을 통해 독거어르신의 식생활을 개선하고 건강 유지에 기여하고자 한다.

3. 사업내용 및 추진방법

1) 사업참여자 및 인원

- 사업참여자: ○○시에 거주하는 독거어르신 30명
- 참여자 선정기준
  - ○○시 실태 조사를 통해 밑반찬을 제대로 드시지 못하는 어르신 가구 파악
  - 파악된 가구 중 신체적, 경제적으로 밑반찬 조리가 어렵다고 판단되는 대상을 선정
  - 지자체 등 타 기관 지원여부 확인 후 기관 내 회의를 통해 결정
  - 참여자 의사를 반영하여 최종 확정

2) 사업내용 및 방법

• 사업내용

세부 사업명	활동내용(수행방법)	산출목표
밑반찬 제조	• 영양을 고려한 연간 식단 계획 수립(3찬 기준, 주2회) • 위생용기 및 소모품은 사업 초기 일괄 구매하고, 밑반찬 재료는 제조 시 구매 • 기존 경로 급식 봉사자 및 복지관 조리 시설을 활용하여 밑반찬 제조	주 2회 밑반찬 3종 제조
밑반찬 배달 및 식생활 모니터링	• 제조된 밑반찬 3종을 매주 월, 목요일에 참여자에게 배달 • 기존 밑반찬은 상태를 확인하도록 하며, 부패가능성이 있는 경우 회수	주 2회 30가구 밑반찬 배달 및 모니터링

• 추진일정

주요 내용 \ 기간	1월	2월	3월	4월	5월	6월	7월	8월	9월	10월	11월	12월
참여자 선정	■	■										
식단 계획 수립/위생용기 등 구입		■										
밑반찬 제조/배달			■	■	■	■	■	■	■	■	■	■

4. 예산편성

(단위: 원)

목	세목	세세목	계	산출근거	예산조달 계획				
					신청금액	비율(%)	자부담	비율(%)	자부담 재원
총계			14,146,000		11,946,000	100	2,200,000	100	
사업비	밑반찬 제조	소모품 구입	1,386,000	위생용기 150원×30명×3개×44주×2회	1,188,000	10			
				스티커 25원×30명×3개×44주×2회	198,000	1.7			
		식재료 구입	10,560,000	4,000원×30명×44주×2회	10,560,000	88.3			
	밑반찬 배달	주유비	2,200,000	50,000원×44주			2,200,000	100	자체 예산
	소계		14,146,000		11,946,000	100	2,200,000	100	

〈기능보강〉 사업계획서

1. 사업명: 지적장애인 거주시설의 주거환경 개선을 위한 방수공사 사업

2. 사업 필요성

1) 주요 문제점

본 기관은 20XX년부터 지적장애인 보호를 목적으로 거주시설을 운영하고 있으나, 노후한 시설로 인해 누수가 발생하여 곰팡이가 발생하는 등 거주 장애인들의 건강을 위협하고 있다. 더욱이 여름철 장마와 폭우가 이어지는 경우 누수 현상이 수습 불가할 정도로 심해져 건물 계단을 폐쇄하는 등 장애인과 직원의 안전 문제로까지 이어지고 있다. 장마철이 시작되기 전 보수공사를 시급히 시행할 필요가 있으나, 본 기관의 운영비로 보수공사를 진행하기에는 예산이 부족하여 외부 지원이 절실한 상황이다.

2) 관련 현황

1	현 시설 사진	
사진1	사진2	사진3

3. 사업내용

1) 이용대상 및 인원: ○○기관 내 거주하는 지적장애인 25명

2) 세부 사업내용

개보수 장소	개보수 내용
옥상	부식된 우레탄 제거 및 옥상 전체 방수 공사 진행
건물 외벽	건물 외벽 균열 보수 작업 및 방수제 처리

3) 사업 진행일정

내용	일정	비고(담당 등)
공사업체 입찰 및 선정	20XX. 3.15. ~ 4. 20.	구매팀
계약 및 계약금 지급	20XX. 4. 23 예정	구매팀, 담당자
공사 시행	20XX. 4. 25 ~ 6. 24(약 2개월)	업체
검수 및 잔금 지급	20XX. 6. 26	구매팀, 담당자

4. 예산편성

(단위: 원)

목	세목	계	산출근거	예산조달 계획				
				신청금액	비율 (%)	자부담	비율 (%)	자부담 재원
총계		33,950,000		26,450,000	100	7,500,000	100	
사업비	보수 공사	7,500,000	옥상 방수 7,500,000원			7,500,000	100	외부지원 (OO도)
		26,000,000	외벽 보수 및 방수 26,000,000원	26,000,000	98			
	폐기물 처리	450,000	산업폐기물 처리비용 450,000원	450,000	2			
	소계	33,950,000		26,450,000	100	7,500,000	100	

5. 향후 운영계획

누수 예방을 통해 거주 장애인의 안전하고 쾌적한 생활환경으로 개선될 것으로 기대되며, 특히 장마철 실내 생활의 불편함이 해소될 것으로 기대된다. 향후 정기적인 건물 안전 진단을 통해 누수 등의 문제를 사전에 예방할 수 있도록 조치할 계획이다.

〈약식〉 사업계획서

1. **사업명**: 시설 입소 어르신들의 활력 증진을 위한 여가문화 지원사업

2. 사업내용 및 방법

세부 사업명	활동내용(수행방법)	비고
원예활동 프로그램	• 원예강사를 통한 원예활동 프로그램 주 1회 총 2회 시행 (3월, 10명)	
나들이 프로그램	• 봄맞이 벚꽃 나들이 프로그램 1회 (4월 중, 참여자 및 인솔자 등 총 30명)	

3. 예산편성

(단위: 원)

목	세목	산출근거	신청금액(원)	비고(자부담 등)
총계			*1,000,000*	*90,000*
인건비	-	-	-	
사업비	*(예시)* *원예프로그램*	*(예시)* *재료비 20,000원×10인×2회=400,000원*	*400,000*	
	(예시) *나들이프로그램*	*(예시)* *교통비: 45인승 버스 30만원×1대=300,000원* *점심식사비: 10,000원×30명=300,000원* *○○박물관 입장료: 3,000원×30명=90,000원*	*600,000*	*90,000*
관리운영비	-	-	-	

부록 3 사회복지공동모금회 배분사업 예산편성기준표 및 표준 심사기준

[참고 1]

예산편성기준표 예시

<table>
<tr><th colspan="2">항목</th><th>기준</th><th>사용한도</th><th>비고</th></tr>
<tr><td rowspan="4">강
사
비</td><td>특별
강사</td><td>• 전/현직 장/차관(급) 이상
• 전/현직 대학총장(급)
• 전/현직 국회의원
• 대기업 총수(회장) 또는 국영기업체장
• 기타 이에 준하는 사회저명인사로 모금회가 인정하는 자</td><td>• 1시간 280,000원
• 초과 매 시간당 120,000원</td><td rowspan="4">* 유급내부직원에게는 지급 불가(동일법인이라도 사업장의 위치가 다르고 독립회계를 하는 타 기관의 직원인 경우에는 지급 가능)
* 강사에 필요한 교재에 원고료, 교통비(실비)는 필요사유에 따라 별도 지급 가능</td></tr>
<tr><td>1급
강사</td><td>• 대학 조교수 이상, 전문대학 부교수 이상
• 인간문화재, 유명예술인 및 종교인
• 정부출연 연구기관장
• 기업/기관 등의 책임급 연구원, 중역
• 판/검사, 변호사 등 전문자격증 소지자
• 전 · 현직 3급 이상 공무원 및 박사학위를 소지한 전 · 현직 4/5급 공무원
• 사회복지 기관 · 시설장
• 기타 모금회가 인정하는 자</td><td>• 시간 200,000원
• 초과 매 시간당 120,000원</td></tr>
<tr><td>2급
강사</td><td>• 대학 전임강사 및 전문대학 조교수
• 전 · 현직 4/5급 공무원
• 중소기업체 임원급
• 기업 · 기관 · 단체의 부장급
• 체육, 레크레이션 등 전문강사
• 인간문화재 · 유명예술인 등 보조출연자
• 통계이론, SAS, SPSS 등의 전문가
• 박사학위소지자
• 특별강사, 일반 1급 및 일반 3급을 제외한 자
• 사회복지 기관 · 시설 중간관리자로서 관련분야 석사이상 학위를 소지한 자
• 기타 모금회가 인정하는 자</td><td>• 1시간 180,000원
• 초과 매 시간당 100,000원</td></tr>
<tr><td>3급
강사</td><td>• 전 · 현직 6급 이하 공무원
• 전임이외의 외래시간 강사
• 외국어/전산 등 학원강사
• 사회복지 기관 · 시설 중간관리자로서 관련분야 석사학위가 없는 자
• 기타 모금회가 인정하는 자</td><td>• 1시간 150,000원
• 초과 매 시간당 80,000원</td></tr>
</table>

<table>
<tr><th colspan="2">항목</th><th colspan="2">기준</th><th>사용한도</th><th>비고</th></tr>
<tr><td rowspan="3"></td><td>보조 강사</td><td colspan="2">• 각종 실기실습 보조요원</td><td>• 1시간 50,000원
• 초과 매 시간당 30,000원</td><td rowspan="7"></td></tr>
<tr><td rowspan="2">다수인 출강</td><td colspan="2">• 2시간 이하</td><td>• 5인 이하 27.5만원
• 6~10인 40만원
• 11인 이상 55만원</td></tr>
<tr><td colspan="2">• 2시간 초과</td><td>• 5인 이하 35만원
• 6~10인 50만원
• 11인 이상 70만원</td></tr>
<tr><td colspan="2" rowspan="2">회의 참석비</td><td colspan="2">• 2시간 이하</td><td>• 100,000원</td></tr>
<tr><td colspan="2">• 2시간 초과 시 (1일 1회에 한함)</td><td>• 130,000원</td></tr>
<tr><td colspan="2">단순 인건비</td><td colspan="2">• 1인/1일(1일 8시간 기준/ 중식비 포함)
※ 월 60시간, 1개월 이상 근무시 4대보험 가입필수</td><td>• 단순인건비 59,260원(중식비 7,500원 포함)
• 주휴수당 51,760원
※ 2018년 최저임금에 따라 변경</td></tr>
<tr><td colspan="2">원고료</td><td colspan="2">• A4용지 1매 기준
- 글자크기 13p, 줄간격 160%, 상하여백 15, 좌우여백 25, 머리말 · 꼬리말 15, 또는 300단어
- 파워포인트로 작성한 경우에는 슬라이드 3면을 A4 1면으로 산정
- 원고지로 작성한 경우에는 200자 원고지 3.5매를 A4 1면으로 산정</td><td>• 12,000원

* 시간당 6매까지만 인정 최대 30만원까지 지원</td></tr>
<tr><td colspan="2" rowspan="6">출장여비</td><td colspan="2">• 시내여비</td><td>• 실비</td><td rowspan="6">* 일비,식비는 해당 시 · 도를 벗어나는 출장에 적용
* 특별시와 광역시를 포함한 동일시와 군 및 섬(제주특별자치도 제외) 밖으로의 출장이며, 왕복 거리가 12km 이상인 출장에 대해 시외출장 적용. 단, 육로 120km(왕복) 또는 수로 60km (왕복) 미만의 출장에 있어서는 일비의 전액과 식비의 3분의 1만을 지급
* 기관차량 이용 시 일비 1/2 적용</td></tr>
<tr><td rowspan="5">• 시외 여비</td><td>교통비(KTX일반, 고속버스, 전세버스 등)</td><td>• 실비</td></tr>
<tr><td>일비(1인 1일)</td><td>• 20,000원</td></tr>
<tr><td>식비(1인 1일)</td><td>• 25,000원</td></tr>
<tr><td>숙박비(1인 1실)</td><td>• 실비
(상한액 40,000원)</td></tr>
</table>

<table>
<tr><th>항목</th><th>기준</th><th>사용한도</th><th>비고</th></tr>
<tr><td>워크숍</td><td>• 1인 기준</td><td>• 70,000원</td><td>* 1박2일 기준
(숙박비, 식비)
* 진행비(교통비, 대관료 등)
실비 적용하여 별도 편성
※ 사용한도 초과가 불가피한 경우, 모금회의 사전 승인 필요</td></tr>
<tr><td>식사비</td><td>• 1인 기준</td><td>• 10,000원</td><td></td></tr>
<tr><td>다과비</td><td>• 1인 기준</td><td>• 5,000원</td><td></td></tr>
<tr><td rowspan="4">자문비</td><td>• 2시간 이하</td><td>• 1회 100,000원</td><td rowspan="4">* 슈퍼비전기록 필히 비치
* 내부직원 지급 불가
* 시외의 경우, 교통비 실비 지급 가능
* 1일 최고 20만원까지 지급</td></tr>
<tr><td>• 2시간 초과</td><td>• 1회 130,000원</td></tr>
<tr><td>• e-mail 자문(유선포함)</td><td>• 20,000원(1회당)</td></tr>
<tr><td colspan="2">• 공통사항: 자문내용 기본 form
A4 용지 80 columns × 20 lines 글씨크기 13point
문단간격 160%, 상하 여백 15, 좌우 여백 25</td></tr>
<tr><td>번역료</td><td colspan="2">• 한국외대 통역번역센터 요율표 기준
(매해 발표되는 기준 참조, 시행시점 가장 최근 자료 이용)
※ 단, 전문기관 등에게 의뢰하여 작성된 원고 및 통 · 번역자료에 대해서는 별도계약에 따라 지급할 수 있다.</td><td></td></tr>
</table>

[참고 2]

표준 심사기준

※ 제시된 심사기준은 표준심사양식으로 사업의 특성이나 내용에 따라 일부 항목이 가감되어 사용될 수 있음

구분			주요내용
심사	기관 평가	기관신뢰성	• 신청 기관/시설의 주요 사업 및 활동 • 모금회 사업수행 경험 및 결과 • 기관 예산/직원체계/이사회 및 운영위원회 구성
		사업수행 능력	• 유사/동일 사업수행 경험 • 신청한 사업내용의 수행을 위한 조직, 인력, 예산 투입 정도
	사업 평가	사업내용	• 참여자 및 참여자의 선정기준, 모집방안이 적절성 • 목표달성을 위한 사업 시행방법의 적합성 • 사업진행을 위한 연계 협력 전략의 적절성
		사업필요성	• 신청기관의 해당 사업수행 필요성 • 경험적 근거에 기반한 문제의식의 명확성
		목표설정	• 사업주제와 성과목표의 부합성 • 성과목표의 실현가능성
		평가체계	• 성과목표 측정을 위한 평가지표의 타당성 • 평가 계획의 적절성 및 실현가능성
		예산편성	• 사업내용과 예산 내역의 일치 여부 • 사업비 및 인건비 구성과 투입 비용 수준의 적절성 • 예산 항목 각 요소의 구체성
		향후 계획	• 사업의 기대효과 및 활용계획의 구체성 • 사업 지속유지 전략 등 향후 운영계획의 합리성
	기타 평가	사업계획의 적정성	• 전반적인 일관성 및 체계성 • 사업내용의 구체성 및 실현가능성

참고문헌

고성호 · 정태인 · 이정화 · 유홍준 · 문용갑 · 이성용 · 장준오 · 이완수(2008). 『사회문제』. 파주: 그린.

고숙자 · 안영 · 황남희 · 이아영 · 최현수(2023). 『2022년 고독사 예방 실태조사 연구』. 보건복지부 · 한국보건사회연구원.

권지성 · 염태산(2019). 『사회복지실천 질적평가 방법론』. 고양: 공동체.

김상곤 · 최승희 · 안정선(2012). 『사회복지 프로그램 개발과 평가』. 서울: 학지사.

김상아 · 김장권 · 이원지 · 정현태(2013). 『사회복지 프로그램 개발과 평가』. 고양: 공동체.

김선희 · 김표민 · 신원정 · 유진희(2019). 『사회복지 프로그램 개발과 평가』. 고양: 어가.

김선희 · 김표민 · 신원정 · 유진희(2021). 『사회복지 프로그램 개발과 평가 2판』. 고양: 어가.

김영숙 · 김욱 · 엄기욱 · 오만록 · 정태신(2002). 『사회복지 프로그램 개발과 평가』. 서울: 교육과학사.

김영종(2007). 『사회복지조사론』. 서울: 학지사.

김영종(2007). 『사회복지조사방법론 2판』. 서울: 학지사.

김영종(2010). 『사회복지행정 3판』. 서울: 학지사.

김영종(2013). 『사회복지 프로그램 개발과 평가』. 서울: 학지사.

김영종 · 권순애(2023). 『사회복지 프로그램 개발과 평가 2판』. 서울: 학지사.

김응렬(2004). 『사회조사방법론의 이해』. 서울: 고려대학교출판부.

김종명 · 구재관 · 김성철 · 김재원 · 신기원 · 윤춘모(2011). 『사회복지 프로그램 개발과 평가』. 파주: 양서원.

김창대 · 김형수 · 신을진 · 이상희 · 최한나(2015). 『상담 및 심리교육 프로그램 개발과 평가』. 서울: 학지사.

김통원(2004). 『사회복지 프로그램 개발과 평가』. 서울: 학지사.

김통원(2009). 『사회복지 프로그램 개발과 평가』. 서울: 신정.

김학주(2004). 『사회복지프로그램 평가』. 서울: 집문당.

김한별 · 박소연 · 유기웅(2010). 『평생학습을 위한 프로그램 개발과 평가』. 파주: 양서원.

김형식(1999). 『사회복지 프로그램 개발과 평가: 이론과 실제』. 서울: 아시아미디어리서치.

남기민 · 최성재(2006). 『사회복지행정론』. 파주: 나남.

노화준(2001). 『정책평가론』. 서울: 법문사.

박경일(2000). "사회복지서비스의 질적 향상을 우한 관리기법으로서 복지 QC 활동에 관한 사례연구." 『한국사회복지학』, 49, 97-130.

박경일 · 박승기 · 조수경 · 오승환 · 권진아 · 김안나(2016). 『사회복지 프로그램 개발과 평가』. 고양: 양성원.

박경일 · 윤기혁 · 박승기 · 권진아 · 임혜수 · 김새봄(2023). 『사회복지 프로그램 개발과 평가』. 파주: 양성원.

박재연 · 배은경(2021). 『사회복지 프로그램 개발과 평가』. 서울: 신정.

박진필(2010). "사회복지조직의 수행력 관리수준에 영향을 미치는 조직내부요소". 계명대학교 대학원 박사학위논문.

사회복지공동모금회(2013). 『2012 사회복지공동모금회 배분사례집』. 서울: 사회복지공동모금회.

사회복지공동모금회(2015). 『2016 배분사업 안내』. 서울: 사회복지공동모금회.

사회복지공동모금회(2018). 『사업계획서 작성 매뉴얼』. 서울: 사회복지공동모금회

사회복지공동모금회(2020). 『2021 배분사업 안내』. 서울: 사회복지공동모금회

사회복지공동모금회(2023). 『2024 배분사업 안내』. 서울: 사회복지공동모금회

서인해 · 공계순(2008). "사회복지 프로그램 제안서에 나타난 프로그램 디자인 활동의 특성에 대한 연구." 『한국사회복지학』, 60(1), 103-125.

서홍란 · 이경아(2009). 『사회복지현장실습』. 고양: 공동체.

성규탁(1988). 『사회복지행정론』. 서울: 법문사.

성규탁(1994). 『사회복지행정론』. 서울: 법문사.

성규탁(1999). 『사회복지행정론』. 서울: 법문사.

신덕상 · 서문진희 · 권장연 · 이수천(2020). 『사회복지 프로그램 개발과 프로포절 작성의 실제』. 서울: 동문사,

신복기 · 박경일 · 이명헌(2008). 『사회복지행정론』. 경기: 공동체.

안정선(2007). 『사회복지슈퍼비전 표준체계 개발』. 서울: 한국학술정보.

오세영(2022). 『사회복지행정론 5판』. 서울: 신정.

오현숙 · 최호윤(2010). 『사회복지 프로그램 개발과 평가』. 파주: 21세기사.

우수명(2004). 『TP 사회복지 Program 개발과 평가』. 서울: 인간과 복지.

우수명(2007). 『TP 사회복지 Program 개발과 평가 증보판』. 서울: 인간과 복지.

우수명(2018). 『사회복지 프로그램 개발과 평가』. 고양: 지식공동체

우수명(2023). 『제2판 사회복지 프로그램 개발과 평가』. 고양: 지식공동체

우종모 · 김재호 · 조당호(2004). 『사회복지 행정론』. 파주: 양서원.

윤성호(2021). 『사회복지 프로그램 개발과 평가』. 파주: 양서원.

이경아 · 서홍란(2011). 『사회복지현장실습』. 고양: 공동체.

이민홍 · 정병오(2013). 『사회복지 프로그램 개발과 평가』. 서울: 나눔의 집.

이민홍 · 정병오(2017). 『사회복지 프로그램 개발과 평가』. 파주: 양서원.

이민홍 · 정병오(2019). 『사회복지 프로그램 개발과 평가 2판』. 파주: 양서원.

이민홍 · 정병오(2020). 『사회복지 프로그램 개발과 평가 3판』. 파주: 양서원.

이민홍 · 정병오(2024). 『사회복지 프로그램 개발과 평가 4판』. 파주: 양서원.

이봉주(2013). "지역복지기관의 사회서비스 관리와 평가: 무엇을, 왜, 어떻게". 『한국사회복지행정학』, 15(1), 197-221.

이봉주 · 김기덕(2008). 『사회복지 프로그램 기획의 이해와 적용』. 서울: 신정

이봉주 · 김기덕(2014). 『사회복지 프로그램 개발과 평가』. 서울: 신정.

이봉주 · 김기덕 · 신원우(2019). 『사회복지 프로그램 개발과 평가 2판』. 서울: 신정

이수진(2005). 『지역사회조직화 실천방법』. 서울: 서울복지재단.

이익섭 · 이윤로(2004). 『사회복지조사방법의 이해』. 서울: 학지사.

이창희 · 김병 · 이승명 · 이용환 · 이창안 · 장창균(2010). 『사회복지조사론』. 서울: 창지사.

이팔환 외 15인 공역(2001). 『사회복지실천이론의 토대』. 서울: 나눔의집.

임 걸(2007). "사회복지 프로포절 작성의 실제." 『2007 사회복지행정실무교육』. 전남사회복지협의회.

정무성(2005). 『사회복지 프로그램 개발론』. 파주: 학현사.

정무성(2008). 『사회복지 프로그램 개발론』. 서울: 학현사.

정무성(2014). 『사회복지 프로그램 개발과 평가』. 파주: 정민사.

정무성(2017). 『사회복지 프로그램 개발과 평가 개정판』. 파주: 정민사.

정무성 · 정진모(2001). 『사회복지 프로그램 개발과 평가』. 파주: 양서원.

조성심 · 주석진(2011). "생태체계관점의 진로탐색 프로그램이 학교부적응 중학생의 진로결정 자기효능감과 진로태도성숙에 미치는 효과에 관한 연구." 『청소년학연구』, 18(5), 61-81.

조성우(2024). "심층강의1: 프로그램 만족도 조사와 기관 만족도 조사." 공유복지플랫폼 2.0.

조성우 · 안정선 · 최승희 · 김상곤(2018). 『사회복지 프로그램 개발과 평가』. 서울: 학지사.

조성우 · 안정선 · 최승희 · 김정선(2024). 『사회복지 프로그램 개발과 평가 2판』. 서울: 학지사.

조승석 · 맹두열 · 김학재(2017). 『프로그램 개발과 평가』. 고양: 공동체.

지은구(2005). 『사회복지프로그램 개발과 평가』. 서울: 학지사.

최선화 · 박광준 · 황성철 · 안홍순 · 홍봉선(2008). 『사회문제와 사회복지』. 파주: 양서원.

최일섭 · 이창호(1993). 『사회계획론』. 서울: 나남출판사.

최일섭 · 최성재(1994). 『사회문제와 사회복지』. 파주: 나남출판.

표갑수 · 이재완 · 유옥현 · 이화정 · 김현진(2013). 『사회복지 프로그램 개발과 평가』. 파주: 양서원.

한국사회보장정보원(2017). 『사회보장정보원 주요사업 소개』. 사회보장정보원.

한국사회복지사협회(2023). 『사회복지사 윤리강령』. 한국사회복지사협회. Retrieved from https://www.welfare.net/welfare/social-workers/ethics-and-oath

현외성(2004). 『사회복지정책강론』. 파주: 양서원.

황성철(2005). 『사회복지 프로그램 개발과 평가』. 고양: 공동체.

황성철 · 정무성 · 강철희 · 최재성(2003). 『사회복지행정론』. 파주: 현학사.

Alderfer, C. P.(1972). *Existence, relatedness, and growth: Human needs in organizational settings*. New York, NY: Free Press.

American Evaluation Association(2004). *Guiding principles for evaluators*. Retrieved November 18, 2024, from https://www.eval.org/About/Guiding-Principles

Attkisson, C. C., & Broskowski, A.(1978). *Evaluation of human service programs*. New York, NY: Academic Press.

Babbie, E.(2020). *The practice of social research* (15th ed.). Boston, MA: Cengage Learning.

Barker, R. L.(1995). *The Social Work Dictionary* (2nd ed.). Silver Spring, MD: NASW Press.

Barnett, W., Miller-Perrin, C. L., & Perrin, R. D.(1997). *Family Violence across the lifespan: An introduction*. Thousand Oaks, CA: SAGE Publications.

Bennett, E. L., & Weisinger, M.(1977). Evaluation alternative models. In N. Gilbert & H. Specht(Eds.), *Planning for social welfare: Issues, models, and tasks*(pp. 361-379). Englewood Cliffs, NJ: Prentice-Hall.

Bernard, H. R.(2006). *Research methods in anthropology: Qualitative and quantitative approaches* (4th ed.). Lanham, MD: AltaMira Press.

Bowen, G. A.(2009). "Document analysis as a qualitative research method." *Qualitative Research Journal, 9*(2), 27-40.

Bradshaw, J.(1977). The concept of social need. In N. Gilbert & H. Specht(Eds.), *Planning for social welfare: Issues, models, and tasks*. Englewood Cliffs, NJ: Prentice-Hall.

Braun, V., & Clarke, V.(2006). "Using thematic analysis in psychology." *Qualitative Research in Psychology, 3*(2), 77-101. https://doi.org/10.1191/1478088706qp063oa

Corbin, J., & Strauss, A.(2008). *Basics of qualitative research: Techniques and procedures for developing grounded theory* (3rd ed.). Thousand Oaks, CA: SAGE

Publications.

Creswell, J. W.(2014). *Research design: Qualitative, quantitative, and mixed methods approaches* (4th ed.). Thousand Oaks, CA: SAGE Publications.

Creswell, J. W., & Poth, C. N.(2023). *Qualitative inquiry and research design: Choosing among five approaches* (5th ed.). Thousand Oaks, CA: SAGE Publications, Inc.

DePoy, E., & Gilson, S. F.(2002). *Evaluation practice: Thinking and action principles for social work practice*. Pacific Grove, CA: Brooks & Cole.

DeWalt, K. M., & DeWalt, B. R.(2011). *Participant observation: A guide for fieldworkers* (2nd ed.). Lanham, MD: AltaMira Press.

Drummond, M. F., Sculpher, M., Claxton, K., Stoddart, G. L., & Torrance, G. W. (2015). *Methods for the economic evaluation of health care programmers* (4th ed.). Oxford, UK: Oxford University Press.

Eitzen, D. S., & Zinn, M. B.(1992). *Social problems*. Boston, MA: Pearson/Allyn and Bacon.

Etzioni, A.(1976). *Social problems*. Englewood Cliffs, NJ: Prentice-Hall.

Fitzpatrick, J. L., Sanders, J. R., & Worthen, B. R.(2011). *Program evaluation: Alternative approaches and practical guidelines* (4th ed.). Boston, MA: Pearson.

Fontana, A., & Frey, J. H.(2005). "The interview: From neutral stance to political involvement." In N. K. Denzin & Y. S. Lincoln(Eds.), *The Sage Handbook of Qualitative Research* (3rd ed., pp. 695-728). Thousand Oaks, CA: SAGE Publications.

Frechtling, J. A.(2007). *Logic modeling methods in program evaluation*. San Francisco, CA: Jossey-Bass. 지은구 · 장현숙 · 정효미(공역)(2012). 『프로그램 평가와 로직모델』. 서울: 학지사.

Frechtling, J.(Ed.).(1993). *User-friendly handbook for project evaluation*. Arlington, VA: National Science Foundation.

Gilbert, N., & Spect, H.(1977). *Planning of social welfare: Issues, models and tasks*. Englewood Cliffs, NJ: Prentice-Hall.

Grinnell, R. M., Gabor, P. A., & Unrau, Y. A.(2010). *Program evaluation for social workers: Foundations of evidence-based programs* (5th Ed.). New York, NY: Oxford University Press.

Gupta, K.(1999). *A practical guide to needs assessment*. San Francisco, CA: Jossey-Bass/Pfeiffer.

Hanslin, J. M.(1996). *Social problems*. N.J.: Prentice-Hall.

Haynes, N. M., Corey, G., & Moulton, P.(2003). *Clinical supervision in the helping professions: A practical guide*. Pacific Grove, CA: Brooks/Cole.

Heus, M. & Pincus, A.(1986). *The creative generalist: A guide to social work practice*. Madison, WI: Micamar Publishing.

Jorgensen, D. L.(1989). *Participant observation: A methodology for human studies*. Thousand Oaks, CA: SAGE Publications.

Kadushin, A., & Harkness, D.(2002). *Supervision in social work*. New York, NY: Columbia University Press.

Kagle, J. D., & Kopels, S.(2010). 사회복지기록 3판. 홍순혜 · 한인영(공역). 서울: 시그마프레스. (Original work published 2008).

Kamerman, S. B.(1973). *Community based child advocacy projects: A Study in evaluation*. Columbia University School of Social Work.

Kellog Foundation(2004). *Using logic models to bring together planning, evaluation, and action: Logic model development guide*. Kellog Foundation.

Kettner, P. M., Moroney, R. M., & Martin, L. L.(1999). *Designing and managing programs: An effectiveness-based approach*. Thousand Oaks, CA: SAGE Publications.

Kettner, P. M., Moroney, R. M., & Martin, L. L.(2008). *Designing and managing program: An effevtivness-based approach* (3rd ed.). Thousand Oaks, CA: SAGE Publications.

Kettner, P. M., Moroney, R. M., & Martin, L. L.(2016). *Designing and managing programs: An effectivness-based approach* (5th ed.). Thousand Oaks, CA: SAGE Publications.

Kirst-Ashman, K. K., & Hull, G. H.(2001). *Generalist practice with organizations and communities*. Belmont, CA: Wadsworth/Thompson Learning.

Krejcie, R. V., & Morgan, D. W.(1970). Determining sample size for research activities. *Educational and Psychological Measurement, 30*(3), 607-610. https://doi.org/10.1177/001316447003000308

Lewis, J., Lewis, M., Packard, T., & Souflee, F.(2001). *Management of human service program*. Pacific Grove, CA: Brooks/Cole.

Lynch, T.(1995). *Public budgeting in America*. Englewood Cliffs, NJ: Prentice Hall.

Martin, L. L., & Kettner, P. M.(1996). *Measuring the performance of human service programs*. Thousand Oaks, CA: SAGE Publications.

Martin, L. L., & Kettner, P. M.(2009). *Measuring the performance of human service programs* (2nd ed.). Thousand Oaks, CA: SAGE Publications.

Maslow, A. H.(1954). *Motivation and personality*. New York, NY: Harper & Row.

Merton, R. K., & Nisbet, R. A.(1971). *Contemporary social problems*. New York, NY: Harcourt Brace Jovanovich.

Miles, M. B., Huberman, A. M., & Saldaña, J.(2013). *Qualitative Data Analysis: A Methods Sourcebook* (3rd ed.). Thousand Oaks, CA: SAGE Publications.

Minichiello, V., Aroni, R., Timewell, E., & Alexander, L.(1990). *In-depth interviewing: Researching people*. Melbourne, Australia: Longman Cheshire.

Morgan, D. L.(1997). *Focus groups as qualitative research* (2nd ed.). Thousand Oaks, CA: Sage Publications.

Munson, C. E.(2002). *Handbook of clinical social work supervision*. New York, NY: Haworth Press.

National Association of Social Workers(2021). *NASW code of ethics*. Retrieved from https://www.socialworkers.org/About/Ethics/Code-of-Ethics/Code-of- Ethics-English

National Association of Social Workers(2023). *Standards for technology in social work practice*. Retrieved from https://www.socialworkers.org

Parasuraman, A., Zeithaml, V. A., & Berry, L. L.(1994). "SERVQUAL": A multiple-item scale for measuring consumer perceptions of service quality. *Journal of Retailing, 64*(1), 12-40.

Patton, M. Q.(1981). *Creative Evalution*. Beverly Hills, CA: SAGE Publications.

Patton, M. Q.(1986). *Utilization-focused evaluation* (2nd ed.). Beverly Hills, CA: SAGE Publications.

Patton, M. Q.(1990). *Qualitative evaluation and research methods* (2nd ed.). Newbury Park, CA: SAGE Publications.

Patton, M. Q.(2002). *Qualitative research & evaluation methods: Integrating theory and practice* (3rd ed.). Thousand Oaks, CA: SAGE Publications.

Patton, M. Q.(2008). *Utilization-focused evaluation: The art and science of evaluation use* (3rd ed.). Thousand Oaks, CA: SAGE Publications.

Patton, M. Q.(2015). *Qualitative research & evaluation methods: Integrating theory and practice* (4th ed.). Thousand Oaks, CA: SAGE Publications.

Perry, J., & Perry, E.(1976). *Face to face: The individual and social problems*. Boston, MA: Little, Brown.

Posavac, E. J., & Carey, R. G.(1997). *Program evaluation: Methods and case studies* (5th ed.). Upper Saddle River, NJ: Prentice Hall.

Rapley, T.(2007). *Doing conversation, discourse and document analysis*. London, UK: SAGE Publications.

Rapp, C. A., & Poertner, J.(1992). *Social Administration: A Client-centered Approach*. New York, NY: Longman Publishing Group.

Riessman, C. K.(1993). *Narrative analysis*. Thousand Oaks, CA: SAGE Publications, Inc.

Rossi, P. H., & Freeman, H. E. (1985). *Evaluation: A systematic approach* (4th ed.). Thousand Oaks, CA: SAGE Publications.

Rossi, P. H., & Freeman, H. E.(1993). *Evaluation: A systematic approach* (5th ed.). Thousand Oaks, CA: SAGE Publications.

Rossi, P. H., Lipsey, M. W., & Freeman, H. E.(1999). *Evaluation: A systematic approach* (6th ed.). Thousand Oaks, CA: SAGE Publications.

Rossi, P. H., Lipsey, M. W., & Freeman, H. E.(2004). *Evaluation: A systematic approach* (7th ed.). Thousand Oaks, CA: SAGE Publications.

Rothman, J., & Thomas, E.(1994). *Intervention research: Design and development for human service*. New York, NY: Haworth Press Inc.

Royse, D., Thyer, B., Padgett, D., & Logan, T.(2001). *Program evaluation: An introduction* (3th ed.). Belmont, CA: Brooks/Cole.

Royse, D., Thyer, B., Padgett, D., & Logan, T.(2006). *Program evaluation: An introduction* (4th ed.). Belmont, CA: Thomson Brooks/Cole.

Royse, D. Thyer, B., & Padgett, D.(2010). *Program evaluation: An introduction* (5th ed.). Belmont, CA: Wadsworth Cengage Learning.

Rutman, L.(1980). *Planning useful evaluations*. Newbury Park, CA: SAGE Publications.

Schuerman, J. R.(1983). *Research and evaluation in the human services*. New York, NY: Free Press.

Scriven, M.(1981). *Evaluation thesaurus*. Beverly Hills, CA: Edge Press.

Shadish, W. R., Cook, T. D., & Leviton, L. C.(1991). *Foundations of program evaluation: Theories of practice*. Newbury Park, CA: SAGE Publications.

Sheafor, B. W., & Horejsi, C. R.(2008). *Techniques and guidelines for social work practice* (8th ed.). Boston, MA: Pearson Education

Skidmore, R. A.(1995). *Social work administration: Dynamic management and human relationships*. Boston, MA: Allyn & Bacon.

Spradley, J. P.(1980). *Participant Observation*. New York, NY: Holt, Rinehart and Winston.

Suchman, E. A.(1967). *Evaluation research*. New York, NY: Russell Sage Foundation.

Taber, A., & Finnegan, D.(1980). The social service program developer: A new role in social work. *Journal of Education for Social Work, 16*(1), 27-32.

Taber, M., & Finnegan, D.(1980). *A theory of accountability for social workers*. Urbana, IL: University of Illinois at Urbana-Champaign.

Tripodi, T.(1983). *Evaluation research for social workers*. Englewood Cliffs, NJ: Prentice-Hall.

Trochim, W. M., & Donnelly, J. P.(2006). *The research methods knowledge base* (3rd ed.). Cincinnati, OH: Atomic Dog.

Yarbrough, D. B., Shulha, L. M., Hopson, R. K., & Caruthers, F. A.(2010). *The Program Evaluation Standards: A Guide for Evaluators and Evaluation Users* (3rd ed.). Thousand Oaks, CA: SAGE Publications.

York, R. O.(1982). *Human service planning: Concepts, tools, and methods*. Chapel Hill, NC: The University North Carolina Press.

〈참고사이트〉

국립중앙도서관. https://www.nl.go.kr

국회도서관. https://www.nanet.go.kr/main.do

보건복지부 사회복지시설정보시스템 · 한국사회보장정보원 http://www.w4c.go.kr/intro/introInformant.do

학술연구정보서비스. http://www.riss.kr/index.do

한국학술지인용색인. https://www.kci.go.kr/kciportal/main.kci

Cochrane Collaboration. https://www.cochrane.org

Campbell Collaboration. https://campbellcollaboration.org

찾아보기

〔기타〕

저/자/소/개

주석진(朱碩珍, Seok Jin Ju)
E-mail: juseokjin@kosin.ac.kr

숭실대학교 일반대학원 사회복지학 박사(사회사업방법론 전공)

전, 고신대학교 대학일자리센터 부센터장 및 진로취업지원센터장
　부산광역시 영도구자원봉사센터장
　부산광역시 영도구 아동권리 옴부즈퍼슨
　지역아동센터 부산지원단 컨설팅 위원
　한국학교컨설팅협회 컨설팅 위원
　국가생명윤리정책원 기관위원회 평가 · 인증 위원
　한국정신건강사회복지학회 정책기획위원, 편집위원 및 중독분과 학회장
　한국학교사회복지학회 총무위원장, 연구분과위원장 및 학회장

현, 고신대학교 아동복지학과 부교수

〈주요 저서〉

4차 산업시대를 대비한 창의적 문제해결능력(단독, 양서원, 2024)
성공적인 실습을 위한 사회복지현장실습과 세미나(단독, 양서원, 2024)
학교사회복지론 4판(공저, 양서원, 2023)
4차 산업시대를 대비한 인간관계론 2판(단독, 공동체, 2022) 외 다수

사회복지 프로그램 개발과 평가

1판 1쇄 인쇄　2024년 12월 25일
1판 1쇄 발행　2024년 12월 30일

저　　자 | 주석진
발 행 인 | 박철용
발 행 처 | 양서원
주　　소 | 경기도 파주시 직지길 522
전　　화 | 031-955-8000(代)
팩　　스 | 031-955-8005
홈페이지 | www.yswpub.co.kr
이 메 일 | yswgroup@naver.com
출판등록 | 1987년 11월 24일 제 406-2003-037 호

ISBN 978-89-994-1518-0

정가 24,000원